中国非洲研究院文库　新时代中国与非洲丛书

新时代
中非治国理政经验交流

Exchanges of Governance Experience Between China and Africa in the New Era

中国非洲研究院　主编

李玉洁　赵雅婷　等 著

社会科学文献出版社
SOCIAL SCIENCES ACADEMIC PRESS (CHINA)

“中国非洲研究院文库”编委会名单

充分发挥智库作用　助力中非友好合作

——“中国非洲研究院文库”总序

当前，世界之变、时代之变、历史之变正以前所未有的方式展开。一方面，和平、发展、合作、共赢的历史潮流不可阻挡，人心所向、大势所趋决定了人类前途终归光明。另一方面，恃强凌弱、巧取豪夺、零和博弈等霸权霸道霸凌行径危害深重，和平赤字、发展赤字、安全赤字、治理赤字加重，人类社会面临前所未有的挑战。

作为世界上最大的发展中国家，中国始终是世界和平的建设者、国际秩序的维护者、全球发展的贡献者。非洲是发展中国家最集中的大陆，是维护世界和平、促进全球发展的重要力量之一。在世界又一次站在历史十字路口的关键时刻，中非双方比以往任何时候都更需要加强合作、共克时艰、携手前行，共同推动构建人类命运共同体。

中国和非洲都拥有悠久灿烂的古代文明，都曾走在世界文明的前列，是世界文明百花园的重要成员。中非双方虽相距万里，但文明交流互鉴的脚步从未停歇。进入21世纪，特别是中共十八大以来，中非文明交流互鉴迈入新阶段。中华文明和非洲文明都孕育和彰显出平等相待、相互尊重、和谐相处等重要理念，深化中非文明互鉴，增强对彼此历史和文明的理解认知，共同讲好中非友好合作故事，有利于为新时代中非友好合作行稳致远汲取历史养分、夯实思想根基。

中国式现代化，是中国共产党领导的社会主义现代化，既有各国现代化的共同特征，又有基于自己国情的中国特色。中国式现代化，深深植根于中华优秀传统文化，体现了科学社会主义的先进本质，借鉴吸收一切人类优秀文明成果，代表了人类文明进步的发展方向，展现了不同于西方现代化模式的新图景，是一种全新的人类文明形态。中国式现代化的新图景，为包括非洲国家在内的广大发展中国家发展提供了有益参考和借鉴。近年来，非洲在自主可持续发展、联合自强道路上取得了可喜进步，从西方人眼中“没有希望的大陆”变成了“充满希望的大陆”，成为“奔跑的雄狮”。非洲各国正在积极探索适合自身国情的发展道路，非洲人民正在为实现《2063 年议程》与和平繁荣的“非洲梦”而努力奋斗。中国坚定支持非洲国家探索符合自身国情的发展道路，愿与非洲人民共享中国式现代化机遇，在中国全面建设社会主义现代化国家新征程上，以中国的新发展为非洲和世界提供发展新机遇。

中国与非洲传统友谊源远流长，中非历来是命运共同体。中国高度重视发展中非关系，2013 年 3 月，习近平担任国家主席后首次出访就选择了非洲；2018 年 7 月，习近平连任国家主席后首次出访仍然选择了非洲；截至 2023 年 8 月，习近平主席先后 5 次踏上非洲大陆，访问坦桑尼亚、南非、塞内加尔等 8 国，向世界表明中国对中非传统友谊倍加珍惜，对非洲和中非关系高度重视。在 2018 年中非合作论坛北京峰会上，习近平主席指出：“中非早已结成休戚与共的命运共同体。我们愿同非洲人民心往一处想、劲往一处使，共筑更加紧密的中非命运共同体，为推动构建人类命运共同体树立典范。”2021 年中非合作论坛第八届部长级会议上，习近平主席首次提出了“中非友好合作精神”，即“真诚友好、平等相待，互利共赢、共同发展，主持公道、捍卫正义，顺应时势、开放包容”。这是对中非友好合作丰富内涵的高度概括，是中非双方在争取民族独立和国家解放的历史进程中培育的宝贵财富，是中非双方在发展振兴和团结协作的伟大征程上形成的重要风范，体现了友好、平等、共赢、正义的鲜明特征，是新型国际关系的时代标杆。

随着中非合作蓬勃发展，国际社会对中非关系的关注度不断提高。一方面，震惊于中国在非洲影响力的快速上升；另一方面，忧虑于自身在非洲影响力的急速下降，西方国家不时泛起一些肆意抹黑、诋毁中非关系的奇谈怪论，如“新殖民主义论”“资源争夺论”“中国债务陷阱论”等，给中非关系的发展带来一定程度的干扰。在此背景下，学术界加强对非洲和中非关系的研究，及时推出相关研究成果，提升中非双方的国际话语权，展示中非务实合作的丰硕成果，客观积极地反映中非关系良好发展，向世界发出中国声音，显得日益紧迫和重要。

以习近平新时代中国特色社会主义思想为指导，中国社会科学院努力建设马克思主义理论阵地，发挥为党和国家决策服务的思想库作用，努力为构建中国特色哲学社会科学学科体系、学术体系、话语体系作出新的更大贡献，不断增强我国哲学社会科学的国际影响力。中国社会科学院西亚非洲研究所是遵照毛泽东主席指示成立的区域性研究机构，长期致力于非洲问题和中非关系研究，基础研究和应用研究双轮驱动，融合发展。

以西亚非洲研究所为主体、于 2019 年 4 月成立的中国非洲研究院，是习近平主席在中非合作论坛北京峰会上宣布的加强中非人文交流行动的重要举措。西亚非洲研究所及中国非洲研究院自成立以来，发表和出版了大量论文、研究报告和专著，为国家决策部门提供了大量咨询报告，在国内外的影响力不断扩大。遵照习近平主席致中国非洲研究院成立贺信精神，中国非洲研究院的宗旨是：汇聚中非学术智库资源，深化中非文明互鉴，加强中非治国理政和发展经验交流，为中非和中非同其他各方的合作集思广益、建言献策，为中非携手推进“一带一路”高质量发展、共同建设面向未来的中非全面战略合作伙伴关系、构筑更加紧密的中非命运共同体提供智力支持和人才支撑。

中国非洲研究院有四大功能：一是发挥交流平台作用，密切中非学术交往。办好三大讲坛、三大论坛、三大会议。三大讲坛包括“非洲讲坛”“中国讲坛”“大使讲坛”，三大论坛包括“非洲留学生论坛”“中非学术翻译论坛”“大航海时代与 21 世纪海上丝绸之路海峡两岸学术论坛”，三大会议包括“中非文明对话大会”“《（新编）中国通史》和《非洲通史（多卷本）》比较研究国际研讨会”“中国非洲研究年会”。二是发挥研究基地作用，聚焦共建“一带一路”。开展中非合作研究，对中非共同关注的重大问题和热点问题进行跟踪研究，定期发布研究课题及其成果。三是发挥人才高地作用，培养高端专业人才。开展学历学位教育，实施中非学者互访项目，扶持青年学者，培养高端专业人才。四是发挥传播窗口作用，讲好中非友好故事。办好中国非洲研究院微信公众号，办好中国非洲研究院中英文网站，创办多语种《中国非洲学刊》。

为贯彻落实习近平主席的贺信精神，更好汇聚中非学术智库资源，团结非洲学者，引领中国非洲研究队伍提高学术水平和创新能力，推动相关非洲学科融合发展，推出精品力作，同时重视加强学术道德建设，中国非洲研究院面向全国非洲研究学界，坚持立足中国，放眼世界，特设“中国非洲研究院文库”。“中国非洲研究院文库”坚持精品导向，由相关部门领导与专家学者组成的编辑委员会遴选非洲研究及中非关系研究的相关成果，并统一组织出版。文库下设五大系列丛书：“学术著作”系列重在推动学科建设和学科发展，反映非洲发展问题、发展道路及中非合作等某一学科领域的系统性专题研究或国别研究成果；“学术译丛”系列主要把非洲学者以及其他方学者有关非洲问题研究的学术著作翻译成中文出版，特别注重全面反映非洲本土学者的学术水平、学术观点和对自身发展问题的认识；“智库报告”系列以中非关系为研究主线，中非各领域合作、国别双边关系及中国与其他国际角色在非洲的互动关系为支撑，客观、准确、翔实地反映中非合作的现状，为新时代中非关系顺利发展提供对策建议；“研究论丛”系列集结中国专家学者研究非洲国际关系和非洲政治、经济、安全、社会发展等方面的重大问题，形成的一批创新性学术研究成果，具有基础性、系统性和标志性的特点；“年鉴”系列是连续出版的资料性文献，分中英文两种版本，设有“重要文献”“热点聚焦”“专题特稿”“研究综述”“新书选介”“学刊简介”“学术机构”“学术动态”“数据统计”“年度大事”等栏目，系统汇集每年度非洲研究的新观点、新动态、新成果。

在中国非洲研究院成立这一新的历史起点上，期待中国的非洲研究和非洲的中国研究凝聚国内研究力量，联合非洲各国专家学者，开拓进取，勇于创新，不断推进我国的非洲研究、非洲的中国研究以及中非关系研究，从而更好地服务于中非高质量共建“一带一路”，助力新时代中非友好合作全面深入发展，推动构建更加紧密的中非命运共同体。

中国非洲研究院

2023 年 9 月

习近平外交思想指引
新时代中国非洲研究

——“新时代中国与非洲丛书”总序

党的十八大以来，中国特色社会主义进入新时代，这是我国发展新的历史方位。经过新时代十年团结奋斗，中国完成了全面建成小康社会的历史任务，实现了第一个百年奋斗目标，迈上全面建设社会主义现代化国家新征程，向第二个百年奋斗目标进军。新时代十年的伟大变革，在党史、新中国史、改革开放史、社会主义发展史、中华民族发展史上具有里程碑意义。

与此同时，国际形势发生深刻复杂变化，当今世界处于大发展大变革大调整时期，正在经历百年未有之大变局。习近平总书记在党的二十大报告中指出：“当前，世界之变、时代之变、历史之变正以前所未有的方式展开。一方面，和平、发展、合作、共赢的历史潮流不可阻挡，人心所向、大势所趋决定了人类的前途光明。另一方面，恃强凌弱、巧取豪夺、零和博弈等霸权霸道霸凌行径危害深重，和平赤字、发展赤字、安全赤字、治理赤字加重，人类社会面临前所未有的挑战。”

“世界怎么了？我们怎么办？”习近平总书记深刻思考人类命运前途，积极推进重大外交理论和实践创新，形成了习近平外交思想。习近平外交思想是习近平新时代中国特色社会主义思想的重要组成部分，为新时代我国对外工作提供了根本遵循和行动指南。

新时代十年，我们全面推进中国特色大国外交，努力推动构建人类命运共同体和构建新型国际关系，积极发展全球伙伴关系，维护大国关系总体稳定，深化同周边国家外交，加强同发展中国家团结合作，形成全方位、多层次、立体化的外交总体布局。在中国外交总体布局中，非洲占有非常重要之地位。中国是世界上最大的发展中国家，非洲是发展中国家最集中的大陆，中非从来都是命运共同体。发展同非洲国家的团结合作是中国对外政策的重要基石，也是中国长期坚定的战略选择。

新时代十年，习近平主席高度重视中非关系，以元首外交引领中非关系行稳致远。2013 年 3 月，习近平就任国家主席后首次出访便选择了非洲，至今共四次踏上非洲大陆，足迹遍及非洲东西南北中。非洲国家领导人也纷纷来华访问或者出席国际会议。对此，习近平主席都予以热情接待，进行会谈或会见。习近平主席高度重视中非合作论坛工作，连续出席 2015 年约翰内斯堡峰会、2018 年北京峰会和 2021 年第八届部长级会议并发表重要演讲。新冠疫情发生后，习近平主席主持中非团结抗疫特别峰会，并通过视频、通话等方式与非洲领导人保持密切沟通。2022 年 11 月，坦桑尼亚总统萨米娅·哈桑访华，成为党的二十大后中方接待的首位非洲国家元首，充分体现了中坦关系的密切程度和中非关系在中国外交全局中的重要地位。

新时代十年，习近平主席基于对中非发展和世界大势的深刻认识和准确把握，就中非关系发展作出一系列重要论述，提出一系列新理念、新思想、新倡议，为中非友好合作全面深入发展指明了方向。习近平主席提出的“真实亲诚”政策理念和正确义利观，成为中国加强同包括非洲国家在内的广大发展中国家团结合作的重要理念和指导原则。习近平主席提出构建“责任共担、合作共赢、幸福共享、文化共兴、安全共筑、和谐共生”的新时代中非命运共同体，为推动构建人类命运共同体树立典范。习近平主席倡导中非高质量共建“一带一路”，助力中非实现共同发展，造福中非人民。习近平主席提出将中非关系提升为全面战略合作伙伴关系，明确了新时代中非关系的战略定位和方向。习近平主席还高度概括总结了中非友好合作精神，即“真诚友好、平等相待，互利共赢、共同发展，主持公道、捍卫正义，顺应时势、开放包容”，成为新时代中非关系继往开来的力量源泉。

新时代十年，是中非合作成果丰硕的十年。在中非双方共同努力下，中非合作实现跨越式发展，结出丰硕成果。中非政治互信持续深化，为中非合作保驾护航；中非经贸合作迅速发展，为中非关系注入强大动力；中非人文交流日益扩大，促进中非民心相通；中非安全合作稳步拓展，助力非洲实现和平稳定；中非国际合作不断增强，维护国际公平正义。其中，人文交流与合作是新时代中非合作的重要内容，是中非全面战略合作伙伴关系的重要组成部分，是中非命运共同体的重要支柱。近年来，中非在文化、教育、科技、卫生、媒体、智库、青年、妇女等方面的交流与合作日益扩大，取得积极成效，从而使中非关系的社会民意基础不断夯实巩固。

随着中非关系快速发展，中非双方都认识到智库在提供知识和智力支持方面的积极作用，中非智库交流与合作不断增强。2018 年 9 月 3 日，习近平主席在中非合作论坛北京峰会上宣布，“中国决定设立中国非洲研究院，同非方深化文明互鉴”。2019 年 4 月 9 日，中国非洲研究院正式成立，习近平主席专门致信祝贺，将中非智库交流与合作推向新阶段。

习近平主席在贺信中指出：“希望中国非洲研究院汇聚中非学术智库资源，增进中非人民相互了解和友谊，为中非和中非同其他各方的合作集思广益、建言献策，为促进中非关系发展、构建人类命运共同体贡献力量！”习近平主席贺信为中国非洲研究院发展指明了方向，贺信精神是中国非洲研究院建院之本、强院之魂。

中国非洲研究院成立以来，认真学习领会习近平新时代中国特色社会主义思想，深入贯彻落实习近平主席贺信精神，紧紧围绕“四大功能”定位，全面扎实推进各项工作。中国非洲研究院设立“三大交流机制”，包括中非治国理政交流机制、中非可持续发展交流机制和中非共建“一带一路”交流机制，积极促进中非学术交流，加强交流平台建设。推出“中国非洲研究院文库”，出版学术专著、智库报告、学术译丛、研究论丛、中国非洲研究年鉴等系列学术研究成果，扎实推进国内非洲研究和中非联合研究，加强研究基地建设。创办“三大讲坛”，包括中国讲坛、非洲讲坛和大使讲坛，举办“中非文明对话大会”和“非洲留学生论坛”，精心打造知名品牌，加强传播窗口建设。深入学习贯彻习近平外交思想，紧密配合我国外交大局，组织“非洲大使中国行”等活动，同时加强应用对策研究，充分发挥高端智库功能。高度重视人才培养，加大力度培养致力于中非友好合作的“中国通”和“非洲通”，加强人才高地建设。设立中国非洲研究院国际顾问委员会，同时创新完善机制建设，汇聚学术智库资源。经过不懈努力，中国非洲研究院工作初见成效，在国内外的影响力逐步显现，引领中国非洲研究和汇聚中非学术智库资源的作用不断增强。

新时代，中国非洲研究院肩负着“为促进中非关系发展、构建人类命运共同体贡献力量”的重要使命。为加强新时代中非关系的研究，中国非洲研究院经过深入调研后决定设立“新时代中国与非洲”重点课题，并成立专门课题组，吸纳科研骨干力量，开展专题研究。该课题旨在深入研究新时代元首外交对中非关系的引领作用，系统阐述习近平主席关于中非关系的重要论述，深刻领悟习近平外交思想中关于中非关系的新思想、新理念、新倡议，全面总结新时代中非友好合作的重要成就及意义。

我们希望，通过该丛书，为加强新时代中国非洲研究，促进中非文明交流互鉴，增进中非人民相互了解和友谊，推动构建中非命运共同体和人类命运共同体贡献学术力量！

中国非洲研究院

2023 年 9 月

目 录

导 论

第一节 问题的提出与研究的意义

社会主义作为20世纪最重要的思潮对全球多国的政治发展进程均产生了重要的影响。社会主义思潮虽发源于西方，但马克思与恩格斯提出的科学社会主义成功指导了俄国十月革命，推动了社会主义思潮在世界范围内的传播。也是在这一时期，马克思主义与社会主义为广大发展中国家反对殖民主义与帝国主义、追求独立自主与国家发展指明了前进的道路和方向。

中国在共产党的领导下，完成了新民主主义革命、社会主义革命，并进行了改革开放新的伟大革命，对社会主义现代化、马克思主义中国化进行了长期的探索。虽然过程中遭遇诸多困难和曲折，但中国共产党一直坚持以马克思主义为指导，成功探索出一条中国特色社会主义现代化道路，取得了举世瞩目的成就。虽然中国与诸多非洲国家在获得民族独立或民族解放后，均选择了社会主义道路，但却有完全不同的结局。非洲多样化的社会主义实践并没有带来期望中的繁荣发展，虽然非洲也进行了一定的本土化探索，但在20世纪80年代末90年代初的国际变局中，非洲奉行社会主义的国家纷纷改旗易帜，放弃了社会主义道路。归根结底，非洲社会主义运动的失败在于其没有坚持马克思主义的指导，更没有在真正意义上实现社会主义本土化。

冷战结束后，中国特色社会主义持续发展，走出了一条异于西方的中国式现代化道路。非洲社会主义虽落入低潮期，但多年来非洲仍在努力探索适合自身的发展道路，非洲共产党以及对社会主义有天然亲近感的左翼政党仍在其中扮演着重要的角色。随着中国国力的增强以及2000年中非合作论坛机制的建立，中非关系快速升温，沟通往来日益深化。除政治上守望相助、经济上互通有无外，中非在发展道路、治理经验等制度与文化层面的交流互鉴也愈加频繁。新时代加强中非治国理政经验的交流互鉴不但能够为非洲追求自主发展提供更有力的支持，还能够创新南南合作、壮大发展中国家的力量。

习近平总书记在十九大报告中指出："中国特色社会主义进入新时代，在中华人民共和国发展史上、中华民族发展史上具有重大意义，在世界社会主义发展史上、人类社会发展史上也具有重大意义。"① 习近平新时代中国特色社会主义思想是新时代中国共产党坚持和发展马克思主义的最新理论成果、是21世纪马克思主义，具有深远的世界意义——为解决关乎人类前途命运的重大问题贡献了中国智慧和中国方案。特别是习近平治国理政的思想理念，是新时代中国共产党坚持和发展中国特色社会主义的理论结晶，是中国特色社会主义理论创新的集中概括，其全面系统反映了习近平新时代中国特色社会主义思想，集中展示了马克思主义中国化的最新成果。当下，加强中非治国理政经验交流，就要向非洲传播好、阐释好习近平治国理政的深邃思想和伟大实践，同时要做好与非洲的交流互鉴。

中国与非洲国家是"同呼吸、共命运、心连心的兄弟"，在民族解放运动时期就基于共同的历史遭遇、对国家独立发展的诸多共识，相互支持建立起深厚的友谊。因此，对非传播与分享习近平治国理政的思想理念，有助于促进中非治国理政经验交流迈上新台阶。对学者而言，研究习近平治国理政

---

① 习近平：《决胜全面建成小康社会 夺取新时代中国特色社会主义伟大胜利——在中国共产党第十九次全国代表大会上的报告》，人民出版社，2017，第12页。

的思想理念与非洲发展、考察非洲人民如何从国情出发借鉴中国经验和智慧，不仅是重大理论问题，更是重大现实问题。本书从马克思主义中国化及其启示出发，阐释习近平治国理政的思想理念的丰富内涵及其对非洲发展的意义，接着比照非洲社会主义的理论与实践，分析社会主义在非洲国家的曲折发展与回归，最后在此基础上探讨如何在非洲传播习近平治国理政的思想理念，从而助力实现中非治国理政的经验交流。这不仅有利于推动习近平治国理政的思想理念走向非洲与世界，还有助于为全球治理贡献中国智慧，帮助非洲国家探索适合自身的发展道路。

一 学术价值

第一，在全球范围内提升习近平新时代中国特色社会主义思想的影响力和感召力，形成“中国向度”和“世界向度”紧密结合的学术视野。随着信息化和全球化进程的深入发展，我国社会主义市场经济体系建设不断深化，国际竞争力大幅提升，在取得马克思主义中国化新成就的同时，也面临着在全球范围内提升中国化马克思主义理论成果的影响力和感召力的历史任务。在全球化背景下，马克思主义中国化研究一旦缺乏“世界向度”就能容易把“中国风格、中国气派”的马克思主义变成只适用于中国情况的“自说自话”的体系，使马克思主义中国化带有相对封闭的、单向度特征。习近平治国理政的思想理念是以习近平同志为核心的党中央在治国理政过程中产生的新理念、新思想、新战略的具体体现，是中国特色社会主义理论创新的集中概括，也是马克思主义中国化的最新成果，加强其与非洲发展道路的交流互鉴有利于拓宽马克思主义中国化的研究视野，体现全球化背景下马克思主义中国化理论的自觉与自信，从而呈现中国问题与全球问题、中国文化与世界文化、“中国向度”和“世界向度”的双向互动。

第二，坚持用马克思主义的立场、观点和方法研究非洲社会主义问题，关注其特殊性。这将丰富学界对世界社会主义多样性的认识，扩展学界对社会主义理论与社会主义发展史的研究。非洲社会主义的现状与发展研究是世界社会主义理论与实践研究的重要组成部分，符合社会主义发展的一般规律。从非洲社会主义实践中提炼出社会主义的理论内涵，寻找出非洲社会主义的特殊性与世界社会主义运动一般性之间的联系，能够丰富世界社会主义理论和社会主义运动发展史的研究，也能够更加辩证地看待社会主义的发展。

第三，填补当前国内外对非洲社会主义研究的不足。受民主化浪潮和苏联解体的冲击，大量非洲社会主义国家转而进行私有化改造，实行西方民主制，非洲社会主义运动跌入低潮。与此同时，学界（包括西方和非洲自身）纷纷转移了研究重点，对非洲社会主义的关注和讨论都较少，使非洲社会主义变成冷门研究领域。本研究试图在一定程度上填补非洲社会主义 30 多年来的研究空白，介绍非洲社会主义发展的最新态势，并且在坚持马克思主义基本原理和方法的基础上，客观公正地看待非洲社会主义的发展问题，树立起对非洲社会主义的科学认知。

二　应用价值

第一，对于把握非洲历史、研究非洲国家如何探寻符合自己实际的道路、发展非洲国民经济、建立和完善非洲政治体制具有重要启发意义。对非洲社会主义思潮的梳理有助于更深刻认识非洲国家意识形态演变发展的历程，对非洲社会主义运动的把握有利于我们深入探究非洲特殊的社会关系与社会现实。此外，在当今时代，社会主义为发展中国家特别是非洲国家，提供了更多的发展思路和可能。

第二，对习近平治国理政的思想理念的国际表达和国际传播有助推作用。要使习近平新时代中国特色社会主义思想得到世界认可，既要借由发展的实践逻辑充分展示其巨大的务实效应，也要强化其理论逻辑，从思想上重视价值观理论的抽象化过程，这应是更伟大、更深远的实践。加强习近平治国理政的思想理念在非洲的传播与分享就是这个理论化过程中的重要一环。在全世界都在“向东看”的新时代，中国不仅要向世界展示其经济成就，更应展示其改革开放的经验、政治制度的优势及对全球治理的贡献，习近平治国理政的思想理念正是回答上述问题的思想结晶。因此，系统研究习近平治国理政的思想理念对非洲的意义及其在非洲大陆的翻译、传播与运用，能够助推理论成果在国际舞台“往广处走”“往深里走”，也能让非洲朋友更加全面客观地认识当代中国，向他们展示中国道路、理论体系和制度的独特魅力。

第三，为中国制定更契合的中非合作战略提供指导，助推中非关系持续深入发展。当今国际关系体系随着全球化的深入出现了新的特征，在国家行为体继续发挥作用的同时，非国家行为体（即社会、族群等）之间的互动关系成为国际关系的新动态。以社会关系和社会矛盾为分析对象的非洲社会主义研究是深入分析中非关系的前提条件。此后，通过对非洲社会主义的研究认识非洲社会发展趋势一方面有助于更加准确地抓住非洲发展的主要矛盾，为中国制定更契合非洲实际的合作方略提供支持。另一方面，则有利于认识非洲当地社会冲突的根源，避免激化合作中的矛盾，为中非关系的发展铺平道路。中国繁荣发展的现实是社会主义道路选择正确的例证，中国的成功经验直接或间接地影响着包括非洲国家在内的其他发展中国家。中国对社会主义道路的探索，特别是习近平治国理政的思想理念对中国特色社会主义制度建设经验的宝贵总结，对非洲国家的发展具有启发作用。

第四，有助于提升中国在非形象，在全球范围内维护中国的利益。话语权是软实力的重要组成部分，已成为当今世界各国争夺的焦点。只有打赢政治制度和政党制度话语权的争夺战，中国共产党所领导的民主协商、多党合作制度才能赢得国际社会的普遍理解与认同，中国特色社会主义政党制度的国际影响力和感染力才能随之提升。因此，研究习近平治国理政的思想理念与非洲发展具有多重意义。其一，当前关于中国对非战略研究基本都关注中国在非洲的经济利益、政府作用和企业角色，及其对非洲经济和社会的影响，而中非全方位的深入交往要求双方加强对彼此制度和发展道路的了解和认同，中国发展道路与非洲发展道路的交流互鉴有助于增进中非政治互信与民心相通。其二，在当前西方占据有关中非关系的话语权、散播“新殖民主义”“债务陷阱外交”“资源掠夺论”等抹黑中国的欺骗性观点破坏中非关系时，加强习近平治国理政的思想理念在非洲的传播与交流有助于非洲国家和民众了解中国的发展道路与发展经验、理解中非合作的本质、改变少数非洲民众对中国存在的认知偏差，从而有力地驳斥西方对中非关系的污名化，提升中国在非洲的国家形象。其三，中国经验在一些非洲国家的成功应用，将有力支持中国的政治制度，驳斥西式民主所宣扬的“普世价值”，拓展非洲在中国外交议程中的作用，在全球范围内更好地维护中国利益。

第二节　研究思路、主要内容与创新

一　研究思路

本书的研究思路大致是通过对中国和非洲的发展道路进行历史梳理，探寻二者在发展道路上的经验教训以及发展差异。因此前三章注重论述中国的情况，介绍了马克思主义中国化历程，充分证明了坚持马克思主义领导的科学社会主义能够引领发展中国家实现国家发展。随后将重点转向新时代下，习近平总书记治国理政这一深邃思想及其引领的实践，并对其创新以及内涵展开论述。习近平治国理政的思想理念作为习近平新时代中国特色社会主义思想的重要组成部分，在当前国际格局快速调整、全球发展赤字激增的情况下，为世界提供了理念性公共产品，对非洲也具有重要的启示意义。

随后的第四至第六章关注非洲的发展道路，尤其是同中国道路更为贴近的非洲社会主义，通过对这一问题的细致分析寻找非洲发展过程波折不断的原因。与此同时，第六章侧重探讨冷战结束以来非洲社会主义乃至非洲左翼政党的新发展态势。那些曾经走过社会主义道路、左翼政党势力强大的非洲国家在某种程度上更易理解中国的道路选择，通常也对中国更加亲近，是进行中非治国理政经验交流的重要伙伴。

百年未有之大变局下，非洲追求自主发展的决心强劲、步伐显著加快，这为新时代加强中非治国理政经验交流提供了全新的契机。在实践过程中，中国发展成就显著、发展经验丰富，在中非治国理政交流中是重要的经验分享者，非洲国家也多次表态希望学习中国的发展治理经验。为此，第七章和第八章便聚焦习近平治国理政的思想理念在非洲的传播与交流，这也符合当前中非治国理政经验交流的发展趋势。总体而言，本书通过对中非双方发展道路的比较与借鉴，探寻新时代中非如何更好地开展治国理政经验交流，以期促进中非共同发展与文明互鉴。

二　主要内容

本书分析了社会主义在中国和非洲的不同发展历程，在历史与现实对照的视野下探寻推进中非治国理政经验的交流互鉴，以相互支持走符合国情的发展道路的方法。除导论与结语外，本书共包含八章，第一章为马克思主义中国化及其启示，回溯马克思主义中国化的历史进程，总结中国特色社会主义的发展经验；第二章探讨了习近平治国理政的思想理念这一马克思主义中国化最新成果对非洲发展的意义，并以非洲驻华大使延安行作为案例分析中非治国理政经验交流的实践；第三章系统阐述习近平治国理政的思想理念的丰富内涵；第四章从非洲出发，探寻非洲社会主义的发展历程，对其产生背景、理论渊源、显著特征、历史沿革与现实状况等进行了分析；第五章阐释了非洲社会主义的实践与问题，在对非洲社会主义的四大流派及其实践进行分析的基础之上，剖析非洲社会主义存在的问题，探讨非洲社会主义运动陷入低潮的原因；第六章讨论了非洲社会主义的新探索，从分析非洲的现实需求出发，阐述社会主义在非洲重现活力的表现，并以坦桑尼亚、加纳与南非为例进行了国别研究；第七章从传播学角度探讨习近平治国理政的思想理念在非洲传播的媒介、主体与受众；第八章则进一步分析了习近平治国理政的思想理念在非洲传播的原则、框架与策略。结语部分从中非历史与现实出发，阐述习近平治国理政的思想理念在非洲传播对于中非的双向意义，强调中非文明互鉴与深层对话的重要性，进而结合非洲国家的发展现实，从理论上探讨习近平治国理政的思想理念在非洲的传播之“道”。

三　创新之处

第一，弥补了国内外学界在对非洲社会主义现状研究的不足。20 世纪 90 年代民主化浪潮后，非洲社会主义运动陷入低潮期。大量的非洲研究开始转向非洲的民主政治制度，后来又更多地探讨非洲的经济发展问题，中国国内非洲社会主义研究也陷入低谷。国外学界甚至发出非洲社会主义已死的论断，相关研究成果数量骤减。本研究是对该问题的弥补。

第二，丰富习近平治国理政的思想理念在非洲传播的理论研究。当前学界对习近平总书记对外宣传的理念和论述较为关注，但甚少有人系统研究习近平治国理政的思想理念在特定区域国别的传播情况。研究习近平新时代中国特色社会主义思想在非洲的传播与影响状况，让非洲朋友能更好理解当代中国，无疑具有重要意义。

第三，扩展中非关系研究的范围，帮助非洲多面向了解中国和加深认同。以往学者对非洲问题的研究更多关注中国在非洲的经济活动、中国在非国家形象、中国企业在非存在的问题、中国媒体对非报道策略等，很少从习近平治国理政的思想理念与非洲发展这个宏观层面来开展研究。因此本书将扩展非洲问题研究的范围，帮助非洲了解中国未来发展路径和方向、更加理解对非政策背后的制度设计，增强中非进一步深度合作的信心。

第四，分享中国经验和中国智慧，开辟中非治国理政经验交流互鉴的新境界。中国成熟稳定的政治社会制度与令人瞩目的发展成就给广大非洲国家带来了希望。在发展道路的选择上，中国人民充分尊重非洲人民的选择，并乐于介绍中国经验和中国智慧，这也体现了中国勇于承担大国责任，构建人类命运共同体的努力。本书充分体现了中国共产党人和中国人民的政治自信和文化自觉，开辟了中非治国理政经验交流互鉴的新境界。

第一章　马克思主义中国化及其启示

在马克思主义诞生之前，社会主义思想就已经产生。1516 年，西欧正值封建社会向资本主义社会的过渡阶段，英国思想家托马斯·莫尔撰写的《乌托邦》一书横空出世，标志着空想社会主义的诞生。1849 年，罗伯特·欧文出版了《人类思想和实践中的革命》。在这 333 年中，社会主义思想内涵不断丰富，但始终停留在空想阶段。空想社会主义在发展过程中，主要有以下特征：一是严厉地揭露和批判资本主义；二是提出了建设新的社会制度的一些建议；三是空想社会主义本质是唯心主义的。不过，空想社会主义仅是对资本主义制度的部分改良，并不能成功地指导实践。

19 世纪三四十年代，资本主义生产力与生产关系进一步发展，为马克思和恩格斯思想的产生创造了条件。1848 年，马克思和恩格斯发表了《共产党宣言》，标志着社会主义由空想向科学迈进。马克思主义诞生后，指导了一代代无产阶级政党的发展，这些政党在实践斗争中获得新的认知，进而对马克思主义进行更新与发展，使得马克思主义永葆生命力。历史实践告诉我们，马克思主义是科学的真理，经得起实践的检验。其组成部分——科学社会主义也因此具有强大的生命力和显著的优越性。马克思与恩格斯的共同努力加快了马克思主义的诞生，二者对社会主义的发展和实践作出了重大贡献。

其一，马克思主义唯物史观（历史唯物主义）揭示了经济基础决定上层建筑，也明确了社会主义必将取代资本主义的历史发展规律。1845 年，马克思和恩格斯合作撰写了《德意志意识形态》，该书是二人对历史唯物主义第一次全面系统的论述。马恩二人在其中提出，生产力的增长和与此有关的世界交往的普遍发展是实现共产主义的前提。“因为如果没有这种发展，那就只有贫穷、极端贫困的普遍化；而在极端贫困的情况下，必须重新开始争取必需品的斗争，全部陈腐污浊的东西又要死灰复燃。”[①] 马恩二人批判吸收了黑格尔辩证法的合理之处以及费尔巴哈唯物主义的相关思想，使得历史唯物主义成为解释社会现象的有力武器。历史唯物主义认为，人类社会的发展是一个有着自身规律性的进化过程。社会存在决定社会意识，阶级斗争是生产力与生产关系的矛盾的产物。以唯物史观来考察资本主义社会会发现，资本主义只是人类历史漫长发展过程中的一个阶段。它有着无法克服的基本矛盾，即生产的社会化和生产资料私人占有之间的矛盾。因此，周期性的经济危机持续爆发，无产阶级和资产阶级之间的矛盾也无法调和。无产阶级必须解放自己、解放全人类，解决资产阶级的矛盾，建立共产主义社会。

其二，马克思主义政治经济学提出了剩余价值理论，深刻揭示了资本主义的根本问题，描绘了共产主义社会的基本特征。马克思主义政治经济学批判吸收了英国古典政治经济学的核心要义。他提出，亚当·斯密认识到了剩余价值的真正起源[②]，而大卫·李嘉图则揭示和说明了阶级之间的经济对立。[③] 此后在《资本论》中马克思全面阐述了剩余价值理论。恩格斯在1880年发表的《社会主义从空想到科学的发展》一文中指出，无偿劳动的占有是资本主义生产方式和通过这种生产方式对工人进行的剥削的基本形式；即使资本家按照劳动力作为商品在商品市场上所具有的全部价值来购买其工人的劳动力，他们从这种劳动力榨取的价值仍然比对这种劳动力的支付要多；这种剩余价值归根到底构成了有产阶级手中日益增加的资本量以及由

---

① 中共中央马克思恩格斯列宁斯大林著作编译局编译《马克思恩格斯文集》（第1卷），人民出版社，2009，第538页。

② 中共中央马克思恩格斯列宁斯大林著作编译局编译《马克思恩格斯全集》（第33卷），人民出版社，2004，第56页。

③ 中共中央马克思恩格斯列宁斯大林著作编译局编译《马克思恩格斯全集》（第34卷），人民出版社，2008，第184页。

以积累起来的价值量。[①] 马克思的剩余价值理论揭露了资本主义财富积累的手段，道出了资本主义生产方式的秘密。而改变这种剥削的方式，必须“剥夺剥夺者”，彻底改造资本主义社会。

其三，马克思主义科学地阐述了科学社会主义的实现过程与所需条件。《共产党宣言》明确提出了从资本主义向社会主义过渡的十一条措施：“无产阶级必须建立一个政党；无产阶级必须推翻资产阶级统治，建立起自己的政治统治；农民是无产阶级的天然同盟军；暴力革命是无产阶级革命的一般规律；过渡时期的国家只能是无产阶级的革命专政；消灭私有制；把全部生产资料掌握在国家手里，把全部信贷和运输业集中在国家手里；实行“两个决裂”，对整个社会实行一系列革命性的根本改造；尽可能快地增加生产力的总量；计划调节；全世界无产者必须联合起来。”[②]

马克思主义通过对上述规律的阐释与分析，实现了对空想社会主义的超越，确立了科学社会主义的基本原则，大致有以下六条：人类社会从资本主义发展到社会主义、共产主义是一个客观的、自然的进程；人类社会由资本主义向社会主义、共产主义的发展必须经过工人阶级和人民大众自觉的、长期的斗争才能实现；人类社会从资本主义发展到社会主义、共产主义必须要有社会主义、共产主义政党的正确领导；人类社会从资本主义发展到社会主义、共产主义，工人阶级和劳动人民必须掌握政权；人类社会从资本主义发展到社会主义、共产主义，工人阶级和劳动人民掌握政权后，还要经历几个历史阶段才能逐步建成社会主义、共产主义；人类社会从资本主义发展到社会主义，共产主义的目标是实现人的解放。[③]

总体而言，马克思主义为社会主义建设提供了思想指导，是社会主义实践的理论源泉。由于马克思、恩格斯所处历史时代的局限性，马恩二人并没

---

① 辛向阳：《恩格斯对科学社会主义的贡献》，《马克思主义研究》2020 年第 10 期，第 77~78 页。

② 石镇平：《马克思对社会主义理论的三大贡献》，《马克思主义研究》2018 年第 3 期，第 30~37 页。

③ 蒲国良：《社会主义思想：从乌托邦到科学的飞跃（1516—1848）》，北京师范大学出版社，2018，第 590~604 页。

有对共产主义社会进行更多的论述，以避免落入空想社会主义的窠臼。马克思主义诞生后，推动了社会主义从空想向科学的转变，其在全世界的传播对世界社会主义运动影响深远，而马克思主义中国化就是马克思主义发展进程和世界社会主义运动中取得的重要成果。

第一节　马克思主义中国化的历史进程

中国共产党的百年历史，也是马克思主义中国化的百年历史。中国共产党坚持把马克思主义基本原理同中国具体实际相结合，实现马克思主义中国化的两次历史性飞跃，探索到两条有中国特色的成功道路，即农村包围城市、武装夺取政权的中国式革命道路，以及党的十一届三中全会后建设有中国特色的社会主义道路。[①] 党的十八大以来，中国共产党人与时俱进，开拓创新，面对新时代坚持和发展什么样的中国特色社会主义、怎样坚持和发展中国特色社会主义的问题，创立了习近平新时代中国特色社会主义思想，实现了马克思主义中国化新的飞跃。而马克思主义中国化的百年历程与经验，无论对于中国还是其他国家，都具有借鉴意义。

近代以来，由于西方列强的殖民，中国逐步沦为半殖民地半封建社会。这时救亡图存、民族独立和人民解放成为中华民族最为关键的问题，这就是要实现“站起来”的目标。为此，一代又一代的有识之士上下求索，探寻实现民族独立、人民解放的“正路”，各个阶级阶层、各种政治力量提出了不同的救国方案，探索不同的复兴道路。

1911 年，孙中山领导的辛亥革命，推翻了中国几千年的封建君主专制制度，建立了中国历史上第一个资产阶级共和政府，使民主共和的观念开始深入人心，开启了思想进步和民族觉醒的大门。但遗憾的是，由于资产阶级的局限性以及中外反动势力过于强大，辛亥革命并未改变中国半殖民地半封建社会的性质及广大人民群众的悲惨境遇。之后袁世凯窃取政权，在上演复

① 石仲泉主编《中国共产党与马克思主义中国化》，中国人民大学出版社，2011，第 27~29 页。

辟的丑剧之后，中国陷入了军阀割据混战的局面。1917 年俄国十月革命成功，诞生了世界上的第一个社会主义国家，为灾难沉重的中华民族带来了希望，也为尚在迷途中的中国先进知识分子指引了方向。

十月革命后，以李大钊、陈独秀为代表的中国先进知识分子成为马克思主义的最初信仰者和传播者。1918 年下半年到 1919 年初，李大钊发表了《法俄革命之比较观》《庶民的胜利》《布尔什维主义的胜利》《新纪元》四篇文章，宣传、歌颂十月革命的成果。陈独秀主编的《新青年》杂志，不断发表介绍马克思主义、社会主义革命以及中国工人阶级状况的文章，成为传播马克思主义的阵地。1919 年 9 月，杂志刊登了马克思主义专号，登载了李大钊的《我的马克思主义观》文章，对马克思主义进行了比较全面的介绍。《我的马克思主义观》是李大钊成为马克思主义者的标志，是五四新文化运动的重要转折点，也是马克思主义在中国开始广泛传播的重要标志。①

五四运动以后，除北京原有的宣传马克思主义的刊物《新青年》《每周评论》以外，毛泽东在长沙主编的《湘江评论》和周恩来在天津主编的《天津学生联合会报》等都对马克思主义的传播起了重要作用。各地出现的研究新思想学说的团体，如李大钊在北京组织的“马克思学说研究会”、陈独秀在上海组织的“马克思主义研究会”，毛泽东、蔡和森等人在湖南组织的“新民学会”，周恩来在天津组织的“觉悟社”等，对马克思主义的传播也起了重要作用。中国先进知识分子接受马克思主义后，随即将其应用于中国社会研究，推动马克思主义与中国现实相结合。一方面，他们积极投身社会实践，调查中国工人生活状况、开展社会宣讲、了解下层民众；另一方面，他们创办工人补习学校、工人夜校和识字班，成立工人俱乐部，把马克思主义思想传播到工人队伍中去。

① 李继华：《李大钊〈我的马克思主义观〉的核心论断与写作时间新探》，载中国共产党创建史研究中心编《中共创建史研究》（第 2 辑），上海人民出版社，2017，第 185 页。

一　马克思主义中国化的第一次历史性飞跃

1920年初，李大钊和陈独秀等人开始酝酿建党的问题。在法国留学的蔡和森则明确提出应该建立“中国共产党”。在共产国际代表的帮助下，上海、北京、武汉、广州、长沙、济南等地的先进知识分子，建立了党的早期组织。在法国和日本留学的青年学生，也成立了党的早期组织。1921年7月23日至8月初，中国共产党第一次全国代表大会在上海和浙江嘉兴召开。参加会议的各地代表有：李达、李汉俊、张国焘、刘仁静、毛泽东、何叔衡、王尽美、邓恩铭、陈潭秋、董必武、周佛海、陈公博，包惠僧受陈独秀派遣参加了会议。他们代表着全国50多名党员。共产国际代表马林和尼科尔斯基列席了会议。经过讨论，大会于7月23日通过了中国共产党的第一个纲领和决议，并选举产生党的领导机构——中央局。中共一大召开标志着中国共产党的正式成立，是近代中国社会进步和革命发展的客观要求。自从有了中国共产党，中国革命面貌焕然一新。

如果说在中国共产党成立以前，马克思主义还只是在大城市的精英知识分子中传播，那么中国共产党成立以后，随着对马克思主义的进一步宣传，马克思主义信仰的种子就逐步撒向全国劳苦大众，在广大基层群众间扎根，使得马克思主义逐步实现大众化。

1922年7月16日至23日，中国共产党第二次全国代表大会在上海召开。中共二大正确地分析了中国的社会性质，以及中国革命的性质、对象、动力和前途，指出了中国革命要分两步走，在中国近代史上第一次明确地提出了反帝反封建的民主革命纲领，为中国各族人民的革命斗争指明了方向，对中国革命具有重大、深远的意义。但是党的二大对中国国情和中国革命的了解及马克思主义的运用是初步的，未能充分认识到无产阶级的革命领导作用。在1923年6月召开的党的三大上，中国共产党根据当时的国内形势，在共产国际的建议下，确立了以党内合作方式，即采取共产党员以个人身份加入国民党的方法，实行国共合作，建立革命统一战线。1924年1月召开的中国国民党第一次全国代表大会，同样也确定了“联俄、联共、扶助农工”的三大政策，标志着第一次国共合作的开始。国共合作标志着全国各革命阶级统一战线的形成，使反帝反封的国民革命出现了新局面。但与此同时，统一战线内部的阶级矛盾和国共两党的矛盾逐渐加剧。到 1927 年，蒋介石、汪精卫相继叛变革命，第一次国共合作统一战线破裂，大革命以失败告终。

1927 年 8 月 1 日，中国共产党员周恩来、叶挺、贺龙、朱德率领部队发动南昌起义，打响了武装反抗国民党反动统治的第一枪，标志着中国共产党独立领导革命战争和创建革命军队的开始。随后中国共产党于 8 月 7 日召开“八七会议”，确定武装夺取政权的方针。9 月，毛泽东以长沙为据点，在湖南省、江西省发动秋收起义。在 9 月 15 日进攻长沙失败后，毛泽东率领剩余起义部队前往位于江西省的井冈山。1928 年 4 月 28 日，朱德的南昌起义部队与毛泽东的秋收起义部队在江西省井冈山会师，并于 1928 年 5 月合并组建为中国工农红军。后来中国共产党便在创建的革命根据地开展土地改革，并与国民党反动派部队在 1930 年至 1934 年发生 5 次反“围剿”战争。1934 年，由于第五次反“围剿”战争的失败，中国工农红军主力被迫实行战略大转移。

毛泽东同志从 1921 年参与建党，到 1930 年建立中央苏区，亲身经历了中国共产党的发展过程，对中国社会实际情况和中国革命具体状况有了深入了解。此后，他开始将马克思主义运用到中国具体革命实际中。在 1930 年发表的《反对本本主义》中，毛泽东同志写道：“我们的斗争需要马克思主义……马克思主义的‘本本’是要学习的，但是必须同我国的实际情况相结合。我们需要‘本本’，但是一定要纠正脱离实际情况的本本主义。”① 在当时共产国际运动和中国共产党内盛行将马克思主义教条化时，毛泽东同志已经开始考虑将马克思主义与中国实际相结合了。1935 年 1 月，长征途中的中国工农红军第一方面军在遵义市召开中央政治局第一次扩大会议，博古和李德的军事路线遭到毛泽东等人的批判。这是中国共产党历史上一个生死

① 毛泽东：《毛泽东选集》（第一卷），人民出版社，1991，第 111 页。

攸关的转折点。在这次会议中，中国共产党第一次独立自主地运用马列主义基本原理解决自己的路线、方针和政策问题。遵义会议确立了毛泽东同志在红军和党中央的领导地位，开始形成以毛泽东同志为核心的党的第一代中央领导集体，标志着中国共产党和革命事业转危为安。

1935 年 12 月 17 日至 25 日，中共中央政治局在陕北瓦窑堡举行扩大会议（即瓦窑堡会议）。这次会议分析了华北事变后国内阶级关系的新变化，讨论了抗日民族统一战线、国防政府和抗日联军等问题，批判了党内长期存在着的“左”倾冒险主义和关门主义错误，制定了新的策略。这次会议是土地革命战争到抗日战争转折时期召开的一次极为重要的会议，是遵义会议的继续和发展。会议提出关于建立抗日民族统一战线的理论和策略，说明中国共产党善于总结过去革命失败的经验，学会用从中国实际出发的理论来指导中国革命实践。

毛泽东同志到达陕北后，先后在《中国革命战争的战略问题》《实践论》《矛盾论》《改造我们的学习》等论著中，丰富和发展马克思主义认识论和辩证法思想，创立中国化马克思主义的哲学基础。而在《中国革命和中国共产党》《新民主主义论》《论联合政府》等论著中，毛泽东同志深刻揭示了中国社会的主要矛盾是中华民族与帝国主义、中国人民与封建主义之间的矛盾，中国社会的性质是半殖民地半封建社会，中国革命的性质是无产阶级领导的、人民大众的、反帝反封建的新民主主义革命，指出了中国革命分“两步走”的战略思想，首先取得新民主主义革命的胜利，之后再向社会主义发展，这些重大理论观点回答了长期困扰人民思想的重大问题，形成了新民主主义理论。此外，毛泽东同志创作的《论持久战》等军事著作，解决了创建新型军队的问题，规定了党对军队绝对领导的根本原则，阐述了人民战争的思想和战略战术，创立了毛泽东军事思想；创作的《论政策》等关于政策策略的著作，阐明了革命斗争中政策和策略的重要意义和丰富内涵，形成了政策和策略思想；创作的《在延安文艺座谈会上的讲话》等著作，形成了思想政治工作和文化工作的丰富思想；创作的《〈共产党人〉发刊词》《整顿党的作风》等著作，创立了毛泽东思想建党学说。这些著作标志着毛泽东思想日渐丰富和成熟。

1941 年 5 月，毛泽东同志在延安高级干部会议上作《改造我们的学习》的报告，标志着高级领导干部整风学习的开始。9 月召开的中共中央政治局扩大会议讨论了土地革命战争后期党的领导路线问题，当时在中央工作的一些领导人检讨了过去的教条主义错误，并对毛泽东的领导和思想理论贡献作出了高度评价。随着高级领导干部整风的开展和对历史经验的总结，党的领导人和负责人讲话或撰文开始更加注意将马克思主义中国化、中国化的马克思主义和毛泽东的理论与实践紧密联系起来论述。1945 年 4 月 20 日中共六届七中全会通过《关于若干历史问题的决议》，该决议总结了建党以来的历史经验，对若干重大历史问题作出了详细结论，着重批评了土地革命战争时期党内曾经出现的把马克思主义教条化、把国际决议和苏联经验神圣化的错误倾向，揭示了历次“左”倾错误在政治、军事、组织、思想方面的表现及其产生的社会根源、思想根源。同时，该决议高度评价了毛泽东同志运用马克思列宁主义解决中国革命问题的杰出贡献，指出在全党确立毛泽东同志领导地位的重大意义。党的六届七中全会的召开和《关于若干历史问题的决议》的通过，标志着整风运动以胜利告终，增强了全党在毛泽东思想基础上的团结，为党的七大的召开和把毛泽东思想的指导地位载入党章，做好了思想上的准备。

1945 年 4 月 23 日至 6 月 11 日召开的党的七大明确提出，“以马克思列宁主义的理论与中国革命的实践之统一的思想——毛泽东思想，作为我们党一切工作的指针”。会议决定，把毛泽东思想作为党的行动指南写入党章，确立毛泽东思想在全党的指导地位。在马克思主义中国化的历史进程中，党的七大占有特殊且重要的地位。一方面，它把党的革命建国理论又向前推进了；另一方面，它对马克思主义中国化已经取得的成果进行了系统总结，明确了毛泽东思想的指导地位。在毛泽东思想指引下，中国革命进程加速推进，新民主主义革命在全国取得彻底胜利，从根本上扭转了近代以来中国历史发展的趋势，中国人民成功实现了“站起来”的目标，中国历史从此开辟了一个新的时代。

从 1946 年夏到 1947 年 6 月，各解放区军民粉碎了国民党军队的全面进攻和重点进攻。1947 年 6 月起，人民解放军开始了全国性的反攻。从 1948 年 9 月到 1949 年 1 月，人民解放军先后发动了辽沈、淮海、平津三大战役，基本上消灭了国民党军队的主力，加速了人民解放战争在全国的胜利。1949 年 3 月上旬党的七届二中全会召开后，中国革命形势急剧发展。1949 年 3 月下旬，中央政府进驻北平；4 月，人民解放军百万雄师过大江，南京得到解放，国民政府节节败退；9 月 21 日，中国人民政治协商会议第一届全体会议在北平召开，会议通过了《中国人民政治协商会议共同纲领》；10 月 1 日，中华人民共和国成立，标志着新民主主义革命取得胜利。新中国的诞生，从根本上结束了帝国主义、封建主义、官僚资本主义的统治历史，人民第一次成为国家的主人。中华民族一洗百年来蒙受的屈辱，开始以崭新的姿态屹立于世界民族之林。[①] 而中国共产党之所以能领导人民夺取革命的胜利，最根本的一点，就是坚持以中国化的马克思主义——毛泽东思想为指导。因而这一时期也被称为“马克思主义中国化的第一次历史性飞跃”，即中国共产党在新民主主义革命时期，开辟了一条农村包围城市、武装夺取政权的，完全不同于俄国十月革命的道路，并创立了毛泽东思想体系。

二　马克思主义中国化的第一次历史性飞跃的延伸

根据 1949 年至 1978 年中国共产党对马克思主义的理解以及对社会主义的曲折探索过程，有学者把这段时期称作马克思主义中国化的第一次历史性飞跃的延伸和第二次历史性飞跃的准备。此时，摆在中国共产党面前的突出难题是如何在一个落后的亚洲国家建立和发展社会主义制度、进行现代化建设。之所以称为第一次历史性飞跃的延伸，是因为其建立在 1956 年建立社会主义基本制度的基础上，而之所以称之为马克思主义中国化第二次历史性飞跃的准备，是因为从这时起党已经提出要将马克思主义理论与中国社会主

① 当代中国研究所：《中华人民共和国简史（1949—2019）》，当代中国出版社，2019，第 7 页。

义建设相结合的问题。[1] 就其实践成果而言，中国共产党在这一历史时期开辟了一条适合中国特点的社会主义改造道路，但由于缺乏社会主义建设经验，党在建设社会主义的过程中犯了错误并遭受挫折，没有实现第二次飞跃。

此时期的探索主要分为五个阶段。[2]

第一阶段：建设新民主主义社会时期（1949～1952 年）。这三年在马克思主义中国化第一次飞跃产生的新民主主义理论指导下，中国全面实施《中国人民政治协商会议共同纲领》规定的新民主主义革命时期任务，执行新民主主义时期制定的政治、文化纲领，使生产力与生产关系、经济基础与上层建筑处于基本适应状态，为后续在全国进行社会主义三大改造、建立社会主义制度奠定了基础。

第二阶段：提出过渡时期总路线，进入社会主义改造时期（1953～1956 年）。从 1953 年起，在国民经济恢复的基础上，根据变化了的国内、国际形势的需要，参照苏联社会主义建设的经验和对社会主义的理解，党中央提出过渡时期总路线，即逐步实现国家的社会主义工业化，同时对农业、手工业和资本主义工商业进行社会主义改造。在完成三大改造任务后，中国初步建立起社会主义基本制度。

第三阶段：中国社会主义建设道路的曲折发展时期（1956～1966 年）。社会主义改造基本完成以后，中国共产党领导全国各族人民开始进入全面的大规模的社会主义建设时期。鉴于苏联模式已暴露出一些弊端，各个社会主义国家都在探索符合本国国情的改革道路。1956 年，党中央和毛泽东同志再次提出要将马克思主义与中国实际相结合。党的八大开启了探索社会主义建设道路的良好开端，20 世纪 60 年代初的调整时期，中国共产党在许多方面纠正了对社会主义的错误认识，遭受严重破坏的国民经济得到恢复，并有一定发展。党在这个时期的严重错误，主要表现为两个方面：在经济发展和

---

① 石仲泉：《马克思主义中国化的历史发展》，《中共党史研究》2006 年第 4 期，第 3～12 页。

② 石仲泉主编《中国共产党与马克思主义中国化》，中国人民大学出版社，2011，第 160～161 页。

生产关系变革上，是1958年开展的“大跃进”和人民公社化运动；在阶级斗争问题上，先是1957年的反右派斗争和1959年的反右倾斗争，后是1962年八届十中全会开始的“以阶级斗争为纲”的理论和实践。这些运动的持续发展，导致了“文化大革命”的发生。总体而言，这十年是党对中国社会主义建设道路艰辛探索的十年。

第四阶段：“文化大革命”时期（1966~1976年）。十年的“文化大革命”，使党、国家和人民遭受了新中国建立以来最严重的挫折和损失，它既脱离了中国实际，又背离了马克思主义，使马克思主义中国化走上歧途。1976年9月毛泽东逝世，江青反革命集团加紧夺取党和国家最高领导权的阴谋活动。同年10月上旬，中共中央政治局执行党和人民的意志，毅然粉碎了江青反革命集团，结束了“文化大革命”这场灾难。这是全党、全军和全国各族人民长期斗争取得的伟大胜利。

第五阶段：徘徊中前进和准备转变时期（1976~1978年）。结束“文化大革命”后的两年间，华国锋提出“两个凡是”的指导方针，随后，关于真理标准问题的大讨论冲破了“两个凡是”的束缚，推动了全国性的思想解放运动，打开了对外开放和对各方面体制进行改革的新局面。[①] 这为实现马克思主义中国化的第二次历史性飞跃，即以改革开放和社会主义现代化建设为内容的第二次伟大革命作了重要准备。此时国民经济明显复苏并呈现较快发展态势，但同时也在部分党和国家领导人以及群众中出现了急于求成的倾向。[②]

三　马克思主义中国化的第二次历史性飞跃

1978年12月，党中央召开中共十一届三中全会。全会形成的以邓小平为核心的第二代中央领导集体，承担起艰巨的使命，带领中国实现了伟大的历史性转折，开创了中国社会主义事业发展的新时期。马克

① 本书编写组编著《中国共产党简史》，人民出版社、中共党史出版社，2021，第221页。

② 当代中国研究所：《中华人民共和国简史（1949—2019）》，当代中国出版社，2019，第66页。

思主义中国化第二次历史性飞跃也从此开始，这个飞跃与当今的中国社会发展相随，还在继续前行之中。在这段时期，马克思主义中国化的历史进程大致分为五个阶段。①

第一个阶段，为党的十一届三中全会至1982年党的十二大前（1978~1982年）。这一时期，以邓小平为核心的党的第二代中央领导集体确定了“以经济建设为中心”的基本路线，在作出改革开放的战略决策后，又提出坚持四项基本原则的理念，“一个中心，两个基本点”思想初步形成，拨乱反正工作全面展开，社会主义民主法制建设逐步走上正轨，改革开放和国民经济调整取得积极成效，党和国家制度改革稳步推进，各项事业蓬勃发展。②

第二个阶段，为党的十二大至1992年邓小平南方谈话发表和党的十四大前（1982~1992年）。1984年10月，党的十二届三中全会通过《中共中央关于经济体制改革的决定》，阐明了加快以城市为重点的整个经济体制改革的必要性、紧迫性，规定了改革的方向、性质、基本任务和各项基本方针政策，是指导我国经济体制改革的纲领性文件。1987年10月召开的党的十三大，系统阐述了社会主义初级阶段理论，提出了党在社会主义初级阶段的基本路线，即“领导和团结全国各族人民，以经济建设为中心，坚持四项基本原则，坚持改革开放，自力更生，艰苦创业，为把我国建设成为富强民主文明的社会主义现代化国家而奋斗”；确认了邓小平提出的“三步走”的经济发展战略，明确了中国经济体制改革的市场导向。随后，党经受住了国内国外的一系列严峻考验，稳住了阵脚。在前五年，改革注重对内搞活发展、对外开放；后五年，则着重治理整顿、协调发展，努力保持国民经济持续、稳定发展，改革开放和社会主义现代化建设事业即将进入一个新的阶段。③

① 石仲泉主编《中国共产党与马克思主义中国化》，中国人民大学出版社，2011，第314~315页。

② 本书编写组编著《中国共产党简史》，人民出版社、中共党史出版社，2021，第240页。

③ 本书编写组编著《中国共产党简史》，人民出版社、中共党史出版社，2021，第278页。

第三个阶段，是从邓小平“南方谈话”发表和党的十四大到2000年（1992~2000年）。20世纪80年代末90年代初，中国面临重要历史关头，1992年的邓小平“南方谈话”和党的十四大，牢牢地把握住中国特色社会主义的发展方向，使我们国家的改革朝着建立社会主义市场经济体制的方向前进。党的十四大初步确立邓小平建设有中国特色社会主义理论在全党的指导地位，中国改革开放和现代化建设进入新的阶段。在1993年党的十四届三中全会制定社会主义市场经济体制的纲领后，各个领域的改革不断深入，对外开放加快脚步。1997年召开的党的十五大高举邓小平理论伟大旗帜，提出了社会主义初级阶段的基本纲领，明确了中国跨世纪发展的奋斗目标和任务。这段时期，改革开放取得丰硕成果，社会主义市场经济体制初步建立，社会主义民主法治建设成效显著，依法治国基本方略全面实施，人民生活总体上实现了由温饱到小康的历史性跨越。①

第四个阶段，为进入21世纪后至党的十八大前（2001~2012年）。党的十五大以后，以江泽民同志为核心的党的第三代中央领导集体逐渐形成“三个代表”重要思想，并经党的十六大确立为党的指导思想。随后，以胡锦涛同志为总书记的党中央又提出“以人为本”的科学发展观等系列重大战略思想，中国特色社会主义事业形成了包括经济建设、政治建设、文化建设、社会建设在内的“四位一体”的总体格局。在复杂的国内外形势下，中国抓住重要的战略机遇期，成功应对各种挑战，着力保障和改善民生，构建社会主义和谐社会，促进公平正义，推动构建和谐世界，推进中国共产党执政能力建设和先进性建设，在新的历史起点上坚持和发展了中国特色社会主义。② 同时，这段时期也是全面建设小康社会实践的重要时期。

---

① 当代中国研究所：《中华人民共和国简史（1949—2019）》，当代中国出版社，2019，第92页。

② 当代中国研究所：《中华人民共和国简史（1949—2019）》，当代中国出版社，2019，第116页。

第五个阶段，为党的十八大至今（2012 年至今）。自 2012 年党的十八大以来，国内外形势变化和中国各项事业发展都给中国共产党提出了一个重大时代课题，即系统回答新时代坚持和发展什么样的中国特色社会主义、怎样坚持和发展中国特色社会主义。这一课题要求解决新时代坚持和发展中国特色社会主义的总目标、总任务、总体布局、战略布局和发展方向、发展方式、发展动力、战略步骤、外部条件、政治保证等基本问题，并且要根据新的实践对经济、政治、法治、科技、文化、教育、民生、民族、宗教、社会、生态文明、国家安全、国防和军队、“一国两制”和祖国统一、统一战线、外交、党的建设等各方面作出理论分析和政策指导，从而更好坚持和发展中国特色社会主义。围绕这个重大时代课题，中国共产党坚持以马克思列宁主义、毛泽东思想、邓小平理论、“三个代表”重要思想、科学发展观为指导，坚持解放思想、实事求是、与时俱进、求真务实，坚持辩证唯物主义和历史唯物主义，紧密结合新的时代条件和实践要求，以全新的视野深化对共产党执政规律、社会主义建设规律、人类社会发展规律的认识，进行艰辛理论探索，取得重大理论创新成果，形成了习近平新时代中国特色社会主义思想。①

当前，以习近平同志为核心的党中央统筹推进“五位一体”总体布局，协调推进“四个全面”战略布局，加强党的全面领导，坚持和完善中国特色社会主义制度，推进国家治理体系和治理能力现代化，着力提升人民群众获得感、幸福感、安全感，解决了许多长期想解决而没有解决的难题，办成了许多过去想办成而没有办成的大事，推动党和国家事业发生历史性变革、取得历史性成就。② 今天，我们正前所未有地接近实现中华民族伟大复兴的目标。

① 《习近平说，新时代中国特色社会主义思想是全党全国人民为实现中华民族伟大复兴而奋斗的行动指南》，2017 年 10 月 19 日，新华网，http://www.xinhuanet.com//politics/19cpcnc/2017-10/18/c_1121820173.htm，最后访问日期：2022 年 6 月 30 日。

② 本书编写组编著《中国共产党简史》，人民出版社、中共党史出版社，2021，第 530 页。

第二节　中国特色社会主义的成功经验

一　马克思主义中国化的理论成果对中国社会主义建设的贡献

毛泽东思想是马克思列宁主义基本原理和中国革命具体实际相结合的产物，是中国共产党人集体智慧的结晶。在新民主主义革命时期，毛泽东同志提出了关于新民主主义革命和社会主义革命的理论、路线、方针、原则，在政治、经济、文化、军事、外交和党的建设方面都作出了不朽贡献。毛泽东思想是对马克思列宁主义的丰富和发展，是中国共产党宝贵的精神财富。其一，毛泽东同志创立了一条思想路线，即实事求是的思想路线。无论是在革命年代还是在社会主义建设时期，毛泽东同志始终强调实事求是的态度，反对脱离实际的“教条主义”，是马克思主义与中国具体革命实践相结合的光辉典范①；其二，毛泽东同志根据中国革命发展和社会主义建设的实际情况，先后探索了农村包围城市、武装夺取政权的中国式的革命道路、中国式的社会主义道路，一直探索适合中国发展和建设的社会模式，不断将马克思主义理论与中国具体实践相结合；其三，在具体的革命实践中，毛泽东同志形成了新民主主义革命理论、中国式社会主义改造理论、中国式社会主义社会矛盾理论。② 在毛泽东思想的指导下，中国在这一时期确立了社会主义的根本制度，确立了以马克思主义为指导思想的社会主义意识形态，为开辟中国特色社会主义道路、创立中国特色社会主义理论体系奠定了根本制度基础和理论基础。③

---

① 王向明：《雄关漫道：马克思主义中国化的历史进程及其理论成果》，中国人民大学出版社，2015，第74页。

② 师霞：《毛泽东思想的重要内容有哪些?》，中国共产党新闻网，2021年3月20日，http://cpc.people.com.cn/GB/64156/64157/4418446.html? uc_biz_str = S: custom | C: smrobot，最后访问日期：2022年6月30日。

③ 徐光春：《中国化马克思主义的与时俱进——谈毛泽东思想与中国特色社会主义理论体系的关系》，《求是》2013年第18期，第18~21页。

邓小平坚持实事求是的思想路线和独立自主的原则，纠正了毛泽东晚年的错误，捍卫了马克思主义中国化第一次历史性飞跃的理论成果，并使马克思主义中国化的事业继续沿着正确的方向发展，实现马克思主义基本原理与中国实际相结合的第二次历史性飞跃，创立了邓小平理论。他在新的实践基础上继承前人成果又突破陈规，开拓了马克思主义的新境界，坚持科学社会主义理论和实践的基本成果，抓住“什么是社会主义、怎样建设社会主义”这个根本问题，深刻地揭示了社会主义的本质，把对社会主义的认识提高到新的科学水平。邓小平坚持用马克思主义的广阔眼界观察世界形势，对世界其他社会主义国家的成败、发展中国家的问题、发达国家的优势和矛盾，进行系统分析，作出了科学判断，形成了中国特色社会主义理论体系。①

邓小平理论也为世界各国尤其是发展中国家的现代化道路，提供了一个崭新模式。现代化是人类社会发展的必然趋势，是当今世界进步的时代主题。然而，由于各国的具体国情不同，现代化没有统一的道路和模式，每个国家的发展道路都需与本国国情相适应，否则将无法实现其现代化目标。邓小平通过对国际形势、时代特征和当代中国基本国情的系统分析与研究，在认真总结毛泽东领导中国社会主义建设历史经验的基础上，提出了一条“中国式的现代化”的新道路，创立了社会主义国家现代化的新模式。这个新模式在遵循社会发展一般规律基础上，以经济建设为中心，以改革开放为实现途径，以人民的共同富裕和社会的全面进步为根本的价值目标，促进经济、政治、文化和社会生活的各个方面稳定协调发展。这条新道路，既不同于西方资本主义国家的现代化道路，又不同于苏联僵化体制下的工业化模式，也不同于某些发展中国家的现代化模式，而是一条具有中国特色的社会主义现代化道路，对其他发展中国家实现现代化提供了一条可借鉴之路。② 邓小平对改革开放和中国特色社会主义道路的探索与推进贡献巨大，他因此被誉为中

---

① 徐光春：《邓小平理论在中国化马克思主义中的地位和作用》，《人民日报》2014 年 8 月 25 日，第 7 版。

② 雍涛：《邓小平对马克思主义中国化的主要贡献》，《中国特色社会主义研究》2005 年第 6 期，第 31~39 页。

国社会主义改革开放和现代化建设的“总设计师”。

江泽民同志坚持马克思主义的思想路线，尊重实践，尊重群众，准确把握时代特征，科学判断中国共产党所处的历史方位，围绕建设中国特色社会主义这个主题，提出了一系列新思想、新观点、新论断。特别是集中全党集体智慧形成的“三个代表”重要思想，在邓小平理论的基础之上，进一步回答了什么是社会主义、怎样建设社会主义的问题，创造性地回答了建设什么样的党、怎样建设党的问题，是对马克思列宁主义、毛泽东思想、邓小平理论的继承和发展，实现了中国共产党在指导思想上的又一次与时俱进，是对马克思主义现代化理论的又一重要发展，也是中国共产党领导中国人民建设中国特色社会主义实践经验和集体智慧的体现。①

胡锦涛同志立足社会主义初级阶段基本国情，深刻分析了中国发展的阶段性特征，在实践的基础上借鉴国外发展经验，运用马克思主义的世界观与方法论，提出“科学发展观”重大战略思想，强调“在当代中国，坚持发展是硬道理的本质要求，就是坚持科学发展”。科学发展观回答了“实现什么样的发展，怎样发展”的问题，即在发展立场上要坚持以人为本，以满足最广大人民的根本利益为工作的出发点和落脚点；在发展的基本要求上要以经济建设为中心，推动社会的全面发展；在发展的根本方法上要统筹兼顾，协调好改革进程中的各种利益关系；在发展的内容上要围绕转变经济发展方式、促进生态文明建设、建设文化强国与提高党建科学化水平，推动构建共同繁荣的和谐世界②，进一步做到了将马克思主义理论与中国具体实践相结合。科学发展观是中国共产党在认识发展问题上，形成的符合发展规律和客观实际的、科学的真理性认识。③

自党的十八大以来，以习近平同志为核心的党中央坚持和运用马克思主

---

① 王克群：《〈江泽民文选〉：对马克思主义的新贡献》，《南方论刊》2006 年第 9 期，第 4~7 页。

② 文丰安：《中国共产党与时俱进的发展理念：演进、创新和启示》，《青海社会科学》2021 年第 1 期，第 16 页。

③ 王向明：《雄关漫道：马克思主义中国化的历史进程及其理论成果》，中国人民大学出版社，2015，第 155 页。

义立场观点方法，强调中国特色社会主义是既坚持科学社会主义基本原则，又具有鲜明实践特色、理论特色、民族特色、时代特色的社会主义，是植根于中国大地、反映中国人民意愿、适应时代发展进步要求的社会主义。党的十九大提出了习近平新时代中国特色社会主义思想，这是马克思主义中国化最新成果，是 21 世纪的马克思主义。习近平新时代中国特色社会主义思想明确了新时代坚持和发展中国特色社会主义的总目标、总任务、总体布局、战略布局和发展方向、发展方式、发展动力、战略步骤、政治保证等。习近平新时代中国特色社会主义思想是党和人民实践经验和集体智慧的结晶，是中国特色社会主义理论体系的重要组成部分，为全党全国各族人民发展新时代中国特色社会主义事业提供了理论指针和行动指南，是凝聚全党全国各族人民为实现中华民族伟大复兴而不懈奋斗的思想基础，具有鲜明的实践性特点和重大指导意义。①

随着中国特色社会主义进入新时代，国际和国内形势都发生了深刻变化，以习近平同志为核心的党中央紧紧围绕中国特色社会主义这条主线，与时俱进，提出了“创新、协调、绿色、开放、共享”五大发展理念，使中国的发展理念更具有战略性、纲领性、引领性。2020 年 10 月党的十九届五中全会提出，全面建成小康社会、实现第一个百年奋斗目标之后，我们要乘势而上开启全面建设社会主义现代化国家新征程、向第二个百年奋斗目标进军，而实现国家发展目标，夺取新时代中国特色社会主义伟大胜利，必须用习近平新时代中国特色社会主义思想武装全党、指导实践、开展工作。

二　马克思主义中国化的历史经验

纵观中国共产党的百年历史，中国共产党始终坚持把马克思主义基本原理同中国具体实际相结合，整个百年党史就是中国共产党以现实变革促进理论创新，以理论创新促进现实变革的历史。而以史为鉴，总结马克思主义中

① 何毅亭：《习近平新时代中国特色社会主义思想是 21 世纪马克思主义》，《学习时报》2020 年 6 月 15 日，第 A1 版。

国化的经验与教训，不断开拓马克思主义中国化时代化新境界，需重点把握三个方面的经验启示。①

一是必须坚持和发展马克思主义。坚持和发展马克思主义，首要是坚持马克思主义基本原理不动摇。马克思主义基本原理在马克思主义的理论体系中居于核心层次。自马克思、恩格斯创立马克思主义以来，时代条件已经发生了巨大变化，但仍然没有超越马克思主义基本原理所揭示的客观规律，马克思主义至今仍然闪耀着真理的光芒，对众多当今现象仍具有理论解释力。但需注意的是，这并不等于可以对马克思主义进行教条式理解。要避免犯教条主义错误，必须与时俱进地发展马克思主义。认识真理永无止境，理论创新永无止境；国内和国际形势是不断变化的，党和人民的实践是不断前进的，指导这种实践的理论也要不断前进。

二是必须把马克思主义基本原理同中国具体实际相结合。这是中国共产党历经挫折、失败得出的深刻结论。纵观中国共产党的革命斗争史与社会主义道路探索史，所有经验均表明，必须要坚持一切从实际出发，实事求是。与此同时，必须聆听时代声音，回应时代呼唤，面向重大而紧迫的现实问题。以习近平新时代中国特色社会主义思想为例，作为马克思主义中国化最新成果，其产生就是为了解决十八大以来面临的问题，具有鲜明的时代特性。

三是必须坚持马克思主义与中华优秀传统文化相结合。中华优秀传统文化是中华民族的根和魂，中国化马克思主义本身就蕴含着中国先人的思想和智慧，如解放思想、实事求是、与时俱进、开拓创新等，这些都是中华民族精神的具体表现。只有与中华优秀传统文化相结合，才能使马克思主义更好地适应中国社会、解决中国问题、推动中国发展，进而实现中华民族伟大复兴的中国梦。马克思主义基本原理与中华优秀传统文化密切结合，探索具有中国特色、中国气派的理论表达方式和表现形式，是马克思主义中国化百年

① 刘光明：《马克思主义中国化的宝贵历史经验》，中国社会科学网，2018 年 8 月 28 日，http：//ex. cssn. cn/bk/bkpd_qklm/bkpd_bkwz/201808/t20180828_4550003. shtml，最后访问日期：2022 年 6 月 30 日。

发展的重要特征。当前，我们要在牢牢把握中华传统优秀文化内核，将二者结合创新，形成中国化马克思主义的新范式，使其发展成为蕴含着中华优秀传统文化的新理论。

在学习、继承和创新马克思主义中国化的历史经验基础之上，自党的十八大以来，以习近平同志为核心的党中央团结带领全国各族人民，总揽战略全局，把握发展大势，开启了波澜壮阔的伟大奋斗，进行了新的伟大斗争实践，开创了中国特色社会主义伟大事业全新局面，谱写了新时代中国特色社会主义新篇章。中国在政治、经济、文化、生态、社会建设等领域取得了巨大的成就，为世人所瞩目。以习近平同志为核心的党中央就新时代坚持和发展怎么样的中国特色社会主义、怎样坚持和发展中国特色社会主义这个重大时代课题进行探索，创立了习近平新时代中国特色社会主义思想，谱写新时代中国特色社会主义新篇章，其中习近平治国理政的思想理念尤为亮眼。

第二章　习近平治国理政的思想理念对非洲的意义

新中国成立以来，中国和众多非洲国家的关系不断发展，中非在反殖、反帝、反霸的艰苦斗争和推进经济建设、探寻发展之路的历史过程中结下了深厚的友谊。尽管国际形势风云变幻，中非人民始终携手同心，共谋发展，留下了无数永远为人铭记的佳话。以习近平同志为核心的新一届中央领导集体的确立，标志着中国特色社会主义进入全新的历史发展阶段，中非关系也翻开了新的一页。习近平治国理政的思想理念不仅引领着中国特色社会主义不断向前发展、取得了一系列辉煌成就，同时也为人类社会的整体进步和发展提供了强大的智力支持，尤其是对非洲探索其发展道路具有重要的启示作用。

第一节　习近平治国理政的思想理念的创新

伟大思想的产生和发展，既来源于对客观世界发展规律的正确总结和理论提炼，同时也必然建立在吸收前贤优秀思想养分的基础之上。习近平治国理政思想不仅充分吸收了马克思列宁主义、毛泽东思想、邓小平理论、“三个代表”重要思想、科学发展观的理论精华，同时也是对中国改革开放实践进程中出现的各种现象和问题的全面认识、系统总结、解决思路。理论指导实践活动，实践经验又促成理论创新，理论与实践的紧密结合和科学互动，正是习近平治国理政的思想理念具有蓬勃活力的根本原因。

一　开辟马克思主义中国化时代化新境界

中国共产党的奋斗历程就是坚持把马克思主义基本原理同中国具体实际相结合、不断坚持和发展马克思主义的历史，也是不断实现马克思主义中国化理论创新的历史。在领导中国革命、建设、改革的进程中，中国共产党不断创新发展马克思主义，将马克思主义与中国实际情况有机结合，从实际出发运用马克思主义基本原理分析和解决中国问题，在解决问题过程中实现理论创新。习近平治国理政这一重要思想理念正是中国共产党在中国改革和发展新形势下坚持和发展马克思主义的最新成果。

习近平治国理政的思想理念充分继承了马克思主义的理论精髓和根本方法。马克思主义是中国共产党的指导思想，也是习近平治国理政这一思想的基本理论来源，习近平总书记一直高度重视对马克思主义原理的学习、研究和运用。2017 年 9 月 29 日，习近平总书记在主持中共十八届中央政治局第四十三次集体学习时指出："时代在变化，社会在发展，但马克思主义基本原理依然是科学真理。尽管我们所处的时代同马克思所处的时代相比发生了巨大而深刻的变化，但从世界社会主义 500 年的大视野来看，我们依然处在马克思主义所指明的历史时代。这是我们对马克思主义保持坚定信心、对社会主义保持必胜信念的科学根据。"① 正如习近平总书记所强调的，马克思主义是我们党和人民事业不断发展的根本，是我们党和人民不断奋进的泉源。习近平治国理政的思想理念，鲜明贯彻着马克思主义立场观点方法，始终把马克思主义作为理论起点、逻辑起点、价值起点，集中体现了马克思的理论品格和精神实质，闪耀着马克思主义的真理光辉。习近平治国理政的思想理念是对马克思主义的有力继承，不仅在于对理论经典的研习传承，同时更表现为将马克思主义理论生动、灵活、有的放矢地运用到国家治理的具体

① 习近平：《习近平谈治国理政》（第二卷），外文出版社，2017，第 66 页。

实践活动中。以习近平同志为核心的党中央始终坚持辩证唯物主义的世界观和方法论，以实事求是的态度把握中国特色社会主义发展阶段中出现的新情况和新变化，按照实际情况决定工作方针，善于处理局部和全局、当前和长远、重点和非重点的关系，突出了改革的系统性、整体性和协同性，使改革成果能够更好、更为广泛地惠及广大人民。

在吸收和继承马克思主义理论精华的同时，习近平治国理政的思想理念又进一步发展和丰富了马克思主义的理论内涵，极大地推动了中国共产党在理论、实践和制度层面的全方位创新，将马克思主义中国化提升到了一个新的高度。在理论创新方面，以习近平同志为核心的党中央通过对中国国情的深入观察和分析，得出了“中国仍处于社会主义初级阶段，同时中国特色社会主义已进入深刻变革的新时代”的科学论断，正是基于这种全面、深刻的认识，习近平治国理政的思想理念提出了包括构建开放型经济新体制、总体国家安全观、人类命运共同体在内的一系列重要原创性理论。在实践创新方面，以习近平同志为核心的党中央坚持以问题为导向，大胆研究探索，积极布局定策，制定和施行了一系列重要战略规划和大政方针，极大提升了中国特色社会主义建设的速度和质量。在制度创新方面，习近平治国理政的思想理念立足于国内国际发展大局，高度重视制度建设和创新，坚持和完善中国特色社会主义制度、推进国家治理体系和治理能力现代化，为社会主义经济的持续健康发展提供了更为有力的制度保障。

伟大的时代诞生伟大的理论，伟大的理论则能最为真切地反映伟大时代的精神面貌，为伟大时代的伟大事业供给思想养分，使伟大时代绽放更为耀眼的光芒。可以说，守正与创新的辩证统一，历史逻辑与当代实践的融会贯通，广阔理论视野和深切人文关怀的有机结合，正是习近平治国理政的思想理念具有巨大魅力的原因之所在。

二　为世界和平与繁荣贡献中国智慧

习近平治国理政的思想理念植根于坚持和发展中国特色社会主义的伟大实践，具有强大的真理力量和独特的思想魅力，不仅推动党和国家的事业取得了历史性成就，也对世界的和平与繁荣具有重大意义。

中国是国际大家庭的重要一员，世界的稳定、和平是中国发展不可或缺的外部环境因素，中国的持续发展、进步则又能为世界的和平、繁荣作出巨大贡献。党的十八大以来，以习近平同志为核心的党中央深刻洞察世界格局的发展趋势，顺应并引领和平、发展、合作、共赢的时代潮流，坚持共商共建共享的全球治理观和共同、综合、合作、可持续的新安全观，构建适应国际政治经济格局新形势、新要求的全球治理体系，为人类破解和平赤字、发展赤字、治理赤字等难题提供了重要的方向和路径。

在习近平主席关于促进世界和平与发展的一系列观点与构想中，构建人类命运共同体无疑是最能反映时代精神、最富人文关怀、最具前瞻性和创新性的核心思想体系。2017 年，习近平主席在中国共产党与世界政党高层对话会上发表讲话时指出："人类命运共同体，顾名思义，就是每个民族、每个国家的前途命运都紧紧联系在一起，应该风雨同舟，荣辱与共，努力把我们生于斯、长于斯的这个星球建成一个和睦的大家庭，把世界各国人民对美好生活的向往变成现实。"① 构建人类命运共同体，就是要以维护全人类的共同利益为出发点，以实现全人类的共同幸福为最终目标，致力于构筑国家间的真正平等关系和人类共同价值观，旨在打破"零和博弈"的恶性竞争思维和西方中心主义的意识形态霸权，为人类社会跳出战争与冲突的"怪圈"、实现持久和平与全面发展的目标提供极富建设性的重要思路。

人类命运共同体理念顺应时代发展的潮流，符合全球治理体系的改革方向，具有巨大的思想吸引力和道义感召力。2017 年 2 月，联合国社会发展委员会第 55 届会议首次将"构建人类命运共同体"理念写入联合国决议。同年 3 月，联合国安理会一致通过关于阿富汗问题的第 2344 号决议，"构建人类命运共同体"理念首次载入安理会决议。11 月，第 72 届联合国大会负责裁军和国际安全事务第一委员会会议通过了"防止外空军备竞赛进一步切实措施"和"不首先在外空放置武器"两份安全决议，再次将"构建人

① 习近平：《习近平谈治国理政》（第三卷），外文出版社，2020，第 433 页。

类命运共同体”理念写入其中，人类命运共同体理念首次被纳入联合国安全决议。2019 年 6 月，上海合作组织峰会发布《比什凯克宣言》，其中强调“形成构建人类命运共同体的共同理念十分重要”。同年 11 月，《巴西利亚宣言》同样写入“推动构建人类命运共同体”的内容。以上事实表明，构建人类命运共同体的中国方案越来越受到国际社会的支持和响应，正在产生广泛而深远的国际影响。

构建人类命运共同体，当然并不只是思想层面的呼吁与倡议，而是已经付诸行动。近年来，中国积极参与包括金融体系治理、气候治理、网络空间与太空治理、卫生治理、安全治理在内的全球多层次治理活动，为广大发展中国家在减贫、农业、贸易、医疗等众多领域提供大量合作援助项目；践行人类命运共同体理念的“一带一路”倡议获得了许多国家的支持和参与，成为人类加强互联互通、实现共同繁荣的重要国际合作平台。新冠疫情在全球暴发后，中国在自身面临巨大防疫抗疫压力的同时，积极投身全球抗疫事业，截至 2022 年 3 月初，中国先后向 150 个国家和 13 个国际组织提供了大量的口罩、防护服、呼吸机、检测设备等防疫抗疫物资，向 34 个国家派出 37 支医疗专家组，向 120 多个国家和国际组织提供了超过 21 亿剂疫苗，帮助其他国家提高新冠疫情防控和应急救治能力。① 中国以实际行动为全球人类团结抗疫作出了重要表率，获得了国际社会的高度评价。

2021 年 4 月 20 日，习近平主席在博鳌亚洲论坛 2021 年年会上发表题为《同舟共济克时艰，命运与共创未来》的主旨演讲，指出：“当前，百年变局和世纪疫情交织叠加，世界进入动荡变革期……我们所处的是一个充满挑战的时代，也是一个充满希望的时代。人类社会应该向何处去？我们应该为子孙后代创造一个什么样的未来？对这一重大命题，我们要从人类共同利益出发，以负责任态度作出明智选择。中方倡议，亚洲和世界各国要回应时代

① 《郭卫民：中国向 120 个国家和国际组织提供了超过 21 亿剂疫苗》，中国网，2022 年 3 月 3 日，http：//m. china. com. cn/appshare/doc_1_248754_2177928. html，最后访问日期：2022 年 4 月 24 日。

呼唤，携手共克疫情，加强全球治理，朝着构建人类命运共同体方向不断迈进。”① 构建人类命运共同体，不可能一帆风顺，更不可能一蹴而就。人类社会要真正走向和解、包容与共生共赢，必须战胜霸权主义、强权政治、种族主义和零和思维等一系列障碍，这是一条充满希望之路，但同时也是一条满布荆棘之路。在习近平治国理政这一重要思想理念的引领下，中国无疑将以最大的努力为构建人类命运共同体的伟大事业发挥重要作用，这是中国为全人类幸福贡献力量的决心，也是中国作为负责任大国的担当。

三　拓展发展中国家走向现代化的途径

和平与发展是当今时代的主题，对于广大发展中国家来说，选择适合自身国情的发展道路具有特别重大的意义。习近平治国理政的思想体系中所蕴含的发展理念获得了全球层面的影响力和感召力，可为广大发展中国家提供可资借鉴的宝贵经验。

在习近平治国理政这一思想理念的指引下，中国在经济建设和社会发展方面都取得了巨大成就，积累了极其丰富的发展经验：一是坚持中国共产党的有力领导，中国共产党的领导是中国稳定、繁荣的根本保证，只有政治清明、社会稳定，才能确保经济和各项社会事业的持续健康发展；二是在现代化进程中坚持发展这个硬道理，强调发展是中国共产党执政兴国的第一要务，要聚精会神搞建设，一心一意谋发展；三是始终坚持以人民为中心的发展思想，所有重要政策和重大战略部署都要让人民有获得感；四是注意处理好改革、发展和稳定的关系，坚持把改革的力度、发展的速度和人民群众能够接受的程度结合起来，避免改革幅度过大带来的社会不稳定现象；五是坚持对外开放和独立自主的辩证统一，既要积极参与经济全球化进程，也要坚持走适合自身的发展道路，充分发挥自身比较优势，保持经济发展的自主性和定力，有效应对激烈的国际竞争和各类外部挑战。

---

① 习近平：《同舟共济克时艰，命运与共创未来——在博鳌亚洲论坛 2021 年年会开幕式上的视频主旨演讲》，《人民日报》2021 年 4 月 21 日，第 2 版。

习近平总书记在党的十九大报告中指出："中国特色社会主义道路、理论、制度、文化不断发展，拓展了发展中国家走向现代化的途径，给世界上那些既希望加快发展又希望保持自身独立性的国家和民族提供了全新选择，为解决人类问题贡献了中国智慧和中国方案。"① 中国与广大发展中国家有着经过艰苦斗争摆脱帝国主义、殖民主义统治的类似历史，在今天都有着实现现代化的目标，也都面临着人才、技术、管理经验等短板和来自西方国家的限制、打压等共同问题。显然，中国的发展经验有助于其他发展中国家更为清晰地认识、把握自身发展过程中所存在的问题，对广大发展中国家探索更加适合自身国情、社情的发展道路有巨大的参考价值。

正如习近平主席所指出的："同广大发展中国家团结合作，是中国对外关系不可动摇的根基。中国是发展中国家的一员，中国的发展机遇将同发展中国家共享。中方将把自身发展和发展中国家共同发展紧密联系起来，把中国梦和发展中国家人民过上美好生活的梦想紧密联系起来，携手走出一条共同发展的康庄大道。"② 中国与广大发展中国家始终是最亲密的伙伴，是并肩奋斗的战友，中国的发展经验毫无保留地分享给其他发展中国家，也同样将从其他发展中国家的发展经验中汲取智慧和力量。习近平治国理政的思想理念不仅指引着中国前进，同时也将是南南合作的有力支撑。基于平等互信、互利共赢、团结互助的合作理念，中国和广大发展中国家必将开辟出一条崭新的繁荣发展之路。

第二节　习近平治国理政的思想理念对非洲发展的意义

习近平主席指出："中非传统友谊弥足珍贵，值得倍加珍惜。我们始终把发展同非洲国家的团结合作作为中国对外政策的重要基础，这一点绝不会因为中国自身发展和国际地位提高而发生变化。"③ 中国与广大非洲国家通

① 习近平：《习近平谈治国理政》（第三卷），外文出版社，2020，第 8~9 页。

② 《习近平在南南合作圆桌会上的讲话》，《人民日报》2015 年 9 月 28 日，第 1 版。

③ 习近平：《论坚持推动构建人类命运共同体》，中央文献出版社，2018，第 17 页。

过长期的共同奋斗和合作结成了深厚、真挚的友谊，中非友谊是中国外交实践中最为宝贵的成果。随着世界格局进入深度调整期，中国和广大非洲国家都在不断遭遇到各种新情况、新问题、新挑战，中非关系也必然会受到国际形势变化的影响。要在复杂的国际环境下有效应对各种挑战，中非必须精诚合作，团结一心，形成发展中国家促进国际政治良性发展的合力。而要建立更为健康、稳固的中非关系，中国和广大非洲国家不仅需要进一步提升政治、经济、技术层面的交流合作，更需要思想、文化和知识的交流融通。

从根本上说，习近平治国理政的思想理念在大变局时代为广大非洲国家的可持续发展提供助力，为中非南南合作的深化提供动能，为构建中非命运共同体贡献思想资源，对非洲探索发展之路具有重要的启示意义。

一　为非洲国家应对各种挑战提供重要理论支持

当前，世界正在经历百年未有之大变局，世界格局和国际秩序的深刻变迁给广大发展中国家带来前所未有的机遇和挑战。

一方面，发展中国家正在以前所未有的深度和广度群体性崛起，新兴发展中国家在国际治理中的话语权和影响力不断增大，“西强东弱”的国际力量格局正在发生根本性改变。与此同时，经济全球化推进了商品、劳务、技术和资金在全球范围内的流动和配置，各国间经济相互依存程度不断加深，以人工智能、虚拟技术、生物技术、量子信息技术、机器人技术、清洁能源为代表的第四次工业革命悄然到来，极大改变着全球人类生活、工作和交往的时间维度和空间维度，这些因素都为发展中国家实现“弯道超车”、探索高质量发展模式提供了重要的机遇。

另一方面，国际格局的急剧变化和多重不稳定因素的叠加效应也给发展中国家的稳定和发展带来巨大的风险和挑战：第一，霸权主义、强权政治阴霾未散，部分西方强国凭借军事霸权、经济霸权和意识形态霸权对广大发展中国家指手画脚、横加干涉，造成很多发展中国家出现政局不稳、社会混乱、经济衰退现象，国际秩序受到严重干扰和破坏；第二，不公正、不合理的旧国际经济政治秩序仍在发挥巨大的消极作用，西方发达国家通过金融资本操控世界经济和国际贸易，造成全球贫富差距和南北差距扩大；第三，世界力量格局的变化趋势使一些西方国家出现“霸权焦虑”，保守主义、种族主义和逆全球化思潮抬头，部分国家近年大力推行贸易保护主义和单边主义，对全球经济一体化和国际治理合作的推进造成严重阻碍；第四，众多发展中国家的发展模式存有明显脆弱性，容易受到各类不确定因素的影响，如新冠疫情的全球性肆虐对很多亚非拉发展中国家造成严重冲击；第五，局部地区出现动荡化趋势，特别是一些发展中国家间的原有分歧在内外部多重因素的催化下升级为冲突，对区域稳定和南南合作都造成了明显消极影响；第六，全球化进程的推进同时造成了一系列非传统安全问题在全球范围内的扩散，恐怖主义、跨国犯罪、自然灾害、传染病等各类全球性非传统安全问题给全球安全治理和国际秩序的稳定带来越来越大的挑战，新冠疫情在全球的蔓延明显暴露出当前全球治理体系的局限性。

面对百年未有之大变局带来的诸多不确定因素，任何一个国家都不可能独自应对，也不可能独善其身，唯有全人类团结一心、携手合作，方能找到破解全球治理困境的有效方法，而习近平新时代中国特色社会主义思想倡导的构建人类命运共同体和全球治理观就是积极应对全球挑战的中国方案。作为发展中国家最为集中的地区之一，非洲同样面临着世界百年未有之大变局的冲击和挑战，如何在纷繁复杂的国际局势下保持独立自主、安全稳定和持续发展，成为非洲国家普遍面对的重要课题。习近平治国理政的思想理念不仅准确把握了百年未有之大变局的时代特征和演化趋势，其同时也为发展中国家在这一时代如何发展、自强提供了重要的参考指引。就此意义上，加强中非治国理政经验的交流不仅将进一步提升中非的合作交流水平，增进政治互信和民心相通，更将为非洲国家在百年未有之大变局下走稳、走好发展之路提供重要的思想支持。

二　助力非洲国家破解安全与发展难题

长期以来，安全和发展一直是广大非洲国家普遍面临的两大问题，战争、冲突、贫困、饥荒和社会治理失效等问题对非洲国家的可持续发展造成严重阻碍。进入21世纪后，部分非洲国家保持了政局的基本稳定，并实现了较高水平的经济持续增长，但从整体上看，非洲国家仍普遍面临较为严峻的安全局势和深层次的发展动能不足问题。

在安全方面，近年一些非洲国家政府虽然高度重视提升国家安全治理能力，积极组建区域安全组织、构建区域集体安全机制，但非洲整体安全形势仍难言乐观：一方面，由政局变迁和民族、宗教、部落等因素引发的武装冲突和暴力活动仍广泛存在于非洲各国，部分国家甚至深陷或濒临内战，动荡的社会局势严重影响了这些国家发展的步伐；另一方面，恐怖主义和极端主义仍在非洲众多区域肆虐，甚至在部分地区还呈现势力扩张趋势，"博科圣地"、索马里"青年党"、"伊斯兰国"等极端组织近年频繁发动袭击，造成大量人员伤亡，严重破坏地区安全局势。

在发展方面，一些非洲国家在近年虽然保持了较高的经济增速，但整体意义上的非洲工业化转型却未能实现，接近90%的撒哈拉以南非洲国家仍为资源依赖型经济，经济增长的主要推动力来源于国际油价和大宗商品需求，制造业在经济中的比重一直处于低位水平，经济结构单一且脆弱仍是大多数非洲国家持续发展的主要障碍。新冠疫情的暴发则为本就脆弱的非洲经济社会发展形势带来更为严峻的挑战。一方面，疫情严重冲击了非洲国家的旅游业、航空运输业和石油业，导致非洲国家吸引外国直接投资明显下降，很多非洲国家财政赤字加剧，债务风险进一步上升。另一方面，疫情导致非洲众多中小企业倒闭，失业人口剧增，地区贫困问题加剧恶化。南苏丹、索马里、刚果（金）、津巴布韦等南部非洲国家在疫情和极端天气、蝗灾的叠加影响下，粮食安全状况持续恶化，大批民众面临严重饥荒的威胁，人道主义危机不仅严重阻碍了这些国家的经济发展和国家治理系统的正常运转，还对区域安全秩序造成了严重冲击。①

要从根本上破解安全与发展难题，非洲国家不仅需要进一步提升自主发

---

① 姚桂梅、许蔓：《新冠肺炎疫情下的非洲发展困境与前景》，《当代世界》2020年第9期，第64~71页。

展意识和能力，同时也需要在切合自身国情的基础上研究、吸收和转化其他国家的治理理念和发展经验。中国与广大非洲国家同属发展中国家，中非在实现国家现代化的进程中面临着很多具有普遍性、共通性的问题，中国的成功经验自然也能够为非洲国家维护国家安全稳定、实现可持续发展提供参考与借鉴。为广大非洲国家的和平、稳定与发展提供思想资源和理论支持，是加强新时代中非治国理政经验交流互鉴的重要动力，也是中非深化合作、实现共同发展的现实要求。

三　推动构建更加紧密的中非命运共同体

中非命运共同体是习近平主席非洲观的集中体现，也是中非关系持续向前发展的重要目标。2013 年 3 月 25 日，习近平主席在坦桑尼亚尼雷尔国际会议中心作了题为《永远做可靠朋友和真诚伙伴》的演讲，提出了“中非从来都是命运共同体”的重大命题。中非命运共同体的概念一经提出，即受到国际社会的广泛关注和中非各界的普遍支持。2018 年 9 月 3 日，中非合作论坛北京峰会召开，习近平主席在峰会开幕式上作了题为《携手共命运　同心促发展》的演讲，明确提出要“共筑更加紧密的中非命运共同体，为推动构建人类命运共同体树立典范”。习近平主席在此次峰会上宣布，中国将同非洲共同实施产业促进、设施联通、贸易便利、绿色发展、能力建设、健康卫生、人文交流、和平安全“八大行动”，中非将携手共同打造责任共担、合作共赢、幸福共享、文化共兴、安全共筑、和谐共生的中非命运共同体。[①] 2019 年 4 月 9 日，中国非洲研究院成立大会在北京召开，习近平总书记在贺信中指出：“希望中国非洲研究院汇聚中非学术智库资源，增进中非人民相互了解和友谊，为中非和中非同其他各方的合作集思广益、建言献策，为促进中非关系发展、构建人类命运共同体贡献力量！”[②] 中国非洲

① 习近平：《携手共命运　同心促发展——在二〇一八年中非合作论坛北京峰会开幕式上的主旨讲话》，《人民日报》2018 年 9 月 4 日，第 2 版。

② 习近平：《习近平主席致中国非洲研究院成立贺信》，《中国非洲学刊》2020 年第 1 期，第 1 页。

研究院的成立标志着中国的非洲研究进入全新阶段，也充分反映出知识共享、智力支持对构建中非命运共同体的重要作用。

中非命运共同体的形成和日趋紧密，首先归功于平等权力观和正确义利观为中非关系的持续健康发展奠定的观念基础。中国是世界上最大的发展中国家，非洲则是发展中国家最为集中的大陆，中国和广大非洲国家有着相似的反殖、反霸的历史记忆，有着维护国家主权独立、实现国家现代化发展的共同目标，在众多国际问题上有着高度契合的政治立场和共同利益，一直是互帮、互助、互相支持的真诚伙伴。习近平主席坚持平等权力观，倡导“坚持国家不分大小、强弱、贫富都是国际社会平等成员，坚持世界的命运必须由各国人民共同掌握”[①]，主张尊重各国人民选择发展道路，不干涉别国内政。2018 年 9 月 3 日，习近平主席在出席 2018 年中非合作论坛北京峰会时指出，中非交往时应坚持“五不”原则，即“不干预非洲国家探索符合国情的发展道路，不干涉非洲内政，不把自己的意志强加于人，不在对非援助中附加任何政治条件，不在对非投资融资中谋取政治私利”[②]。平等权力观强调中非唯有在政治上坚持平等互信，摒弃发展模式的差异和意识形态偏见，才能真正做到携手合作，实现互利共赢。推进中非交往的不断深化，正确义利观同样必不可少。2013 年 3 月，习近平主席在首次访问非洲期间提出了正确义利观和“真实亲诚”对非理念，指出中非关系的本质特征是真诚友好、相互尊重、平等互利、共同发展：强调对待非洲朋友，我们讲一个“真”字；开展对非合作，我们讲一个“实”字；加强中非友好，我们讲一个“亲”字；解决合作中的问题，我们讲一个“诚”字。[③]“真实亲诚”对非政策理念是新时期中国对非政策的新阐释，是对国际社会做出的中非友谊牢不可破的重要宣示，为中非关系的深化发展夯实了思想基石。[④] 在 2014 年 11 月召开的中央外事工作会议上，习近平总

① 习近平：《习近平谈治国理政》（第二卷），外文出版社，2017，第 443 页。

② 习近平：《习近平外交演讲集》（第二卷），中央文献出版社，2022，第 134 页。

③ 习近平：《习近平谈治国理政》（第一卷），外文出版社，2018，第 303~310 页。

④ 李新烽：《中非友谊的基石：真、实、亲、诚》，《求是》2013 年第 9 期，第 53 页。

书记全面阐释了正确义利观的含义，强调“要坚持正确义利观，做到义利兼顾，讲信义、重情义、扬正义、树道义……要切实落实好正确义利观，做好对外援助工作，真正做到弘义融利”[①]。2018 年 6 月，习近平总书记在中央外事工作会议上再次强调：“广大发展中国家是我国在国际事务中的天然同盟军，要坚持正确义利观，做好同发展中国家团结合作的大文章。要深入推动中国同世界深入交流、互学互鉴。”[②] 在 2018 年 9 月 3 日中非合作论坛北京峰会开幕式主旨讲话中，习近平主席明确指出：“中国始终秉持真实亲诚理念和正确义利观，同非洲各国团结一心、同舟共济、携手前进。……中国主张多予少取、先予后取、只予不取，张开怀抱欢迎非洲搭乘中国发展快车。”[③] 正确义利观强调互利共赢和人类整体利益的重要性，是新时代中国外交具有突出代表性的价值观，集中反映了中国对人类社会共同发展、共创繁荣的基本追求，彰显了中国作为负责任大国和社会主义大国所坚持的外交道义原则，成为将“中国梦”和“非洲梦”紧密联系在一起的重要思想纽带。

在正确思想观念和价值体系的引领下，中非近年在各领域的合作不断推进，取得一系列令世人瞩目的成绩，成为中非命运共同体最为现实、直观的诠释。作为发展中国家大家庭的重要一员，中国始终将自身发展与非洲发展结合起来，实现共同发展。2015 年，在中非合作论坛约翰内斯堡峰会上，中国政府对非洲推出“十大合作计划”，提供 600 亿美元的资金支持，旨在推动中非开展工业化、农业现代化、基础设施、金融、绿色发展、贸易和投资便利化、减贫惠民、公共卫生、人文、和平与安全十个领域的全方位合作。2018 年，中国政府在中非合作论坛北京峰会上推出“八大行动”，再次提供 600 亿美元的资金支持。“八大行动”是对“十大合作计划”的继承和升级，其内容更为具体，目标更为务实，如实施 50 个农业援助项目、50 个贸易畅通项目、50 个绿色发展和生态环保援助项目等。“八大行动”

---

① 《中央外事工作会议在京举行》，《人民日报》2014 年 11 月 30 日，第 1 版。

② 习近平：《习近平谈治国理政》（第三卷），外文出版社，2020，第 429 页。

③ 习近平：《携手共命运　同心促发展——在二〇一八年中非合作论坛北京峰会开幕式上的主旨讲话》，《人民日报》2018 年 9 月 4 日，第 2 版。

高度重视将中国的优势资源与非洲国家的发展需要进行战略对接，与非盟《2063 年议程》和非洲各国的发展战略完全契合，是打造中非命运共同体的重要路径。[①] 在“一带一路”建设上，中非也收获了丰硕的成果：2020 年 12 月，中国与非洲联盟签署的《中华人民共和国政府与非洲联盟关于共同推进“一带一路”建设的合作规划》，成为中国和区域性国际组织签署的第一个共建“一带一路”规划类合作文件，其主要内容为围绕“一带一路”建设的“五通”，即政策沟通、设施联通、贸易畅通、资金融通、民心相通领域，明确合作内容和重点合作项目，以推进“一带一路”倡议同非盟《2063 年议程》的对接。此前，“一带一路”倡议已同肯尼亚“2030 年远景规划”、喀麦隆“2035 年远景规划”、乌干达“2040 年愿景规划”等实现精准对接。与此同时，中国近年在“一带一路”框架下为非洲国家援建了大量公路、铁路、桥梁、港口、电站、油气管道、工业园区、农业示范中心和其他各类基础设施，具有代表性的项目包括亚吉铁路、蒙内铁路、吉布提港、蒙巴萨港、埃塞俄比亚东方工业园、埃及苏伊士经贸合作区等，这些项目有力促进了非洲国家的对外联通和工业，提升了农业现代化建设水平。

2020 年，新冠疫情肆虐全球，中国和广大非洲国家都受到疫情的严重冲击。在中国疫情形势较为严峻时，非洲国家纷纷对中国表示支持，非盟执行理事会发布公报称非盟所有成员国一致支持中国抗击疫情，阿尔及利亚、埃及、赤道几内亚等国向中国提供了援助物资和捐款。[②] 疫情在非洲出现和扩散后，中国全力支持非洲国家的抗疫工作，党中央和有关省市政府、企业和民间机构等积极驰援非洲，向非洲国家和非盟提供了检测试剂、口罩、防护服、护目镜、呼吸机等大批抗疫物资，并向非洲多国派出抗疫医疗专家组，积极协助各国卫生部门制定疫情防控方案，培训了大批当地医护人员。截至 2021

---

① 武涛：《中非命运共同体：理论内涵、实践路径与时代意义》，《长春理工大学学报》（社会科学版）2020 年第 4 期，第 29 页。

② 吴传华：《中非命运共同体：历史地位、典范作用与世界意义》，《西亚非洲》2020 年第 2 期，第 16 页。

年3月上旬，中国已向非洲提供了120批紧急抗疫物资，向15个非洲国家派出了抗疫医疗专家组，并向35个非洲国家及非盟委员会提供了疫苗。[①] 在2020年6月17日举行的中非团结抗疫特别峰会上，习近平主席发表了题为《团结抗疫　共克时艰》的主旨讲话，强调中非双方要坚定不移携手抗击疫情，坚定不移推动中非合作，坚定不移践行多边主义，坚定不移推进中非友好。[②] 峰会通过了《中非团结抗疫特别峰会联合声明》，积极倡导中非携手抗疫、相互支持、捍卫多边主义、构建更加紧密的中非命运共同体，为国际抗疫合作注入了强大的正能量。面对突如其来的疫情，中国和广大非洲国家相互扶持，通力合作，彰显了中非命运共同体在国际卫生健康事业中发挥的重要作用，为全人类共同抗击疫情事业做出了表率。

构建更加紧密的中非命运共同体，不仅需要中非持续深化合作，进一步推动物资流通、贸易融通、人员沟通、技术互通和信息畅通，更需要思想、知识的联通。习近平治国理政的思想理念不仅是中国特色社会主义建设过程中所形成中国智慧和中国模式的理论结晶，同时也是其他国家民众认识、理解中国发展成果和立场观点的“百科全书”。习近平治国理政的思想理念在非洲的传播与交流，将有效增进中非人民的了解和友谊，驳斥干扰中非关系发展的不实国际舆论，为中非形成观念共同体和价值共同体提供思想支持，为建设更加紧密的中非命运共同体夯实思想基础，进而为中非构建人类命运共同体的共同事业提供强大、持久的思想动能。

第三节　中非治国理政经验交流的实践——以非洲驻华大使延安行为例

贫困是世界发展中国家面临的普遍性问题，消除贫困、提升人民生活水

① 《王毅谈中非合作：南南合作样板、国际对非合作表率》，新华网，2021年4月15日，http：//www.xinhuanet.com/video/2021-03/08/c_1211055694.htm，最后访问日期：2022年4月28日。

② 戴兵：《团结抗疫　共筑更加紧密的中非命运共同体》，《中国投资》（中英文）2020年第Z6期，第28页。

平则是广大发展中国家的重要任务。2021 年，在中国共产党迎来百年华诞之际，经过全党全国各族人民的持续奋斗，中国 9899 万农村贫困人口全部脱贫，832 个贫困县全部摘帽，12.8 万个贫困村全部出列[①]，历史性地解决了绝对贫困问题，创造了人类减贫史上的奇迹。

作为世界上最大的发展中国家，中国在取得脱贫攻坚战全面胜利的同时，积极同广大发展中国家分享减贫经验，在联合国框架下推进南南合作，共同落实联合国 2030 年可持续发展议程，为全球减贫事业注入信心和力量。非洲是发展中国家最为集中的大陆，贫困问题是影响非洲国家稳定和发展的重要因素。近年，中非在各领域的交流合作全面推进，减贫合作成为其中尤为引人注目的亮点，中国减贫经验正在为广大非洲国家战胜贫困、实现可持续发展提供巨大动能。2021 年盛夏，来自非洲国家的大使和非盟驻华代表来到延安，以最为直观的方式观察、体验这座红色古城在中国特色社会主义减贫事业方面取得的巨大成就，此次活动成为新时代中非治国理政经验交流极具代表性的实践案例。

一　延安精神的内涵与中国特色反贫困理论的成功实践

陕北古城延安不仅是中华民族重要的发祥地之一，更是中国革命的圣地。20 世纪三四十年代，以毛泽东为代表的中国共产党老一辈革命家和老一代共产党人在这里生活和奋斗了 13 个春秋，在伟大事业中培育了中华民族振兴奋进的伟大精神——延安精神。延安精神的内涵概括起来就是：坚定正确的政治方向，坚持解放思想、实事求是的思想路线，以全心全意为人民服务为根本宗旨，自力更生、艰苦奋斗的创业精神。2020 年 4 月，习近平总书记在陕西考察时指出，延安精神培育了一代代中国共产党人，是我们党宝贵的精神财富。[②] 伟大精神引领伟大事业，正是以延安精神为引领，228 万延安人民实现了从贫困到小康的历史性跨越，延安是中国 832 个贫困县精

① 习近平：《在全国脱贫攻坚总结表彰大会上的讲话》，人民出版社，2021，第 1 页。

② 任晓伟：《弘扬延安精神　实现脱贫共富》，人民出版社，2021，第 6~7 页。

准脱贫的缩影。

消除贫困是人类追求的梦想，人类发展史就是与贫困不懈斗争的历史。在进入21世纪第三个十年的今天，减贫仍是很多发展中国家的重任，发展赤字的难题仍需全球共同破解。减贫是一项长期复杂的系统工程，它不仅需要资金和技术的支持，需要坚强的意志和强大的精神力量来支撑，更需要强有力的领导力量将减贫事业往正确的道路上引领。延安精神是中国共产党百年来领导中国人民进行革命、建设和改革的革命精神谱系的重要组成部分，新中国成立特别是改革开放以来，正是在延安精神等革命精神的指引和激励下，中国共产党带领全国人民向贫困宣战，最终取得了脱贫攻坚战的全面胜利。

解放思想、实事求是的思想路线是延安精神的精髓。具体到脱贫领域，就是要在摸清中国贫困地区、贫困户基本情况的基础上，深入推进改革，因地制宜地探索减贫脱贫的路径、措施。确定国家减贫战略和宏观政策，需要决策者准确掌握贫困地区和贫困人口的贫困原因、基础条件、发展起点等现实要素，将减贫理论与本国实际相结合，因地制宜，科学决策。减贫战略和宏观政策的选择，既反映了决策者对客观规律的认识，也体现了决策者的主观能动性。20世纪六七十年代，习近平在延安市延川县文安驿镇的梁家河村下乡插队，七年的知青生活让他悟出了“不了解农村，不了解贫困地区，不了解农民尤其是贫困农民，就不会真正了解中国，就不能真正懂得中国，更不可能治理好中国”的道理。从那时起，无论在什么岗位、在哪个地区工作，他都心系扶贫工作，深入贫困地区，听取群众的声音，总结基层扶贫经验。党的十八大以来，习近平总书记50多次调研扶贫工作，走遍14个集中连片特困地区，坚持看真贫，坚持了解真扶贫、扶真贫、脱真贫的实际情况，就扶贫工作提出一系列重要指示。2013年11月，习总书记在湘西十八洞村考察中提出了“实事求是、因地制宜、分类指导、精准扶贫”十六字方针，形成了精准扶贫的重要思路。2015年6月，习近平总书记在贵州调研期间进一步提出扶持对象精准、项目安排精准、资金使用精准、措施到户精准、因村派人精准、脱贫成效精准“六个精准”，明确了精准扶贫的主要内容。以习近平同志为核心的党中央立足中国国情，把握减贫规律，出台一系列超常规政策举措，构建了一整套行之有效的政策体系、工作体系、制度体系，走出了一条中国特色减贫道路，形成了中国特色反贫困理论，即：坚持党的领导，为脱贫攻坚提供坚强政治和组织保证；坚持以人民为中心的发展思想，坚定不移走共同富裕道路；坚持发挥中国社会主义制度能够集中力量办大事的政治优势，形成脱贫攻坚的共同意志、共同行动；坚持精准扶贫方略，用发展的办法消除贫困根源；坚持调动广大贫困群众积极性、主动性、创造性，激发脱贫内生动力；坚持弘扬和衷共济、团结互助美德，营造全社会扶危济困的浓厚氛围；坚持求真务实、较真碰硬，做到真扶贫、扶真贫、脱真贫。[①] 中国特色反贫困理论是马克思主义反贫困理论中国化最新成果。

二　非洲驻华大使延安行取得的丰富成果和重要经验

近年，随着中非减贫合作持续推进，非洲国家了解、借鉴中国脱贫经验的需求日益迫切，中国也希望更多地了解非洲国家的实际需求，了解非洲国家对中国减贫成就和经验的认知，了解非洲国家对于双方合作增长点的期待，将中国脱贫经验与非洲减贫的实际需求结合起来。为此，2021 年 7 月 29 日至 8 月 1 日，中国非洲研究院邀请布基纳法索、喀麦隆、埃塞俄比亚、几内亚比绍、毛里塔尼亚、毛里求斯、纳米比亚、索马里、南苏丹、津巴布韦十国驻华大使和非洲联盟驻华代表处常驻代表等非洲驻华外交官赴延安进行实地调研并展开了深入研讨。在 4 天的延安行中，非洲驻华大使们在延安脱贫示范村南沟村进行了实地调研（2021 年 7 月 29 日），参观了梁家河知青旧址、杨家岭和枣园革命旧址（2021 年 7 月 30 日），参加了由中国非洲研究院主办、陕西省政府外事办公室协办的“延安精神与中国脱贫”国际研讨会（2021 年 7 月 31 日）和“第十一届大使讲坛：延安脱贫成就与意义”（2021 年 8 月 1 日）。

① 本书编写组编《习近平讲故事》（第二辑），人民出版社，2022，第 139 页。

在承载着中国革命丰厚历史记忆的延安，非洲驻华大使参观了杨家岭和枣园革命旧址。在召开中国共产党七大的中央大礼堂旧址，非洲驻华大使聆听了中共七大召开的历史背景、过程及其里程碑意义的介绍，认为中共七大传递的精神依旧引领着中国共产党和中国人民不断前进。纳米比亚驻华大使伊莱亚·乔治·凯亚莫（Elia George Kaiyamo）表示，站在杨家岭中共七大会址让他感慨万分，中国老一辈领导人为中国革命胜利和民族解放作出了重大贡献，他们的精神值得被传承和发扬。

在毛泽东、朱德、周恩来、刘少奇等领导人的故居，看到中国共产党老一辈领导人简陋的工作和生活环境，非洲驻华大使深有感触。非盟驻华代表处常驻代表拉赫曼塔拉·穆罕默德·奥斯曼（Rahamtalla Mohamed Osman）表示，中国领导人艰苦奋斗的精神引领中国人民取得一个又一个发展成就，中国领导人谦逊、执着、无私奉献的美德以及对革命事业的激情是中国取得如此成就的秘诀。南苏丹驻华大使昆巴·蒙代（Monday Semaya Kenneth Kumba）说，通过走访中国领导人奋斗过的地方，他深切体会到革命成果来之不易，中国领导人的革命热情和精神依然引领着中国不断前进。索马里驻华大使阿瓦莱·阿里·库拉内（Awale Ali Kullane）表示，此次参观使他深深感受到了中国共产党领导人为人民服务、执政为民的拳拳之心。纳米比亚驻华大使伊莱亚·乔治·凯亚莫说，纳米比亚与中国有着相似的革命经历，中国与纳米比亚在革命年代相互支援，结下了深厚的历史友谊，为中纳关系奠定了坚实基础，在中国共产党的领导下，新时代中国特色社会主义事业必将取得更大成就。布基纳法索驻华大使阿达马·孔波雷（Adama Compaore）表示，脚踏实地、实事求是的工作作风是中国共产党取得伟大成就的法宝，扎根群众、为人民谋幸福的初心使中国共产党赢得了人民的信任。几内亚比绍驻华大使安东尼奥·塞里福·恩巴洛（Antonio Serifo Embalo）表示，十分欣喜能够亲眼看到一百年来中国共产党经过不断艰辛探索带领中国人民取得的成绩，中国领导人通过发挥带头和示范作用不断激发着广大群众的干劲和动力，取得了一次又一次的胜利。非洲驻华使团团长、喀麦隆驻华大使马丁·姆帕纳（Martin Mpana）

说："此次延安之行意义重大，中国共产党在延安结束了万里长征，并为建立新政权作准备，在中国面临各种矛盾和困难的情况下，中国共产党将中国人民团结在一起，以实事求是的精神为指导，制定了符合中国国情的革命路线，最终取得革命胜利。延安精神值得传承和发扬，值得其他国家政党和人民学习。"

南沟村位于延安市安塞区南部，总土地面积 24 平方千米，辖 7 个村民小组 337 户 1002 人，有建档立卡贫困户 45 户 126 人。① 南沟村曾经是贫困发生率高、土地利用率低、产业基础薄弱的贫困村。在脱贫攻坚战中，南沟村采取"支部引领、企业带动、合作经营、党员示范、群众参与"的发展模式，通过建强党支部班子，转变群众思想，引进龙头企业，深入推进农村集体产权制度改革，大力发展现代农业和乡村旅游。2018 年，南沟村原贫困人口人均纯收入达到 13146 元，实现整村脱贫。南沟村将发展特色产业作为提高贫困地区自主发展能力的重要举措，苹果产业成为当地核心扶贫产业之一。非洲驻华大使在听取南沟村总体情况与脱贫经验介绍后，实地考察了延安市安塞区新兴职业农民实训基地——南沟村苹果园。他们围绕各自国家在推进减贫进程中面临的实际问题，同当地干部和中国非洲研究院的学者进行了深入交流。由南沟村到中国其他贫困地区，中国在培育扶贫产业方面还有哪些做法？是否可为非洲国家所借鉴？上述诸多问题引起了他们的深思。

在梁家河村史馆，非洲驻华大使了解了新中国成立后梁家河村的发展历程、北京知青在梁家河村插队时的务农生活以及改革开放后梁家河村的致富之路，亲身感受到梁家河村在产业创新、基础设施建设、民生保障等方面取得的成就。今昔对比，梁家河村翻天覆地的变化让大使们充分领略了"自力更生，艰苦奋斗"精神所焕发出的强大力量。在知青旧址，大使们参观了习近平总书记当年在梁家河村插队时住的窑洞，以及他在担任梁家河大队党支部书记时带领社员创办的缝纫社、代销点、磨坊和铁业社，修建的陕西

---

① 王健：《非洲驻华大使对延安精神和中国脱贫成就的认知及启示》，《西亚非洲》2021 年第 6 期，第 48~62 页。

省第一口沼气池。抚今追昔，大使们感受到中国脱贫成就来源于中国特色反贫困理论的指导。埃塞俄比亚驻华大使特肖梅·托加（Teshome Toga）表示，了解梁家河的历史后，真正明白了习近平主席以人民为中心发展理念的来源和根基。正是在这种理念的支撑下，中国共产党才做到了从群众中来、到群众中去，创造了世界第二大经济体的伟大跨越。毛里求斯驻华大使王纯万（Wong Yen Cheong）慨言："习近平主席在梁家河的生活，使我真正了解到中国的发展最需要什么，怎么才能实现为人民谋幸福。梁家河发展的成就，实际上就是中国实现跨越式发展的缩影。"

8月1日，中国非洲研究院第十一届大使讲坛"延安脱贫的成就与意义"在延安红星园成功举行，非洲驻华大使在会上就延安精神的内涵、中国脱贫攻坚战取得的成就和中国特色社会主义制度的独特优势、深刻价值进行了广泛交流。南苏丹驻华大使昆巴·蒙代说："无论是在革命年代还是在新时代，延安精神始终激励着中国共产党人奋勇前进，取得了一个又一个成就，其中就包括脱贫攻坚的伟大胜利。"① 津巴布韦驻华大使马丁·切东多（Martin Chedondo）称赞延安精神值得全世界人民学习，延安精神所倡导的独立自主正是非洲国家所需要的。中国拥有中华民族伟大复兴的中国梦这一远大愿景，其背后其实是由伟大的延安精神作为支撑，因为中国从延安精神中汲取了力量，一直为中国人民谋幸福。② 索马里驻华大使阿瓦莱·阿里·库拉内说："拥有全球1/5人口的中国提前十年完成联合国2030年可持续发展议程的首要目标，为全球消除贫困、实现共同繁荣作出了巨大贡献，是人类发展历史上的里程碑。"③ 纳米比亚大使伊莱亚·乔治·凯亚莫说："中国共产党坚持以人民为中心的发展理念，不仅是创造中国发展奇迹的思想财富，也是对非洲发展具有指导意义的中国智慧。非洲当前仍然面临着严峻而

① 参见南苏丹驻华大使昆巴·蒙代在"延安精神与中国脱贫"国际研讨会上的演讲。

② 参见津巴布韦驻华大使马丁·切东多在"第十一届大使讲坛：延安脱贫的成就与意义"上的演讲。

③ 参见索马里驻华大使阿瓦莱·阿里·库拉内在"第十一届大使讲坛：延安脱贫成就与意义"的演讲。

繁重的发展和脱贫挑战，非洲各国政党应该充分吸取中国共产党全心全意为人民服务的宗旨，团结和带领本国人民，为实现联合国2030年可持续发展议程的目标和非盟《2063年议程》继续努力奋斗。在中非合作中，我们必然会遇到各种挑战，但不必为此惊慌失措，只要我们牢记毛泽东主席等老一辈革命先驱的教导，以人民为中心，实事求是地发现和解决问题，就一定会使中非合作经得起时代的检验。"[①] 埃塞俄比亚大使特肖梅·托加指出，"中国成功战胜绝对贫困，提前十年实现了联合国可持续发展议程中的减贫目标，为世界减贫事业注入了强大的发展动力。中国没有止步于自身的脱贫奇迹，而是愿意通过中非合作论坛、共建'一带一路'，以及其他双边或多边的国际合作机制，向世界分享自己的发展经验与方案"[②]。中国脱贫攻坚战取得的全面胜利得到非洲大使的一致赞誉，立足非洲国家国情，分享中国脱贫经验，成为这次参与延安之行的非洲大使们的共同心声。

三　非洲大使延安行对未来中非深化减贫合作的启示

通过此次延安之行，非洲驻华大使对中国脱贫成就从感性认识向理性认知升华，对中国式现代化道路的内涵有了更为直观、全面和深刻的认识。同时，此次活动的圆满成功对未来中非减贫合作、新形势下中国国际话语权建设等方面都具有重要启示作用。

一是中非减贫合作助力非洲发展的急迫性增强。非洲减贫需要自身努力，也需要开展国际合作。参加延安行的非洲驻华大使们热切希望进一步深化中非传统友谊，立足非洲国家国情，分享中国发展经验。这是因为，在贫困人口地理分布、致贫原因等方面，中非有诸多共通之处，非洲国家可选择性地借鉴中国减贫经验。非盟驻华代表处常驻代表拉赫曼塔拉·穆罕默德·奥斯曼说："中国的脱贫攻坚战为非洲减贫事业提供了一个可供参考的模式。非洲大陆发展计划包括非洲农业综合发展计划、非洲基础设施建设计

① 参见纳米比亚驻华大使伊莱亚·乔治·凯亚莫在"第十一届大使讲坛：延安脱贫的成就与意义"上的演讲。

② 参见埃塞俄比亚驻华大使特肖梅·托加在"延安精神与中国脱贫"国际研讨会上的演讲。

划、非洲矿业发展计划、非洲科技综合行动计划、促进非洲内部贸易行动计划、加速非洲工业化发展行动计划等。为了确保计划的一致性和连贯性，这些计划均被纳入了非盟《2063 年议程》的第一个十年实施计划中。消除贫困、实现可持续发展是中非共同面对的一项任务，我们仍有很大的合作空间可以进一步拓展，从而更加贴近非盟《2063 年议程》的愿景，以及中国的‘两个一百年’目标、‘十四五’规划和 2035 年远景目标。”津巴布韦驻华大使马丁·切东多说：“如何通过合作有效利用中国援建的基础设施是非洲国家需要思考的问题。非洲有着丰富的自然资源，希望非洲大陆未来能够吸引更多的投资，实现双赢合作。我们想要的不是西式的资源掠夺，而是希望迎来中国投资，实现共同发展。我们能够从中国身上看到一个未来美好世界的样子。”索马里驻华大使阿瓦莱·阿里·库拉内希望加强两国合作的迫切心情溢于言表，他说：“索马里位于非洲之角的中心，地理位置优越，地缘战略地位重要。我们不仅是贸易航线的交汇处，而且从古至今一直是非洲的门户。我们坐拥 3333 千米非洲大陆最长的海岸线，这不仅给我们带来丰富的海洋资源，也为我们提供了在非洲进行跨境贸易的独特优势。绵长的海岸线使索马里成为非洲其他内陆国家的门户，也成为中国和非洲各国天然的物流中心。中国无疑是一个数字化强国，索马里是一个能够适应变革的国家，我们鼓励中小企业发展，我们的数字经济相较于其他非洲国家业更加发达，我国政府也为数字经济的发展提供了更多独特的优惠政策。”由此，在未来中非合作中，中方需切实回应非洲国家对双方减贫合作的迫切愿望，进一步扩大充实中非减贫合作的内容，凸显和提升减贫合作在中非全面战略合作伙伴关系中的重要地位。

二是中非减贫合作需要走深走实。在对中非减贫合作充满期待的同时，非洲驻华大使也非常关注中国减贫的具体措施，以及这些措施能否运用到非洲国家的减贫实践中。在南沟村调研时，埃塞俄比亚驻华大使特肖梅·托加对南沟村“三变”改革的操作细节非常感兴趣，包括股份制的利益分配、后续养老保险、政府的作用、企业性质、产权与使用权等问题。津巴布韦驻华大使马丁·切东多从南沟村想到了全中国，他很想了解中国其他地区的人们是如何走上富裕道路的。毛里塔尼亚驻华大使阿卜杜拉希·维拉利（M. Abdellahi El Vilaly）认为，南沟村采取的是一系列精细化和因地制宜的产业模式，他想知道这种模式是仅适用南沟村还是能普遍运用于全中国，同时这种模式能否在非洲发挥作用。他还期待未来中非之间能聚焦于某一个具体议题进行调研或研讨，比如农业、渔业等，向非洲国家展示中国的具体做法和经验，从而促进非洲国家的发展与减贫事业。纳米比亚驻华大使伊莱亚·乔治·凯亚莫希望进一步了解中国共产党在脱贫攻坚中的具体做法，如农村集体合作、共同致富的路径，以及如何发挥中国共产党领导核心的作用。

基于此，未来中非的减贫合作要走深走实，方可获得预期成效。以农业合作为例，非盟驻华代表处常驻代表拉赫曼塔拉·穆罕默德·奥斯曼强调，非盟的非洲农业综合发展计划能够帮助非洲国家消除饥饿、减少贫困，将对非洲解决绝对贫困问题起到关键作用。在新冠疫情影响下，非洲的贫困化在加剧，粮食安全问题关系到非洲国家的社会稳定。建立农业技术示范中心、培训农业技术人才是我国长期以来对非农业援助的主要方式，为提升非洲农业发展水平发挥了积极作用，但由于规模较小，难以产生规模效益，已经不能适应新形势下非洲国家的减贫需求，需要把中国脱贫经验与非洲实际结合起来，探索助力非洲减贫事业的新型农业合作模式。值得注意的是，非洲的减贫需要以非洲本土减贫战略为主导，处理好分享减贫国际公共产品与探索独立自主的本土减贫道路之间的关系。

三是中非减贫经验交流具有双向互动性。包括减贫经验在内的中非治国理政交流从来不是单向的，而是双向互动的。参加延安行的非洲驻华大使在热议中国脱贫成就和经验的同时，在讨论和演讲中也介绍了各自国家在减贫时面临的挑战与应对之策。其中，部分非洲国家的减贫做法也值得中国关注与借鉴。例如，印度洋岛国毛里求斯是撒哈拉以南非洲少数几个成功从农业国转向多元化经济的国家之一，2020 年人均国内生产总值（按购买力平价计算）2.18 万美元[①]，该国在构建社会保障体系方面颇有成效。毛里求斯驻

---

① EIU, *Country Report*: *Mauritius*, March 9, 2021, p. 12.

华大使王纯万说道，毛里求斯坚持以人为本的发展观，国家发展目标是创建包容性社会，让所有的公民都获得公平、公正的生存权和发展权。为此，该国自20世纪40年代起就建立了完善的社会福利体制：本国公民从学前到高等教育阶段都是免费的，老人、学生还有残障人士都可得到免费的交通服务，医疗保健系统也是免费的，每个公民都能够享受到非缴费的养老金，伤残人士、孤残还有失去丈夫的妇女都能领取抚恤金，政府对弱势群体全力提供保障与服务。此外，毛里求斯还实行社会登记制度，即对绝对贫困的家庭进行登记，确保其能够获得财政支持。毛里求斯为该国弱势群体提供的各类服务和做法，可为中国完善社会保障体系提供可资借鉴的“他山之石”。

中国特色的减贫道路，创造了全球减贫治理的中国样本，中国在减贫实践中探索形成的宝贵经验，不仅属于中国，更属于全世界。战胜贫困是人类社会发展面临的共同难题，中国成功战胜绝对贫困，不仅向世界展示了中国主张、中国智慧、中国方案，更表明中国作为负责任的大国有意愿也有能力在全球事务中发挥更大作用。中国依托不同类型的生动的脱贫实践，可以向非洲人民广泛宣介中国脱贫成就中蕴含的中国的发展观、文明观、安全观、人权观、生态观、国际秩序观和全球治理观，进而在中非减贫合作中推动更加紧密的中非命运共同体建设，推动构建人类命运共同体。中非减贫合作的持续推进，不仅成为新时代中非治国理政经验交流的典范案例，同时也是中非友谊在共同建设人类命运共同体过程中不断深化的体现。非洲驻华大使延安行这一中非关于脱贫经验交流的生动实践，表明了新时代中非加强治国理政经验交流正当其时，中国的成功发展道路和治国理政经验为非洲国家实现自主可持续发展提供了新的思路，由此深化中非的互学互鉴至关重要，其将为构筑更加紧密的中非命运共同体提供强大的智力支持。

第三章 习近平治国理政的思想内涵

习近平治国理政这一重大思想理念集中反映了习近平新时代中国特色社会主义思想形成发展的轨迹和成果，不仅指导着中国特色社会主义新的伟大实践，而且为世界和平与发展作出了重大贡献。非洲作为发展中国家最集中的大陆，渴望了解中国作为最大的发展中国家是如何处理发展实践中遇到的挑战、不断实现理论升华和创新的。而中国也希望了解非洲国家和人民在发展中遇到的困难并分享中国的经验和教训。以中国和非洲国家在国家建构中共同面临的问题为切入点，梳理习近平治国理政的思想理念对非洲发展道路探索提供的启示，既是增进中非双方政治互信的必然要求，也是推进中非治国理政经验交流的必要准备。

第一节 政治发展：探索符合本国国情的发展道路

20 世纪六七十年代，非洲国家纷纷实现民族独立并开启了国家建构、民族振兴之路。非洲国家在国家建构过程中面临着塑造政权的内生合法性、建立民族国家认同、实现有效统治等多重困境。20 世纪八九十年代，西方大国通过推行结构调整计划，将以自由市场和多党选举为特征的民主发展模式输出给非洲国家，对非洲国家自主探求政治转型和经济发展进程造成干扰和破坏。急剧的政治民主化转型导致非洲大陆出现频繁的政治动荡和军事冲突，造成党派林立、族群冲突频发和经济发展停滞的局面。近年来，大多数非洲国家已经接受代议制民主，同时也在努力结合自身现实特征探索民主发展模式。在全球化深入发展、国际合作日益密切的今天，非洲国家正以其强烈的独立自主意识和复兴非洲的政治意愿，力图在挖掘自身历史传统、借鉴他国发展经验基础上走出符合自身国情和时代特征的复兴之路。

新中国成立之时，中国贫困人口占世界总人口的40%以上。① 如今中国发展成为世界第二大经济体。中国不仅实现了长期的和平稳定，而且带领14亿多人迈入现代化。新中国成立以来，中国在中国共产党的领导下探索出符合自身国情的改革开放之路，实现了经济的快速发展和政治制度的改革和完善。通过持续的稳定和发展，中华民族迎来了从站起来、富起来到强起来的历史性飞跃。在处于大发展、大变革、大调整的当今世界，中华民族开拓进取、勇于创新，探索实现中华民族伟大复兴的中国梦的最佳方案。中国能取得上述历史性发展成就，正是长期以来探索自主发展道路的结果。同时，中国成功的发展经验和治理模式也受到非洲等发展中国家的关注。习近平治国理政的思想理念是马克思主义中国化最新成果之一，是从中国社会主义建设实践中提炼出的理论精髓，对政治体制建设、政党发展以及国家安全维护等关乎国家治理的方面进行了系统阐述。中国和非洲国家拥有共同的发展诉求和相似的外部环境，双方的经验教训值得相互借鉴和分享。治国理政是中国和非洲国家共同关心的核心议题。笔者认为在充分认识非洲国家民主化和现代化进程中所面临的问题的基础上，梳理习近平治国理政的思想内涵是促进中非治国理政经验交流的基本前提。

值得注意的是，习近平治国理政的思想理念是在遵循马克思主义思想阐述的社会发展规律前提下，基于中国的历史与现实总结出来的理论成果，不可能直接适用于非洲国家。加强习近平治国理政的思想理念与非洲国家的交流互鉴，意义在向这些国家展示除西方模式之外的另一种发展道路的可能

① 徐勇、陈军亚：《国家善治能力：消除贫困的社会工程何以成功?》，《中国社会科学》2022年第6期，第110页。

性，激励非洲国家自主探寻出解决非洲问题的方案，在非洲自主实践中构建自身的理论体系，进而拓展人类社会发展的理论边界，丰富人类社会发展的实践内容。

一　政治制度建设

民族国家建立之后，如何组织国家政权、建立何种性质的政治制度是关系国家前途、人民命运的根本性问题。中国在取得民族独立后，开始积极探索政治发展道路，寻找适合自身历史和现实的政权性质和组织形式。中国共产党从民主本质内涵出发，以科学价值观和方法为指导，探索出了一条符合中国自身国情的政治发展道路。

（一）以人民为中心是新时代坚持和发展中国特色社会主义的根本立场

非洲国家民族解放运动的胜利是广大非洲民众追求独立自主、与殖民统治者不断抗争的结果。非洲国家的新政权，虽然受宗主国的直接干预或者间接影响，但仍是不同社会阶层斗争与联合的结果。本质上，非洲国家独立初期的发展道路和政权性质在很大程度上是非洲人民的选择。但由于不愿放弃其在殖民地的势力范围，不愿切断与殖民地之间的历史联系，这些前宗主国家通过政治操纵、经济控制来干预非洲国家的制度和道路选择。西方主导的国际金融机构在非洲推行的结构调整计划，打乱了非洲人民探索符合自身国情的民主化、现代化制度的脚步，破坏了非洲国家新生政权尚且脆弱的内部合法性。近年来，随着非洲国家自主性明显提升，如何超越西方价值体系，打破西方政治制度的枷锁，从民主概念的本质内涵出发探求符合其政治现实的制度安排将成为非洲国家力求回答的时代课题。而回归人民、回归“社会”，在充分认识人民需求和社会结构的基础上，推进政治体制改革，发挥民众在民主化进程中的推动作用将有助于优化非洲国家政治制度，提升政权合法性，这便是“以人民为中心”根本立场对非洲国家可能产生的有益启示。

“以人民为中心”的根本立场体现了“民主”这一概念的本质内涵。“民主”概念形成于公元前 5 世纪，源自古希腊语 demos（人民）和 kratos

（统治）两个字词的组合，基本含义为“人民的权力”或“人民的统治”。习近平同志在党的二十大报告中强调：全过程人民民主是社会主义民主政治的本质属性，是最广泛、最真实、最管用的民主。必须坚定不移走中国特色社会主义政治发展道路，坚持党的领导、人民当家作主、依法治国有机统一，坚持人民主体地位，充分体现人民意志、保障人民权益、激发人民创造活力。要健全人民当家作主制度体系，扩大人民有序政治参与，保证人民依法实行民主选举、民主协商、民主决策、民主管理、民主监督，发挥人民群众积极性、主动性、创造性，巩固和发展生动活泼、安定团结的政治局面。① “人民是历史的创造者，是决定党和国家前途命运的根本力量。”② 人民当家作主是社会主义民主政治的本质和核心，实质上是保障人民的权力、实现人民的统治。“国家一切权力属于人民”是人民当家作主的基本内涵，体现在国家根本性质上，就是工人阶级领导的、以工农联盟为基础的人民民主专政的社会主义国家，体现在国家政权组织形式上，就是人民通过各级人民代表大会行使国家权力。同时，国家建立健全法律制度和体制机制，保证人民依照法律规定，通过各种途径和形式，管理国家事务，管理经济文化事业，管理社会事务。③ 中国政治制度安排根本上是为了保障人民的权力，实现人民的统治。因此，社会主义民主政治体现了“主权在民”的民主原则，从根本上符合“民主”概念的普遍性特点。

“以人民为中心”的根本立场是由人民创造历史决定的。历史伟业依靠人民创造，人民群众是历史发展和社会进步的主体力量，人民是历史的创造者和社会发展的决定力量。马克思全面论述国家与人民之间的关系。他指出，“民主制独有的特点是：国家制度在这里毕竟只是人民的一个定在环节，政治制度本身并不构成国家……不是国家制度创造人民，而是人民创造

---

① 《习近平：高举中国特色社会主义伟大旗帜 为全面建设社会主义现代化国家而团结奋斗——在中国共产党第二十次全国代表大会上的报告》，中华人民共和国中央人民政府网，2022 年 10 月 25 日，https：//www.gov.cn/xinwen/2022-10/25/content_5721685.htm，最后访问日期：2023 年 9 月 11 日。

② 习近平：《习近平谈治国理政》（第三卷），外文出版社，2020，第 135 页。

③ 沈春耀：《推进社会主义民主政治法治化》，《光明日报》2014 年 11 月 6 日，第 1 版。

国家制度”[①]。可见，人民群众是智慧和力量的源泉，是人民群众创造了国家制度，推动历史的前进。习近平总书记同样指出：“老百姓是天，老百姓是地。忘记了人民，脱离了人民，我们就会成为无源之水、无本之木，就会一事无成。”[②] 尊重人民群众的主体地位、充分调动人民的积极性是中国特色社会主义事业不断前进的强大根基。习近平总书记强调：“在人民面前，我们永远是小学生，必须自觉拜人民为师，向能者求教，向智者问策；必须充分尊重人民所表达的意愿、所创造的经验、所拥有的权利、所发挥的作用。”[③] 尊重人民群众的首创精神、最大限度地激发人们的创造热情是中国特色社会主义伟大实践得以成功的重要保障。以人民为中心作为新时代坚持和发展中国特色社会主义根本立场，是由人民的主体地位决定的，中国特色社会主义政治制度是人民的历史选择。

“以人民为中心”就是把最广大人民的根本利益作为一切工作的最高标准。习近平总书记指出，“必须牢记我们的共和国是中华人民共和国，始终要把人民放在心中最高的位置，始终全心全意为人民服务，始终为人民利益和幸福而努力工作”[④]。站稳人民立场是把人民对美好生活的向往作为奋斗目标和关键。把人民对美好生活的向往作为奋斗目标，最终要落实到实现好、维护好、发展好最广大人民的根本利益上。习近平总书记指出：“党的一切工作，必须以最广大人民根本利益为最高标准。”[⑤] 不忘初心，方得始终。习近平总书记强调：“为人民谋幸福，是中国共产党人的初心。我们要时刻不忘这个初心，永远把人民对美好生活的向往作为奋斗目标。”[⑥]

---

① 《马克思恩格斯全集》（第三卷），人民出版社，2002，第40页。

② 《牢牢根植人民——论坚持以人民为中心的发展思想》，《人民日报》2020年6月5日，第1版。

③ 习近平：《在纪念毛泽东同志诞辰一百二十周年座谈会上的讲话》（2013年），载中共中央文献研究室编《十八大以来重要文献选编》（上），中央文献出版社，2014，第697页。

④ 习近平：《习近平谈治国理政》（第三卷），外文出版社，2020年，第139页。

⑤ 习近平：《在纪念毛泽东同志诞辰一百二十周年座谈会上的讲话》（2013年），载中共中央文献研究室编《十八大以来重要文献选编》（上），中央文献出版社，2014，第698页。

⑥ 《习近平在党的十九届一中全会上的讲话》，《新华日报》2018年第4期，第15~19页。

习近平总书记指出："时代是出卷人，我们是答卷人，人民是阅卷人。"① 人民是党的工作的最高裁决者和最终评判者。增加群众的话语权、评判权是推进党和人民事业的有力保障。因此，国家制定实施的法律法规和方针政策，必须体现人民意志、尊重人民意愿、得到人民拥护，维护最广大人民根本利益。国家各方面事业和各方面工作必须坚持以人民为中心的发展思想，不断满足人民日益增长的美好生活需要，促进人的全面发展。②

（二）发展适合本国国情的社会主义民主政治制度

国家的长治久安取决于政治统治的有效性，而"有能力的、非人格化的、组织良好和能够自主的现代国家"③，需要有政治制度的保障。一个国家的政治制度决定于这个国家的经济社会基础，同时又反作用于这个国家的经济社会基础，乃至起到决定性作用。中国政治制度安排，是在历史传承、文化传统、经济社会发展的基础上长期发展、渐进改进、内生性演化的结果，是中国共产党和中国人民的伟大创造。④ 中国制度的基本特征包括形成集中统一执政党领导制度、人民当家作主的政体制度、民主协商的多党合作制度、动态平衡的中央与地方关系制度、民族平等与区域自治的民族自治制度、多元共治的基层社会治理制度六大维度。⑤

非洲国家面临的大多数政治发展困境都与国家能力建设相关。如何提升国家能力是非洲国家面临的现实问题，而政治制度建设是强化国家能力、保障政治秩序的前提条件。在西方民主价值体系为主流国际话语

① 《习近平：以时不我待只争朝夕的精神投入工作 开创新时代中国特色社会主义事业新局面》，"不忘初心、牢记使命"主题教育官方网站，2018 年 1 月 6 日，http://cpc.people.com.cn/n1/2018/0106/c64094-29749016.html，最后访问日期：2021 年 3 月 19 日。

② 中共中央宣传部编《习近平新时代中国特色社会主义思想三十讲》，学习出版社，2017，第 160 页。

③ 〔美〕弗朗西斯·福山：《政治秩序与政治衰败：从工业革命到民主全球化》，毛俊杰译，广西师范大学出版社，2015，第 32 页。

④ 中共中央宣传部编《习近平新时代中国特色社会主义思想三十讲》，学习出版社，2017，第 164 页。

⑤ 王若磊：《中国改革开放成就的制度支撑》，《中国井冈山干部学院学报》2019 年第 12 期，第 58~67 页。

体系的影响下，以多党选举为特征的政治制度成为实现民主的制度保障。然而，多党代议制由于不符合非洲国家现实没有给非洲国家带来稳定的政治秩序，造成了部分或全局性的政治失序。中国社会主义政治制度保证了强且有效的国家能力，其成功经验引起西方学界兴趣，也给非洲国家在确立和改善自身政治制度的过程中带来启示，即在充分调查研究的基础上认清国情现状，通过正视历史总结教训，在实践中探索符合本国国情的政治制度，正确处理国家与人民之间、执政党与参政党之间、各民族之间、中央与地方之间的关系。

“中国共产党的领导是中国特色社会主义最本质的特征，是全党全国各族人民共同意志和根本利益的体现，是决胜全面建成小康社会、夺取新时代中国特色社会主义伟大胜利的根本保证。”① 现代国家中，政党往往是实现政治参与，树立国家权威的主要行为体。政党能否代表人民群众的利益，政党的指导思想是否科学决定国家现代化转型能否顺利。中国共产党，作为无产阶级政党，代表人民群众的根本利益，坚持马克思主义的指导，在实现中华民族复兴过程中发挥着核心的领导作用。习近平总书记指出：“中国共产党是中国特色社会主义事业的领导核心，处在总揽全局、协调各方的地位。在当今中国，没有大于中国共产党的政治力量或其他什么力量。党政军民学，东西南北中，党是领导一切的，是最高的政治领导力量。中国共产党是执政党，党的领导是做好党和国家各项工作的根本保证，是我国政治稳定、经济发展、民族团结、社会稳定的根本点，绝对不能有丝毫动摇。”②

人民代表大会制度是坚持党的领导、人民当家作主、依法治国有机统一的根本政治制度。人民代表大会制度，是中国人民在人类政治制度史上的伟大创造，是符合中国国情和实际、体现社会主义国家性质的制度。人民代表大会作为国家权力机关和立法机关，在国家机关中具有崇高地位和最高权力。作为实现人民民主的具体形式和根本途径，这一根本制度保障了人民在

---

① 习近平：《习近平谈治国理政》（第三卷），外文出版社，2020，第 89 页。

② 习近平：《中国共产党领导是中国特色社会主义最本质的特征》，《求是》2020 年第 14 期，第 4~17 页。

国家治理中的主体地位，人民是国家和社会的主人。

中国共产党领导的多党合作和政治协商制度是中国的一项基本政治制度，是从中国土壤中生长出来的新型政党制度，是马克思主义政党理论同中国实际相结合的产物。[①] 习近平总书记指出："在中国社会主义制度下，有事好商量、众人的事情由众人商量，找到全社会意愿和要求的最大公约数，是人民民主的真谛。"[②] 实行人民民主要求治国理政时在人民内部各方面进行广泛协商，人民在日常政治生活中享有广泛持续深入参与的权利。社会主义协商民主有利于扩大公民有序政治参与、推进国家治理体系和治理能力现代化、促进社会和谐稳定。习近平总书记指出，人民是否享有民主权利，要看人民是否在选举时有投票的权利，也要看人民在日常政治生活中是否有持续参与的权利；要看人民有没有进行民主选举的权利，也要看人民有没有进行民主决策、民主管理、民主监督的权利。人民只有投票的权利而没有广泛参与的权利，这样的民主是形式主义的。[③] 习近平总书记强调："民主不是装饰品，不是用来做摆设的，而是要用来解决人民要解决的问题的。"[④] "社会主义协商民主，是中国社会主义民主政治的特有形式和独特优势。"[⑤] 通过社会主义协商民主，能够更好地让群众表达诉求，增进共识，预防和化解可能出现的矛盾和风险，促进社会和谐稳定。可见，社会主义协商民主是切实保障人民当家作主的制度安排，与资本主义民主相比具有不可比拟的优越性和强大生命力。[⑥]

民族区域自治制度是中国解决民族问题的重要制度。中国设立了五个自治区，部分省份设立民族自治州、自治县。坚持和完善民族区域自治制度，

---

① 《共襄复兴伟业 奋进崭新征程——热烈祝贺全国政协十三届四次会议胜利闭幕》，《光明日报》2021年3月11日，第1版。

② 习近平：《在中央政协工作会议暨庆祝中国人民政治协商会议成立70周年大会上的讲话》，新华网，2019年9月21日，http://www.xinhuanet.com/mrdx/2019-09/21/c_138409881.htm，最后访问日期：2021年4月6日。

③ 冯俊：《学习新思想》，人民出版社，2019，第238页。

④ 《在庆祝中国人民政治协商会议成立65周年大会上的讲话》，《人民日报》2014年9月22日，第2版。

⑤ 习近平：《习近平谈治国理政》（第二卷），外文出版社，2017，第291页。

⑥ 中共中央宣传部编《习近平新时代中国特色社会主义思想三十讲》，学习出版社，2017，第175~177页。

要做到统一和自治相结合。[①] 团结统一是第一位的，是民族区域自治的前提和基础。中国坚持把维护民族团结和国家统一作为各民族最高利益。国家统一是各民族人民生存的基础和发展的保障，没有国家统一，就谈不上民族区域自治。[②] 民族区域自治制度符合中国各民族共同利益和发展要求，符合中国历史、文化特征，以及民族分布现实情况。这一制度体现各民族平等的原则，为民族团结奠定了制度基础。民族区域自治是中国共产党基于中国国情的一大制度创新，具有鲜明的中国特色。实行民族区域自治，既是承续历史传统与符合民族国情的统一，也是维护国家集中统一与照顾民族地区差异的统一，体现了中华民族一体性与尊重各民族多元性的统一，是最适合中国国情的制度安排。[③]

基层群众自治制度是社会主义民主政治建设的基础和重要组成部分。若要发展基层民主，必须畅通民主渠道，通过健全基层选举、议事、公开、述职、问责等机制，促进群众在城乡社区治理、基层公共事务和公益事业中依法自我管理、自我服务、自我教育、自我监督，切实防止出现人民形式上有权、实际上无权的现象。[④] 随着工业化、城镇化进程不断加快，基层社会治理的对象、任务和环境发生深刻变化。面对这种新形势，健全社会管理和服务机制，推行网络化管理尤为重要。协商共治的基层自治制度调动了民众和各级层的积极性和能动性，体现了治理中的多主体参与共治的特征，有助于提升治理绩效。

（三）全面依法治国是中国特色社会主义的本质要求和重要保障

法律是国家意志的集中体现，是统治阶级的统治工具。法治是治国理政的基本方式。非洲国家由于经历了殖民统治，在法治建设上大多以

① 习近平：《习近平谈治国理政》（第二卷），外文出版社，2017，第 300 页。

② 杨圣敏：《民族区域自治制度保障国家统一和民族进步》，《人民日报》2017 年 7 月 26 日，第 7 版。

③ 王正伟：《充分发挥民族区域自治制度优势——纪念民族区域自治法颁布实施 30 周年》，《人民日报》2014 年 9 月 3 日，第 7 版。

④ 中共中央宣传部编《习近平新时代中国特色社会主义思想三十讲》，学习出版社，2017，第 167 页。

宗主国的法治理念和体系为导向。独立后一些非洲的宪法法律文本参考甚至照搬西方殖民国家的宪法框架。然而，西方的分权理念和三权分立的宪政制度是与资产阶级国家政权性质联系在一起的，是由资本主义私有制决定的，也是为巩固资本主义私有制服务的。无论是中国还是非洲国家，其国情和国家性质与西方国家迥异。这导致西方的法律体系并不能完全适用于非洲国家。目前，非洲本土既有大陆法系的成文法，又有英美法系的判例法，还有非洲早已有之的习惯法。非洲法院组织系统还保留了不少习惯法法院和宗教法院。① 非洲国家独立后，非洲习惯法如何实现现代化成为非洲国家法治建设中的重大现实问题和理论问题。“法治兴则国家兴，法治强则国家强。”② 习近平总书记深刻指出了法治与国家治理的密切关系。中国和非洲国家都面临着由传统人治向现代法治的历史性变革。如何在法治进程中实现传统与现代的结合，在传承自身传统法律文化基础上、在政治改革实践中探索适合自己的法治道路是中国和非洲国家所共同面临的挑战。

法治是人类文明进步的重要标志，是治国理政不可或缺的重要手段，是维护好社会和谐稳定、确保国家长治久安的根本要求。习近平总书记强调：“法治昌明方能国泰民安，法治废弛只会国乱民怨。”③ 中国特色社会主义法治道路是我国社会主义法治建设成就和经验的集中体现，是引领法治中国建设不断取得新成就的法宝。习近平总书记指出，全面推进依法治国，总目标是建设中国特色社会主义法治体系、建设社会主义法治国家。④ 走什么样的法治道路、建设什么样的法治体系，是由一个国家的基本国情决定的。“全

① 洪永红：《非洲习惯法初探》，《比较法研究》2001 年第 2 期，第 72~87 页。

② 《习近平：加强党对全面依法治国的领导》，人民网，2019 年 2 月 15 日，http：//jhsjk.people.cn/article/30704130，最后访问日期：2021 年 3 月 18 日。

③ 《开启法治中国新时代——以习近平同志为核心的党中央推进全面依法治国纪实》，《人民日报》2019 年 10 月 22 日，第 1 版。

④ 《习近平：决胜全面建成小康社会 夺取新时代中国特色社会主义伟大胜利——在中国共产党第十九次全国代表大会上的报告》，2017 年 10 月 27 日，新华网，http：//www.xinhuanet.com/2017-10/27/c_1121867529.htm，最后访问日期：2021 年 3 月 23 日。

面推进依法治国，必须从我国实际出发，同推进国家治理体系和治理能力现代化相适应，既不能罔顾国情、超越阶段，也不能因循守旧、墨守成规。”① 不能搞“全盘西化”，不能搞“全面移植”，不能照搬照抄。② 从中国国情和实际出发，走适合自己的法治道路，决不能照搬别国模式和做法，决不搞西方“宪政”“三权鼎立”“司法独立”那一套。③

一是全面推进依法治国系统工程。习近平总书记强调，全面推进依法治国是一项庞大的系统工程，必须统筹兼顾、把握重点、整体谋划，在共同推进上着力，在一体建设上用劲。依法治国、依法执政、依法行政是有机联系的整体。依法治国关键在于党能不能坚持依法执政，各级政府能不能依法行政。依法执政是党领导人民治理国家的基本方略，依法行政是各级政府活动的基本准则。④ 法治国家、法治政府、法治社会三者相互联系、相互支撑、相辅相成。法治国家是法治建设的目标，法治政府是法治国家的主体，法治社会是法治国家的基础，三者共同构成建设法治中国的三根支柱。⑤ 科学立法、严格执法、公正司法、全民守法，涵盖了立法、执法、司法、守法的主要环节，是新时代中国法治建设的指导方针。

二是正确认识把握党和法的关系问题。党和法的关系问题是一个重大政治问题，是法治建设的核心和根本问题。正确认识和处理好党的领导和法治建设的关系是实现依法治国的关键。习近平总书记一针见血地指出，“党大还是法大”是一个政治陷阱，是一个伪命题。“党大还是法大”背离了中国社会主义法治实践的基本事实和内在要求，背离了党与法治关系的基本特点

---

① 习近平：《习近平谈治国理政》（第二卷），外文出版社，2017，第117页。

② 中共中央宣传部编《习近平新时代中国特色社会主义思想三十讲》，学习出版社，2017，第185～186页。

③ 冯玉军：《坚定不移走中国特色社会主义法治道路》，《经济日报》2021年2月24日，第1版。

④ 高卫军：《依法行政是依法治国依法执政的必然要求》，《河南日报》2017年7月21日，第8版。

⑤ 袁曙宏：《坚持法治国家、法治政府、法治社会一体建设》，《人民日报》2020年4月21日，第9版。

和内在联系，背离了我国法治建设的基本国情和内在规律。[①] 对于中国而言，法是党的主张和人民意愿的统一体现，党领导人民制定并执行宪法法律，党自身必须在宪法法律范围内活动。党和法、党的领导和依法治国是高度统一的。各级党政组织、各级领导干部手中的权力是党和人民赋予的，是上下左右有界受控的，是不可以为所欲为、随心所欲的。领导干部作为“关键少数”必须带头尊崇法治、敬畏法律。[②]

二　政党建设

政党是国家治理最重要的政治关系纽带和工具，政党力量的强弱与一个国家能否实现政治稳定密切相关。现当代国家之间的竞争集中体现在政党治理国家的模式和能力上的竞争。[③] 政党是现代社会的产物，是以执掌政权为主要目标，并在政治精英内部，精英与大众之间建立某种制度化联系的政治组织。[④] 建立强有力的政党组织是亚非拉国家迈向政治稳定和现代化的关键环节。与欧美发达国家的政党不同，亚非拉的许多政党是作为反帝国主义、反殖民主义的民族解放运动的政治领导团体壮大起来的，其目的是推翻殖民政权或者各种形式的传统政体。取得政权后的短时间内，新兴政党同时面临着构建现代国家、规划经济建设、扩大政治参与和促进社会再分配等一系列艰巨任务，这对新型政党的负荷能力构成了严峻挑战。[⑤] 因此，加快政党建设、提高政党的参政执政能力是推进现代国家建设的关键。

（一）政治建设与思想建设

政党是具有政治主张、政治理念、政治追求的社会团体。政治性是政党

---

① 刘建武：《为什么说“党大还是法大”是一个伪命题?》，《党的文献》2015年第6期，第12~17页。

② 《习近平谈依法治国》，人民网，2016年8月17日，http://theory.people.com.cn/n1/2016/0817/c49150-28642089.html，最后访问日期：2021年4月9日。

③ 肖阳：《政党内生权威视角下全面从严治党的内涵、意义与路径分析》，载《理论经纬·2016》，上海三联书店，2018，第85~95页。

④ 王正绪、耿曙、唐世平主编《比较政治学》，复旦大学出版社，2021，第79页。

⑤ 王正绪、耿曙、唐世平主编《比较政治学》，复旦大学出版社，2021，第92页。

的最大特征。[①] 因此，党的政治建设是党的根本性建设。明确党的政治主张和政治理念，提高党员的政治素养是政党永葆生命力、实现党的政治追求的关键。自实行多党制以来，非洲国家政党数量经历了从井喷式增长到下降再到相对稳定的过程。非洲各国政党力量格局大致可分为一党主导型、朝野势均力敌型和碎片化型三种类型。[②] 但无论哪种政党力量格局，政党的执政理念和党内精英的思想理论素养关系到党能否赢得民众信任，是否能长期执政。然而，大多数非洲政党的思想意识形态基础较为薄弱，与社会民众联系不够紧密。政党与民众的联系常通过选举投票行为来实现和维系。选举行为有时并非基于治国理念和政策，而是受物质利益交换影响。与此同时，在选举政治影响下，政党易沦为选举工具，而并非代表某阶级的利益，也并非以实现政治理想为终极目标，这阻碍了政党组织发挥应有的政治功能。因此，加强党的政治建设和思想建设是确保党的正确发展方向、防止党员思想腐化的根本性措施，也是非洲国家提高治国理政水平的重要方面。

习近平总书记强调，党的政治建设是党的根本性建设，要把党的政治建设摆在首位，以党的政治建设为统领。[③] 习近平总书记多次强调："讲政治，是我党补钙壮骨、强身健体的根本保证，是我们党培养自我革命勇气、增强自我净化能力，提高排毒杀菌政治免疫力的根本途径。"[④] 习近平总书记在主持十九届中央政治局第六次集体学习时指出："政治方向是党生存发展第一位的问题，事关党的前途命运和事业兴衰成败。我们所要坚守的政治方向，就是共产主义远大理想和中国特色社会主义共同理想、'两个一百年'奋斗目标，就是党的基本理论、基本路线、基本方略。加强党的政治建设就是要发挥政治指南针作用，引导全党坚定理想信念、坚定'四个自信'，把

---

① 孙成武：《从中国共产党百年历史看加强政治建设的内在逻辑》，《长白学刊》2021年第2期，第1~8页。

② 钟伟云：《非洲的政党政治：回顾与反思》，《西亚非洲》2016年第5期，第90~106页。

③ 《习近平：增强推进党的政治建设的自觉性和坚定性》，《求是》2019年第14期，第4~9页。

④ 马黎：《增强党性修养提高政治能力》，人民网，2017年12月27日，http://theory.people.com.cn/n1/2017/1227/c40531-29731500.html，最后访问日期：2021年4月9日。

全党智慧和力量凝聚到新时代坚持和发展中国特色社会主义伟大事业中来；就是要推动全党把坚持正确政治方向贯彻到谋划重大战略、制定重大政策、部署重大任务、推进重大工作的实践中去，经常对表对标，及时校准偏差，坚决纠正偏离和违背党的政治方向的行为，确保党和国家各项事业始终沿着正确政治方向发展；就是要把各级党组织建设成为坚守正确政治方向的坚强战斗堡垒，教育广大党员、干部坚定不移沿着正确政治方向前进。"①

思想建设是党的基础性建设。习近平总书记指出："对马克思主义、共产主义的信仰，对社会主义的信念，是共产党人精神上的'钙'。没有理想信念，理想信念不坚定，精神上就会得'软骨病'，就会在风雨面前东摇西摆。全党同志一定要坚守共产党人精神家园，把改造客观世界和改造主观世界结合起来，切实解决好世界观、人生观、价值观问题，练就共产党人的钢筋铁骨，铸牢坚守信仰的铜墙铁壁，矢志不渝为中国特色社会主义共同理想而奋斗。"② 中国共产党理想信念就是马克思主义真理信仰、共产主义远大理想和中国特色社会主义共同理想。认真学习马克思列宁主义、毛泽东思想、邓小平理论、"三个代表"重要思想……特别是习近平新时代中国特色社会主义思想，要学会运用马克思主义立场观点方法观察和解决问题，把理想信念建立在对科学理论的理性认同上，建立在对历史规律的正确认识上，建立在对基本国情的准确把握上。"衡量一名共产党员、一名领导干部是否具有共产主义远大理想，是有客观标准的，那就要看他能否坚持全心全意为人民服务的根本宗旨，能否吃苦在前、享受在后，能否勤奋工作、廉洁奉公，能否为理想而奋不顾身去拼搏、去奋斗、去献出自己的全部精力乃至生命。"③

---

① 《加强党的政治建设，习近平总书记这么说》，中共中央纪律检查委员会网站，2018 年 7 月 1 日，http：//www. ccdi. gov. cn/toutiao/201807/t20180701 _ 174888. html，最后访问日期：2021 年 3 月 29 日。

② 《习近平：在纪念陈云同志诞辰 110 周年座谈会上的讲话》，新华网，2015 年 6 月 12 日，http：//www. xinhuanet. com/politics/2015-06/12/c_1115603689. htm，最后访问日期：2021 年 3 月 17 日。

③ 习近平：《关于坚持和发展中国特色社会主义的几个问题》，《求是》2019 年第 7 期，第 4～12 页。

（二）组织建设和制度建设

与发达国家的政党相比，发展中国家政党组织化的程度存在着更大的差异性。领导社会革命或民族解放运动的政党在夺权以后，是否能够维持政党组织的活跃度是一个很大的挑战。[①] 在快速变化的社会中，发展中国家需要一个强有力的政府，而强大的政党和强大的组织是形成强有力政府的重要条件。作为最有组织的社会力量，政党发挥着联结国家与社会的作用。一个政党的组织体系是否完善、政党的内部制度是否健全决定着政党是否具有执行力。非洲国家执政党要维持其统治地位，必须实现政党的转型。在这一转型过程中，组织建设和制度建设是核心问题。非洲政党通过组织建设和制度建设可以提高政党内部凝聚力、吸纳更多的社会精英、增强对社会的渗透能力，进而提高执政的有效性和合法性。另外，执政党内部的民主化带动社会民主化可形成党内民主和社会民主相互促进的良性循环，进而加快政治现代化的实现。[②] 非洲国家正处在民主化转型的关键时期，政党作为引领非洲经济社会发展的主体力量，其内部组织和制度建设水平的提高不仅有利于推进国家层面的民主化进程，而且将有助于实现民族觉醒与复兴。中国共产党正是通过不断加强组织建设、完善党内民主制度，保持了强大的生命力。中国共产党的组织和制度建设经验值得分享。

其一，用正确的组织路线保证正确的政治路线。党的力量来自组织。党的全面领导、党的全部工作要靠党的坚强组织体系去实现。习近平总书记指出："组织路线对坚持党的领导、加强党的建设、做好党的组织工作具有十分重要的意义。"[③] 按照马克思主义建党原则，中国共产党形成了包括党的中央组织、地方组织、基层组织在内的严密组织体系。这是世界上任何其他政党都不具有的强大优势。新时代党的组织路线是：全面贯彻习近平新时代

---

① 王正绪、耿曙、唐世平主编《比较政治学》，复旦大学出版社，2021，第 94 页。

② 刘力锐、季盛清：《非洲左翼政党长期执政的挑战与政党转型》，《当代世界与社会主义》2016 年第 6 期，第 118~124 页。

③ 《贯彻落实好新时代党的组织路线》，人民网，2018 年 8 月 16 日，http://theory.people.com.cn/GB/n1/2018/0816/c40531-30233116.html，最后访问日期：2021 年 4 月 19 日。

中国特色社会主义思想，以组织体系建设为重点，着力培养忠诚干净担当的高素质干部，着力集聚爱国奉献的各方面优秀人才，坚持德才兼备、以德为先、任人唯贤，为坚持和加强党的全面领导、坚持和发展中国特色社会主义提供坚强组织保证。[①] 习近平总书记指出："党的干部是党和国家事业的中坚力量。要坚持党管干部原则，坚持德才兼备、以德为先，坚持五湖四海、任人唯贤，坚持事业为上、公道正派，把好干部标准落到实处。"[②] 建设高素质干部队伍是贯彻新时代党的组织路线的关键。人才是实现民族振兴、赢得国际竞争主动的战略资源。要做到这一点，就要把党内和党外、国内和国外各方面优秀人才吸收到党和人民的伟大奋斗中来。党的基层组织是确保党的路线方针政策和决策部署贯彻落实的基础。习近平总书记指出："上面千条线、下面一根针，必须夯实基层。要有千千万万优秀基层骨干，结合实际情况落实好各项工作。"[③] 巩固党执政的阶级基础和群众基础，就要加强对群团工作的领导，坚定不移走中国特色社会主义群团发展道路。

其二，制度建设是全面从严治党的重要保障。习近平总书记指出："要加强对权力运行的制约和监督，把权力关进制度的笼子里，形成不敢腐的惩戒机制、不能腐的防范机制、不易腐的保障机制。"[④] 习近平总书记强调，推进全面从严治党，既要解决思想问题，也要解决制度问题。[⑤] 中国共产党已初步形成了以党章为根本，以民主集中制为核心，以准则、条例等党内法规为主干的党内法规制度体系。[⑥] 习近平总书记指出，自我监督是世界性难题，是国

---

① 《贯彻落实好新时代党的组织路线》，人民网，2018 年 8 月 16 日，http：//theory. people. com. cn/GB/n1/2018/0816/c40531-30233116. html，最后访问日期：2021 年 4 月 19 日。

② 王新堂：《新时代选人用人的根本遵循》，《行政管理改革》2017 年第 11 期，第 73~75 页。

③ 《习近平：要有千千万万优秀基层骨干》，光明网，2018 年 3 月 11 日，https：//politics. gmw. cn/2018-03/11/content_27952337. htm，最后访问日期：2021 年 3 月 12 日。

④ 《习近平：把权力关进制度的笼子里》，人民网，2013 年 1 月 22 日，http：//politics. people. com. cn/n/2013/0122/c70731-20288775. html，最后访问日期：2021 年 3 月 19 日。

⑤ 张殿兴：《习近平总书记关于全面从严治党重要论述的理论特质》，人民网，2019 年 10 月 28 日，http：//theory. people. com. cn/n1/2019/1028/c40531 - 31423318. html，最后访问日期：2021 年 4 月 8 日。

⑥ 《［中国稳健前行］加快形成完善的党内法规体系》，求是网，2019 年 12 月 27 日，http：//www. qstheory. cn/wp/2019-12/27/c_1125393844. htm，最后访问日期：2021 年 3 月 20 日。

家治理的“哥德巴赫猜想”。完善我国监督体系，既要加强党内监督，又要加强国家监察。党的执政地位决定了党内监督在党和国家各种监督形式中是最基本的、第一位的。这要求强化自上而下的组织监督，改进自下而上的民主监督，发挥同级相互监督作用，建立巡视巡察上下联动的监督网，切实发挥监督“利剑”和巡察“千里眼”作用。十三届全国人大一次会议审议通过了《中华人民共和国监察法》，设立国家监察委员会。监察委员会与党的纪律检查机关合署办公，代表党和国家行使监督权和检察权，履行纪检、监察两项职责，加强对所有行使公权力的公职人员进行监督，从而在党和国家形成巡视、派驻、监察三个全覆盖的统一的权力监督格局，形成发现问题、纠正偏差、惩治腐败的有效机制，为实现党和国家长治久安走出了一条中国特色监察道路。①

（三）纪律作风建设

政治纪律是一个政党最重要、最根本、最关键的约束性规范，是政党生存、发展、实现自己的政治目标的基本保障。② 严格的党内纪律有助于强化政党的内生权威，内化政党价值、维护政党秩序、整合政党力量。③ 腐败是破坏和消解政党权威的巨大杀手，侵蚀着政党合法性。政党要想树立权威，必须以“零容忍”的政治决心遏制腐败。腐败问题是破坏不少国家社会发展的一颗毒瘤，也是导致非洲部分执政党倒台的直接原因。独立以来，党政系统内滋生的腐败问题仍是制约非洲发展的现实挑战。非洲国家反腐败体制、机制普遍不够健全，腐败问题不仅成为非洲政党发展的主要障碍，也构成了社会动荡的主要原因。腐败问题阻碍了非洲国家的经济社会发展，侵蚀着国家和社会财富，加剧社会不公平，破坏了非洲国家的国际形象。为遏制腐败事件的高发态势，近年来不少非洲国家采取多种形式的反腐措施，力图标本兼治。中国自党的十八大以来在打击腐败方面取得的辉煌成就引起了非洲国家的高

---

① 《李建国：制定监察法是坚持走中国特色监察道路的创新之举》，人民网，2018 年 3 月 13 日，http：//lianghui. people. com. cn/2018npc/n1/2018/0313/c418468 - 29864815. html，最后访问日期：2022 年 10 月 15 日。

② 吕品：《政治纪律居于首位的三重逻辑分析》，《理论视野》2020 年第 9 期，第 74~80 页。

③ 肖阳：《政党内生权威视角下全面从严治党的内涵、意义与路径分析》，载《理论经纬 · 2016》，上海三联书店，2018，第 85~95 页。

度关注。中国共产党治理腐败的决心和经验得到了非洲政界领导人的充分认可。非洲政党希望与中国全面加强反腐败合作，学习中国依法反腐、制度反腐的经验。聚合中国在反腐败工作上的有益探索成就将为非洲的反腐败事业提供具有一定参考意义和示范价值的中国方案。① 进一步完善法律制度提高公共体系的透明度，完善监察和监督机制等方面将是非洲国家反腐败斗争的努力方向，也将成为中非在反腐败问题上加强联系和互动的具体议题。

政党纪律是对政党内部组织与成员行为进行约束的制度规则。政党纪律，能够将政党组织架构整合成为理性化的科层化组织，是现代政党的特征。作为政党内部的“法律”，政党纪律是推动政党不断演进的核心动力。② 马克思曾说：“我们现在必须绝对保持党的纪律，否则将一事无成。”③ 马克思深刻认识到，纪律建设能够为实现无产阶级政党内的思想统一提供保障。④ 中国共产党作为马克思主义无产阶级政党，高度重视政治纪律建设。

其一，加强纪律建设是全面从严治党的治本之策。习近平总书记深刻指出：“党要管党、从严治党，靠什么管，凭什么治？就要靠严明纪律。”⑤ 中国共产党是靠革命理想和铁的纪律组织起来的马克思主义政党，纪律严明是党的光荣传统和独特优势。⑥ 制定的纪律要严格执行。习近平总书记在十八届中央纪委三次全会上指出，遵守党的纪律是无条件的，要说到做到，有纪必执，有违必查，而不能合意的就执行，不合意的就不执行，不能把纪律作为一个软约束或是束之高阁的一纸空文。⑦

其二，高度重视作风建设。习近平总书记指出：“我们党作为马克思主

① 李新烽：《铸就风清气正的中非命运共同体——中非反腐败合作的重要意义》，《人民论坛》2019 年第 32 期，第 118~119 页。

② 石伟：《纪律塑造政党——基于政党变迁史的制度考察》，《思想战线》2021 年第 1 期，第 24~32 页。

③ 《马克思恩格斯全集》（第 29 卷），人民出版社，1972，第 413 页。

④ 赵慧礼：《论马克思恩格斯的政党纪律观》，《大庆社会科学》2020 年第 6 期，第 54~58 页。

⑤ 汲传排、叶再春：《全面从严治党必须把纪律挺在前面》，《前线》2015 年第 11 期，第 41~43、78 页。

⑥ 郑平：《政治纪律是党最根本最重要的纪律》，《求是》2017 年第 3 期，第 21 页。

⑦ 康民：《严明纪律是维护党的纯洁性的有力保证》，《中国监察》2014 年第 5 期，第 32~33 页。

义执政党，不但要有强大的真理力量，而且要有强大的人格力量。真理力量集中体现为我们党的正确理论，人格力量集中体现为我们党的优良作风。”①因此，中国共产党高度重视作风建设，而作风建设的核心问题是保持党同人民群众的血肉联系。全心全意为人民服务是党的根本宗旨，人民立场是党的根本政治立场。党来自人民、植根人民、服务人民，一旦脱离群众，就会失去生命力。加强作风建设，就必须紧紧保持党同人民群众的血肉联系，增强群众观念和群众感情，不断厚植党执政的群众基础。

其三，坚决开展反腐败斗争。腐败是社会的毒瘤。人民群众最痛恨腐败现象。如果任凭腐败问题愈演愈烈，最终必然亡党亡国。党的十八大以来，中国共产党以零容忍的态度重拳反腐，坚定不移“打虎”“拍蝇”“猎狐”，反腐败斗争压倒性态势已经形成并巩固发展。习近平总书记指出：“我们党反腐败不是看人下菜的‘势力店’，不是争权夺利的‘纸牌屋’，也不是有头无尾的‘烂尾楼’。”② 因此，反腐败斗争要持续保持高压态势，深化标本兼治，决不能半途而废、功亏一篑，必须坚定不移、精准有序、更有效地遏制增量、更有力地削减存量，推动反腐败斗争压倒性态势向压倒性胜利转化。习近平总书记指出，中国共产党是世界上最大的政党，大就要有大的样子。③ 中国共产党是靠革命理想和铁的纪律组织起来的马克思主义政党，纪律严明是党的光荣传统和独特优势。④ 中国共产党要承担起新时代坚持和发展中国特色社会主义的历史使命，确保党始终走在时代前列，始终成为领导核心，成为中国人民和中华民族的主心骨，就必须一以贯之、坚定不移把全面从严治党向纵深推进，不断提高党的执政能力和领导水平。

---

① 熊亮华：《十八大以来作风建设呈现鲜明特点：展现我们党强大的人格力量》，《人民日报》2017 年 8 月 24 日，第7 版。

② 《习近平：我们党反腐败不是看人下菜的“势力店”》，中国共产党新闻网，2016 年 5 月 11 日，http：//cpc. people. com. cn/xuexi/n1/2016/0511/c385474-28341126. html，最后访问日期：2021 年 3 月 27 日。

③ 《“大就要有大的样子”——献给中国共产党成立 97 周年》，环球网，2018 年 6 月 28 日，https：//m. huanqiu. com/article/9CaKrnK9TEi，最后访问日期：2021 年 3 月 27 日。

④ 习近平：《习近平谈治国理政》（第一卷），外文出版社，2018，第 386 页。

三　统一国家身份认同构建

现代国家的建构除了创建军队、警察、政府机构等有形机构之外，从根本上说还是国家身份认同，即民族传统、符号、共享的历史记忆和共同的文化参考的构建。[①] 国家身份认同是一国国民对所属国家的归属认知和感情依附，是国家合法性的主要来源。[②] 国家身份认同的融合度取决于国家民族、宗教政策的实施效果，也是基于共同的文化价值和社会规范的塑造。

（一）民族、宗教政策

民族国家是现代国际体系的基本单位。具有历史原初意义的民族及其所承载的文化内涵如何与现代民族国家身份认同相互融合是当今世界面临的普遍问题。民族问题的存在是一种长期历史现象，处理民族问题也要经历一个长期历史过程。民族问题是关系多民族国家统一的重大问题。处理好民族问题、做好民族工作，是关系国家统一和边疆巩固的大事，是关系民族团结和社会稳定的大事，是关系国家长治久安和中华民族繁荣昌盛的大事。[③] 非洲是民族众多、文化多样的大陆。殖民时期，西方国家人为划分非洲国家的疆界，打破了原有的国家形成过程，用政治边界切割了许多族体疆界，形成大量的跨界族群，使当代非洲国家建构陷入困境。[④] 非洲国家民族政策的合理性和有效性不仅影响着族群间的关系、国家身份认同的构建，而且影响着国家和地区稳定。尽管中国和非洲国家民族结构不同，但是处理民族问题的原则和政策可以相互借鉴，如各民族平等、团结和共同繁荣等。另外通过经济发展解决民族地区间发展不平衡，通过法治规范确立民族间相处模式等做法都可以对非洲国家摸索适合自身情况的道路有启示性作用。中国是统一的多

① 〔美〕弗朗西斯·福山：《政治秩序与政治衰败：从工业革命到民主全球化》，毛俊杰译，广西师范大学出版社，2015，第 168～169 页。

② 郭丽双、付畅一：《消解与重塑：超国家主义、文化共同体、民族身份认同对国家身份认同的挑战》，《国外社会科学》2016 年第 4 期，第 37～45 页。

③ 《习近平的民族观》，人民网，2015 年 8 月 24 日，http：//politics. people. com. cn/n/2015/0824/c1001-27508701. html，最后访问日期：2021 年 4 月 9 日。

④ 葛公尚、于红分卷主编《世界民族·非洲》（第六卷），中国社会科学出版社，2013，第 36 页。

民族国家。习近平总书记在2014年中央民族工作会议上指出，在历史演进中，我国各民族在分布上的交错杂居、文化上的兼容并蓄、经济上的相互依存、情感上的相互亲近，形成了你中有我、我中有你，谁也离不开谁的多元一体格局。[①] 中华民族和各民族的关系，是一个大家庭和家庭成员的关系，各民族的关系是一个大家庭里不同成员的关系。多民族的大一统，各民族多元一体，是老祖宗留给我们的一笔重要财富，也是我们国家的重要优势。[②]

中国特色解决民族问题的正确道路，就是坚持在中国共产党领导下，坚持中国特色社会主义道路，坚持维护祖国统一，坚持各民族一律平等，坚持和完善民族区域自治制度，坚持各民族共同团结奋斗、共同繁荣发展，坚持中华民族共同体的思想基础，坚持依法治国。[③] 与此同时，要增进各族群众对伟大祖国、中华民族、中华文化、中国共产党、中国特色社会主义的认同，建设各民族共有的精神家园。坚决反对大汉族主义和狭隘民族主义。此外，发展是解决民族地区各种问题的总钥匙。要积极创造条件，加快少数民族和民族地区经济社会发展。[④]

认识和处理宗教问题不仅是认识非洲民众精神世界的重要方面，而且关系非洲国家政权和社会稳定。当代非洲宗教生态中，传统宗教、基督教、伊斯兰教形成“三驾马车”的格局。非洲宗教生态格局的形成是大国政治、经济与文化扩张的结果。[⑤] 尽管现代化进程对宗教造成了一定冲击，但是宗教在政治生活、社会治理等方面依旧发挥着作用。一方面，宗教通过教义宣讲、维护着社会秩序；另一方面，在社会矛盾突出的地域或者时期，宗教认同也

---

① 《中央民族工作会议暨国务院第六次全国民族团结进步表彰大会在京举行》，新华网，2014年9月29日，http：//www.xinhuanet.com//politics/2014-09/29/c_1112683008.htm，最后访问日期：2021年4月10日。

② 余翔、关锋：《习近平关于民族问题的“四个根本”和四种思维》，《民族学刊》2018年第4期，第1~8页。

③ 丹珠昂奔：《坚持走中国特色解决民族问题的正确道路——认真学习中央民族工作会议精神》，《光明日报》2015年1月29日，第1版。

④ 《十、发展社会主义民主政治——关于新时代中国特色社会主义政治建设》，《人民日报》2019年8月5日，第6版。

⑤ 李维建：《当代非洲宗教生态》，《世界宗教文化》2017年第3期，第32~42页。

可成为动员民众、激化矛盾的工具。可见，宗教在国家治理中是一把双刃剑。如何通过宗教政策正确疏导非洲民众的精神需求是非洲国家维护社会稳定面临的重要问题。另外，由于非洲传统宗教对习惯法的产生具有重要影响，利用宗教权威提高习惯法的效力也是避免社会冲突的有效途径。挖掘非洲宗教中的和平文化也将有助于解决利益对抗造成的暴力冲突。总之，通过宗教政策将宗教的积极作用最大化将有助于非洲国家调节社会关系，进而实现稳定。

宗教事务是一项关系政党执政前途和命运的全局性和战略性工作。中国共产党的宗教工作基本方针是：坚持独立自主自办原则，积极引导宗教与社会主义社会相适应。习近平总书记指出："把党的宗教工作基本方针坚持好，关键是要在'导'上想得深、看得透、把得准，做到'导'之有方、'导'之有力、'导'之有效，牢牢掌握宗教工作主动权。"① 要用社会主义核心价值观引领、用中华文化浸润我国各种宗教，支持各宗教对教规教义作出符合当代中国发展进步要求、符合中华优秀传统文化的阐释。宗教工作本质上是群众工作。群众既有信仰宗教的自由，也有不信仰宗教的自由。努力培养更多政治上靠得住、宗教上有造诣、品德上能服众、关键时起作用的宗教界代表人士，发挥好他们在引导信教群众、推动宗教与社会主义社会相适应中的积极作用。②

（二）推动社会主义文化繁荣兴盛

文化是一种影响政治关系的重要因素。塑造民族国家成员的文化身份对内关系民族凝聚力的强弱，对外关系国际形象的好坏。打造国民的文化自信是民族国家认同建构的关键。中国在挖掘中华优秀传统文化的基础上构建社会主义核心价值观，打造文化自信，提升国际形象。非洲传统文化丰富多样，桑戈尔等非洲本土思想家将其归纳为"黑人性"。黑人文化特征的总结和宣扬不仅有助于增强非洲人的群体自豪感，而且对政治发展道路具有启发意义。传统文化是一个国家和民族走向现代化的基础。非洲国家独立后，在

---

① 习近平：《习近平谈治国理政》（第二卷），外文出版社，2017，第302页。

② 中共中央文献研究室编《习近平关于社会主义政治建设论述摘编》，中央文献出版社，2017，第165页。

发展过程中遇到挫折的根本原因是脱离了自身国情，未能恰当衔接发展战略和传统文化之间的关系。[①] 非洲国家亟待解决的问题是如何将传统社会结构和观念与政治现代化进程结合起来。非洲传统社会存在的原始民主制，是以遵从长者和协商一致为特征的“大树下的民主”。[②] 一方面，这种民主形式在当代基层议事中可发挥积极作用；另一方面，强烈的家族观念作为非洲传统文化的一部分也为滋养庇护关系提供了合适温床，助长了新世袭制度的泛滥。因此，非洲传统文化与其他地区的传统文化一样有糟粕也有精华，如何将传统文化扬弃、如何运用到现代化进程中是非洲国家和领导人在探求发展道路实践中需要解决的问题。正如习近平总书记所说：“要坚持从国情出发、从实际出发，既要把握长期形成的历史传承，又要把握走过的发展道路、积累的政治经验、形成的政治原则，还要把握现实要求、着眼解决现实问题，不能割断历史，不能想象突然就搬来一座政治制度上的‘飞来峰’。[③]

其一，重视文化发展和意识形态塑造。文化是一个国家、一个民族的灵魂。习近平同志在党的十九大报告中强调：“没有高度的文化自信，没有文化的繁荣兴盛，就没有中华民族伟大复兴。”[④] 文化自信是更基础、更广泛、更深厚的自信，是一个国家、一个民族发展中更基本、更深沉、更持久的力量。坚定中国特色社会主义道路自信、理论自信、制度自信，说到底是要坚定文化自信。独特的文化传统，独特的历史命运，独特的基本国情，注定了中国必然要走适合自已特点的发展道路，打造具有强大凝聚力和引领力的社会主义意识形态。意识形态决定文化前进方向和发展道路。习近平总书记指出：“意识形态工作是党的一项极端重要的工作，是为国家立心，为民族立魂的工作。”做好意识形态工作，事关党的前途命运，事关国家长治久安，事关民族

① 葛公尚：《非洲传统文化与现代化的制约关系初析》，《西亚非洲》1996 年第 1 期，第 41~42 页。

② 徐济明：《非洲传统文化与政治现代化》，《西亚非洲》1996 年第 1 期，第 28~32 页。

③ 习近平：《习近平谈治国理政》（第二卷），外文出版社，2017，第 285~286 页。

④ 习近平：《习近平著作选读》（第二卷），人民出版社，2023，第 33 页。

凝聚力和向心力。①

其二，用社会主义核心价值观凝心聚力。人民有信仰，国家有力量，民族有希望。核心价值观是一个民族赖以维系的精神纽带，是一个国家共同的思想道德基础。如果没有共同的核心价值观，一个民族、一个国家就会魂无定所、行无依归。确立反映全国各族人民共同认同的价值观“最大公约数”，能使全体人民同心同德、团结奋进。构建具有强大感召力的核心价值观，关系社会和谐稳定，关系国家长治久安。在当代中国，我们倡导富强、民主、文明、和谐、自由、平等、公正、法治、爱国、敬业、诚信、友善的社会主义核心价值观。社会主义核心价值观把涉及国家、社会、公民三个层面的价值要求融为一体，深入回答了我们要建设什么样的国家、建设什么样的社会、培育什么样的公民的重大问题，集中体现了当代中国精神，凝结着全体人民共同的价值追求。面对新时代新要求，必须强化教育引导、实践养成、制度保障，发挥社会主义核心价值观的引领作用，使之融入社会发展各方面，转化为人民的情感认同和行为习惯。② 习近平总书记指出：“一个民族、一个国家的核心价值观必须同这个民族、这个国家的历史文化相契合，同这个民族、这个国家的人民正在进行的奋斗相结合，同这个民族、这个国家需要解决的时代问题相适应。”③ 西方国家把其演绎的“自由”“民主”“人权”等价值观念鼓吹为“普世价值”，在世界范围内进行推销，对那些不听命、不顺从他们的国家，更是挥舞价值观念的大棒进行打压。中国共产党坚决反对“普世价值”抹黑党、社会主义制度和文化传统的行为，加快构建充分反映中国特色、民族特性、时代特征的价值体系，努力抢占价值体系的制高点。④

---

① 中共中央宣传部编《习近平新时代中国特色社会主义思想学习纲要》，学习出版社、人民出版社，2019，第 140 页。

② 中共中央宣传部编《习近平新时代中国特色社会主义思想三十讲》，学习出版社，2017，第 196~197 页。

③ 黎昕：《用中华优秀传统文化滋养社会主义核心价值观》，《光明日报》2018 年 7 月 12 日，第 6 版。

④ 中共中央宣传部编《习近平新时代中国特色社会主义思想学习纲要》，学习出版社、人民出版社，2019，第 145 页。

其三，推动中华优秀传统文化创造性转化、创新性发展。中华优秀传统文化是中华民族的根和魂，是中国特色社会主义植根的文化沃土。习近平总书记高度重视中华优秀传统文化，并将其作为治国理政的重要思想文化资源。他强调，中华优秀传统文化是中华民族的突出优势，是我们在世界文化激荡中站稳脚跟的根基。实现中华民族伟大复兴，必须结合新的时代条件传承和弘扬中华优秀传统文化。"优秀传统文化是一个国家、一个民族传承和发展的根本，如果丢掉了，就割断了精神命脉。"[①] 对于传统文化，要秉持客观、科学、礼敬的态度，不复古泥古，不简单否定，坚持古为今用、推陈出新，有鉴别地加以对待，有扬弃地予以继承。传承和弘扬中华优秀传统文化，要重点做好创造性转化和创新性发展，使之与现实文化相融相通。创造性转化，就是要按照时代特点和要求，对那些至今仍有借鉴价值的内涵和陈旧的表现形式加以改造，赋予其新的时代内涵和现代表达形式，激活其生命力。创新性发展，就是要按照时代的新进步新进展，对中华优秀传统文化的内涵加以补充、拓展、完善，增强其影响力和感召力。文明因多样而交流，因交流而互鉴，因互鉴而发展。要采取学习借鉴的态度，积极吸纳其中的有益成分。要坚持从本国本民族实际出发，坚持取长补短、择善而从，在不断汲取各种文明养分中丰富和发展中华文化。[②]

第二节　经济发展与社会治理：树立创新发展理念，推动社会有序和谐发展

非洲和中国当前所面临的主要问题是发展问题，而发展问题通常是指经济与社会发展的问题。由于遭遇长期的殖民统治，非洲经济结构普遍较为单一，多以非正式经济为主，工业化程度低，经济增长的驱动力很大程度上仍然依靠原材料的进口，产品的附加值低。独立后，非洲国家和人民一直努力探寻适合自身情况的经济发展模式，走了一些弯路，也积累了许多经验。当

① 习近平：《习近平谈治国理政》（第二卷），外文出版社，2017，第 313 页。

② 中共中央宣传部编《习近平新时代中国特色社会主义思想学习纲要》，学习出版社、人民出版社，2019，第 146~148 页。

今，全球化、一体化深入发展，为非洲国家提供了宝贵的发展机遇期。但与此同时，逆全球化趋势有所抬头，世界经济仍然处于低迷期，给非洲国家带来了严峻的外部环境。如何利用好外部资源、发挥自身优势是非洲国家实现经济崛起的前提条件。

非洲社会同样面临诸多问题。殖民统治干扰了非洲社会自主发展进程，非洲社会机理遭到破坏。贫困问题成为破坏非洲社会稳定的主要因素。社会财富分配不均造成贫富差距拉大，使非洲社会融合的基础更加脆弱。教育、医疗等公共服务发展水平普遍较低。近年来，城市化进程加快的同时，非洲城市中卫生和基础设施条件堪忧的贫民区也日益增多，对非洲城市本已脆弱的平衡造成威胁。因此，中国建立工业园、自由贸易区等援助模式将不仅拉动非洲经济增长，而且大量产业工人的出现将催生新的社会力量，进而影响非洲社会结构。中国在实现经济的腾飞的同时，还确保了社会的稳定，在新中国成立特别是改革开放以来长期探索和实践基础上，经过十八大以来在理论和实践上的创新突破，中国共产党成功推进和拓展了中国式现代化。① 其经验值得推广和分享。非洲国家也希望搭上中国发展的顺风车，认识和学习中国社会治理的经验。非洲国家的领导人和人民将凭借自己的智慧探索出一条符合自身历史和现实条件的发展之路。

一　新发展理念

当前，国际经济形势错综复杂，世界经济进入深度调整期。2008 年国际金融危机深层次影响持续蔓延，西方国家结束黄金增长期，国际贸易低迷，金融市场跌宕起伏，保护主义明显抬头。习近平总书记顺应时代和实践发展需要，在对新的发展阶段基本特征的深刻洞察和科学把握基础上，提出要坚定不移贯彻创新、协调、绿色、开放、共享的新发展理念。新发展理念是习近平治国理

---

① 《习近平：高举中国特色社会主义伟大旗帜 为全面建设社会主义现代化国家而团结奋斗——在中国共产党第二十次全国代表大会上的报告》，中华人民共和国中央人民政府网，2022 年 10 月 25 日，https：//www. gov. cn/xinwen/2022 - 10/25/content_ 5721685. htm，最后访问日期：2023 年 9 月 11 日。

政的思想理念的重要内容，是中国经济社会发展必须长期坚持的重要遵循。非洲国家与中国同样处于发展中阶段，面临着谋求经济发展的重任。尽管非洲面临的经济发展问题和所处的经济发展困境与中国不尽相同，但中国对经济社会发展规律的认识将对非洲国家和人民探索自身发展道路产生有益启示。

（一）新发展理念提出的背景

新发展理念是在深刻总结国内外发展经验教训、分析国内外发展大势的基础上形成的，也是针对中国发展中的突出矛盾和问题提出的战略指引。新发展理念是针对中国经济发展进入新常态、世界经济复苏乏力提出的治本之策。中国物质基础雄厚、人力资本丰富、市场空间广阔、发展潜力巨大，经济发展方式加快转变，新的增长动力正在孕育形成，经济长期向好基本面没有改变。同时，中国在发展中也存在一些问题，如发展不平衡不充分的一些突出问题尚未解决，发展质量和效益还不高，创新能力不够强，实体经济水平有待提高，生态环境保护任重道远，民生领域还有不少短板等。新发展理念就是针对这些发展问题和困境提出的。

（二）新发展理念的内涵

党的十九大把坚持新发展理念作为新时代坚持和发展中国特色社会主义的基本方略，并对发展内涵作出具有新的时代特点的全方位拓展。创新是引领发展的第一动力。习近平总书记指出，抓住了创新，就抓住了牵动经济社会发展全局的“牛鼻子”。坚持创新发展，是分析近代以来世界发展历程特别是总结我国改革开放成功实践得出的结论，是应对发展环境变化、增强发展动力、把握发展主动权、更好引领新常态的根本之策。① 树立创新发展理念，就必须把创新摆在国家发展全局的核心位置，不断推进理论创新、制度创新、科技创新、文化创新等各方面创新。绿色发展理念是永续发展的必要条件。人与自然是共生关系，人类发展活动必须尊重自然、顺应自然、保护自然。树立绿色发展理念，就必须坚持节约资源和保护环境的基本国策，坚

① 中共中央宣传部编《习近平新时代中国特色社会主义思想三十讲》，学习出版社，2017，第 108 页。

持可持续发展，坚定走生产发展、生活富裕、生态良好的文明发展道路，加快建设资源节约型、环境友好型社会，形成人与自然和谐发展现代化建设新格局。开放是国家繁荣发展的必由之路。当前国际经济合作和竞争局面正在发生深刻变化，全球经济治理体系和规则正在面临重大调整。在国际经济贸易合作快速发展的同时，对外经济合作面临着更多、更深层次的安全风险。树立开放发展理念，就必须提高对外开放的质量和发展的内外联动性，主动参与全球经济治理和公共产品供给，提高在全球经济治理中的制度性话语权。共享是中国特色社会主义的本质要求。让广大人民群众共享改革发展成果，是社会主义的本质要求，是社会主义制度优越性的集中体现，是中国共产党坚持全心全意为人民服务根本宗旨的重要体现。中国经济发展面临较为突出的分配不公问题，如何共享改革发展成果是亟待解决的问题。树立共享发展理念，就必须坚持发展为了人民、发展依靠人民、发展成果由人民共享，作出更有效的制度安排，坚持全民共享、全面共享、共建共享、渐进共享，使全体人民有更多获得感、幸福感、安全感。①

（三）新发展理念的理论基础和实践要义

新发展理论是中国共产党对中国特色社会主义经济发展规律认识的拓展，丰富和发展了中国特色社会主义政治经济学，开辟了中国共产党的理论新境界。从党的十一届三中全会把党和国家工作中心转移到经济建设上来到“发展是硬道理”的论断，中国共产党一直将发展视为党执政兴国的第一要务。新发展理念传承党的发展理论，根据形势新变化、实践新要求、人民新期待，赋予经济建设更加鲜明的目标指向。由于我国社会主要矛盾为人民日益增长的美好生活需要和不平衡不充分的发展之间的矛盾，新发展理念强调提升发展质量和效益，着力解决发展不平衡不充分问题，更好满足人民在政治、经济、文化、社会、生态文明等方面日益增长的需要。与此同时，继续坚持以人民为中心的发展思想，强调人民是推动发展的根本力量，坚持人民主体地位，调动人民的创造性

① 《八、以新发展理念引领发展——关于树立创新、协调、绿色、开放、共享的发展理念》，《人民日报》2016 年 4 月 29 日，第 9 版。

和积极性。[①]

理念是行动的先导，一定的发展实践都是由一定的发展理念来引领的。[②] 理念的最终目的是应用于实践、指导实践。如何把新发展理念转化为谋划发展的具体思路、落实发展任务的工作举措、推动科学发展的实际成效是新发展理念运用于实践中面临的主要问题。[③] 新发展理论能否运用好，取决于落实新发展理念的本领和机制。贯彻落实新发展理念，涉及思维方式、行为方式、工作方式的变革，涉及社会关系、利益关系、工作关系的调整。[④] 在贯彻落实新发展理念过程中应运用好辩证法，依照新发展理念的整体性和关联性进行系统设计，发挥改革的推动作用和法治的保障作用，通过改革和法治推动贯彻落实新发展理念。

习近平同志在党的二十大报告中明确指出，要加快构建新发展格局，着力推动高质量发展，强调高质量发展是全面建设社会主义现代化国家的首要任务。发展是党执政兴国的第一要务。必须完整、准确、全面贯彻新发展理念，坚持社会主义市场经济改革方向，坚持高水平对外开放，加快构建以国内大循环为主体、国内国际双循环相互促进的新发展格局。要坚持以推动高质量发展为主题，把实施扩大内需战略同深化供给侧结构性改革有机结合起来，增强国内大循环内生动力和可靠性，提升国际循环质量和水平，加快建设现代化经济体系，着力提高全要素生产率，着力提升产业链供应链韧性和安全水平，着力推进城乡融合和区域协调发展，推动经济实现质的有效提升和量的合理增长。[⑤]

---

① 中共中央宣传部编《习近平新时代中国特色社会主义思想三十讲》，学习出版社，2017，第 110~111 页。

② 习近平：《习近平谈治国理政》（第二卷），外文出版社，2017，第 197 页。

③ 杨克勤：《践行五大发展理念需要着力提升领导力》，《行政管理改革》2016 年第 10 期，第 18~20 页。

④ 张占斌、黄锟：《“十四五”时期如何深入贯彻落实新发展理念》，中国新闻网，2021 年 1 月 12 日，https://www.chinanews.com/ll/2021/01-12/9385196.shtml，最后访问日期：2021 年 5 月 11 日。

⑤《习近平：高举中国特色社会主义伟大旗帜 为全面建设社会主义现代化国家而团结奋斗——在中国共产党第二十次全国代表大会上的报告》，中华人民共和国中央人民政府网，2022 年 10 月 25 日，https://www.gov.cn/xinwen/2022-10/25/content_5721685.htm，最后访问日期：2023 年 9 月 11 日。

二　全面开放新格局

人类的历史是在开放中发展的。开放是国家繁荣发展的必由之路，也是顺应全球化趋势的必然要求。2018 年 4 月，习近平主席在博鳌亚洲论坛开幕式上发表主旨演讲时指出，当今世界，开放融通的潮流滚滚向前。……世界已经成为你中有我、我中有你的地球村，各国经济社会发展日益相互联系、相互影响，推进互联互通、加快融合发展成为促进共同繁荣发展的必然选择。[①] 习近平主席还指出："融入世界经济是历史大方向，中国经济要发展，就要敢于到世界市场的汪洋大海中去游泳，如果永远不敢到大海中去经风雨、见世面，总有一天会在大海中溺水而亡。所以，中国勇敢迈向了世界市场。在这个过程中，我们呛过水，遇到过漩涡，遇到过风浪，但我们在游泳中学会了游泳。这是正确的战略抉择。"[②] 同样，由于殖民统治和不公平的国际政治经济秩序，非洲国家在国际分工中处于劣势地位。非洲唯有主动融入世界经济、积极参与国际产业链条，才能抓住全球化的机遇，搭上发展的顺风车，改变被边缘化的处境。

（一）对外开放的时代背景

当今世界正处于大发展、大变革、大调整时期，经济全球化深入发展、国际经济合作和竞争格局加速演变。世界经济格局深度调整，新兴市场和发展中国家群体性崛起，国际力量"东升西降""南升北降"态势更加明显。世界经济复苏艰难曲折，发展失衡、治理困境、公平赤字等问题更加突出，"逆全球化"思潮涌动，保护主义和内顾倾向上升，世界经济和全球经济体系进入调整期。经济全球化是时代大潮，深入发展的大势不可逆转，但速度可能有所放缓、动力可能有所转换、规则可能有所改变。主要发达经济体试图通过构筑高标准自由贸易区网络，抢占竞争制高点和发展主动权。与此同时，中国与世界的关系正在发生深刻变化，中国在国际舞台上的地位和作用大幅提高，同国际社会的联动互动空前紧密。中国是世界开放发展的受益者，也

① 习近平：《习近平外交演讲集》（第二卷），中央文献出版社，2022，第 98~99 页。

② 《共担时代责任　共促全球发展——在世界经济论坛 2017 年年会开幕式上的主旨演讲》，《人民日报》2017 年 1 月 18 日，第 3 版。

是世界开放发展的贡献者。“中国始终是世界和平的建设者、全球发展的贡献者，国际秩序的维护者。”[①] 随着中国日益走近世界舞台中央，国际社会希望中国在国际事务中发挥更大作用、在应对全球性挑战中承担更多责任。面对近年来复杂多变的国际形势，习近平主席出席系列多边峰会时，多次发出反对保护主义、支持经济全球化的中国强音，起到了稳定人心、增强自信心的重要作用。中国日益成为世界乱局中的稳定器、变局中的正能量。[②]

（二）全面开放的基本内涵

党的十九大提出，要以“一带一路”建设为重点，坚持引进来和走出去并重，遵循共商共建共享原则，加强创新能力开放合作，形成陆海内外联动、东西双向互济的开放格局。这一重大工作部署，既包括开放范围扩大、领域拓宽、层次加深，也包括开放方式创新、布局优化、质量提升，具有深远战略意义。[③]

坚持主动开放，把开放作为发展的内在要求，更加积极主动地扩大对外开放。习近平总书记指出：“世界经济的大海，你要还是不要，都在哪儿，是回避不了的。像认为切断各国经济的资金流、技术流、产品流、产业流、人员流，让世界经济的大海退回到一个一个孤立的小湖泊、小河流，是不可能的，也是不符合历史潮流的。”[④] 开放发展核心是解决发展内外联动问题，目标是提高对外开放质量、发展更高层次的开放型经济。以开放促改革、促发展、促创新，以对外开放的主动赢得经济发展的主动、赢得国际竞争的主动。

坚持双向开放，把引进来和走出去更好结合起来，拓展经济发展空间。对外开放坚持引进来和走出去并重，这是开放型经济发展到较高阶段的重要特征，也是更好统筹国际国内两个市场、两种资源、两类规则的有效途径。在引进来方面，适应我国加快转变经济发展方式的要求，着力提高引资的质

① 习近平：《习近平谈治国理政》（第三卷），外文出版社，2020，第194页。

② 中共中央宣传部编《习近平新时代中国特色社会主义思想三十讲》，学习出版社，2017，第150～152页。

③ 李远芳：《以“一带一路”建设为重点形成全面开放新格局》，《经济日报》2017年12月22日，第14版。

④ 《共担时代责任　共促全球发展——在世界经济论坛2017年年会开幕式上的主旨演讲》，《人民日报》2017年1月18日，第3版。

量，注重吸收国际投资搭载的技术创新能力、先进管理经验，吸引高素质人才。坚持引资和引技引智并举，提升利用外资的技术溢出效应和产业升级效应。在走出去方面，适应我国对外开放从贸易大国、对外投资大国迈向贸易强国、对外投资强国，以及市场、资源能源、投资“三头”对外深度融合的新局面，支持我国企业扩大对外投资，推动装备、技术、标准、服务“走出去”，提升在全球价值链中的位置。

坚持全面开放，推动形成陆海内外联动、东西双向互济的开放格局。中国将继续全面对外开放，推进同世界各国的互利合作。全面开放体现在开放空间上，就是优化区域开放布局，加大西部开放力度。在开放举措上，推进“一带一路”建设，坚持自主开放与对等开放，加强走出去战略谋划，统筹多双边和区域开放合作，加快实施自由贸易区战略等。在开放内容上，大幅度放宽市场准入，进一步放开一般制造业，有序扩大服务业对外开放，扩大金融业双向开放。

坚持公平开放，构建公平竞争的内外资发展环境。党的十九大明确提出，要保护外商投资合法权益，凡是在我国境内注册的企业，都要一视同仁、平等对待。

坚持共赢开放，推动经济全球化朝着普惠共赢方向发展。习近平主席指出：“中国对外开放，不是要一家唱独角戏，而是要欢迎各方共同参与；不是要谋求势力范围，而是要支持各国共同发展；不是要营造自己的后花园，而是要建设各国共享的百花园。”① 要坚定不移奉行互利共赢的开放战略，继续从世界汲取发展动力，也让中国发展更好惠及世界。共赢开放主张构建开放型世界经济，以开放发展为各国创造更广阔的市场和发展空间，在开放中分享机会和利益，促进形成各国增长相互促进、相得益彰的合作共赢新格局。搞保护主义如同把自己关进黑屋子，看似躲过了风吹雨打，但也隔绝了阳光空气。

坚持包容开放，探索求同存异、包容共生的国际发展合作新途径。当今世界，开放包容、多元互鉴是主基调。中国秉持共商共建共享原则，不是封

---

① 习近平：《习近平谈治国理政》（第二卷），外文出版社，2017，第42页。

闭的、排他的，而是开放的、包容的。中国主张，要维护世界贸易规则，支持开放、透明、包容、非歧视性的多边贸易体制，鼓励各方积极参与和融入，不搞排他性安排，推动建设开放型世界经济。①

（三）对外开放的具体举措

习近平主席强调，中国坚持对外开放的基本国策，坚持打开国门搞建设，中国开放的大门不会关闭，只会越开越大！② 一是扎实推进“一带一路”建设。推进“一带一路”建设是我国扩大开放的重大举措。秉持和遵循“共商共建共享”原则，把“一带一路”打造成为顺应经济全球化的最广泛国际合作平台，着力把“一带一路”建成和平之路、繁荣之路、开放之路、创新之路、文明之路。二是要加快贸易强国建设。要转变外贸发展方式，促进服务贸易创新发展，实施更加积极的进口政策。三是改善外商投资环境。加强利用外资法治建设，完善外商投资管理体制，营造公平竞争的市场环境。加强知识产权保护，鼓励中外企业开展正常技术交流合作。四是优化区域开放布局。加大西部开放力度，在西部地区形成若干开放型经济新增长极。赋予自由贸易试验区更大改革自主权，进一步彰显全面深化改革和扩大开放的试验田作用。五是创新对外投资方式。促进国际产能合作，加强对海外并购的引导，重在扩大市场渠道、增强企业核心竞争力。六是促进贸易和投资自由化便利化。支持多边贸易体制，稳步推进自由贸易区建设。③

三 民生问题

民生问题历来是维护社会稳定的前提，也是保障国家政权稳固的根基。

---

① 《“五大发展理念”解读：坚持开放发展》，新华网，2015 年 12 月 23 日，http://www.xinhuanet.com/politics/2015-12/23/c_128559135.htm，最后访问日期：2021 年 4 月 3 日。

② 习近平：《开放共创繁荣 创新引领未来——在博鳌亚洲论坛 2018 年年会开幕式的主旨演讲》，旗帜网，2020 年 8 月 18 日，http://www.qizhiwang.org.cn/n1/2020/0818/c433557-31826923.html，最后访问日期：2021 年 3 月 14 日。

③ 汪洋：《推动形成全面开放新格局》，新华网，2017 年 11 月 10 日，http://www.xinhuanet.com/politics/leaders/2017-11/10/c_1121933058.htm，最后访问日期：2021 年 3 月 19 日。

在中国传统社会中，民生一般是指百姓的基本生计。而现代意义上的民生概念有广义和狭义之分。“广义上，民生是指，凡是同民生有关的，包括直接相关和间接相关的事情都属于民生范围内的事情。狭义上的民生概念主要是指民众的基本生存和生活状态，以及民众的基本发展机会、基本发展能力和基本全力保护的状况等。”① 国家和政府对民生问题的重视和解决决定着社会的稳定、影响着社会发展的动力。尽管改革开放以来，中国经济增长势头迅猛，但地区间、阶层间发展不均衡的问题仍然较为突出，离实现共同富裕的最终目标还有一定距离。党的十九大报告对这一现状作出深刻解读：“中国特色社会主义进入新时代，我国社会主要矛盾已经转化为人民日益增长的美好生活需要和不平衡不充分的发展之间的矛盾。”② 因此，民生问题仍然是我国亟须解决的问题。

民生问题同样是当今非洲国家发展过程中面临的核心问题之一。撒哈拉以南非洲地区是世界极端贫困人口最集中、贫困发生率最高的地区。高贫困率、低就业率是非洲大陆冲突频发、政局不稳的深层原因之一。贫困问题是非洲国家不成熟的经济增长模式导致的结果，也是制约经济发展和社会稳定的主要因素。教育、医疗等公共服务水平低下导致经济发展缺乏人才支撑、社会发展韧性不足等问题。因此，解决民生问题是破解非洲国家经济发展困境的关键，也是缓解社会矛盾的前提条件。民生问题的改善有利于增强非洲国家政权的合法性基础，进而促进政治稳定、为经济发展创造和平环境。

可见，无论是在中国还是非洲国家，民生问题都是当今处理好国家与社会关系的关键性问题。如何平衡经济增长和社会发展之间的关系是中国和非洲国家共同面临的挑战。

（一）民生问题的重要性

“民惟邦本，本固邦宁。”民生问题不仅关乎公民的幸福与发展，而且关乎国家的稳定与和谐。增进民生福祉是中国共产党立党为公、执政为民的

① 吴忠民：《民生的基本涵义及特征》，《中国党政干部论坛》2008 年第 5 期，第 33~35 页。

② 《党的十九大报告辅导读本》编写组编著《党的十九大报告辅导读本》，人民出版社，2017，第 11 页。

本质要求，是社会公平正义的重要体现。[①] 习近平总书记多次指出："一个政党，一个政权，其前途命运取决于人心向背。"中国共产党在革命、建设和改革中，都是紧紧依靠人民不断创造伟业。人民是党执政的最大底气，也是党执政最深厚的根基。正是从这个意义上讲，民心是最大的政治。[②] 党的十八大报告用较大篇幅阐述民生问题，指出提高人民物质文化生活水平，是改革开放和社会主义现代化建设的根本目的。习近平同志在党的二十大报告中强调，江山就是人民，人民就是江山。为民造福是立党为公、执政为民的本质要求。必须坚持在发展中保障和改善民生，鼓励共同奋斗创造美好生活，不断实现人民对美好生活的向往。[③]

重视民生问题符合党的群众路线的要求。毛泽东同志创立了群众路线，把为人民服务作为中国共产党和人民军队的宗旨，曾指出："注意了、解决了、满足了群众的需要，我们就真正成了群众生活的组织者，群众就会真正围绕在我们的周围，热烈地拥护我们。"[④] 习近平总书记把人民对美好生活的向往作为中国共产党的奋斗目标。他指出："以人民为中心的发展思想，不是一个抽象的、玄奥的概念，不能只停留在口头上、止步于思想环节，而要体现在经济社会发展各个环节。"[⑤] "在当前经济下行压力加大、社会问题矛盾增多的情况下，尤其要履行好保基本、保底线、保民生的兜底责任。"[⑥] 人民群众是发展的主体，也是发展的最大受益者。发展依靠人民、发展成果

---

① 《坚持以人民为中心的发展思想——让我们的制度更加成功更加定型》，求是网，2019 年 11 月 20 日，http：//www. qstheory. cn/zdwz/2019－11/20/c_1125252691. htm，最后访问日期：2021 年 4 月 1 日。

② 陶文昭：《民生是最大的政治》，《北京日报》2020 年 7 月 6 日，第 9 版。

③ 《习近平：高举中国特色社会主义伟大旗帜 为全面建设社会主义现代化国家而团结奋斗——在中国共产党第二十次全国代表大会上的报告》，中华人民共和国中央人民政府网，2022 年 10 月 25 日，https：//www. gov. cn/xinwen/2022－10/25/content_5721685. htm，最后访问日期：2023 年 9 月 11 日。

④ 中共中央文献研究室编《毛泽东年谱（一八九三——一九四九）》（上卷），人民出版社、中央文献出版社，1993，第 422～423 页。

⑤ 《在省部级主要领导干部学习贯彻党的十八届五中全会精神专题研讨班上的讲话》，《人民日报》2016 年 5 月 10 日，第 2 版。

⑥ 习近平：《习近平谈治国理政》（第二卷），外文出版社，2017，第 363 页。

也应由人民共享。政府在推动经济持续健康发展的同时，也要保证人民在发展中有更多获得感，这是社会主义制度优越性的体现。因此，在发展中保障和发展民生，着力解决好发展不平衡不充分问题，提升发展质量和效益，更好满足人民在经济、政治、文化、社会、生态环境各方面日益增长的需要，既是中国现阶段发展需要解决的问题，也是党的人民性的集中体现。

（二）解决民生问题的途径

习近平总书记在十八届一中全会后举行的媒体见面会上指出："我们的人民热爱生活，期盼有更好的教育、更稳定的工作、更满意的收入、更可靠的社会保障、更高水平的医疗卫生服务、更舒适的居住条件、更优美的环境，期盼着孩子们能成长得更好、工作得更好、生活得更好。"① 习近平总书记用朴实的话语描述了人民的诉求，也阐述了改善民生问题涵盖的主要领域。

优先发展教育事业。习近平总书记强调，教育是对中华民族伟大复兴具有决定性意义的事业，建设教育强国是中华民族伟大复兴的基础工程。必须把教育事业放在优先位置，深化教育改革，加快教育现代化。②

实现更高质量和更充分就业。就业是最大的民生工程、民心工程、根基工程。党的十九大明确提出要实现更高质量和更充分就业的新目标，提出坚持就业优先战略和积极就业政策等一系列新举措。③

促进收入分配更合理、更有序。收入分配是民生之源，是改善民生、实现发展成果为人民共享最重要、最直接的方式。要坚持按劳分配原则，完善按要素分配的体制机制。

加强社会保障体系建设。习近平同志在党的十九大报告中指出，要"加强社会保障体系建设"。按照兜底线、织密网、建机制的要求，全面建

---

① 《习近平等十八届中共中央政治局常委同中外记者见面》，中国政府网，2012 年 11 月 15 日，http：//www.gov.cn/ldhd/2012-11/15/content_2266858.htm，最后访问日期：2021 年 2 月 17 日。

② 陈宝生：《优先发展教育事业》，《人民日报》2018 年 1 月 8 日，第 7 版。

③ 张纪南：《推动实现更高质量和更充分就业》，《求是》2018 年第 12 期，第 24~26 页。

成覆盖全民、城乡统筹、权责清晰、保障适度、可持续的多层次社会保障体系。①

实施健康中国战略。习近平总书记强调，“没有全民健康，就没有全面小康”“健康是促进人的全面发展的必然要求，是经济社会发展的基础条件，是民族昌盛和国家富强的重要标志，也是广大人民群众的共同追求”②。

与此同时，习近平总书记强调保障和改善民生需要量力而行，要求“民生工作直接同老百姓见面、对账，来不得半点虚假，既要积极而为，又要量力而行，承诺了的就要兑现”③。习近平总书记曾以一些国家为例，强调要吸取过度福利化和过度承诺导致效率低下、增长停滞、通货膨胀，收入分配最终反而恶化的教训，提醒各级领导干部要从实际出发，将收入提高建立在劳动生产率提高的基础上，将福利水平提高建立在经济和财力可持续增长的基础上，一件事情接着一件事情办，一年接着一年干，锲而不舍地向前走。

（三）脱贫作为民生领域的重要议题

消除贫困、改善民生、逐步实现共同富裕，是社会主义的本质要求，是我们党的重要使命。④ 习近平总书记指出，如果贫困地区长期贫困，面貌长期得不到改变，群众生活长期得不到明显提高，那就没有体现我国社会主义制度的优越性，那也不是社会主义。消除贫困、改善民生，实现共同富裕是我国社会主义制度优越性的体现，是社会主义的本质要求。⑤ 让贫困人口和贫困地区同全国一道进入全面小康社会是我们党的庄严承诺。党的十八大以来，党中央实施精准扶贫、精准脱贫，加大扶贫投入，创新扶贫方式。脱贫

---

① 石宏伟：《如何加强社会保障体系建设》，《光明日报》2018 年 6 月 19 日，第 6 版。

② 尹蔚民：《促进人民健康优先发展 推进全民医保制度创新》，《人民日报》2016 年 10 月 10 日，第 14 版。

③ 《保障人民健康安全，习近平总书记这样说》，新华网，2018 年 8 月 18 日，http://www.xinhuanet.com/politics/2018-08/18/c_1123290549.htm，最后访问日期：2021 年 3 月 19 日。

④ 习近平：《习近平谈治国理政》，（第二卷），外文出版社，2017，第 83 页。

⑤ 李军：《打赢脱贫攻坚战的强大思想武器》，《人民日报》2018 年 9 月 17 日，第 7 版。

攻坚贵在精准，重在精准。要在精准施策上出实招，在精准推进上下实功，在精准落地上见实效。[①] 明确靶向，做到扶真贫、真扶贫，做到因户施策、因人施策。坚持中央统筹、省负总责、市县抓落实的工作机制，强化党政一把手负总责的责任制，坚持大扶贫格局，健全东西部协作和党政机关、部队、人民团体、国有企业定点扶贫机制，做到分工明确、责任清晰、任务到人、考核到位。各级党委和政府把脱贫攻坚作为第一民生工程来抓，把脱贫攻坚实绩作为选拔任用干部的重要依据。注重扶贫和扶志、扶智相结合，引导贫困群众自力更生、艰苦奋斗，用自己的辛勤劳动实现脱贫致富。

2021 年 2 月 25 日，全国脱贫攻坚总结表彰大会在京隆重举行，习近平总书记庄严宣告，我国脱贫攻坚战取得了全面胜利。我国成为世界上减贫人口最多的国家，也是世界上率先完成联合国千年发展目标的国家。3 月 9 日，联合国秘书长古特雷斯致函习近平祝贺中国脱贫攻坚取得重大历史性成就。中国在脱贫中取得的成绩证明了中国共产党领导和中国特色社会主义制度的优越性。

四　社会治理

社会治理是以实现和维护群众权利为核心，发挥多元治理主体的作用，针对国家治理中的社会问题，完善社会福利，保障改善民生，化解社会矛盾，促进社会公平，推动社会有序和谐发展的过程。[②] 社会治理是国家治理的重要领域。加强和创新社会治理，逐步实现社会治理结构的合理化、治理方式的科学化、治理过程的民主化，是完善和发展中国特色社会主义制度、推进国家治理体系和治理能力现代化的重要内容。中国社会治理体系不断完善，社会安全稳定形势持续向好，人民生命财产安全得到有效维护，广大人民群众的安全感和满意度不断增强。与此同时，随着我国工业化、信息化、

① 《脱贫攻坚贵在精准重在实效——二轮学习习近平总书记中央扶贫开发工作会议重要讲话》，《人民日报》2015 年 12 月 1 日，第 4 版。

② 姜晓萍：《国家治理现代化进程中的社会治理体制创新》，《中国行政管理》2014 年第 2 期，第 24~28 页。

城镇化快速发展，社会结构深刻变动，社会治理面临着更为复杂的形势。

非洲国家也普遍面临着社会治理问题。由于殖民统治对非洲社会机理造成破坏，以协商共识为基础的非洲社会传统治理方式难以发挥其有效性。独立后，非洲国家尚未形成成熟的现代社会治理体系，国家权力难以深入农村或偏远地区，公民生命财产安全不能得到有效保障，社会稳定性较差，社会融合度较低。因此，加强和改善社会治理水平是非洲国家提高治理能力的重要内容。如何动员普通民众参与到公共事务管理中，如何发挥公务人员服务社会发展的功能，如何发扬非洲传统社会治理方式的优势并将其融入现代社会治理体系等，都是非洲提高社会治理能力过程中需要解决的重要议题。共建共治共享的社会治理制度是中国共产党在长期实践中形成的符合中国国情、人民意愿和社会治理规律的科学制度，而中国在社会治理中摸索出的经验可能对非洲国家完善社会治理的实践具有一定启示作用。

（一）创新社会治理理念

理念是行动的先导，创新社会治理首先要创新理念，实现从传统社会管理到现代社会治理的转变。习近平总书记强调："治理和管理一字之差，体现的是系统治理、依法治理、源头治理、综合施策。"[①] 党的十九届四中全会提出，"建设人人有责、人人尽责、人人享有的社会治理共同体"。这是对社会治理规律认识的深化与拓展，为新时代推进社会治理现代化提供了指引。[②] 新时代进一步加强和创新社会治理，要求把专项治理和系统治理、综合治理、依法治理、源头治理结合起来，探索一条符合中国社会发展实际、更可持续的中国特色社会主义社会治理之路，打造共建共治共享的社会治理格局。其中，共建是基础，突出制度和体系建设在社会治理格局中的基础性、战略性地位；共治是关键，要求树立大社会观、大治理观，将党总揽全局、协调各方的政治优势同政府的资源整合优势、企业的市场竞争优势、社会组织的群众动员优势有机结合起来，打造全民参与的开放治理体系；共享

① 《推进中国上海自由贸易试验区建设 加强和创新特大城市社会治理》，《光明日报》2014 年 3 月 6 日，第 1 版。

② 陈进华：《推进社会治理共同体建设》，《人民日报》2019 年 11 月 21 日，第 9 版。

是目标，要使社会治理的成效更多、更公平地惠及全体人民，不断增加人民的获得感、幸福感、安全感。[①]

（二）创新社会治理体系

我国工业化、城镇化进程不断加快，带来了广泛的人口大流动，基层社会治理的对象、任务和环境发生了深刻变化，特别是信息技术的快速发展，是基层社会治理面临前所未有的机遇和挑战。[②] 党的十九大立足新时代坚持和发展中国特色社会主义，明确了推进社会建设的目标要求：从二〇二〇年到二〇三五年，在全面建成小康社会的基础上，再奋斗十五年，基本实现社会主义现代化。到那时，我国经济实力、科技实力将大幅跃升，跻身创新型国家前列；人民平等参与、平等发展权利得到充分保障，法治国家、法治政府、法治社会基本建成，各方面制度更加完善，国家治理体系和治理能力现代化基本实现；社会文明程度达到新的高度，国家文化软实力显著增强，中华文化影响更加广泛深入；人民生活更为宽裕，中等收入群体比例明显提高，城乡区域发展差距和居民生活水平差距显著缩小，基本公共服务均等化基本实现，全体人民共同富裕迈出坚实步伐；现代社会治理格局基本形成，社会充满活力又和谐有序；生态环境根本好转，美丽中国目标基本实现。[③] 为实现这一目标，中国采取一系列措施不断完善社会治理体系，完善党委领导、政府负责、民主协商、社会协同、公众参与、法治保障、科技支撑的社会治理体系。[④] 习近平总书记强调，要创新社会治理体制，把资源、服务、管理放到基层，把基层治理同基层党建结合起来，拓展外来人口参与社会治

---

① 中共中央宣传部编《习近平新时代中国特色社会主义思想三十讲》，学习出版社，2017，第 235 页。

② 中共中央宣传部理论局编《中国制度面对面——理论热点面对面 · 2020》，学习出版社、人民出版社，2020，第162 页。

③《习近平：决胜全面建成小康社会 夺取新时代中国特色社会主义伟大胜利——在中国共产党第十九次全国代表大会上的报告》，新华网，2017 年 10 月 27 日，http：//www. xinhuanet. com//politics/19cpcnc/2017-10/27/c_1121867529. htm，最后访问日期：2021 年 2 月 19 日。

④《中共中央印发〈法治社会建设实施纲要（2020-2025 年）〉》，中国政府网，2020 年 12 月 7 日，http：//www. gov. cn/zhengce/2020 - 12/07/content_5567791. htm，最后访问日期：2021 年 3 月 4 日。

理途径和方式，加快形成社会治理人人参与、人人尽责的良好局面。[①] 激发全社会活力，坚持群众观点和群众路线，群众的事多同群众商量，群众的事多依靠群众，提高社会治理社会化水平。[②]

（三）建设社会文明、促进社会和谐

当前，我国社会结构正在发生深刻变化，社会矛盾多元多样多发，打造社会治理新格局，实现社会治理现代化，是建设社会文明、促进社会和谐的必然要求。[③] 维护社会和谐稳定，首先要正确处理人民内部矛盾。正确处理人民内部矛盾尤其是涉及广大人民群众切身利益的矛盾，是保持社会安定团结良好局面的关键。人民内部矛盾，相对于对抗性的敌我矛盾而言，具有非对抗性，是人民利益根本一致基础上的矛盾，可以通过正确的方法加以调和解决。[④] 积极推动解决广大人民群众最关心、最直接、最现实的利益问题，不断打牢和巩固社会和谐稳定的物质基础。维护社会和谐稳定其次要健全公共安全体系。习近平总书记指出，公共安全连着千家万户，是社会安定、社会秩序良好的重要体现，是人民安居乐业的重要保障。[⑤] 党的十九大提出，要牢固树立安全发展理念，弘扬生命之上、安全第一的思想，时刻把人民群众生命安全放在第一位。维护社会和谐稳定，还要加快社会治安防控体系建设。着眼于提升整体效能，推进立体化、信息化，努力构建全方位的公共安全防控网络，坚决遏制严重刑事犯罪高发态势，保护人民人身权、财产权、人格权。加强社会心理服务体系建设。党的十九大提出，要加强社会心理服

---

① 薛洁：《形成社会治理人人参与人人尽责良好局面》，《光明日报》2018 年 11 月 5 日，第 11 版。

② 王东旭：《打造共建共治共享的社会治理格局》，《人民日报》2018 年 10 月 22 日，第 7 版。

③ 《社会治理格局共建共治共享》，《经济日报》2018 年 1 月 22 日，第 5 版。

④ 中共中央宣传部理论局编《中国制度面对面——理论热点面对面 · 2020》，学习出版社、人民出版社，2020，第 156 页。

⑤ 《习近平在中共中央政治局第二十三次集体学习时强调 牢固树立切实落实安全发展理念》，环球网，2015 年 5 月 30 日，https：//china. huanqiu. com/article/9CaKrnJLvvP，最后访问日期：2021 年 3 月 1 日。

务体系建设，培育自尊自信、理性平和、积极向上的社会心态。[①] 维护社会和谐稳定，加强社区治理体系建设。社区是党和政府联系、服务居民群众的“最后一公里”。国家大政方针的最终落地在基层，社会治理的“毛细血管”在基层。[②] 习近平总书记指出，社会治理的重心必须落实到城乡、社区。基层是一切工作的落脚点，要加强社区建设，推动社会治理重心向基层下移。[③]

第三节 国际秩序与中非关系：构建人类命运共同体和更加紧密的中非命运共同体

当今国际局势复杂多变，习近平总书记用“百年未有之大变局”来高度概括世界转型过渡期的国际形势以及中国历史交汇期的外部环境。国际力量对比发生了深刻变化，以中国为代表的新兴市场国家和发展中国家群体性崛起。中国经历了从站起来、富起来到强起来的发展历程，国家实力和国际地位显著提高。而欧美等发达国家则由于面临愈加激烈的社会矛盾和体制困境发展速度放缓，甚至内部政治秩序遭到冲击和破坏。与此同时，保守主义、极端主义、民粹主义等思潮上升势头迅猛，冲击着现有国际秩序，对国际合作的开展形成障碍。中国和非洲分别作为最大的发展中国家和发展中国家最集中的大陆，自二战结束以来一直为构建公平合理的国际政治经济新秩序而努力。在国际局势风云变幻的今天，中国和非洲人民有着共同的发展诉求，对国际秩序有着同样的构想。中国和非洲共同致力于维护国家主权、安全、发展利益，为自身改革发展稳定创造良好的外部条件：一方面，通过开展国际合作以创造更多的发展机会；另一方面，通过建立国际政治经济新秩

① 卢俊、陈宇舟：《社会心理服务体系建设：理论意义与实践路径》，《红旗文稿》2019 年第 24 期，第 31～32 页。

② 中共中央宣传部理论局编《中国制度面对面——理念热点面对面 · 2020》，学习出版社、人民出版社，2020，第 163 页。

③ 《党的十九大报告辅导读本》编写组编著《党的十九大报告辅导读本》，人民出版社，2017，第 369 页。

序提升自身国际地位、改变历史命运。在这一国际环境下，习近平主席提出人类命运共同体理念、“一带一路”倡议等重大理论构想，为国际社会贡献中国智慧和中国方案。与此同时，习近平主席针对中非的特殊历史联系和现实发展诉求，提出了中非命运共同体和“真实亲诚”理念，以促进中非双方交流与合作。

一　构建人类命运共同体

（一）人类命运共同体提出的时代背景

当今世界正处在大发展、大变革与大调整时期。全球治理体系和国际秩序正在加速变革，世界各国相互联系和依存程度不断加深。与此同时，世界各国正在面临更加突出的不稳定性和不确定性。当今国际社会正面临着诸多挑战，全球发展深层次矛盾突出，霸权主义、强权政治依然存在，保护主义、单边主义不断抬头。然而，以西方价值观为主要取向的“西方中心论”已难以为继，西方的治理理念、体系和模式越来越难以适应新的国际格局和时代潮流。面对当今世界充满的不确定性，中国方案：构建人类命运共同体，实现共赢共享。[①] 构建人类命运共同体重要战略思想是习近平主席着眼于人类发展和世界前途提出的中国理念、中国方案。习近平主席指出：“人类生活在同一个地球村里，生活在历史和现实交汇的同一个时空里，越来越成为你中有我、我中有你的命运共同体。”[②] 2017 年 2 月 10 日，联合国社会发展委员会通过“非洲发展新伙伴关系的社会层面”决议，呼吁“国际社会本着合作共赢和构建人类命运共同体的精神，加强对非洲经济社会发展的支持”[③]。“构建人类命运共同体”理念首次被写入联合国决议，之后多次写

---

① 习近平：《习近平谈治国理政》（第二卷），外文出版社，2017，第 539 页。

② 《国家主席习近平在莫斯科国际关系学院的演讲（全文）》，中国政府网，2013 年 3 月 24 日，http：//www.gov.cn/ldhd/2013-03/24/content_2360829.htm，最后访问日期：2021 年 3 月 21 日。

③ 《“构建人类命运共同体”首次写入联合国决议》，人民网，2017 年 2 月 12 日，http：//world.people.com.cn/n1/2017/0212/c1002-29074838.html，最后访问日期：2021 年 3 月 21 日。

入联合国文件，成为新时代中国构建新型国际关系的重要理论来源和引领时代潮流的鲜明旗帜。

（二）构建人类命运共同体的内涵

习近平总书记在党的十九大报告中强调，我们要与世界各国人民齐心协力，“构建人类命运共同体，建设持久和平、普遍安全、共同繁荣、开放包容、清洁美丽的世界”①。习近平总书记接着用五个“要”系统阐述了构建人类命运共同体，即要相互尊重、平等协商，坚决摒弃冷战思维和强权政治，走对话而不对抗、结伴而不结盟的国与国交往新路；要坚持以对话解决争端、以协商化解分歧，统筹应对传统和非传统安全威胁，反对一切形式的恐怖主义；要同舟共济，促进贸易和投资自由化便利化，推动经济全球化朝着更加开放、包容、普惠、平衡、共赢的方向发展；要尊重世界文明多样性，以文明交流超越文明隔阂、文明互鉴超越文明冲突、文明共存超越文明优越；要坚持环境友好，合作应对气候变化，保护好人类赖以生存的地球家园。②

习近平总书记从政治、安全、经济、文化、生态五个方面阐释了构建人类命运共同体的内涵。政治上，坚持对话协商，坚决摒弃冷战思维和强权政治，走对话而不对抗、结伴而不结盟的国与国交往新路。主张在国家之间构建平等相待、互商互谅的伙伴关系。大国之间构建不冲突不对抗、相互尊重、合作共赢的新型关系。大国对小国要平等相待，不搞唯我独尊、欺强凌弱的霸道。安全上，坚持以对话解决争端、以协商化解分歧，统筹应对传统和非传统安全威胁，反对一切形式的恐怖主义。树立共同、综合、合作、可持续的新安全观。经济上，要同舟共济，促进贸易和投资自由化便利化，推动经济全球化朝着更加开放、包容、普惠、平衡、共赢的方向发展。支持开放、

---

① 《党的十九大报告辅导读本》编写组编著《党的十九大报告辅导读本》，人民出版社，2017，第157页。

② 《习近平提出，坚持和平发展道路，推动构建人类命运共同体》，新华网，2017年10月18日，http：//www.xinhuanet.com/politics/19cpcnc/2017-10/18/c_1121821003.htm，最后访问日期：2021年3月12日。

透明、包容、非歧视性的多边贸易体制，构建开放性世界经济。文化上，尊重世界文明多样性，以文明交流超越文明隔阂、文明互鉴超越文明冲突、文明共存超越文明优越，在交流互鉴中共同发展，使文明交流互鉴成为增进各国人民友谊的桥梁、推动人类社会进步的动力、维护世界和平的纽带。生态上，坚持环境友好，合作应对气候变化，保护好人类赖以生存的地球家园。树立尊重自然、顺应自然、保护自然的意识，坚持走绿色、低碳、循环、可持续发展之路。①

（三）构建人类命运共同体的基本路径

推动建设新型国际关系，是构建人类命运共同体的基本路径。建设新型国际关系就是要秉持相互尊重、公平正义、合作共赢原则，走出一条对话而不对抗、结伴而不结盟的国与国交往新路。在外交方针上，坚定奉行独立自主的和平外交政策。尊重各国人民自主选择发展道路的权利，反对把自己的意志强加于人，反对干涉别国内政。与此同时，中国也将坚守底线，决不放弃自己的正当权益，任何人都不要幻想让中国吞下损害自身利益的苦果。在外交布局上，积极发展全球伙伴关系。抓住大国这个关键，深化同周边国家关系，加强同发展中国家团结合作，利用好多边这个重要舞台，着力提高中国国际影响力、感召力、塑造力，加强同各国政党和政治组织的交流合作。在基本国策上，坚持对外开放。着力打造好“一带一路”国际合作平台，承诺承担更多的国际义务，推动建设开放型世界经济。积极参与全球治理体系改革和建设，贡献中国智慧。继续推动国际关系民主化，建立共商共建共享的全球治理体系；继续支持联合国发挥积极作用，推动全球治理体系变革；继续支持扩大发展中国家在国际事务中的代表性和发言权。②

二　“一带一路”倡议

建设“一带一路”，是以习近平同志为核心的党中央统揽政治、外交、

① 杨洁篪：《推动构建人类命运共同体》，《人民日报》2017 年 11 月 19 日，第 6 版。

② 杜正艾：《推动构建新型国际关系 构建人类命运共同体》，《行政管理改革》2017 年第 11 期，第 97～100 页。

经济社会发展全局作出的重大战略决策，是实施新一轮扩大开放的重要举措。提出共建“丝绸之路经济带”和“21 世纪海上丝绸之路”重大倡议，是习近平主席深刻思考人类前途命运以及中国和世界发展大势，为促进全球共同繁荣、打造人类命运共同体所作出的重大战略决策。共建“一带一路”不仅为世界各国发展提供了新机遇，也为中国开放发展开辟了新天地。①

（一）提出“一带一路”倡议的时代背景

国际金融危机后，世界经济增长动力不足，全球范围内和不同阶层之间贫富差距拉大，世界经济发展面临深层的结构性问题。如何实现世界经济均衡增长，弥合深层次的社会矛盾，是国际社会面临的重大挑战。如今，世界各国都在不断探索全球经济治理新模式，试图建立公正合理的国际秩序。“一带一路”倡议是破解人类发展难题的中国智慧和中国方案。习近平主席提出“一带一路”重大合作倡议，紧紧抓住发展这个最大公约数，着眼于世界各国人民追求和平与发展的共同梦想。这一重大合作倡议是对中国与世界实现开放共赢进行的顶层设计，为全球深入合作提供了创新思路。习近平主席在博鳌亚洲论坛 2015 年年会开幕式的主旨演讲中指出，“一带一路”建设不是封闭的，而是开放包容的；不是中国一家的独奏，而是沿线和世界各国的合唱。“一带一路”建设不是要替代现有地区合作机制和倡议，而是要在已有基础上，推动沿线国家实现发展战略相互对接、优势互补。② 这一重大合作倡议，为完善全球治理体系提供了新思路、新方案，成为有关各国实现共同发展的巨大合作平台。

（二）“一带一路”倡议的基本内涵

“一带一路”是和平之路、繁荣之路、开放之路、创新之路和文明之路。首先，“一带一路”建设离不开和平安宁的环境。沿线各国应该尊重彼此主权、尊严、领土完整，尊重彼此发展道路和社会制度，尊重彼此核心利益和重大关切。要树立共同、综合、合作、可持续的新安全观，营造共建共

---

① 习近平：《习近平谈治国理政》（第三卷），外文出版社，2020，第 490 页。

② 穆虹：《推进“一带一路”建设》，《人民日报》2015 年 12 月 11 日，第 7 版。

享的安全格局。其次，“一带一路”建设聚焦发展问题，释放各国发展潜力，实现经济大融合、发展大联动、成果大共享。深入开展产业合作，加强国际产能和装备制造合作，建立稳定、可持续、风险可控的金融保障体系。着力推动陆上、海上、天上、网上四位一体的联通，扎实推进六大经济走廊建设，促进政策、规则、标准三位一体的联通。再次，“一带一路”建设以开放为导向，解决经济增长和平衡问题。打造开放型合作平台，维护和发展开放型世界经济，共同创造有利于开放发展的环境，推动构建公正、合理、透明的国际经济投资规则体系。结合自身国情，积极发展开放型经济，参与全球治理和公共产品供给，携手构建广泛的利益共同体，实现开放、包容、普惠、平衡、共赢的全球化经济。从次，“一带一路”建设以创新为动力。坚持创新驱动发展，加强数字经济、人工智能等前沿领域合作，打造21世纪的数字丝绸之路。促进科技—产业—金融深度融合，优化创新环境，集聚创新资源。最后，把“一带一路”建成文明之路。以文明交流超越文明隔阂、文明互鉴超越文明冲突、文明共存超越文明优越。推动各国相互理解、相互尊重、相互信任。要建立多层次人文合作机制，搭建更多合作平台，开辟更多合作渠道。①

（三）“一带一路”倡议的核心内容

习近平总书记在党的十九大报告中强调，要积极促进“一带一路”国际合作，努力实现政策沟通、设施联通、贸易畅通、资金融通、民心相通，打造国际合作新平台，增添共同发展新动力。“五通”是“一带一路”建设的核心内容。促进“一带一路”国际合作，要以“五通”为抓手，广泛凝聚合作共识、全面提升合作水平、打造新型合作平台。② 政策沟通是共建“一带一路”的重要保证。尽管“一带一路”沿线国家和地区的政策和技术标准各异，

---

① 《习近平：“一带一路”是和平、繁荣、开放、创新、文明之路》，北京周报网，2017年5月14日，http：//www.beijingreview.com.cn/shishi/201705/t20170514_800096212.html，最后访问日期：2021年3月14日。

② 张高丽：《坚持共商共建共享 加强“五通”交流合作——在“一带一路”国际合作高峰论坛高级别全体会议上的致辞》，《光明日报》2017年5月15日，第4版。

但各国在合作过程中可以求同存异。通过政策沟通达成政策共识是顺利开展经济贸易和项目建设的前提条件，只有加强政策沟通，形成政策协调、规划对接的合理，才能促进相关国家协同联动发展，不断夯实“一带一路”建设的政治基础。设施联通是共建“一带一路”优先领域。由于“一带一路”沿线国家在基础设施领域普遍较为落后，基础设施薄弱成为制约沿线国经济发展的主要因素。因此，以重大项目和重点工程为引领，不断完善“一带一路”相关国家的基础设施建设将拉动沿线国家经济增长，为可持续发展提供动力。贸易畅通是共建“一带一路”的重点内容，是促进相关国家经济繁荣与区域合作的重要途径。贸易是推动经济增长的重要引擎，促进贸易和投资自由化便利化可以不断释放互利合作的活力。“一带一路”沿线国家产业结构不同，经济互补性强，贸易潜力巨大。以更大范围、更高水平深化与沿线国家的经贸合作不仅将促进相关国家经济发展和社会进步，还将惠及各国民众。[①] 资金融通是共建“一带一路”的重要支撑。“一带一路”沿线国家多为发展中国家，促进经济建设和社会发展愿望强烈，但面临着资金短缺问题，融资需求较大，需要国际社会的支持。深化金融领域合作，不断健全“一带一路”建设的多元化投融资体系，最大限度地调动各种资源，才能保证项目的可持续性。[②] 民心相通是“一带一路”建设的社会根基。“国之交在于民相亲，民相亲在于心相通。”民心是最大的政治，民心相通则是最基础、最坚实、最持久的互联互通。习近平总书记在 2016 年 4 月举行的中共中央政治局第三十一次集体学习中指出，“民心相通是‘一带一路’建设的重要内容，也是‘一带一路’建设的人文基础。要坚持经济合作和人文交流共同推进，注重在人文领域精耕细作，尊重各国人民文化历史、风俗习惯，加强同沿线国家人民的友好往来，为‘一带一路’建设打下广泛社会基础。”[③]

---

① 商务部综合司：《贸易畅通：“一带一路”建设的重点内容》，《求是》2017 年第 11 期，第 14～15 页。

② 《周小川：资金融通是“一带一路”的重要支撑》，界面网，2017 年 5 月 4 日，https：//www.jiemian.com/article/1297151.html，最后访问日期：2021 年 4 月 2 日。

③ 《习近平谈“一带一路”》，人民网，2017 年 4 月 12 日，http：//politics.people.com.cn/n1/2017/0412/c1001-29203823.html，最后访问日期：2021 年 3 月 16 日。

三　构建更加紧密的中非命运共同体

中国是世界上最大的发展中国家，非洲是发展中国家最集中的大陆，中非早已结成休戚与共的命运共同体。[①] 2013 年 3 月 25 日，习近平主席在坦桑尼亚尼雷尔国际会议中心发表题为《永远做可靠朋友和真诚伙伴》的重要演讲。演讲中习近平主席回顾中非友好的历史，强调“中非从来都是命运共同体”。2018 年 9 月，习近平主席在中非合作论坛北京峰会上提出“共筑更加紧密的中非命运共同体，为推动构建人类命运共同体树立典范”，并进一步阐释了中非命运共同体的思想内涵。

（一）中非命运共同体的历史和现实基础

习近平主席指出，“中非从来都是命运共同体，共同的历史遭遇、共同的发展任务、共同的战略利益把我们紧紧联系在一起”。“中非关系不是一天就发展起来的，更不是什么人赐予的，而是我们双方风雨同舟、患难与共，一步一个脚印走出来的。”[②]

中非命运共同体拥有深厚的历史根基。中国与非洲有着天然的亲近感。近代以来，中国和非洲都经历了西方殖民侵略或统治。“非洲和中国有过共同的遭遇，都挨过帝国主义的打。”[③] 共同的历史遭遇使中国和非洲对彼此的诉求感同身受。马里总统莫迪博·凯塔（Modibo Keïta）：“只有中国人才容易理解我们非洲人受殖民主义者长期压迫、剥削，要求独立、要求解放的心情，因此，他们能给我们真正的、无私的援助。”[④] 新中国在成立后大力支持非洲民族解放运动，非洲争取民族独立解放的革命精神同样鼓舞着中国反帝国主义事业。因为“亚非拉人民的民族独立运动能把帝国主义牵制住，

① 习近平：《习近平谈治国理政》（第三卷），外文出版社，2020，第 449 页。

② 习近平：《永远做可靠朋友和真诚伙伴——在坦桑尼亚尼雷尔国际会议中心的演讲》，《人民日报》2013 年 3 月 26 日，第 1 版。

③ 参见李玉洁等整理《陈毅同志 1964 年关于访问亚洲、非洲十四国和参加第二次亚非会议筹备会议的情况》，陕西省档案馆建国后档案，档案编号：123-1-6135。

④ 参见李玉洁等整理《陈毅同志 1964 年关于访问亚洲、非洲十四国和参加第二次亚非会议筹备会议的情况》，陕西省档案馆建国后档案，档案编号：123-1-6135。

使帝国主义者不能发动战争”，为中国的稳定和发展提供了良好的外部环境。新中国成立初期，中国与非洲国家建交，非洲国家帮助中国在缺少国际支援的情况下打破了西方国家的孤立政策，为中国在国际上开展外交工作打开了新局面。非洲国家把新中国“抬进了联合国”，维护了新中国的国际地位。由此可见，中国和非洲历史上结下的深厚情谊为中非命运共同体的构建打下了基础。

中非拥有共同的发展任务，共建中非命运共同体是基于双方现实发展诉求提出的重要理念。中非命运共同体是中非双方面对一致共同的发展诉求所作出的现实选择，是建立平等、互利、共赢的合作关系的根基。中国愿意让非洲国家搭上中国发展的便车，在互利共赢中谋求共同发展。非洲国家的资源、人口、市场禀赋也为中国发展注入新的活力。自 2000 年中非合作论坛成立以来，中国和非洲在发展振兴的道路上真诚合作，中非关系已经进入全面发展的快车道，中非之间形成了新型战略伙伴关系。

中非拥有共同的战略利益。当今，一些西方大国大肆推行单边主义、本国利益优先原则，罔顾其他国家的权益，干涉别国内政。与此同时，新兴国家群体性崛起，同属于发展中国家的中国和非洲对国际秩序改革有着共同诉求。中非关系的影响力超出了中国和非洲的范畴，正在拉动中国外交全局，并深刻影响着国际形势。未来，中国与非洲将通过共建中非命运共同体进一步巩固友谊、加强合作，打造国际体系中重要一极，为建设多极化世界、构建更加公正合理的国际政治经济新秩序而共同努力。

（二）中非命运共同体的核心内涵

2018 年 9 月，习近平主席在中非合作论坛北京峰会上发表题为《携手共命运　同心促发展》的主旨讲话。在讲话中习近平主席阐释了中非命运共同体的核心内涵，即携手打造“责任共担、合作共赢、幸福共享、文化共兴、安全共筑、和谐共生的中非命运共同体”①。习近平主席从战略利益、

① 《习近平在 2018 年中非合作论坛北京峰会开幕式上的主旨讲话（全文）》，国际在线网，2018 年 9 月 3 日，http：//news. cri. cn/20180903/ec9fcd29 - ccf6 - c6a5 - 45b4 - c27bb4d7dda1. html，最后访问日期：2021 年 3 月 18 日。

经济合作、民生发展、文明互鉴、和平安全、生态环保的角度阐明了中非命运共同体的内涵。在战略利益方面，中国与非洲扩大各层级对话和政策沟通，致力于维护中国、非洲和广大发展中国家共同利益，并在彼此核心利益和重大关切问题上相互支持。在经济合作方面，加强中非发展战略对接，把“一带一路”建设同落实非洲联盟《2063年议程》、联合国2030年可持续发展议程以及非洲各国发展战略相互对接，开拓新的合作空间，在发挥传统优势的基础上拓展新的经济合作领域。在民生发展方面，中非合作最终的目的是要实现中非人民的福祉，给中非人民带来成果和实惠。减贫发展、就业创收、安居乐业将是中国和非洲合作的重点发展方向，为实现均衡发展和共同富裕创造条件。在文明互鉴方面，通过扩大文化艺术、教育体育、智库传媒、妇女青年等各界人员交往，促进中非文明交流互鉴、交融共存，为中非合作提供更深厚的精神滋养，为世界文明多样化作出更大贡献。在和平安全方面，中国主张共同、综合、合作、可持续的新安全观，支持非洲国家和地区组织以非洲方式解决非洲问题，为促进非洲和平稳定发挥建设性作用，支持非洲国家提升自主维稳与维和能力。在生态环保方面，中非倡导绿色、低碳、循环、可持续的发展方式，加强在应对气候变化、应用清洁能源、防控荒漠化和水土流失、保护野生动植物等领域交流合作，共创人与自然和睦相处的美好家园。

（三）中非命运共同体的理论和现实意义

中非命运共同体是中国外交理论和实践创新的重要成果。中非命运共同体不仅开创了区域共同体理念的先河，而且为人类命运共同体的提出作出理论铺垫。中非命运共同体是习近平主席于2013年3月提出的，早于亚洲命运共同体、中国-东盟命运共同体、中阿命运共同体、中拉命运共同体等其他区域命运共同体。[①] 由于中国和非洲有着相似的历史遭遇和天然的亲近感，双方紧密的历史联系使中非命运共同体与其他区域共同体的建立相比具备更

① 吴传华：《中非命运共同体：历史地位、典范作用与世界意义》，《西亚非洲》2020年第2期，第12~21页。

优越、更成熟的条件。中非命运共同体是人类命运共同体的重要组成部分。习近平主席在日内瓦万国宫出席“共商共筑人类命运共同体”高级别会议时发表了题为《共同构建人类命运共同体》的主旨演讲，深刻、全面、系统阐述人类命运共同体理念。构建人类命运共同体是一个循序渐进的过程。中国和非洲分别是最大的发展中国家和发展中国家最集中的大陆，这是构建人类命运共同体的坚实基础。中非命运共同体不仅已成为引领中非合作不断发展的一面旗帜，而且在国际合作的理论和实践创新中发挥着示范性作用。

中非命运共同体体现出中国全球治理观的要义。习近平总书记在党的十九大报告中指出：“中国秉持共商共建共享的全球治理观，倡导国际关系民主化，坚持国家不分大小、强弱、贫富一律平等，支持联合国发挥积极作用，支持扩大发展中国家在国际事务中的代表性和发言权。中国将继续发挥负责任大国作用，积极参与全球治理体系改革和建设，不断贡献中国智慧和力量。”① 中国和非洲倡导全球治理体系的变革，使其更加平衡地反映大多数国家特别是新兴市场国家和发展中国家的意愿和利益。习近平总书记强调：“什么样的国际秩序和全球治理体系对世界好、对世界各国人民好，要由各国人民商量，不能由一家说了算，不能由少数人说了算。”② 中国提出的全球治理观不同于西方国家：中国强调全球治理中的共同责任和共同意愿，而西方国家则倾向于价值观念的单方面输出甚至是直接的军事干预。非洲国家传统安全与非传统安全重叠交织，各方面治理问题较为突出集中，常成为西方国家干涉、输出其价值观的对象。中非命运共同体理念的提出将中国和非洲的命运连接在一起，使中国和非洲更清晰地传递其理念和立场，使国际社会更好地听到中国和非洲的声音和诉求。

四 有关中非关系的重要理念

习近平主席提出了一系列有关中非关系的重要理念，这些重要理念引领

① 《十九大报告关键词》编写组编《十九大报告关键词》，党建读物出版社，2017，第130页。

② 《十七、推动构建人类命运共同体——关于新时代中国特色大国外交》，《人民日报》2019年8月14日，第6版。

了中非关系甚至国际关系的发展方向，为中非命运共同体建设提供了理论支撑。其中主要包括："真实亲诚"合作理念、正确义利观、"五不"原则。

（一）"真实亲诚"理念

2013 年 3 月 25 日在坦桑尼亚尼雷尔国际会议中心发表演讲时，习近平主席全面阐述中非关系以及中国对非政策主张，以"真实亲诚"四字概括中国对非关系。中非关系正站在新的历史起点上，具备天时、地利、人和的优势，推进中非合作是双方人民共同心愿，是大势所趋、人心所向。

"真实亲诚"的主要内涵如下。第一，对待非洲朋友，讲一个"真"字。发展同非洲国家的团结合作是中国对外政策的重要基础，这一点绝不会因为中国自身发展和国际地位提高而发生变化。中国将继续坚定支持非洲自主解决本地区问题的努力，为促进非洲和平与安全作出更大贡献，将继续坚定支持非洲国家探索适合本国国情的发展道路，加强同非洲国家在治国理政方面的经验交流，支持非洲的联合自强之路，推动非洲和平与发展事业。第二，开展对非合作，讲一个"实"字。中国致力于把自身发展同非洲发展紧密联系起来，把中国人民利益同非洲人民利益紧密结合起来，把中国发展机遇同非洲发展机遇紧密融合起来。只要是中方作出的承诺，就一定会不折不扣落到实处。随着中国经济实力和综合国力不断提高，中国将继续为非洲发展提供应有的、不附加任何政治条件的帮助。第三，加强中非友好，讲一个"亲"字。中国人民和非洲人民有着天然的亲近感。今后，中国与非洲将更加重视人文交流，增进中非人民的相互了解和认知，厚植中非友好事业的社会基础；积极推动青年交流，使中非友好事业后继有人，永葆青春和活力。第四，解决合作中的问题，讲一个"诚"字。中方坦诚面对中非关系面临的新情况、新问题，将本着相互尊重、合作共赢的精神加以妥善解决。[①]

"真实亲诚"理念既是中国外交理论的突破创新，又是中国外交实践的

① 《习近平在坦桑尼亚尼雷尔国际会议中心的演讲（全文）》，中国政府网，2013 年 3 月 25 日，http：//www.gov.cn/ldhd/2013-03/25/content_2362201.htm，最后访问日期：2021 年 4 月 2 日。

集中体现。“真实亲诚”理念是针对中非关系提出的，也与中国外交战略遵守的总体原则保持一致。这一理念充分尊重非洲人民的尊严和自主性，是中国不干涉他国内政的具体体现。“真实亲诚”四个字凝聚了中国对待中非关系的真心实意，使非洲国家和人民切实地感受到中国对待非洲朋友的尊重和真诚。“真实亲诚”着眼于“实效”。中国关心、帮助非洲的发展不是空谈，而是实实在在的合作。中非充分发挥经济互补优势，切实开展合作，助力中非经济增长实现共同发展。“真实亲诚”直面中非关系中存在的问题，并以坦诚的态度解决。中方愿与非洲国家一道，采取切实措施，妥善解决中非经贸合作中存在的问题，使更多的非洲国家从合作中受益。总之，“真实亲诚”四个字体现了中国十分珍视中非传统友谊，并且愿与非洲做永远的朋友的意愿。

（二）正确义利观

正确义利观是习近平主席于2013年3月在访非期间提出并于中共十八大以后确立的治国方针理论。正确义利观继承了中国外交的优良传统，是当代中国外交立场的体现。“君子喻于义，小人喻于利”，义大于利，自古是中国人推崇的道德准则。这种义利观深刻影响着中国的外交实践。正确对待和处理“义”与“利”的关系，重视道义与责任，成为新中国外交的一个鲜明特色。

2014年11月，习近平总书记在中央外事工作会议上表示强调建立以合作共赢为核心的新型国际关系，提出树立和贯彻正确义利观，倡导共同、综合、合作、可持续的安全观，推动构建新型大国关系，提出践行“亲诚惠容”的周边外交理念、“真实亲诚”的对非工作方针。习近平总书记强调，“要坚持正确义利观，做到义利兼顾，要讲信义、重情义、扬正义、树道义”①。正确义利观代表着习近平治国理政、处理内政外交各种关系，化解各种利益矛盾，解决利益纷争，追求和谐共赢的精湛智慧和价值理念。②

① 《中央外事工作会议在京举行》，《人民日报》2014年11月30日，第1版。

② 佟晓露：《坚持正确义利观构建人类命运共同体》，《新疆日报》2017年11月12日，第A03版。

习近平总书记指出："义，反映的是我们的一个理念，共产党人、社会主义国家的理念。这个世界上一部分人过得很好，一部分人过得很不好，不是个好现象。真正的快乐幸福是大家共同快乐、共同幸福。我们希望全世界共同发展，特别是希望广大发展中国家加快发展。利，就是要恪守互利共赢原则，不搞我赢你输，要实现双赢。我们有义务对贫穷的国家给予力所能及的帮助，有时甚至要重义轻利、舍利取义，绝不能惟利是图、斤斤计较。"①习近平总书记对正确义利观的深入阐述表明了中国反对狭隘的民族利己主义和霸权主义的外交立场，以及始终做世界和平的建设者、全球发展的贡献者、国际秩序的维护者。

中国与包括非洲在内的广大发展中国家有着共同的利益和发展诉求。中国尽管取得了巨大发展成就，但仍然是发展中国家。在中非合作的开展过程中，中国应以共同发展为出发点，将中国人民的利益同非洲人民的利益相结合，践行正确义利观，义利相兼，义重于利。时任中国外交部部长王毅在与塞内加尔外长恩迪亚耶会谈后共同会见记者时指出："正确义利观是新时期中国外交的一面旗帜……义是指道义。中国在同非洲国家交往时应道义为先，坚持与非洲兄弟平等相待，真诚友好，重诺守信，更要为维护非洲的正当权利和合理诉求仗义执言。利是指互利，中国在与非洲国家交往时决不走殖民者的掠夺老路，决不效仿资本家的唯利是图作法，也不会像有的国家只是为实现自己的一己私利，而是愿与非洲兄弟共同发展，共同繁荣。在此过程中，中方会更多考虑非洲国家的合理需求，力争通过合作让非洲早得利、多得利。在需要的时候，我们还要重义让利，甚至舍利取义。"②

（三）"五不""四不能"原则

习近平主席在2018年9月举行的中非合作论坛北京峰会上发表题为《携手共命运 同心促发展》的主旨讲话时提出了"五不"原则，即"不干预非洲国家探索符合国情的发展道路，不干涉非洲内政，不把自己的意志强

---

① 《坚持正确义利观 积极发挥负责任大国作用》，《人民日报》2013年9月10日，第7版。

② 李海龙：《论中国外交之正确义利观的内涵与实践》，《理论学刊》2016年第5期，第132~137页。

加于人，不在对非援助中附加任何政治条件，不在对非投资融资中谋取政治私利”。习近平主席通过“五不”原则表达了中国在与非洲合作时真诚友好、平等相待的态度，彰显了中国致力于中非团结合作，谋求共同发展的坚定决心和毅力。“五不”原则深入阐述了中国对非外交的原则和立场，是对中国外交的基本原则和平共处五项原则的继承和发展。“五不”原则不仅适用于中非合作的范畴，而且是中国构建新型国际关系所遵循的一般性、根本性原则。“五不”原则使非洲人民感受到中国对非开展合作的诚意和决心，消除了非洲国家和人民对中国开展与非洲合作的意图的顾虑和猜忌。

习近平主席同时强调：“任何人都不能破坏中非人民的大团结！任何人都不能阻挡中非人民振兴的步伐！任何人都不能以想象和臆测否定中非合作的显著成就！任何人都不能阻止和干扰国际社会支持非洲发展的积极行动！”[①]“四不能”论断是对某些西方国家抹黑中非合作的有力回击。中非合作在新形势下迅猛发展，一些守成大国对此抱有“酸葡萄”心理，不断针对中非合作制造杂音。习近平主席提出的“四不能”原则有力地回击了这一行为，清楚地传递了中非合作的真实声音，即在平等互利基础上实现共同发展。“四不能”原则表达了中国不会像西方殖民主义大国一样将自身发展经验和价值观念强加于非洲人民，而是会从非洲人民的利益出发处理对非事务，重塑国际政治经济新秩序。

① 《展现坚定不移的对非政策理念——国内专家学者高度评价习近平主席提出的“五不”“四不能”重要论断》，《人民日报》2018年9月7日，第3版。

第四章　非洲社会主义的发展历程

与中国一样，非洲社会主义的理论与实践亦受到马克思主义的影响，但非洲的社会主义更多地结合了本土思想，开辟了极具地区特色的社会主义实践。同时，这也导致非洲社会主义运动在发展过程中出现各种各样的问题。非洲选择社会主义作为国家发展道路的初衷与非洲集体主义的思想传统不谋而合。然而在实践中，非洲的社会主义者没有掌握马克思主义指导下科学社会主义的核心要义，更没有成功实现本土化。

第一节　非洲社会主义的渊源、发展与特征

非洲的社会主义，起初是一种思潮。随着民族解放运动的蓬勃发展，社会主义与非洲国家的独立解放运动结合起来，成为反抗压迫、追寻自主发展道路的政治主张，进而形成规模效应，发展成为轰轰烈烈的社会主义运动，是非洲国家政治在20世纪后半叶发展最显著的特征。据悉，从1955年至1990年，非洲先后有34个国家宣称要发展社会主义，约占非洲国家的三分之二。①

针对社会主义的蓬勃发展，国内学术界通常认为："非洲社会主义是当代非洲十分流行的一种民族主义思潮，也是非洲民族独立国家选择的一种发

① 畅征、刘青建：《发展中国家政治经济概论》，中国人民大学出版社，2001，第75页。

展道路和社会制度。”[①] 这一观点与国外学术界基本相同。罗马尼亚埃列娜·伏伊库列斯库等学者指出：“首先，应当把非洲社会主义理解为一种意识形态，这个概念正处于不断澄清的复杂发展过程之中。其次，应当把非洲社会主义当作一种社会模式和政治选择。最后，应当看到非洲的社会主义经验及民族革命有着十分丰富和多样的内容。”[②] 由此可见，非洲社会主义包含思潮、政治主张与具体的社会主义实践。相较于马克思主义指导下的科学社会主义，非洲社会主义有着更加广泛的思想来源和丰富的内容与特征。

一 非洲社会主义的产生背景

非洲是世界古人类和古文明的发祥地之一，早在欧洲人到来之前，非洲曾有过多个灿烂的古代文明（诺克文明、伊费文明、大津巴布韦文明等）。同时，非洲大陆是名副其实的热带大陆，广阔无垠，面积达到 3020 万平方千米，自然资源丰富。这片宁静祥和的大陆有着自己独特的文化与传统。在欧洲人到来之前，非洲大部分的国家仍然处于原始或奴隶社会，仅有个别地区进入了封建社会。然而，随着 15 世纪的地理大发现，欧洲人陆续到达非洲。此后的 600 年里，非洲大陆上先后出现了两大悲剧性事件——奴隶贸易和殖民统治，这与西方资本主义的发展进程息息相关。这两大事件对非洲的影响沉重而深远，也成为非洲社会主义产生的重要历史基础。

奴隶贸易兴起之时，欧洲正处于资本主义原始积累的早期阶段，原始资料与资本积累的强烈需求驱使欧洲殖民者向外掠夺，并在非洲建立零星据点。殖民者主要从事象牙、黄金特别是奴隶贸易，他们从非洲商业性地猎获黑人[③]，再将这些黑人贩卖到美洲，用于开发美洲殖民地。1450～1850 年的 400 年中，西方世界对非洲进行了惨绝人寰的殖民与奴隶贸易。对欧洲来说，和非洲的贸易始终是发财的，也为欧洲引进了新的、更有创造性的社会

① 唐大盾等：《非洲社会主义：历史・理论・实践》，中国社会科学出版社，2007，第 1 页。

② 〔罗〕埃列娜・伏伊库列斯库、马林・伏伊库列斯库：《非洲社会主义》，狄山译，《国外社会科学》1980 年第 7 期，第 22～23 页。

③ 《马克思恩格斯选集》（第二卷），人民出版社，1995，第 265 页。

和政府形式；但对非洲人来说，这种关系却不能完成这时所需要的社会和经济变革，相反地，它使所有它接触过的社会走向了经济或政治的挫败。[①] 在这个过程中，欧洲完成了传统的资本积累和第一次工业革命，留给非洲的则是灾难性的后果。约2000万的直接人口损耗（包括在非洲被杀被俘的、海上丧生的和抵达美洲的）不仅使非洲失去了生产能力、政治利益还使得非洲人丧失了社会的、亲属的、情感的纽带。[②]

奴隶贸易废止后，第二次工业革命兴起，资本主义从原始积累转向资本输出阶段，殖民主义快速发展，掀起了瓜分世界的狂潮，非洲也不能幸免。据统计，迟至1880年，非洲大陆约有80%是由自己的国王、女王、氏族和家族的首领以大小不等、类型各异的帝国、王国、村社共同体和政治实体的方式进行统治的。[③] 而到了1914年，除了埃塞俄比亚和利比里亚外，整个非洲大陆都沦为欧洲列强统治下大小不等的殖民地。

> 欧洲人用了不到30年的时间（1890~1919年），为非洲各国建立了自己的政治体制，其中法国率先于1900年在乍得和上沃尔特（今布基纳法索）两国设立了军事基地。[④]

殖民统治对非洲的影响是深远的。它是一场彻底的大变革，摧毁了非洲人民古老的生活方式与信仰，带去西方的思想、宗教、制度与生活方式，迫使非洲人民接受和改变。

奴隶贸易与殖民统治从思想和现实两方面对非洲社会主义的萌发提供了

---

① 〔英〕巴兹尔·戴维逊：《黑母亲——买卖非洲奴隶的年代》，何瑞丰译，生活·读书·新知三联书店，1965，第239页。

② 〔美〕丽莎·A. 琳赛：《海上囚徒：奴隶贸易四百年》，杨志译，中国人民大学出版社，2014，第108页。

③ 〔加纳〕A. 阿杜·博亨主编《非洲通史：殖民统治下的非洲1880—1935年》（第7卷），中国对外翻译出版公司，1991，第1页。

④ 〔法〕凯瑟琳·科克里-维德罗维什：《非洲简史》，金海波译，民主与建设出版社，2018，第18页。

土壤。在思想方面，欧洲殖民者对非洲的卑劣行径使非洲人民，尤其是非洲国家的民族独立运动领袖对殖民主义和帝国主义深恶痛绝。他们认识到资本主义的罪恶本质，对资本主义持坚决的反对态度。阿尔及利亚在《国民宪章》中提出："彻底批判殖民主义的结果就是批判资本主义。"[①] 因而，在争取独立以及后来的国家建设过程中，非洲国家倾向于选择强调平等与自由的社会主义。塞内加尔领导人桑戈尔曾说："资本主义是一种罪恶的制度，它不仅破坏了欧洲社会，而且以殖民主义形式破坏了整个非洲社会，因此非洲不可能赞成资本主义。"

同时，由于西方国家的殖民，一些非洲精英也前往西方国家接受了教育，成为最早接触社会主义理论与思想的一批非洲人。此时对非洲精英产生影响的社会主义理论主要是以圣西门、傅立叶和欧文为代表的空想社会主义。这是科学社会主义产生之前社会主义思想发展的最高成就，其理论基础基本上都是唯物主义的自然观以及含有一系列历史唯物主义思想的社会历史观，都倾向把人类社会的历史看成是一个连续的、上升的和进步的过程，并试图以此证明资本主义被更完善的理想社会所替代的必然性。[②] 桑戈尔的思想就受到空想社会主义理论的影响。恩克鲁玛在美国生活学习过较长时间，对资产阶级革命时期欧美主要思想家、政治家的观点和著述有所研究。后来，马克思恩格斯创立科学社会主义，指导了俄国革命，使第一个社会主义国家苏俄建立起来。科学社会主义思潮也传播到了非洲，莫桑比克、津巴布韦等国的领导人选择了科学社会主义的发展道路。

在现实方面，奴隶贸易和殖民统治将非洲拉入了资本主义世界体系，打破了非洲原有的历史进程，充当了"历史不自觉的工具"，给非洲社会主义的产生奠定了一定的社会经济条件。但这些条件并不足以促使社会主义在非洲健康和正常发展，最后成为制约非洲社会主义有效推进的重要因素。

---

① 陈公元、唐大盾主编《非洲社会主义探索》，出版社不详，1991，第153页。

② 蒲国良：《社会主义思想：从乌托邦到科学的飞跃（1516—1848）》，北京师范大学出版社，2018，第16页。

殖民者入侵后，非洲社会发生了深刻变化，出现了新的生产方式和阶级力量。这主要是因为殖民者到来后，为了攫取非洲的各类资源，获得利润，必须建立相应的配套设施（如铁路、工厂等）。殖民统治极大地冲击了非洲传统自给自足的原始经济，一些资本主义萌芽在较早形成的殖民据点出现，随后非洲的民族资产阶级也相应形成。但是，如同所有的殖民地一样，非洲的民族资产阶级也受到殖民统治的残酷剥削和打压，先天不足，后天畸形，造就了非洲社会独特的阶级状况，具体表现如下。其一，非洲工人阶级对社会主义的认识较浅，思想不成熟，群众基础薄弱，阶级意识淡漠，无法肩负起领导民族解放运动的重任，也不能在之后的社会主义建设中发挥中坚力量。据统计，到 20 世纪 60 年代初，非洲工人总数有 1400 多万人，主要集中在北非和南部非洲等少数国家。其二，非洲民族资产阶级力量弱小，无法在民族独立和社会主义运动中充当领导力量。民族资产阶级的产生比工人阶级晚，并且人数较少，力量更加弱小。在非洲掀起大规模的民族解放运动之前，民族资产阶级主要集中在北非地区，广大的撒哈拉以南的非洲几乎没有经营工业的资产阶级。其三，相较于其他阶级，中小资产阶级在殖民统治时期发展略好，从而成为非洲社会主义运动的领导力量。这些中小资产阶级中，有很大一批是知识分子，受到西方文化的一定影响，觉悟较早，因而在民族解放运动中成为领导人。诸如马里的凯塔、坦桑尼亚的卡翁达、坦桑尼亚的尼雷尔和加纳的恩克鲁玛等。但是，由于小资产阶级的自身局限性与两面性，在社会主义运动中，他们首要考虑的是维护本阶级的利益，“虽然内心害怕社会主义，希望发展资本主义，但在强大的时代潮流面前，在广大人民群众憎恨资本主义、向往社会主义的强烈愿望面前，不敢公开亮出走资本主义道路的旗帜，更不敢公开反对走社会主义道路”①。同时，他们也并不能真正理解和客观看待社会主义。

西方殖民活动不但影响了非洲的阶级构成，还造成了非洲经济与社会的二元结构，即除了宗主国所控制的农场、工厂、矿山等有与之配套的各项服

① 高放主编《当代世界社会主义新论》，云南人民出版社，1998，第 472~473 页。

务行业所在的地区拥有资本主义经济外，非洲其余的广袤土地依然维持着自给自足的自然经济；社会结构上，大城市的小资产阶级在西方教育中接受了全新的理念，而其他绝大多数的非洲人依然缺乏国家认同的意识，停留在氏族和部落的观念中。因此，非洲传统文化与相关村社制度，在非洲人民心中依然有强大的影响力。这也注定了非洲的社会主义运动不可能完全照搬苏联的模式，必须与非洲的传统相结合。现实也证明了这一点：尽管大多数的非洲国家推出了形形色色的社会主义制度，但都或多或少是本国传统与外来理论的结合。

总而言之，非洲社会主义的产生，是历史发展的必然。在经历过奴隶贸易与殖民统治的悲惨岁月后，非洲人民对殖民主义和资本主义是坚决抵触的，在思想上更倾向于接受追求独立、平等与人道主义的社会主义制度。另外，殖民统治也造就了非洲独特的政治经济社会结构，使小资产阶级从非洲传统文化中寻找到带有部落色彩和原始公社观念的社会主义思想，并与其受到的西方教育相结合，运用到争取民族独立解放的过程中，成为社会主义运动的领导人。因此，非洲的历史背景使得非洲社会主义颇具独特性与丰富性。

二　非洲社会主义的理论渊源

从非洲社会主义产生的历史背景可以看出其理论来源非常广泛，既有非洲本土的传统文化，也有来自西方的空想社会主义等思潮；既有日渐觉醒的民族主义思想，亦有小资产阶级的民主和改良主义思想；既有非洲独特的传统宗教思想，也有伊斯兰教和基督教等世界主流宗教的教义。

非洲社会主义思想中，来自本土的内生性思想占有非常重要的地位。这些思想主要有以下几种。其一，非洲传统的部落氏族观念。迄今有据可查的最早提出非洲社会主义观点的是爱德华·威尔莫特·布莱登（Edward Wilmot Blyden），他于1908年出版了一本名为《非洲的生活与风俗》的书籍，其中介绍了非洲的传统社会。他认为，非洲的传统社会制度就是与资本主义制度相对应的社会主义制度。书中写道："为了生活的需要，非洲人已经建立和发展了一种行之有效的社会制度。这种社会制度以一夫多妻的家庭为基本单位；财产、土地和水源等是公有的；社会生活是合作制的。”[①] 布莱登书中所描述的社会主义社会，其实就是非洲最原始的传统村社制度。20世纪初，《塞拉利昂周报》发表一篇社论，社论认为，强调民族关系、平等和人道主义的非洲传统村社制度就是社会主义。这两份较早的将非洲村社与社会主义制度相联系的文献，对此后的非洲国家推行社会主义产生极大的影响。具体表现在，坦桑尼亚的尼雷尔，加纳的恩克鲁玛和塞内加尔的桑戈尔都是非洲社会主义的坚定支持者。他们对非洲传统氏族部落的看法是基本一致的，即非洲自身的部落氏族观念是具有社会主义性质的，非洲的社会主义必须保持非洲的特性。

其二，非洲日渐觉醒的民族主义。民族主义包括民族认同与民族意识、基于这二者的结合体以及二者所依托的意识形态。把本民族的利益看得高于一切并将这种利益置于其他民族利益之上是资产阶级和小资产阶级处理民族关系、民族问题的原则、纲领和政策。非洲的社会主义运动，正是由中小资产阶级领导的。非洲民族资产阶级登上历史舞台后，建立了第一批民族主义政党和组织，提出了民族自决的要求和泛非主义口号，并开始同群众运动相结合。[②] 二战后，非洲掀起反帝反封的独立解放运动高潮，此时的民族主义主张借助非洲社会主义的形式表现出来。社会主义和民族主义间关系最为复杂的状态表现在：作为制度的社会主义存在的条件下，社会主义的发展是离不开民族主义和民族国家的发展的，民族主义和民族国家发展的态势在很大程度上制约和影响社会主义的发展状况。[③] 非洲的情况正是如此，其民族主义是伴随非洲社会进步而发展的，也是非洲社会主义的核心思想。

其三，北非的伊斯兰教传统教义。北非国家基本奉行阿拉伯社会主义，其最大的特点是将伊斯兰教义糅合进了社会主义理论中，强调社会主义与伊斯兰教义的原则是一致的。这些原则有平均主义、兄弟友爱、发奋精神等。

---

① 唐大盾：《非洲社会主义的由来和发展》，《西亚非洲》1985年第5期，第9页。

② 王绳祖主编《国际关系史（十七世纪中叶——一九四五年）》（第二版），法律出版社，1986，第370页。

③ 叶险明：《民族主义·民族国家·社会主义》，《学术月刊》2012年第3期，第27页。

北非社会主义运动的领导人，如纳赛尔、本·贝拉、卡扎菲、布迈丁、尼迈里和西亚德等都是穆斯林。他们认为，伊斯兰教教义强调社会正义和人类平等，主张人类资源共同享有，这些主张都反映了人民的追求，因而这些领导人把伊斯兰教视为阿拉伯人民表达他们的政治、思想和生活方式的一种形式，进行政治斗争的思想武器。[①] 在实践中，北非的社会主义运动也展现出伊斯兰传统教义的地位。纳赛尔直接宣称伊斯兰教是埃及国教；本·贝拉则提出："我们为独立的阿尔及利亚所准备的社会主义在任何情况下都不能违背伊斯兰教"[②]。

除上述内生性思想外，非洲社会主义理论也受到西方相关思想与理念的深刻影响。其一，社会主义理论，包括空想社会主义和科学社会主义。非洲国家社会主义运动的领导人，由于其特殊的生活经历，或多或少受到西方社会主义理论的影响，并从中吸取了社会主义建设的理念和经验。其中，实行民主社会主义的国家如塞内加尔、突尼斯、毛里求斯等，采纳了西欧社会民主党的相关执政理念。这些执政理念中有空想社会主义的成分，以圣西门、傅立叶和欧文等这一批"批判的、乌托邦的社会主义和共产主义者"的思想理论影响最为深刻。他们都对包括资本主义在内的压迫和剥削制度提出了严厉的批评，并分别提出了"理想实业制度"、"和谐社会"和"新和谐公社"等重要理论。[③] 空想社会主义者们的思想有一定的进步性，但由于他们的阶级属性，思想中不可避免地对资产阶级留有幻想，并且反对革命，希望通过和平道路实现社会改革。这种思想容易得到非洲中小资产阶级的接受和认可。在非洲的民主社会主义制度中也可以看到这些思想的影子。比如塞内加尔国父桑戈尔就认为在非洲实现社会主义的政治道路不是暴力革命和专政，而是民主；社会主义政党的目标是"追求富裕"和"丰富文明"，阻止

① 唐大盾等：《非洲社会主义：历史·理论·实践》，中国社会科学出版社，2007，第30~31页。

② 张甍：《非洲"社会主义"思潮浅谈》，《西亚非洲》1984年第2期，第4页。

③ 蒲国良：《社会主义思想：从乌托邦到科学的飞跃（1516—1848）》，北京师范大学出版社，2018，第393页。

剥削的产生。[①]

科学社会主义是非洲社会主义理论非常重要的思潮来源。上文提及，马克思和恩格斯于1848年2月发表了《共产党宣言》，标志着科学社会主义的诞生。科学社会主义认为无产阶级只有采取现实的共产主义行动才能粉碎资本主义私有制的枷锁，使无产阶级和全人类获得解放，使每个人获得真实的自由民主和全面解放。[②] 此后，十月革命在俄国的成功以及毛泽东领导中国共产党取得中国革命的胜利，使科学社会主义得到了广泛的传播。非洲社会主义运动的领导人也大多研读和了解科学社会主义理论。比如艾哈迈德·塞古·杜尔（Ahmed Sékou Touré）和莫迪博·凯塔（Modibo Keïta）都曾参加过法共领导的马克思主义学习小组；桑戈尔在他的《行动的诗》中说："我印象最深的第三个人物是毛泽东……在政治方面，他同列宁一样将马克思和恩格斯的思想同本国实践相结合。"[③]

其二，资产阶级改良派的民主主义。民主主义是资产阶级民主革命的指导思想。民主一词源于希腊文"Demokratia"，词源意思大致为"人民的权力"。民主思想的产生源于西欧资本主义的发展，文艺复兴运动和宗教改革将人们的思想从神学束缚中解脱，人们开始思考人与国家和社会的关系。民主主义促进了民族主义的发展，也催生了现代国家。"民主意味着自主治理，即共同体内部的人们是平等的，人们按照多数的意志实现共同体自身的治理。要实现自治，就意味着人们首先要形成自己的政治共同体的认同，而后才能按照民主的原则行使相应的权利。"[④] 民主主义的这一特征受到非洲资产阶级的喜爱。此外，民主主义还强调自由、平等、博爱等思想。非洲由于历史原因，民众缺乏对现代国家的认同与认知。因而在社会主义运动中宣

① 孙韶林：《桑戈尔非洲民主社会主义的理论与实践》，《国际共运史研究》1992年第1期，第23~24页。

② 高放：《社会主义运动：从理论到实践的转变（1848—1917）》，北京师范大学出版社，2018，第41~42页。

③ 张甍：《非洲"社会主义"思潮浅谈》，《西亚非洲》1984年第2期，第6页。

④ 杨光斌、杨洪晓：《民主主义、民族主义与现代国家建设》，《行政科学论坛》2014年第4期，第3页。

传民主主义能够助推民族解放运动的发展，并获得更多民众的支持。在实践中，恩克鲁玛、尼雷尔、拉齐拉卡都明确表达过对民主主义的支持。其中，马达加斯加前总统迪迪埃·拉齐拉卡的福科诺洛纳[①]（Fokonolona）社会主义理念中蕴含了深刻的民主主义思想。他十分强调人道主义与自由化，并提出民主和平等是社会主义的基本目标，要求国家机构和政治制度民主化。

其三，基督教的“博爱”“互济”的教义思想。非洲社会主义运动的领导人均较早接受西方教育，因此对基督教非常熟悉。其中恩克鲁玛曾获林肯神学院的学士学位，赞比亚国父卡翁达和埃塞俄比亚前总统门格斯图都是虔诚的基督徒，安哥拉国父内图则出身于基督教世家。基督教宣传的博爱和互济等教义对他们产生了深远的影响。在实践中，这些民族领袖赋予了基督教社会主义色彩，认为基督教是劳动人民利益的保护者，必须在社会主义建设中推崇博爱和互济思想。此外，在一些非洲国家，由于西方殖民者的长期殖民，基督教的影响非常广泛，为推行社会主义，领导人自然而然地将基督教与社会主义联系到了一起。比如，马达加斯加信奉天主教的教徒约占全国人口的40%，这些人绝大部分是资产阶级和知识分子，是马达加斯加社会的中坚力量。为了取得他们对社会主义的支持，拉齐拉卡公开宣称：“宗教，特别是天主教和我们倡导的社会主义不是势不两立的。宗教非但不与我们的社会主义选择相违背，而且在群众的心目中象征着平等、正义，因而同社会主义的精神是一致的。”[②]

综上所述，非洲社会主义的理论渊源从内部看，有非洲本土的传统部落和氏族思想，有民众日渐觉醒而越发突出的民族主义，还有伊斯兰教的传统教义；从外部看主要是空想社会主义和科学社会主义理论，资产阶级的民主主义以及基督教的博爱互济等教义。这些思想杂糅到一起，编织出非洲社会主义多种多样、色彩斑斓的图景。

三　非洲社会主义的显著特征

非洲社会主义的思想渊源广泛而丰富，在将理论付诸实践的过程中，非

① 福科诺洛纳是马达加斯加农村传统的基层社会组织，相当于村社。

② 唐大盾等：《非洲社会主义：历史·理论·实践》，中国社会科学出版社，2007，第242页。

洲出现了多种社会主义制度与理论，几乎没有统一的纲领和指导思想，甚至在有些方面观点截然对立。尽管有诸多不同，但是非洲的社会主义理论和实践依然是世界社会主义运动中一道亮丽的风景线，有其显著的特征。

非洲社会主义理论有如下特征。第一，非洲社会主义的核心思想渊源具有一致性，即民族主义。非洲社会主义理论由于展现出强烈的民族主义特征而被视为世界民族社会主义的重要组成部分。非洲社会主义理论之所以一致地展现出民族主义特征主要是因为非洲特定的历史现实情况。正如上文中所提到的，长达近600年的奴隶贸易和殖民统治强行将非洲从原始或奴隶社会拉入了资本主义世界体系，大多数非洲人依然停留在对氏族和部落的认同上，几乎没有现代国家的概念。二战结束后，非洲大陆掀起了独立浪潮，很多国家都选择了社会主义制度。为了尽快建立现代国家，领导人们必须将最有利的思想元素融入其中，这就是民族主义。唯有民族主义可以将广大人民团结在一起，反对帝国主义；也唯有民族主义可以在独立后继续坚持反对资本主义，稳固社会主义政权。

非洲社会主义的民族主义特征主要表现在强调本民族的传统价值体系、强调自身独特性的“中间道路”或“第三种理论”、强调对外的民族解放斗争而忽略内部的阶级分化和阶级冲突这三个方面。[①] 其中，强调本民族的传统价值体系是从文化上确认自我个性的行为，因此我们看到，恩克鲁玛认为社会主义是对非洲原始村社制原则的恢复和捍卫；桑戈尔则宣称要在“黑人传统精神”（Negritude）和非洲黑人原有方式的基础上实现社会主义。这一类观点几乎遍布非洲的每一个社会主义国家。强调自身独特性的“中间道路”或“第三种理论”是希望社会主义发展出非洲特性，非洲社会主义领导人们不希望自身的社会主义实践被苏联的社会主义政权或西欧的资本主义政权所主导。尼雷尔说，乌贾马（Ujamaa）社会主义是在世界两大巨人之间保持思想和行动独立的。强调对外的民族解放斗争则有利于非洲快速实

① 李安山：《非洲社会主义的理论特点概述》，《当代世界社会主义问题》1986年第4期，第66页。

现民族独立，缓和国内的阶级矛盾，为建国初期国家各项事业的开展提供稳定的政治环境。然而，非洲的社会主义领导人们对于非洲阶级状况的认知存在偏差，这为社会主义政权的长远发展埋下隐患。

第二，非洲社会主义理论来源内外结合，具有多样性。笔者在梳理非洲社会主义理论渊源的过程中发现，其思想来源既有非洲本土的观念，也有来自西方的各式思潮，这些思潮和理论相互交织，形成了非洲特色的社会主义理论。总体而言，非洲社会主义理论主要有三大思想来源。一是社会主义理论。这一类理论中重要的是马克思的科学社会主义，还有空想社会主义者所代表的资产阶级的社会主义思想。二是来自西方的民主主义、福利主义、人道主义以及民粹主义等。非洲社会主义运动的领导人许多都受到过西式教育，他们从中挖掘出适合于本国发展的观念与价值，添加到非洲社会主义理论中来。三是非洲本土以及其他地区的氏族传统思想与宗教。宗教的教义与非洲的传统文化是非洲社会主义独特性的来源。非洲的各种社会主义是以上三种大类思想的复合体，我们从中可以窥见科学社会主义、空想社会主义、民主主义、非洲传统文化以及地区宗教教义的内容。

第三，非洲社会主义理论种类丰富且复杂，但均坚持发展本国特色的社会主义思想。由于思想来源的多样性，非洲社会主义理论的种类非常复杂。其中，有明确称谓的有埃及纳赛尔的阿拉伯社会主义、利比亚卡扎菲的伊斯兰社会主义、阿尔及利亚本·贝拉的自管社会主义、突尼斯布尔吉巴的宪政社会主义、塞内加尔桑戈尔的民主社会主义、加纳恩克鲁玛的实证社会主义、几内亚塞古·杜尔的能动社会主义、坦桑尼亚尼雷尔的乌贾马社会主义、马达加斯加拉齐拉卡的福科诺洛纳社会主义、马里凯塔的现实社会主义、刚果恩古瓦比的科学社会主义和莫桑比克萨莫拉·马谢尔的真正社会主义等。[①] 这些社会主义理论有交叉和重叠，可以进行部分的归类，但不存在完全相同的社会主义理论。这使非洲社会主义理论不能像科学社会主义一样拥有统一的理论体系。但总体而言，几乎所有的非洲社会主义理论都是在本

① 参见唐大盾等《非洲社会主义：历史·理论·实践》，中国社会科学出版社，2007。

国传统文化或价值的基础上，加入了西方资本主义和东方社会主义的一些观点，最后形成了独树一帜的具有本国特色的非洲社会主义理论和制度。

在非洲社会主义理论付诸实践的过程中，非洲社会主义有如下特征。其一，非洲社会主义运动最大的特征是实用主义，即根据国家发展的需要制定和推行政策，并对此进行政策解读。1917 年十月革命后，社会主义思潮在全世界广泛传播，展现出强大的理论生命力与吸引力。非洲国家迫切渴望摆脱资本主义的剥削与压迫，在争取民族解放的过程中自然而然地倾向于选择具有制度优越性的社会主义。由于大多数非洲人民缺乏对社会主义的认知，为了让更多人民接受社会主义，巩固政权，发展经济，非洲社会主义运动的领导人对社会主义理论进行了改造，并加入了有利于本国发展的政策。在此后的社会主义建设中，他们还根据国家发展的不同情况随时调整政策，用实用主义的态度解释社会主义制度。

一方面，非洲国家领导人将社会主义的一些概念用于国家发展中，社会主义成了手段而不是目的。比如许多领导人多次表明社会主义的许多观念是适应非洲发展的，希望从社会主义理论中寻找促进国家发展的途径。也因此，非洲的社会主义偏离了科学社会主义要求的以实现共产主义社会为目标，变成了只要能够促进国家发展，稳固政权，社会主义理论就可以做各种改变和调整。另一方面，非洲社会主义对待宗教的态度也是实用主义的。为了使人民更易接受，执政理念更有吸引力，许多宗教教义被加到非洲社会主义理论和实践中。如恩格斯所说：“对于完全由宗教培育起来的群众的感情来说，要掀起巨大的风暴，就必须让群众的切身利益披上宗教的外衣出现。”[①] 对宗教运用实用主义的突出代表是北非的阿拉伯社会主义，纳赛尔、布迈丁等人明确指出伊斯兰教与社会主义没有什么矛盾。他们还曾从宗教中寻找执政的合法性。这种对宗教的态度虽然争取到了民众的支持，但却已经与马克思主义截然相反，已经完全异化为一种否认社会发展客

① 《马克思恩格斯选集》（第四卷），人民出版社，1995，第 255 页。

观规律，否认阶级斗争的理论。[①]

其二，由于理论来源的广泛，非洲国家在社会主义实践中对待马克思主义和资本主义的态度也不尽相同，大多数国家走中间道路。虽然非洲社会主义在理论上反对殖民剥削，批判资本主义，在实践上建立社会主义政党，实行资产国有化，经济计划化等。除了刚果（布）等坚称走科学社会主义道路的国家外，其他非洲社会主义国家都明确表明对马克思主义并不是全盘接受的，对资本主义国家的一些行为和政策也采取了接纳的态度。比如，纳赛尔就在政策中表明反对马克思主义。大多数国家则表明实行的社会主义不是马克思的科学社会主义，而且介乎科学社会主义和资本主义之间的一条中间道路。在中间道路施政过程中，我们可以看到社会主义与资本主义相交叉的痕迹。比如民主社会主义制度在政治上实行多党制，在经济上则实行计划化和国有化。还有一些非洲国家，在推行计划经济受挫后，又转而对资本主义私有化网开一面。这种实践过程中的中间道路引发了左右摇摆的问题，致使执政党偏离了对社会主义制度的追求。

其三，非洲社会主义的实践过程均强调公平与人道主义。非洲的传统原始社会中就有公平与人道主义的印迹。近代非洲的黑暗历史使非洲人民渴望公平与正义。在非洲社会主义运动中，非洲领导人普遍要求维护人的尊严，主张公平与人道主义。在社会主义制度建立后，政府在社会政策方面大多致力于建立公正和平等的社会。突尼斯布尔吉巴主张的宪政社会主义格外强调人道主义。布尔吉巴曾说过：“宪政社会主义要尊重人，尊重人的权利；我们的社会主义的特点就是相信人可以自我完善，自我改造……通过教育，那些缺乏远见、愚昧无知的人可以改变过来。”[②]卡翁达的人道主义社会主义也提出分配和财富处置是人道主义思想的基石。为了实现平等、公正与人道主义，这些国家普遍提出提高人民的生活水平，尤其是保障教育、医疗、住房以及社会福利等主张。

---

① 杨光、王正、张宏明主编《马克思主义与西亚非洲国家发展道路问题研究》，中国社会科学出版社，2017，第55页。

② L. V. Thomas, Le socialisme et l' Afrique , Paris: le livre africain, 1966, p. 183.

综上，非洲社会主义理论来源广泛，其核心思想是民族主义，产生的理论也复杂而多样，但均努力保持非洲国家的自身特色。在实践中，非洲社会主义偏重实用主义，根据国家需要制定发展政策。大多数非洲国家选取了马克思主义和资本主义的中间道路，并在国家建设中强调公平与人道主义。

第二节　非洲社会主义的历史沿革与现状

非洲社会主义运动在二战后开始加速发展。埃及于 1955 年在纳赛尔的领导下宣布走社会主义道路，成为非洲地区社会主义实践的先驱者，对其他国家有巨大的鼓舞作用。20 世纪六七十年代，大批非洲国家纷纷获得独立，非洲社会主义运动的发展也进入高潮，实行社会主义制度的国家达到 21 个。进入 80 年代后，由于国内外形势的种种变化，实行社会主义制度的非洲国家遭遇挫折并纷纷改制，放弃了社会主义道路。从 90 年代起，非洲社会主义运动陷入低潮并持续至今。当前非洲大陆仅有坦桑尼亚还宣称实行社会主义，亦有一些社会主义政党依然活跃在国家政坛。表 4-1 反映了非洲社会主义国家数量在不同年代的变化。

表 4-1　非洲社会主义国家数量变化（20 世纪 50 年代至今）[①]

单位：个

时间	20 世纪 50 年代	20 世纪 60 年代	20 世纪 70 年代	20 世纪 80 年代	20 世纪 90 年代	21 世纪前十年	2011 年至今
数量	2	16	23	20	5	4	1

资料来源：根据外交部网站与相关学术论文整理。

① 这些社会主义国家有：50 年代有埃及、几内亚；60 年代有利比亚、阿尔及利亚、苏丹、索马里、加纳、马里、坦桑尼亚、肯尼亚、突尼斯、乌干达、赞比亚、塞内加尔、毛里求斯、刚果（布）、埃及、几内亚；70 年代有马达加斯加、塞舌尔、几内亚比绍、圣多美和普林西比、贝宁、埃塞俄比亚、莫桑比克、安哥拉、利比亚、阿尔及利亚、苏丹、索马里、加纳、马里、坦桑尼亚、肯尼亚、突尼斯、赞比亚、塞内加尔、毛里求斯、刚果（布）、埃及、几内亚；80 年代有津巴布韦、佛得角、马达加斯加、塞舌尔、几内亚比绍、圣多美和普林西比、贝宁、埃塞俄比亚、安哥拉、利比亚、索马里、加纳、马里、坦桑尼亚、肯尼亚、突尼斯、赞比亚、塞内加尔、刚果（布）、埃及；90 年代有埃及、突尼斯、坦桑尼亚、利比亚、塞内加尔。

表 4-1 中的数据明确展示了非洲社会主义运动从萌芽到迅速壮大，发展到高峰后又急剧回落陷入低潮的过程。

一　萌芽与出现阶段（20世纪50年代）

这一阶段的非洲社会主义思想，经历了从简单的思想介绍，到挖掘自身特色，再到形成理论体系，最后是指导实践建立了全新的社会主义国家。

（一）社会主义思想传入非洲

社会主义制度在非洲国家的确立始于 1955 年的埃及，但在这之前，早在 19 世纪，一些非洲的知识分子在欧洲学习和游历时便接触到了社会主义学说，并将这一思潮传播到非洲。此时广泛流传的主要是圣西门等空想社会主义者的思想。由于地缘关系，北非的知识分子率先学习到这些思想。据悉，埃及学者里法阿·塔赫塔维于 1826~1831 年曾在法国巴黎学习和工作，他回国后从事翻译与教学工作。1869 年起，塔赫塔维便撰文介绍欧洲的社会主义思想与理论。

尼日利亚伊巴丹大学图书馆提供的一份文献资料证明，1897 年，一位名叫根里·卡尔的非洲人记录他和当时英国工会领袖伯恩斯的谈话内容："我们谈论了社会主义。他（伯恩斯）对我说，这个学说将在各条战线上取得胜利。他送给我有关这个问题的两本书和几本小册子。"[①] 以上史料已证明社会主义思想在 20 世纪前就已传播到了非洲多国。

有据可查最早对社会主义理论发表见解的非洲人是爱德华·威尔莫特·布莱登（Edward Wilmot Blyden）。布莱登是出生于西印度群岛的黑人，后来来到利比里亚，他的一些见闻和思想在非洲具有开创性，被视为西非民族主义的先驱、非洲社会主义思想萌芽的奠基者。布莱登的经历非常丰富，既有欧美的学习经历，也有非洲的生活工作履历。他曾在美国学习神学，担任过利比里亚的国务卿和驻英国大使，还担任过利比里亚学院院长。因此，布莱

① 唐大盾：《非洲社会主义的由来和发展》，《西亚非洲》1985 年第 5 期，第 8 页。

登的思想是坚决反对殖民主义和种族歧视的，也提出注重“非洲个性”和“非洲人的非洲”这类早期的泛非主义思想。布莱登曾在1908年出版了一本著作，名为《非洲人的生活与习俗》。这本书的主要内容是对非洲传统社会的介绍与歌颂。但许多语句明确地提到非洲已建立和发展了一种行之有效的社会制度。该制度以一夫多妻的家庭为社会基本单位；土地和水资源是公有的；社会生活是共产主义或合作制的，人人为我，我为人人，同时每个部落都有自己的法律和民主审判制度。① 布莱登对这种传统社会给予了非常高的评价，生活的各个方面都自给自足，是非常理想的社会。然而西方的资本主义私有制则问题众多，伦敦街头就有大量的穷人无家可归。要解决上述问题，就需要废除私有制，恢复公有制经济。在非洲就是恢复传统的经济形式与生活方式，即实行土地公有制并践行非洲的集体主义思想。

布莱登的思想并没有直接提及社会主义制度，但是其表明对公有制和集体主义的追求事实上就是一种原始的社会主义思想萌芽。随后1915年，《塞拉利昂周报》发表了一篇重要的文章，首次对社会主义进行了明确的论述。除了欧洲流行的诸多社会主义思想理论外，非洲也有一种社会主义。这种社会主义来自非洲传统的村社。在这种村社中，任何一个外来的陌生人，不论白人还是黑人，都被作为一个人和一个兄弟对待，村社立即向他提供一切生活必需品。可以想象，对外人尚且如此，在村社内部人人平等，互相帮助，团结友爱就更不必说了。文章指出，非洲的社会主义是一种纯粹的社会主义。② 从《塞拉利昂周报》的这篇文章看出，非洲社会主义的思想和制度尽管被提出，但是认知上依然存在局限，即简单地将非洲原始村社制度视为社会主义，没有认识到社会主义制度需要建立在生产力和生产关系高度发达的基础之上。

（二）社会主义思想形成非洲特色理论体系

以上这些思想萌芽为后来非洲民族解放运动领导者提出非洲社会主义提

---

① J. Ayodele Langley, ed., *Ideologies of Liberation in Black Africa 1856 - 1970*, London: Rex Collings, 1979, p. 81.

② J. Ayodele Langley, ed., *Ideologies of Liberation in Black Africa 1856 - 1970*, London: Rex Collings, 1979, p. 505.

供了一定的思想基础。在此基础上，恩克鲁玛、桑戈尔、纳赛尔以及尼雷尔等人将其发扬光大，逐渐建立起非洲社会主义理论体系。

桑戈尔是最早提出“非洲社会主义”一词的非洲领导人。桑戈尔曾在高中毕业后前往巴黎留学，遭受过种族主义的迫害。在法国期间，他结交了许多黑人学者，共同创办了《黑人大学生》刊物，并完善和发展了“黑人传统精神”的学说。该学说有两层含义，第一层含义是指“黑人世界文明价值的总和”以及“对上述价值的体验方式”。反映了一种黑人对自己传统文明的寻根意识，存在与白人文明不同但又平等的黑人文明，应该恢复黑人的尊严和个性，试图唤起黑人种族的自豪感。第二层含义是后期发展出来的，指“文明融合”，即“黑人文化上的开放性”。他认为不同文明之间存在着互补性，而每一种文明最富创造性的价值在开放、融合中构成了整个人类共同的、更高层次的文明，即世界文明。1936 年，桑戈尔加入了法国社会党，开始系统钻研安德烈·莱昂·勃鲁姆（André Léon Blum）的民主社会主义思想和傅立叶、圣西门等人的空想社会主义思想，同时还阅读了大量马克思和恩格斯关于科学社会主义的论著，从而完成了从“保皇主义者”向“社会主义者”的转变，并在 20 世纪 40 年代首先“杜撰”和提出了“非洲社会主义”这一术语和概念。[①]

在有了非洲社会主义这一概念后，非洲社会主义的理论内涵又随着非洲本土民族解放运动的蓬勃发展、泛非主义的兴盛以及世界社会主义运动的空前高涨不断丰富与完善。其中，北非的纳赛尔和撒哈拉以南非洲的恩克鲁玛的一些思想对非洲社会主义运动的出现有较大的贡献。

纳赛尔对非洲社会主义运动最大的贡献主要有两方面：一是思想方面，即纳赛尔主义；二是领导埃及成为非洲大陆第一个社会主义国家。纳赛尔主义的内容包括反对英国殖民主义和埃及的封建专制统治、维护民族独立，恢复民族尊严的民族、民主主义思想，夺取政权后进行全面社会改革，建立社会公正、发展民族经济的阿拉伯社会主义思想，寻求阿拉伯世界团结统一的

① D. J. Kotzé, ed., *Communism and South Africa* , Cape town: Tafelberg Press, 1982, p. 65.

泛阿拉伯主义思想以及在国际事务中倡导的积极中立、不结盟思想。[①] 其中，民族、民主主义是纳赛尔主义的核心内容。在《革命哲学》这本书中反映出他对争取民族解放与独立的深切渴求。另外，寻求阿拉伯统一的思想是另一大亮点。这些思想看似与社会主义并无关系，但在后来的实践中，纳赛尔主义成为阿拉伯社会主义运动的核心理念与指导思想。

恩克鲁玛早年曾在欧美留学，这些经历对他思想的发展产生了深远影响。在提出实行非洲社会主义之前，他的思想更多反映出泛非主义和民族主义。他认为："一个属地的解放问题——也就是说，由每个属地拟定和计划它自己的解放运动是没有希望取得最后成功的……我们相信，除非一个属地的自由运动最后和解放整个非洲大陆的泛非运动联系起来，否则非洲人和世界各地的非洲人的后裔都没有希望获得自由和平等。"[②] 1945 年，恩克鲁玛还联合肯尼亚的乔莫·肯雅塔（Jomo Kenyatta）和南非的彼得·亚布拉罕姆斯（Peter Abrahams）在伦敦举办了第五次泛非大会。他最初仅是想建立泛西非的国家联盟，后随着形势的发展，他的泛非思想扩展到整个大陆。在非洲国家独立运动发展的过程中，这些领导人倡导的民族主义带给非洲人民极大的鼓舞。但是此时，他们都没有明确提出社会主义的问题，仅是号召为夺取政权而斗争，建立一个属于人民的社会。但必须指出的是，这些领导人强烈的民族主义思想以及寻求非洲统一的泛非主义成了非洲社会主义理论的重要内容。

（三）非洲国家的早期社会主义实践

桑戈尔、纳赛尔和恩克鲁玛等非洲领导人早年留学欧美的经历以及在民族解放运动中反殖民反剥削的实践，使得西方的社会主义思想在民族主义和泛非主义的运化下演变成独特的非洲社会主义思想。在非洲国家纷纷获得独立后，如何建设国家、发展经济、改善民生成为当务之急，此时已有的一些非洲社会主义思想就逐渐清晰而系统化，运用到实践中来，成为国家发展的

① 李湖：《纳赛尔的政治思想研究》，《国际政治研究》1989 年第 2 期，第 41 页。

② 〔加纳〕恩克鲁玛：《恩克鲁玛自传》，国际关系研究所翻译组译校，世界知识出版社，1960，第 47 页。

重要指导，非洲社会主义也从思想萌芽正式发展成独立的理论体系。

在思想转化为理论体系的过程中，非洲国家早期的社会主义实践逐渐开展。这一时期，非洲民族解放运动正在发展，但获得独立的国家并不多。因此，选择社会主义道路的国家也不多，整个20世纪50年代，只有埃及和几内亚两国宣布实行社会主义制度。

1. 社会主义在埃及的出现与确立

埃及是非洲国家中较早获得独立的国家之一，也是非洲较早实行社会主义的国家。埃及之所以选择社会主义道路，除了纳赛尔的强力领导之外，埃及国家本身也具备一定的经济发展条件以及社会阶级基础。

1905年俄国革命失败后，就有一部分布尔什维克党人流亡到埃及，并在埃及积极从事宣传活动，对许多埃及当地知识分子的思想产生了深刻的影响，出现了一批介绍社会主义的著作。1913年，埃及进步哲学家和社会学家萨拉姆·穆萨出版了一本名为《社会主义》的小册子。1915年，社会主义思想家穆斯塔法·曼苏里（Mustafa Mansouri）出版的《社会主义发展史》一书，主要介绍了马克思的著作及其关于资本主义所有制的思想、欧洲社会民主党对于帝国主义及其战争的态度等。[①] 十月革命胜利后，埃及社会党也受到极大的鼓舞，于1923年更名为埃及共产党，加入了共产国际。另外，埃及的资产阶级较其他非洲国家发展得更好，产生了一定的工人阶级队伍。十月革命后，工人运动也在埃及如火如荼地开展起来，其主张反殖民反封建反压迫和剥削，组织了多次大罢工，催生了埃及总工会。1922年2月28日，英国政府被迫发表声明，宣布放弃对埃及的保护，承认埃及独立。由此可见，在埃及独立的过程中，埃及工人阶级和社会主义政党作出了突出贡献。这也为后来埃及推行社会主义打下了一定的基础。

埃及在独立后，英国依然保留对国防、外交、少数民族等问题的处置权，干涉埃及内政。埃及人民进行了持续的反殖民反剥削斗争。1952年7

① 王泽壮、郗慧：《十月革命对埃及早期共产主义运动的影响》，《安徽史学》2014年第4期，第112页。

月23日，以纳赛尔为首的自由军官组织推翻法鲁克王朝，成立革命指导委员会，掌握国家政权，并于1953年6月18日宣布成立埃及共和国。在革命胜利后，纳赛尔政权进行了一系列改革措施，促进民族经济快速发展，但是工人阶级和广大贫苦农民的境况并没有得到改善，阶级矛盾日益尖锐。苏联以及新中国等国的社会主义建设也吸引了埃及民众，社会改革迫在眉睫。

1955年，纳赛尔提出了走社会主义道路的问题，并逐步开展阿拉伯社会主义建设。埃及共产党也宣布对纳赛尔政府予以支持。1957年，埃及执政党民族联盟在党的纲领中首次描绘了阿拉伯社会主义的蓝图。民族联盟的目的是在阿拉伯民族主义的基础上，建设一个公正和合作的社会，消灭包括封建制度在内的一切剥削制度。在经济领域内，必须消灭资本主义的垄断制度和资本控制政权的现象，个体所有制将被纳入为社会谋利益的轨道；在工业、商业等企业的组成上，除了私人经营的企业外，将建立具有社会主义性质的国有企业；在生产和销售方面，允许合作社和个体经营者参加活动。所有这一切，都是为了发展生产，限制私人大资本控制生产和市场，限制其剥削，建立缩小阶级差别的公正社会，给予每一个公民以使用国家资源和享受国家及公共事业单位提供的教育、文化、卫生等方面社会服务的均等机会，集体利益将成为整个社会活动的基础。① 纳赛尔的社会主义思想集中反映在1962年通过的《全国行动宪章草案》中。

埃及的社会主义道路对于西亚和北非国家有很强的辐射作用，在纳赛尔的积极推动下，1958年埃及与叙利亚合并成立阿拉伯联合共和国。埃及的阿拉伯社会主义持续推进多年。

2. 社会主义在几内亚的出现与确立

几内亚是撒哈拉以南法属殖民地第一个获得独立的国家，也是整个撒哈拉以南的非洲继加纳后第二个独立国家。在其获得独立之前，塞古·杜尔就积极发动群众，领导工人运动，共同反抗法国殖民者的统治。同时，他还将反殖民反剥削的运动深入推广到几内亚农村，开展反对“酋长制度”的斗

① 唐大盾等：《非洲社会主义：历史·理论·实践》，中国社会科学出版社，2007，第82页。

争。这些反抗活动取得了积极的成效，使塞古·杜尔在几内亚人民中的声望持续增长，同时也将广大几内亚群众紧紧团结在一起。1958 年 9 月 28 日，90%以上的几内亚民众响应杜尔的“宁要自由中的贫困，不要受奴役的富余”的口号，拒绝留在法兰西共同体内。同年 10 月 2 日宣告独立，成立几内亚共和国，塞古·杜尔成为总统。总体而言，在推行社会主义制度前，几内亚经济社会发展较为落后，存在广大的无产阶级；经过几次大罢工和反酋长制度的斗争，几内亚人民具有较强的斗争精神，深知团结才能获得胜利的道理；也正因此，几内亚社会中阶级分化不明显，政局也较为稳定。这些都为塞古·杜尔在几内亚推行社会主义制度创造了积极的条件。

塞古·杜尔本人曾在古兰经小学念书，此后也曾进入法国人开设的学校进行学习，后来是邮电局的会计员，成为工人阶级的一员。在长期的斗争中，他与加纳的恩克鲁玛等领导人志同道合，结为好友。他的经历使几内亚的社会主义实践充满了个人特色。在几内亚独立初期，塞古·杜尔希望发挥非洲个性，在村社基础上直接建设社会主义。他说：“非洲在本质上是村社制的……集体生活，社会团结为非洲人提供了许多人所羡慕的人道主义基础。由于这种人类品质使非洲人很难想象他们的生活能脱离家庭、村社和部落。”① 除了在村社的基础上建立社会主义制度外，塞古·杜尔还认为应挖掘和弘扬非洲村社中的一些道德观念，即集体主义与人道主义。另外，根据几内亚的社会情况，不存在阶级特权，也就没有阶级斗争的问题。非洲人拒绝阶级斗争的原则，不仅是出于哲学上的信念，而且更主要是为了维护非洲人的团结，只有这种团结才能使非洲人保持他们的本性和特点。② 也正是由于这种思想，塞古·杜尔领导的几内亚民主党是全体人民的党，可以代表全部人民的意志。

以上仅是几内亚独立初期塞古·杜尔的一些思想和政策，随着后来社会

---

① Carl G. Rosberg, Thomas Callaghy, *Socialism in Sub - Saharan Africa: A New Assessment*, Berkeley: University of California Press, 1979, p. 63.

② R. W. Johnson, “Sekou Toure: The Man and His Ideas,” in P. C. W. Gutkind and P. Waterman, eds., *African Social Studies: A Radical Reader*, London: Hememann, 1977, p. 558.

主义实践出现问题，他对其政策进行了多次调整，但在其任内，几内亚一直坚持推行社会主义制度。从早期的政策可以看出，塞古·杜尔的社会主义思想与布莱登宣传的非洲传统村社即理想社会的理念是一脉相承的。由于几内亚是撒哈拉以南非洲第一个走社会主义道路的国家，它的实践仍然是探索性的，政策稳定性差。这也为后来几内亚的平稳发展埋下隐患。

3. 对该阶段社会主义运动发展的评价与思考

非洲社会主义从萌芽到出现，核心内容没有变化，都是追求民族解放与独立，珍视非洲的传统社会与文化，将非洲国家联合起来，创造更好的世界。这些思想与观念，展现出非洲人民在反殖民反剥削争取独立斗争中乐观的一面和对未来的美好向往。该阶段社会主义的思想经历了从无到有，从单纯的介绍西方思想到逐步融入非洲元素，从简单的观点到系统的认知，从民族运动领导人的理念到国家建设实践的过程。虽然非洲社会主义理论还并不成熟与完善，但它已经投入实践，对二战后非洲国家的发展意义重大，显示出星星之火可以燎原的趋势。为此，对本阶段的社会主义运动大致有如下思考。

第一，社会主义思潮虽然是外部传入的，但是在非洲获得了全新而独特的发展。社会主义诞生于16世纪的欧洲，以1516年莫尔的《乌托邦》为起点，此后乌托邦社会主义在欧洲壮大发展，从初级的感性认知到中级的理性认知，再到高级的可行认识，逐步升扬，其空想成分日益式微，其理想成分日益丰满，这一过程长达300多年。1848年马克思和恩格斯发表《共产党宣言》，他们认清了无产阶级的历史使命、论证了无产阶级政党的历史作用、发现了从资本主义过渡到社会主义和共产主义的特殊规律，才使乌托邦社会主义不断发展，最终诞生了科学社会主义。这些社会主义思潮与欧洲经济社会的发展息息相关，传入非洲时完全是舶来品，但社会主义思潮中一些观点，诸如反剥削反压迫、追求更加平等的社会与共同富裕等与非洲人民反殖民反封建、追求民族独立和美好生活的愿望产生了共鸣。社会主义从外来思潮逐步有了非洲特色。在经过桑戈尔、恩克鲁玛、纳赛尔等人的重新诠释与理论完善后，非洲社会主义成为极具非洲特色的独立理论，并在非洲民族解放浪潮后，全面投入实践，获得新的发展。

第二，非洲社会主义的理论体系并不成熟，存在诸多局限性。大致包括如下内容。其一，社会主义在传入非洲时，接受和传播它的知识分子与领导人们就没有真正理解其概念。布莱登直接将非洲传统社会视作社会主义，认为村社与社会主义一样，在理念上具有集体主义和人道主义思想，在制度上实施公有制。这种思想直接影响到非洲社会主义理论的发展，后来的村社社会主义、阿拉伯社会主义等均认为传统社会组织与文化反映的正是社会主义。其二，非洲社会主义的发起者与领导者大多属于中小资产阶级，其对于社会主义的理解存在固有局限，将“社会主义”作为手段，而不是国家发展追求的目标。在当时的历史条件下，非洲国家面临的主要问题是获得独立、维护政权稳定并获得初步发展。为了实现这一目标，不同国家的领导人对社会主义有完全不同的解读。只要能够实现上述目标，“社会主义”可以是多种多样的。其三，非洲社会主义理论并没有认识到非洲现实的经济物质条件，否定了“跨越资本主义卡夫丁峡谷”论断所需要的条件。大多数非洲领导人都认为，只要采取了相应的社会主义措施，就可以加速实现社会主义，却完全忽略了保证向非资本主义发展道路过渡的重要国内条件是拥有相应的生产力发展水平。非洲国家在独立初期还有大量的封建与原始社会残留，为了尽快进入社会主义社会，许多国家采取了“左倾”的政策方针，造成了严重的后果。

第三，该阶段的非洲社会主义思想理想化色彩浓厚，口号性质强，能够吸引更多民众，但缺乏实操性。由于在萌芽与出现阶段，非洲社会主义思潮处于不断完善中，也没有实践予以支持，使得这一阶段的思想更倾向于乌托邦式的空想。具体表现在，非洲领导人将对理想社会的向往全部加诸社会主义理念中。他们认为社会主义要公平、正义，需要体现集体主义与人道主义，社会主义还要求反对殖民主义与资本主义，反对压迫和剥削。这种理想化的思想很快变为争取独立以及执政的口号，吸引到更多民众的支持，却缺乏对社会主义本质以及如何转化为切实促进国家发展的政策的深入思考。正因如此，在非洲社会主义理论开始指导实践后，很多国家直接照搬苏联等社会主义国家的政策，抑或是非常激进地采取“一刀切”的行为，比如大规模的快速国有化、村社乌贾马化等，反而给非洲社会主义运动的发展造成障碍。

第四，萌芽和出现阶段的社会主义实践虽然规模小、力量弱，但为接下来的社会主义运动发展起到了积极的示范和推动作用。从思想萌芽到建立社会主义国家，非洲经历了较长的时间。社会主义思想在非洲的传播是伴随非洲民族主义运动发展的，在这一阶段，非洲国家依然处于宗主国的殖民剥削中，传播速度与方式受到极大限制，也无法投入实践。直到二战结束后，愈演愈烈的民族解放浪潮助推非洲社会主义理论逐渐丰满。虽然仍然存在诸多不足，包括政策的试验性强、缺乏稳定性等，但埃及和几内亚分别作为北非地区和撒哈拉以南非洲的代表性国家，它们的社会主义实践给周边国家带来了较强的辐射作用。非洲社会主义也在历史的洪流中积蓄力量，在接下来的20年内迅速扩展，达到高潮。

二 快速扩展阶段（20世纪60年代）

1960年，非洲有17个国家获得独立，它们是：喀麦隆、多哥、马达加斯加、刚果（金）、索马里、达荷美（贝宁）、尼日尔、上沃尔特（布基纳法索）、象牙海岸（科特迪瓦）、乍得、乌班吉沙立（中非）、刚果（布）、加蓬、塞内加尔、马里、毛里塔尼亚和尼日利亚，这一年也被称为非洲独立年。此后，整个60年代，非洲国家的民族独立运动如火如荼地进行着，有32个国家获得民族独立。与此同时，这些新获独立的国家中，有14个国家选择了社会主义道路，它们是：利比亚、阿尔及利亚、苏丹、索马里、加纳、马里、坦桑尼亚、肯尼亚、突尼斯、乌干达、赞比亚、塞内加尔、毛里求斯和刚果（布）。这极大丰富了非洲社会主义理论与实践。

（一）非洲社会主义进入快速扩展阶段的历史背景

地理大发现后，非洲的历史就与西方资本主义发展史紧密联系在一起，通过对非洲殖民地的剥削和压迫，西方资本主义国家获得了重要的原始积累。然而，第二次世界大战后，世界形势发生了巨大的变化，非洲国家纷纷获得民族解放斗争的胜利，成为独立的主权国家。它们努力追求自主的国家发展道路，推动非洲社会主义进入快速扩展阶段。

首先，西方资本主义从一般垄断阶段进入国家垄断阶段是这一时期最重要的历史变化，而促成这一变化的背景是多样的。其一，第三次科技革命的兴起。早在二战时期，交战各国就积极制造先进武器，以争取战争的胜利，这些新技术包括喷气技术、核技术、电子技术、石油化工技术和新材料技术等。随后这些技术投入民用设施，使得社会生产力大幅度提高。为此，生产关系也需要进行相应的调整以适应这些变化。其二，资本主义国家的经济形式发生变化。国家政权与私人垄断资本相结合对经济进行干预和调解，已从战前的临时状态成为常态；从战前的带有应急性转为经常性，从被动转为主动；其使命重点也从挽救危机、恢复濒临解体的经济或实行战时统制经济转为保证经济的稳定增长和充分就业；其手段从过去着重使用行政和法律手段到更多采用经济手段，包括使用财政货币杠杆；国家干预从过去似乎是外部强制力量，转变为经济正常运行必不可少的一种内部机制，与市场机制相互配合，共同对经济的发展和资源的配置起重要作用。① 其三，凯恩斯主义成为主流经济思想，为资本主义进入国家垄断阶段提供理论支持。该理论认为资本主义并非像古典经济学所说的那样靠市场机制就能自然而然地实现均衡增长，存在发生经济危机的可能性，出现这种情况的主要原因在于“有效需求不足”。这里的有效需求是指市场上有支付能力或有购买能力的需求，当然也是指预期可给资本家带来最大利润的社会总需求。为此，凯恩斯主义主张加强政府对经济的干预，运用财政和货币政策，刺激消费和投资，以扩大全社会的“有效需求”。由于资本主义发展阶段的变化，国家发展需要更广阔的世界市场，曾经通过扩展殖民地，进行原始积累的经济模式已不再适用。与此同时，获得独立的国家经济发展落后，生产力

① 李琮：《当代资本主义阶段性发展与世界巨变》，社会科学文献出版社，2013，第63页。

水平低下，不得不与其他国家进行经贸往来，寻求经济援助。这使得宗主国们对于殖民地的控制力降低，同意放弃殖民统治，采用全新的方式继续对前殖民地施加影响。

其次，以苏联为首的社会主义阵营快速崛起并迅速发展，给西方带来压力，也为广大发展中国家带来新的希望。1917 年十月革命胜利后，苏联成为世界第一个社会主义国家。列宁从土地、银行和工业的国有化入手建立起社会主义公有制，采取战时共产主义政策，维护了苏联政权的稳定。斯大林上台执政后，通过实行五年计划开启国家工业化、农业集体化和肃反运动。到 1937 年，第二个五年计划结束，苏联由一个落后的农业国变为以现代技术为基础的工业国，一些经济指标有了显著改善。在工农业总产值所占比例上，农业产值 1913 年是 58%，1932 年降为 29.3%，1937 年进一步降为 22.6%；工业产值 1913 年是 42%，1932 年升到 70.7%，1937 年进一步升至 77.4%。[①] 这些运动过后，苏联模式正式形成，其理论根基是马克思主义，实践根基则是列宁主张的社会主义理论与实践。具体而言，苏联模式在经济上实行单一的公有制，实行自上而下的计划经济，用高度集中的行政手段管理经济；在政治上苏共过度集权，地方缺少自主权，最高领导人实行个人集权制和职务终身制。在第二次世界大战中，苏联付出了巨大的代价，也赢得了尊重和荣誉，国际地位在战后显著提高，成为与美国抗衡的世界大国。这种国际地位的提升表现在：其一，苏联版图不断扩大，并在二战后影响了东欧国家，形成了社会主义国家阵营；其二，苏联参与建立了联合国，成为常任理事国，在安理会拥有否决权。其三，经过二战，苏联拥有了强大的军事力量。在苏共领导下，经受严重战争创伤的国家经济得到快速恢复。在对外政策中，苏联坚持意识形态斗争，在国际舞台呼吁反帝反封、维护和平。苏联模式获得的巨大成功产生了示范作用，很容易吸引新生国家。

---

① 孔寒冰、项佐涛：《社会主义制度：从一国到多国的演进（1917—1991）》，北京师范大学出版社，2018，第 81 页。

再次，美苏争霸，冷战拉开帷幕，非洲国家成为美苏重点争夺的“势力范围”。二战结束后，杜鲁门取代罗斯福任美国总统。此时美苏已经在战后世界安排和欧洲等一系列问题上出现严重分歧，利益矛盾和冲突日益加深。杜鲁门认为苏联是美国战后称霸世界的最大障碍和主要对手，遂采纳了乔治·凯南（George F. Kerran）的遏制理论。此后，丘吉尔发表铁幕演说，揭开了冷战的序幕，为杜鲁门主义的出台做好了舆论准备。为与苏联进行对抗，美国推出马歇尔计划，拉拢欧洲国家。还同英、法、比利时、荷兰、卢森堡和加拿大签订了《北大西洋公约》，成立北约。与此同时，美国也不忘增加在亚非拉国家的影响力。1949 年 1 月，杜鲁门提出了“第四点计划”，主要内容就是技术援助不发达地区。他指出美国的“援助”不仅可以遏制共产主义在亚非拉国家的蔓延，还可以为美国获取销售市场与原料产地，并使越来越多的国家加入资本主义国家的行列中来。面对欧美资本主义国家的敌对态势，苏联也提出了两大阵营、两大体系和两个平行市场的理论作为外交政策的指导思想。战后初期苏联外交政策的目标是：保证苏联进行社会主义建设的有利条件；发展同人民民主国家的友好关系，加强社会主义阵营；支持民族解放运动；维护世界和平、反对帝国主义的侵略战争政策；实行和平共处，加强国际合作。[①] 为此，苏联加大了对亚非拉国家民族解放运动的支持。由于美苏争霸格局的形成，双方都在积极争取非洲国家的支持，希望这些新生的独立国家选择同自身一样的政治制度以扩展势力范围。

最后，广大发展中国家在反法西斯斗争中经受了锻炼与考验，民族意识增强，逐步团结起来，力争维护独立地位，在国际社会中为本国争取权益。两次世界大战使帝国主义的殖民体系受到极大削弱。50 年代，亚非拉地区的民族解放运动持续高涨，到 1955 年初，新独立的国家有 13 个，该地区独立国家有近 30 个。非洲国家逐渐成为南南合作的重要力量。然而，西方国家并不乐意失去对第三世界的掌控，依然用多种手段维持其在亚非拉地区的

---

① 方连庆、王炳元、刘金质主编《国际关系史（战后卷）》（上册），北京大学出版社，2006，第 76 页。

势力范围。亚非拉国家依然面临西方国家的剥削和压迫，以及种族歧视等问题。此外这些国家还面临着独立后的国家建设问题。鉴于此，亚非拉国家深知唯有团结才能够凝聚力量，有效反对外来干涉，维护斗争成果。因此，制定一个共同反帝反殖的斗争纲领，推动南南合作，成为广大发展中国家的共同心愿。在此背景下，发展中国家召开了亚非会议、发起了不结盟运动、建立了七十七国集团。其中，亚非会议有 29 个亚非国家和地区的政府代表团参加，是第一次没有西方殖民者参加的国际会议，也是亚非民族独立国家作为一支新兴政治力量登上国际舞台、联合起来发挥独立作用的一个起点；不结盟运动在反帝反殖、反对集团政治、反对霸权主义和强权政治、缓和国际紧张局势，维护世界和平、推动建立国际政治经济新秩序的斗争中发挥着巨大的作用[①]；七十七国集团在联合国贸易和发展会议前举行部长级会议，进行对策研究，维护发展中国家的权益。它在争取建立国际经济新秩序的斗争中发挥了先导作用。发展中国家的团结一致与南南合作的不断深化，给予广大非洲国家极大的信心，也使其认识到联合的重要性。在这个过程中，非洲国家之间对道路选择、国家发展等问题有诸多交流，彼此相互借鉴与鼓舞，也助推了社会主义在非洲的迅速扩展。

（二）该阶段社会主义运动的具体进程

在上述国际大背景的作用与影响下，在经历了民族解放运动的蓬勃发展后，非洲大陆掀起了声势浩大的社会主义浪潮。按照时间顺序的大致历程如下。

1957 年 3 月，恩克鲁玛依靠群众，通过多次宪法改革，宣布加纳在英联邦内独立。独立初期，加纳的经济基础在撒哈拉以南的非洲国家中可以算作佼佼者，是最大的可可出口国，锰矿石的产量居世界第四位，黄金和木材的产量也很高，外汇储备高达 2 亿英镑。同时，加纳民众的受教育程度普遍较高。1957 年 3 月至 1960 年 7 月，恩克鲁玛倾向发展社会主义，政策一直较为务实。1959 年 6 月，恩克鲁玛在加纳人民大会党成立 10 周年庆祝大会

① 刘青建：《当代国际关系新论——发展中国家与国际关系》，清华大学出版社，2004，第 2 页。

讲话中提出要建设一个“建立在非洲社会主义原则基础上的福利国家”。1960年7月，恩克鲁玛为更好地践行其泛非主义思想，加之受到苏联社会主义阵营的支持，加纳大刀阔斧地调整政策，开始为推行村社社会主义做好准备。首先，加纳宣布成立共和国，恩克鲁玛担任总统，集行政首脑与国家元首权力于一身。其次，恩克鲁玛下令由他直接控制与军队、警察和国家预算有关的三个部门，并取消了司法部。再次，在取得军权后，他又对执政的人民大会党实行重大改组，亲自担任总书记。最后，恩克鲁玛开始推行“非洲化”政策，原先留用的加纳军队中的英国军官全部被解职，一些外国企业被收归国有，持有英国证书的加纳人法官和律师必须得到加纳法律学校的认可才能继续任职和开业。[①] 之后，恩克鲁玛开始了激进的社会主义实践，具体包括：恢复村社、实行公有制加工业化、建立一党制、开展七年计划等。

1959年7月，桑戈尔和马里领导人凯塔在共同创立的非洲联合党第一次代表大会上作了题为《国家：关于非洲联合党的信条和纲领》的报告，指出：“社会主义是人道主义，为了非洲式的社会主义，我们必须在欧洲的社会主义成就的基础上，同时也在非洲文化精华的基础上，制定我们自己的发展计划。”[②] 塞内加尔于1960年4月4日独立，桑戈尔出任共和国总统，明确提出党的理论基础是非洲社会主义。1960年9月22日，马里独立当天就提出要从殖民主义阶段不经过资本主义阶段就过渡到社会主义阶段。1962年，马里提出了建设社会主义的方式，即利用外资企业和本国私人企业、建立国有企业和消费合作社、实现工业化、成立生产合作社、发展教育，扫除文盲。[③]

1961年6月，突尼斯领导人布尔吉巴在突尼斯市发表演说时，第一次

① 陈仲丹：《略伦恩克鲁玛在加纳的统治》，《南京大学学报》（哲学·人文科学·社会科学）2000年第5期，第70页。

② J. Ayodele Langley, ed., *Ideologies of Liberation in Black Africa 1856–1970*, London: Rex Collings, 1979, p. 544.

③ 唐大盾等：《非洲社会主义：历史·理论·实践》，中国社会科学出版社，2007，第17页。

提出“新宪政党的社会主义”这一概念。1963 年 10 月，他在党的代表大会上宣布突尼斯实行社会主义。

1963 年 12 月，肯尼亚独立，次年成立肯尼亚共和国。肯尼亚非洲民族联盟领导人乔莫·肯雅塔出任总统。在东部非洲，他与乌干达的阿波罗·米尔顿·奥博特（Apollo Milton Obote）和坦桑尼亚的尼雷尔保持着良好的关系，宣称奉行非洲社会主义，推行一党制。1964 年 10 月，赞比亚获得独立，卡翁达任总统，他早年受基督教和甘地非暴力思想的影响，主张“积极的非暴力行动”，从青年时代起就积极参与反殖民统治、争取民族独立的斗争。卡翁达执政以来奉行“人道社会主义”政策，属于村社社会主义的一支，该社会主义理论和实践在 20 世纪 70 年代达到顶峰。1966 年 4 月奥博特领导的乌干达人民大会党实行一党执政。同年 5 月，中央政府攻占乌干达王宫，穆特萨二世逃亡英国。1967 年乌干达通过新宪法，取消各封建王国及国王，建立乌干达共和国。奥博特先后发表了《平民宪章》（1969 年）、《纳基伍博公报》（1970 年），谴责封建主义，强调一个民族、一个政府。

1967 年 2 月，坦桑尼亚的尼雷尔发表了《阿鲁沙宣言》，该宣言正式宣告，要把坦桑尼亚建成“真正的社会主义国家”，要在自力更生的基础上建设社会主义，消灭贫困、疾病、愚昧，实现人人平等。在经济上主张自主经济，人人劳动，按劳取酬。对外反对新老殖民主义、帝国主义、种族主义，联合各国革命政府和政党，实现非洲统一。[①] 之后，尼雷尔在坦桑尼亚开展了大规模的乌贾马运动。坦桑尼亚的乌贾马社会主义是非洲村社社会主义的代表性理论和实践。它的出现，标志着非洲村社社会主义趋于完善。

1968 年 3 月毛里求斯独立后，首任总理西沃萨古尔·拉姆古兰（Seewoosagur Ramgoolam）宣称奉行“福利社会主义”，通过社会改良，主张通过增加福利来实现社会主义。8 月，刚果（布）爆发了“七·三一”运动，青年军官马里安·恩古瓦比执掌政权，于 1969 年 12 月成立刚果人民共和国，建立以马列主义为指导的刚果劳动党，成为非洲大陆上第一个公开

① 门晓红：《坦桑尼亚社会主义的历史与现状》，《科学社会主义》2009 年第 5 期，第 144 页。

宣称奉行科学社会主义的国家。

此外，阿尔及利亚、苏丹、利比亚、索马里都追随埃及实行阿拉伯社会主义。阿尔及利亚是20世纪60年代唯一一个通过武装斗争实现社会主义的国家。阿尔及利亚民族解放阵线在1962年6月的《的黎波里纲领》中提出，要根据社会主义原则自觉地建设国家。苏丹、利比亚和索马里的军政府在1969年相继宣称奉行社会主义。大致过程如下：1969年5月，加法尔·穆罕默德·尼迈里（Gaafar Mohamed Nimeri）发动军事政变，改国名为苏丹民主共和国；9月，卡扎菲发动政变，提出了“既非资本主义，又非共产主义”的“世界第三理论”，即伊斯兰社会主义。10月，西亚德·巴雷（Siyaad Barre）在索马里发动军事政变获得执政权，宣称奉行“原本的科学社会主义”。

（三）对该阶段社会主义运动的评价和思考

这一阶段社会主义的迅速发展与非洲民族解放浪潮的发展壮大紧密相关，也受到国际形势变化的重要影响。整个60年代获得独立的非洲国家有近一半选择了社会主义道路，开展了社会主义实践。还有其他一些国家也对社会主义制度表现出较强的好感与倾向性。

第一，非洲社会主义四大流派形成，社会主义名目繁复，其中以阿拉伯社会主义和村社社会主义这两种民族社会主义进展最为迅速，成果最为丰富。20世纪60年代宣称走社会主义道路的非洲国家中，阿尔及利亚、利比亚、苏丹和索马里四国是阿拉伯社会主义国家；加纳、肯尼亚、赞比亚、乌干达、坦桑尼亚和马达加斯加选择了村社社会主义；塞内加尔、突尼斯和毛里求斯是民主社会主义（该阶段还没有非洲民主社会主义的提法）；刚果（布）则是唯一宣称奉行科学社会主义的国家。可见，非洲社会主义的四大流派已初步形成，并各有代表。其中从属于民族社会主义的阿拉伯社会主义和村社社会主义国家占绝大多数，说明这一阶段非洲国家自我探索发展道路的意愿非常强烈。这种现象是由多方面的因素造成的。其一，在思想方面，快速扩展阶段与萌芽出现阶段衔接紧密，加上非洲传统社会对于公正、平等与集体主义的认同，使得非洲国家选择的社会主义是带有本土特征的民族社会主义。其二，在经济方面，发展的不平衡性使得每个非洲国家具体的社会主义政策与实践都不尽相同。同时，为了维护独立成果，改变不合理的国际政治经济旧秩序，非洲国家更加倾向于走自己的道路，从而优先选择了民族社会主义道路。其三，在社会文化方面，非洲的宗教意识和民族意识较强，宗教教义和民族传统影响深厚。比如大多数北非国家就认为，只有社会主义才能解决阿拉伯民族统一和伊斯兰复兴的各种问题。[①] 在独立初期复杂的国内形势下，非洲国家便纷纷选择与自身文化根基相符的社会主义制度。

第二，该阶段选择发展非洲社会主义的国家绝大部分都是通过和平的方式获得独立，并开展社会主义建设的。这类国家大致有突尼斯、加纳、几内亚、马里、塞内加尔、坦桑尼亚、赞比亚、乌干达、肯尼亚、马达加斯加、毛里求斯等国，占奉行社会主义国家数量中的绝大多数。上述国家走上社会主义的路径是相似的，大概都是在群众运动的基础上，通过上层谈判和宪政改革等和平方式，进而获得民族独立。由于获得独立的方式较为平和，它们大都采取了审慎的政策，一般允许甚至鼓励外资企业和本国私人企业的发展，实行国有、私有和合资企业并存的混合经济体制，没有立刻进行大规模的社会主义试验。在经过一段时期的过渡后，才采取了全面的社会主义措施，其中，加纳是比较典型的案例。通过和平方式进入社会主义实践减少了流血牺牲，对民生的影响较小，但也导致领导层缺乏斗争性，在面临困难时容易改变政策，不利于持久开展社会主义建设。

第三，由于每个国家的差异性，该阶段的社会主义运动展现出复杂的形式，指导思想也丰富多样，但在具体实践中，大多数国家照搬苏联模式相关政策，为后来的发展埋下隐患。虽然这一时期的非洲国家大都选择了民族社会主义道路，即阿拉伯社会主义和村社社会主义这类强调非洲传统、充满非洲个性的社会主义理论，但由于国家领导人对社会主义的具体实践缺乏经验，也并没有真正理解社会主义的核心概念，在社会主义实践中，他们大多数照搬苏联模式。几乎绝大多数的国家都选择进行土地和工业国有化、农村集体化、经济计划化等手段和方式进行它们宣称的社会主义建设，忽略了非

① 李馨：《20世纪世界民族社会主义研究》，博士学位论文，南开大学，2013，第119页。

洲国家自身的实际国情。这就与各国领导人之前强调的发扬非洲个性，恢复传统社会发生了背离，导致理论与实践的脱节。非洲国家对苏联模式的照搬最终使得非洲社会主义实践效果不佳，社会主义实践走向衰落。

第四，非洲社会主义运动进入快速扩展阶段具有历史必然性。首先，非洲社会主义进入快速扩展阶段与非洲民族解放运动的蓬勃发展、殖民统治体系的崩溃有密不可分的联系，这为非洲国家独立自主地选择发展道路与模式提供了先决和必要条件。这些国家对于殖民主义和资本主义的深恶痛绝使得思想上乐于选择追求平等、公正、共同富裕的社会主义。其次，苏联及东欧社会主义国家阵营的形成以及新中国的成立，社会主义实现了从一国到多国的扩展，成为历史潮流。在这种国际形势与历史潮流的影响下，非洲国家受到了鼓舞，并且也获得了社会主义阵营力量的支持与帮助。最后，非洲社会主义运动快速发展带来了集体效应。从 20 世纪 60 年代非洲社会主义运动的发展脉络来看，基本是以点带面，集中在几个特定的地区。比如由于埃及纳赛尔主义的影响，北非国家在这一阶段纷纷选择阿拉伯社会主义，尤其是 1969 年，形成了一波通过军事政变夺权的浪潮。再比如加纳所在的西非地区，加上塞内加尔，带动了邻近国家选择实行社会主义；东非则是肯尼亚、乌干达、赞比亚三国形成了社会主义国家群。因此，非洲社会主义在 60 年代快速发展是历史的必然。这种势头为接下来高潮及顶峰阶段的到来积蓄力量，等待着 70 年代的爆发。

三　高潮及顶峰阶段（20世纪70~80年代）

经历了 20 世纪 60 年代非洲社会主义运动的快速扩展后，到 70 年代迎来了非洲社会主义发展的高潮，并在 70 年代末达到顶峰。这一时期，几乎所有的非洲国家都实现了民族独立。非洲社会主义运动迎来了前所未有的发展时期。整个 70 年代，非洲大陆唯有乌干达因政变放弃社会主义道路，另有马达加斯加、塞舌尔、几内亚比绍、圣多美和普林西比、贝宁、埃塞俄比亚、莫桑比克、安哥拉 8 个国家加入社会主义阵营。到 80 年代中期，非洲社会主义运动开始回落，宣称奉行社会主义的国家有津巴布韦、佛得角、马达加斯加、塞舌尔、几内亚比绍、圣多美和普林西比、贝宁、埃塞俄比亚、安哥拉、利比亚、索马里、加纳、马里、坦桑尼亚、肯尼亚、突尼斯、赞比亚、塞内加尔、刚果（布）、埃及。这一结果与国际和地区形势的变化息息相关，也与非洲国家自主意识的进一步发展密不可分。该阶段，非洲社会主义运动也呈现一些曲折性，但依然呈现蓬勃发展的大势。本部分将对该阶段非洲社会主义运动的发展背景和过程进行梳理，并进行相应思考。

（一）该阶段社会主义运动发展的历史背景

第一，国际层面美苏争霸进入焦灼期，苏联对非洲的关注度提高，多次介入非洲事务。在此形势下，20 世纪 70~80 年代中期奉行社会主义的非洲国家多照搬苏联模式，宣称走科学社会主义道路。60 年代末 70 年代初，勃列日涅夫上台执政，美苏对峙局势发生了微妙的变化，苏联的经济和军事力量有了明显的增强。勃列日涅夫积极推行缓和战略，与美国签订了第一个阶段限制战略武器条约和美苏相互关系原则等重要文件。苏联的超级大国地位得到美方的正式承认。在缓和战略的掩护下，苏联开始加速对外扩张。其中最主要的手段就是实行南下战略，同美国争夺第三世界。一方面，苏联将势力渗入非洲之角，参与了埃塞俄比亚与索马里之间的冲突，趁着美国与埃塞俄比亚之间关系的恶化，苏联拉近了与埃塞俄比亚的关系，向其提供大量武器装备。索马里与埃塞俄比亚在欧加登地区发生了领土争端，苏联公开支持埃塞俄比亚，此后又联合南也门，事实上结成了控制非洲之角的同盟。另一方面，佛得角、几内亚比绍、安哥拉和莫桑比克等葡属殖民地，也在 70 年代纷纷获得独立。苏联大力介入这些国家的内部事务，试图填补地区权力真空。苏联拉近了同安哥拉人民解放运动（Movimento Popular de Libertação de Angola，以下简称“安人运”）之间的关系，激化了安哥拉内部矛盾，导致安哥拉爆发内战，结局是苏联支持的安人运控制了局势，并选择走科学社会主义道路。由此可见，这一时期非洲的社会主义运动与苏联对非洲事务的主动介入有密切关系。

第二，西方资本主义国家对非政策偏向缓和与退守，进一步加速了非洲国家向苏联社会主义阵营靠拢。在该阶段，美国面临严峻的国内外局势，尼克松上台执政后采取务实政策，推行尼克松主义。该主义以伙伴关系为核心、以实力为后盾、以谈判为手段。尼克松的伙伴关系是要加强同北大西洋公约组织成员国之间的关系，在亚洲要加强同日本的关系以及世界上“自由”国家和独立国家的关系，解决它们共同面临的问题，特别是对付苏联的扩张。[①] 在尼克松主义的指导下，美国在非洲事务上处于退守状态。此外，欧共体成立，西欧国家联合趋势加强，较为关注欧洲内部的发展，通过经济手段维系其在非洲的影响力。由于将欧洲防务交由美国主导的北约，欧洲国家的军事力量减弱，对非洲事务的参与方式更多的是提供发展援助。在这一时期，欧共体通过《雅温得协定》和《洛美协定》发展同非洲国家的关系。这两大条约体系以“非互惠性、契约性、非政治性、稳定性”为特征，指导了欧共体对非洲的援助项目。由此可见，美国与英法等资本主义国家在这一时期对非洲政治事务的参与程度降低，对意识形态战争的态度趋于缓和，变相促使非洲社会主义运动的发展进入高潮与顶峰期。

第三，南南合作进入新阶段，非洲国家在国际事务中的参与度与话语权有所提升。在经历了20世纪60年代非洲大陆轰轰烈烈的独立浪潮后，进入70年代，南南合作取得了许多新成就。具体表现如下方面。其一，1971年第26届联合国大会以76票的压倒性优势通过了恢复中华人民共和国在联合国合法权利的议案，彰显了第三世界在国际社会中的力量。这些投赞成票的国家中，绝大多数是非洲国家。根据毛泽东主席对于三个世界的划分，中国在国内经济困难时期依然对非洲国家给予援助，坦赞铁路项目的竣工更是南南合作的典范。中非之间在此时就结下了兄弟般的友谊，中国实行的社会主义制度也吸引了许多非洲国家进行学习与效仿。其二，七十七国集团在这一时期持续发力，进一步推动非洲国家在国际社会中争取国家权利。具有代表性的事件是1974年联大第六届特别会议上通过了七十七国集团起草的《关于建立国际经济新秩序宣言》和《行动纲领》。

① 方连庆、王炳元、刘金质主编《国际关系史（战后卷）》（上册），北京大学出版社，2006，第420页。

这是第三世界国家对于国际政治经济新秩序的执着追求，反映了其要求改变不公正国际秩序的强烈愿望。其三，在 60 年代，非洲内部诸多区域组织相继成立，它们彼此相互学习，到了 70 年代随着独立国家增多，组织持续壮大，便通力合作共谋发展。这些组织大致有非洲国家咖啡组织、非洲花生理事会、非洲油料生产国组织、非洲发展银行、西非货币联盟、东非共同体等。南南合作的进展强化了非洲国家间的彼此支持与帮助，推动非洲社会主义运动持续升温。

第四，非洲特性与泛非主义的发展。这一时期，非洲统一组织持续发力，加之一些非洲社会主义国家领导人的努力宣传，非洲人民加速觉醒，泛非主义进一步发展。其中，桑戈尔提出了黑人性，即“黑人传统精神”的思想学说，包含两层含义。其一是指“黑人世界文明价值的总和”以及“对上述价值的体验方式”。前者是客观的，它包括政治、经济、文化、社会、宗教、艺术等一切黑人世界所固有的价值，法国存在主义大师萨特把它概括为“黑人思想和行为中普遍存在的品质”，后者是主观的，它表现为“一种意志，一种承受黑人世界文明价值的意志”。其二是指“文明融合”，即“黑人文化上的开放性”。桑戈尔明确指出，“黑人传统精神”不是封闭的，恰恰相反，它是开放的。[①] 恩克鲁玛则是非洲统一思想的坚定拥护者。1958 年 12 月，恩克鲁玛在阿克拉发起召开第一次全非人民大会，他的非洲统一思想在这次会议上得到初步体现，大会宣布，“最终目标是成立一个自由非洲国家联邦”。作为实现这一宏伟目标的第一步，“非洲各独立国家应在地理接近、经济相互依赖、语言和文化相似的基础上联合成若干集团”[②]。其他一些非洲领导人，如尼雷尔、纳赛尔等也都有深厚的泛非主义思想。1963 年非洲统一组织成立，旨在促进非洲国家的统一与团结；加强非洲国家在政治、外交、经济、文化、军事、安全等方面的合作；维护非洲国家的

① 张宏明：《桑戈尔思想的理论与实践》，《世界经济与政治》1988 年第 11 期，第 60 页。

② 张忠祥：《试析恩克鲁玛的非洲统一思想》，《西亚非洲》2004 年第 2 期，第 16 页。

主权、领土完整和独立；根除一切形式的殖民主义；促进国际合作。[①] 非洲统一组织定期召开首脑会议，共商非洲重大事宜，它的成立与发展，受到非洲个性与泛非主义的影响。在70年代，随着非洲大陆自主意识的进一步觉醒，非洲特性和泛非主义思想得到迅速发展，也促使非洲国家更加团结，自觉自愿地选择国家发展道路。这也是非洲社会主义运动达到高潮的重要原因之一。

（二）该阶段社会主义运动的发展脉络

20世纪70年代，宣布奉行社会主义的国家数量持续增多，非洲社会主义运动进入高潮阶段，并达到顶峰。80年代，虽然有个别国家发生军事政变而放弃社会主义道路，但社会主义发展的大势并没有受到影响。按照时间顺序，该阶段非洲社会主义运动的发展脉络大致如下。

1969年12月，中非的刚果共和国宣布更改国名为刚果人民共和国，成立刚果劳动党，以马克思列宁主义为指导。受到刚果（布）的影响，贝宁和埃塞俄比亚也相继发生军事政变，宣布走科学社会主义道路。贝宁原名达荷美，早在1960年就获得了独立，但之后由于部族矛盾尖锐以及前宗主国法国和美国等大国干涉内政，贝宁国内政局动荡。1972年，陆军副参谋长马蒂厄·克雷库（Mathieu Kérékou）发动政变，推翻了执政了总统委员会，成立新政权。之后，他的政策开始向社会主义靠拢，具体包括扩大国家对经济的控制与管理，实行土地改革，建立农业合作社。同时改组国家机构，打击反对派，启用了一批思想激进的青年知识分子。1974年11月，克雷库总统发表称之为“历史性转折”的广播讲话，宣布贝宁革命的“哲学基础和行动指南是马克思列宁主义”，贝宁“唯一正确的发展道路是社会主义”。[②] 1975年11月，达荷美正式更名为贝宁人民共和国，克雷库宣布建立贝宁人民革命党，成为贝宁社会主义革命的先锋队。

埃塞俄比亚作为东非的古老帝国并没有遭受过殖民统治，早在二战时

---

① 《非洲统一组织》，中国新闻网，2000年10月10日，http：//www.chinanews.com/2000-10-10/26/49974.html，最后访问日期：2021年5月6日。

② 唐大盾等：《非洲社会主义：历史·理论·实践》，中国社会科学出版社，2007，第23页。

期，海尔·塞拉西（Haile Selassie）皇帝就曾带领人民英勇地抗击意大利法西斯的侵略。在二战胜利后，其复位继续统治埃塞俄比亚。1974 年，以门格斯图·海尔·马里亚姆（Mengistu Haile Mariam）陆军中校为首的一些中下级军官发动政变，推翻了塞拉西的统治，结束帝制成立了临时军事行政委员会接掌国家政权。同年 12 月，该委员会提出埃塞俄比亚第一的口号，改国名为社会主义埃塞俄比亚，实行土地、金融机构和工业国有化。1977 年，门格斯图成为临时军事行政委员会主席。1979 年，成立以军人为主的“埃塞俄比亚劳动人民党组织委员会”，实行一党制。1984 年 9 月埃塞俄比亚宣布按苏共模式改组成立埃塞俄比亚工人党，门格斯图任总书记。1987 年 9 月宣布成立埃塞俄比亚人民民主共和国。

马达加斯加于 1960 年 6 月获得独立，以菲利贝尔·齐拉纳纳（Philibert Tsiranana）为首的社会民主党执政期间，就提出要在马达加斯加实行一种独特的、马尔加什的社会主义。这也是村社社会主义的一种，其认为以互助为基础的马尔加什村社传统就是社会主义。尽管马达加斯加提出发展社会主义，但齐拉纳纳政府依然选择走资本主义道路，直到 1975 年拉齐拉卡执政后，马达加斯加的社会主义实践才正式得以开展。拉齐拉卡的社会主义被称为福科诺洛纳社会主义，它与坦桑尼亚的乌贾马社会主义同属村社社会主义范畴，但更具非洲科学社会主义的色彩。1975 年 6 月，拉齐拉卡在第一个施政演说中指出，社会主义是马达加斯加迅速发展的唯一道路。同年 8 月，他又主持制定了《马达加斯加革命宪章》并在其中阐述其社会主义原则和基本论点，这些内容后被列入宪法。

1974 年，葡萄牙发生“康乃馨革命”，里斯本政府决定放弃所有的海外殖民地。此前，殖民地的反抗运动不断高涨，葡萄牙的殖民统治早已摇摇欲坠。伴随历史浪潮并受到该事件的影响，几内亚比绍、莫桑比克、佛得角、圣多美和普林西比、安哥拉等葡属殖民地纷纷获得独立。这些国家的领导人大多数曾在西方留学，学习和了解过马列主义，在争取民族独立的过程中，也受到中国以及苏东等社会主义国家的支持，在思想上是倾向选择社会主义的。与此同时，恰逢美苏争霸苏联处于扩张的国际大环境中，5 个葡属殖民地无一例外地选择了社会主义道路，其中莫桑比克和安哥拉明确表示奉行科学社会主义。按照这些国家独立的顺序，其社会主义运动过程如下。

1973 年 9 月，几内亚比绍获得独立，1975 年 7 月，佛得角也获得了独立。几内亚比绍和佛得角在独立后一直由几内亚和佛得角非洲独立党（Partido Africano da Independência da Guiné e Cabo Verde）一党执政。该党的宗旨是实现民族团结，捍卫和巩固独立，为创建在人民团结一致、社会公正和法治国家基础上的民主社会而战斗。其中阿米尔卡·卡布拉尔（Amílcar Cabral）是该党的灵魂人物，虽然他于 1973 年几内亚比绍独立前遇刺身亡，但其思想对几内亚比绍和佛得角的道路选择影响深远。卡布拉尔根据非洲的具体情况，运用马克思主义，创立了关于非洲社会主义发展的理论。这一理论被称为“卡布拉尔的马克思主义”，在非洲有较大影响。1981 年，该党总书记阿里斯蒂德斯·马里亚·佩雷拉（Aristides Maria Pereira）另成立佛得角非洲独立党，结束了两国一党的体制。佩雷拉坚持一党制与社会主义体制，重视恢复和发展民族经济，提出“从零开始，发展国家”的口号。在外交上加入不结盟运动，同新中国和利比亚关系密切，也与美国和苏联保持较好的关系。

葡萄牙新政府在 1974 年 4 月承认了安哥拉和莫桑别克的独立，两国纷纷走上了科学社会主义道路。莫桑比克方面，同年 9 月葡萄牙新政府与莫桑比克解放阵线党（Frente de Libertação Moçambique）主席萨莫拉在赞比亚签署了承认莫桑比克独立的《卢萨卡协议》。但独立后，莫桑比克国内暗流涌动，经济崩溃，国家的和平与发展受到多方势力的阻挠。1976 年 5 月，萨莫拉访问苏联，双方建立密切联系。1977 年 2 月，莫桑比克解放阵线党在马普托召开了第三次全国代表大会。在此次大会中，萨莫拉作了题为《建设人民民主中的莫桑比克和劳动者阶级》的长篇报告，首次公开提出要建立一个遵循马列主义原则并以建成社会主义为目标的工农联盟先锋党，并提出必须坚持革命先锋党的领导，进行人民民主革命，并逐步向社会主义过渡。萨莫拉始终坚信科学社会主义才是真正的社会主义。

安哥拉方面，1974 年年中内战爆发，安人运在苏联和古巴的支持和介入下，打败了武装反对派组织——安哥拉民族解放阵线和争取安哥拉彻底独立全国联盟，1975 年 11 月，安哥拉人民共和国宣告成立。1977 年 12 月，安人运举行首次全国代表大会，决定改组为安哥拉人民解放运动-劳动党，并宣布党的指导思想是科学社会主义。

圣多美和普林西比于 1975 年 7 月宣告独立，曼努埃尔·平托·达科斯塔（Manuel Pinto da Costa）出任总统。他主张圣多美和普林西比先走“非资本主义道路”，待条件成熟时再建设社会主义。政治上，圣多美和普林西比为一党制社会主义国家，圣多美和普林西比解放运动是执政党和全国唯一的政党，其党章规定：“解放运动是反对新殖民主义和帝国主义的民主力量的革命阵线，将领导人民建设一个没有人剥削人的合理的新社会，但目前需要有一个非资本主义道路的过渡时期，其长远目标是建设社会主义。”[①]

1977 年 6 月，弗朗斯·阿尔贝·勒内（France-Albert René）在塞舌尔发动军事政变，上台后出任总理。他提倡“非马克思主义的社会主义”，该理论是村社社会主义的分支。1978 年塞舌尔实行一党制，由塞舌尔人民进步阵线作为唯一合法政党，并积极发展党员。勒内任期内，强调发展农业、渔业，实现经济多样化，同时欢迎外国投资，保证不实行国有化，主张重新分配土地，缩小工资差别，控制消费品价格和实行免费医疗。

津巴布韦旧称南罗德西亚，从 1965 年开始一直受到白人种族主义政权统治，津巴布韦人民在罗伯特·穆加贝（Robert Mugabe）的领导下，进行了长期的武装斗争。1980 年 4 月获得独立，津巴布韦非洲民族联盟（Zimbabwe African National Union，简称“津民盟”，后与人盟组成爱国阵线）主席穆加贝成为总理。早在 1964 年，津民盟在第一次代表大会上就将党的目标设定为“在津巴布韦建立一个民族主义、社会主义、泛非主义的民主共和国”。独立初期，津巴布韦政府以“公平增长”为目标，试图创建一个真正平等和民主的社会主义社会。[②] 1984 年第二次全国代表大会，新党

① 刘金质、梁守德、杨淮生主编《国际政治大辞典》，中国社会科学出版社，1994，第 131 页。

② 陈玉来编著《津巴布韦》，社会科学文献出版社，2010，第 3 页。

章更加明确地提出，党的宗旨和目标之一是以马列主义为基础，但又切实根据本国历史、文化和社会情况，在津巴布韦建立一党制国家，并建立和维护社会主义。

（三）对该阶段社会主义运动发展情况的思考与评价

高潮到顶峰时期非洲奉行非洲社会主义的国家达到历史顶点，四大流派的社会主义特征也愈加明显，并产生了代表性的国家。这一时期，绝大多数的非洲国家均已获得独立，国际环境也给予了非洲国家更充分的选择国家发展道路的权利。也是这一时期，非洲社会主义的一些问题逐渐暴露出来，并逐渐积累，成为衰落前最后的辉煌。对该阶段社会主义运动的发展情况思考如下。

首先，受到国际形势的影响，科学社会主义与民主社会主义国家数量明显增多。这一时期宣称奉行科学社会主义道路的国家分为两类：一是原本已奉行社会主义制度，但受到多重因素影响到这一时期宣布改奉科学社会主义，典型案例是加纳；二是新获得独立的国家直接宣布走科学社会主义道路，比如莫桑比克、安哥拉等。科学社会主义流派支持者显著增多的原因大致如下。其一，由于美苏冷战进入缓和阶段，美国开始处于守势，苏联则积极介入非洲事务，扩大在非洲的影响力。苏联通过缔结友好条约，增加对非援助，以及提供军事装备与战术支持等手段，在非洲之角和南部非洲的影响显著增强。受到苏联扶持和帮助后掌权的非洲国家政党，自然而然地选择了苏联模式，宣称奉行科学社会主义。其二，前宗主国对非洲国家殖民方式的差异为苏联介入非洲事务提供了契机。这一时期获得独立的国家多是葡属殖民地，葡萄牙与英法等国对非洲的统治方式有显著区别。葡萄牙对非洲的殖民起始时间较早，但随着葡萄牙帝国的衰落，其对非洲殖民地的关注不断下降。在帝国主义掀起瓜分世界的狂潮时，葡萄牙也无力再与英法等国争夺。英法等国对殖民地的控制是全面的，除了攫取资源进行资本积累外，还对当地社会进行全方位的改造。即便获得独立后，英法等国依然试图通过多种方式维持在前殖民地的影响力。葡萄牙在放弃殖民统治后则全方位撤出，造成了权力真空，使苏联能够快速地介入当地事务。此外，民主社会主义在该阶段被正式提出，非洲社会党国际正式成立，奉行民主社会主义的国家数量增多，该流派的力量得到提升。这也与非洲的内外环境息息相关。一方面，塞内加尔等国的社会主义实践并没有取得预期的效果，桑戈尔一直宣传的“非洲社会主义”口号遭到批评。另一方面，1951 年社会党国际在法国成立，到了六七十年代，开始大力向亚非拉国家宣传与普及民主社会主义。1969 年，社会党国际“十一大”专门讨论了非洲问题。1977 年，社会党国际派遣了一个由斯文·奥洛夫·约阿斯姆·帕尔梅（Sven Olof Joachim Palme）领导的特别代表团访问安哥拉、赞比亚、博茨瓦拉、莫桑比克及坦桑尼亚，与这些国家的左翼政党进行接触，对纳米比亚和南非反种族隔离运动进行声援，从而扩大了社会党国际同“非洲前线国家”政府和政党之间的接触，为这些国家的政党接受民主社会主义打下了基础。[①] 桑戈尔领导的塞内加尔进步联盟于 1976 年加入社会党国际，也是同年正式提出在塞内加尔实行民主社会主义。到了 1981 年，桑戈尔与布尔吉巴发起成立了非洲社会党国际。时至今日，非洲社会党国际依然有多个成员，这些政党是非洲国家政坛的重要力量。

其次，非洲国家独立运动领导人在本国社会主义运动中影响力巨大，使非洲社会主义的实践过程极具个人色彩。国家领导人对非洲社会主义运动产生巨大影响表现在两个方面。一是领导人的个性与人生经历直接影响到该国的社会主义理论与实践。其中典型代表有卡扎菲在利比亚推行的“世界第三理论”。二是许多非洲国家奉行的社会主义制度在领导人在位时快速发展，领导人下台后，相关政策与措施则无以为继。较有代表性的是塞古·杜尔领导的几内亚。最早杜尔的社会主义思想更倾向于村社社会主义。他说：“非洲在本质上是村社制的……集体生活，社会团结为非洲人提供了许多人所羡慕的人道主义基础。由于这种人类品质使非洲人很难想象他们的生活能

① 向文华：《社会党国际向亚非拉地区的渗透及其成效分析》，《当代世界与社会主义》2016 年第 2 期，第 125 页。

脱离家庭、村社和部落。”[①] 随后到了60年代中期后，几内亚形势发生了变化，杜尔开始承认存在阶级和阶级斗争，进而宣布承认“科学社会主义”。几内亚的社会主义理念与实践的变化主要受到杜尔思想的影响。1984年3月26日，塞古·杜尔突然病故。同年4月，几内亚就发生了军事政变，新政府彻底抛弃了杜尔的社会主义，几内亚的社会主义运动宣告失败。

再次，非洲社会主义运动的规模效应逐渐体现，许多国家在独立后选择社会主义更多是受到外部因素的影响，而忽略了对自身实际情况的深入思考。造成规模效应的外部因素主要体现在以下几个方面。第一，非洲社会主义运动产生了从众效应。社会主义运动进入高潮阶段后，获得独立的国家选择社会主义似乎成了一种风潮。社会主义对非洲大陆来说是新事物，其中追求的无产阶级专政、平等、人道主义与自由等观念对非洲人民产生了巨大的吸引力。当周边国家率先推行社会主义制度，进行社会主义改革，诸如资产和土地国有化、经济计划化以及改善民生等，都会给其他国家渴望新生活的人们带去希望。因此，在本国获得独立后，人民会自然而然地要求实行社会主义制度。这就形成了以点带面、从众的规模效应。这一特点在该阶段尤其明显。第二，该阶段国际环境的影响增强，使得非洲国家在外部影响下宣布奉行社会主义道路。上文已提及，美苏冷战在该阶段进入缓和期，苏联在非洲加大了投入，希望扩大势力范围。在这一背景下，许多新获得独立的非洲国家都受到苏联的多种“帮助”，更易追随苏联的脚步，加入社会主义阵营。正是由于该阶段的非洲社会主义运动受到外部影响较大，与此对应的社会主义实践也多是模仿和照搬，奉行科学社会主义的非洲国家明显增多。这些国家对社会主义的认知基本是“舶来的”，根本无暇思考自身的实际情况，进而实行了一些激进的“一刀切”政策，对国家发展产生了重大的影响。

最后，快速激进地推进社会主义实践带来了许多负面影响，效果并不理想，致使矛盾逐渐积累，非洲社会主义的衰落期即将到来。在这一时期，早

---

① Carl G. Rosberg, Thomas Callaghy, *Socialism in Sub - Saharan Africa: A New Assessment*, Berkeley: University of California Press, 1979, p. 63.

先实行村社社会主义的国家政策弊端逐渐暴露，开始进行政策调整。但是所谓的调整依然是模仿和照搬苏联模式。非洲大多数走社会主义道路国家的政府及领导人并没有深入思考何谓社会主义，当然这也与小资产阶级的局限性有密切的关系。许多国家在调整政策后，开展的社会主义实践反而更加激进。国家经济与民生状况并没有得到改善，执政党逐渐丧失了民心，国内矛盾也如同滚雪球般越来越大。这些隐患逐渐显现，到 80 年代中后期已经无法被掩藏，伴随着苏东剧变的到来，非洲社会主义运动进入了衰落期。

四　民主化浪潮席卷后的低潮阶段（20世纪80年代中后期至今）

20 世纪 80 年代中后期，国际形势与非洲内部正悄然发生变化。第一，科技革命兴起，新自由主义经济思潮获得认可，资本主义进入国际垄断阶段，西方国家获得新的增长点，进入新一轮的高增长期。第二，里根总统上台执政后的一系列举措使美国在冷战中重获优势。在其执政过程中诞生了里根主义，该主义总体而言是美国与苏联在第三世界的对抗，支持反共主义的运动并击退共产主义，在第三世界建立起美国式的民主。① 里根主义的盛行影响了整个西方世界对第三世界的政策，也进一步推动民主化浪潮席卷非洲。第三，苏联模式弊端显现，加之戈尔巴乔夫推行新思维政策，导致苏东剧变。该变故引发了整个社会主义阵营的剧烈动荡，使得原本遭遇发展问题的非洲社会主义国家丧失了后援，进一步加速了社会主义运动的衰落。第四，民主化进程推进加速，席卷了各个大洲。到 20 世纪 80 年代后期，非洲人普遍感觉到，只有废除威权、腐败和无效的一党制政体，经济复苏才有希望；同样感觉到，多党制政府能够遏制非洲经济的螺旋下降。② 第五，非洲国家遭遇自然灾害，经济停滞，发展问题愈加突出，整个 80 年代成为“失去的十年”，民众对政府与制度的信心遭受巨大打击。

---

① 方连庆、王炳元、刘金质主编《国际关系史（战后卷）》（下册），北京大学出版社，2006，第 567 页。

② 〔英〕威廉·托多夫：《非洲政府与政治》（第四版），肖宏宇译，北京大学出版社，2007，第 13 页。

（一）低潮期非洲社会主义的运动历程

苏东剧变后，民主化浪潮席卷非洲大陆，社会主义国家纷纷改弦易辙，转而进行市场化，奉行西方代议民主制。到2000年，仅有埃及、突尼斯、利比亚、坦桑尼亚、塞内加尔五国依然宣称奉行社会主义。2011年中东变局发生后，西亚北非地区除叙利亚外奉行阿拉伯社会主义理论的国家全部改旗易帜[①]，北非地区的社会主义运动自此偃旗息鼓。至今，仅剩坦桑尼亚一国宣称奉行社会主义。按照时间顺序，低潮期非洲社会主义的运动历程具体如下。

其一，20世纪80年代，毛里求斯、几内亚、苏丹、莫桑比克和阿尔及利亚五国脱离社会主义阵营，揭开非洲社会主义运动快速衰退的大幕。毛里求斯自独立后一直实行多党制，其中西沃萨古尔·拉姆古兰领导的工党于1968年至1982年长期执政，奉行“福利社会主义”，属于非洲民主社会主义这一流派。1982年大选中，工党落败，民主社会主义道路被逐渐放弃。几内亚则在塞古·杜尔领导下奉行村社社会主义，认为几内亚在非洲村社传统的基础上可以发挥非洲集体主义的优势直接步入社会主义。[②] 1984年4月3日，塞古·杜尔突然病逝，兰萨纳·孔戴（Lansana Conté）领导的军政府否定了塞古·杜尔的国内政策，实行经济自由化和政治民主化政策，几内亚的社会主义道路走到尽头。1969年5月，尼迈里发动军事政变，改国名为苏丹民主共和国，加入阿拉伯社会主义阵营。1985年，阿卜杜勒·拉赫曼·苏瓦尔·达哈卜（Abdel Rahman Swar al-Dahab）通过军事政变上台，废止宪法，改国名为苏丹共和国，苏丹脱离社会主义阵营。萨莫拉领导的莫桑比克解放阵线党（以下简称“莫解阵”）于1977年宣布莫桑比克实行真正社会主义，加入科学社会主义阵营。到1989年莫解阵在面临内忧外患的情况下宣布放弃一党制与科学社会主义，宣告了科学社会主义在莫桑比克的终结。阿尔及利亚由本·贝拉领导实行自管社会主义，亦属于阿拉伯社会主义。1989年，阿尔及利亚全民公决通过新宪法，这部宪法在以下几个方面

---

① 杨光、王正、张宏明主编《马克思主义与西亚非洲国家发展道路问题研究》，中国社会科学出版社，2017，第41页。

② 吴治清等：《亚非拉各种社会主义》，求实出版社，1983，第99~114页。

的表述与过去截然不同：取消阿尔及利亚的社会主义国家属性；实行多党制，引进西方民主机制；引进西方人权观念，保障个人的基本权利和自由；取消军队保卫社会主义和参与国家建设的任务，只保留保卫国家主权和领土完整的职责等。

其二，20 世纪 90 年代民主化浪潮席卷非洲大陆，导致大批撒哈拉以南非洲国家放弃社会主义道路。大致有贝宁、刚果（布）、安哥拉、埃塞俄比亚、津巴布韦、佛得角、马达加斯加、塞舌尔、几内亚比绍、圣多美和普林西比、索马里、加纳、马里、肯尼亚、赞比亚。这些国家受到内外环境的影响，开启民主化进程，纷纷改制。大致分为以下四种模式。第一种是召开全国会议，各个派别均有参加，达成实行多党制共识，颁布新宪法。这种情况多发生在西非的法语区国家，包括贝宁、马里、马达加斯加、刚果（布）等；第二种模式是反对党力量强大，渐进式地实现民主改革。其中具有代表性的是几内亚和肯尼亚。第三种模式是执政党力量强大，政府主动转变，平稳实现民主转型。其中主要有加纳、几内亚比绍、塞舌尔以及民主化初始阶段的津巴布韦。第四种模式则是国内要求民主呼声大增，执政党选择宽容的态度，通过多党民主大选实现民主转型，有佛得角、圣多美和普林西比等非洲国家。

总体而言，非洲的这波民主化呈现以下特点。其一，非洲国家冷战后经历了迅速和普遍的民主转型，涉及国家广泛，势头迅猛。其二，外部环境对冷战后非洲的民主化影响深刻。第三，虽然非洲国家内部问题严重，民众积极参与到民主化进程中来，但民主化仍然是自上而下发生的。在大规模的民主化浪潮后，非洲国家的和平与稳定遭到重大威胁，内战与边境战争不断。放弃社会主义转向西方民主制度并没有给非洲国家带来稳定与发展。非洲在贫困线以下的人口由 1985 年的 1.05 亿人增至 1992 年的 2.2 亿人。[①] 全球 48 个最不发达国家中非洲就占 33 个。世界银行的相关数据显示，二战后撒哈拉以南非洲的 GDP 曾在 1981 年迎来峰值，此后便一蹶不振，直到 2000 年

---

① 李爱华、卢少军：《非洲的社会主义为什么不成功》，《当代世界与社会主义》2003 年第 1 期，第 96 页。

才再次恢复至1981年的水平。[①] 此外，20世纪90年代，非洲的人类发展指数也不升反降。由于发展问题突出，非洲被英国前首相托尼·布莱尔(Tony Blair)称为“世界良心上的一块伤疤”。

其三，21世纪前十年，西方民主制在非洲的影响进一步扩大，作为撒哈拉以南非洲仅存的两个社会主义国家之一的塞内加尔和北非的埃及正式放弃社会主义实践。1980年，阿卜杜·迪乌夫（Abdou Diouf）接替桑戈尔执政后，表示将坚持民主社会主义道路。在90年代非洲大规模的经济结构调整中，塞内加尔接受了世界货币基金组织的相关条款，全面开启私营化改革，国内的诸多发展政策也向社会党国际靠拢，逐步放弃了对社会主义的追求。塞内加尔政治和经济上的一系列行为使得阿卜杜拉耶·瓦德（Abdoulaye Wade）领导的民主党壮大起来，联合诸多反对党成立联盟，在2000年大选中获胜，政治上实行三权分立和多党制，经济上推行自由主义，社会党失去执政权，民主社会主义在塞内加尔陷入低潮。纳赛尔去世后，穆罕默德·安瓦尔·萨达特（Mohamed Anwar al-Sadat）接替掌权后便对埃及的社会主义道路进行了大幅度调整。在官方意识形态上，其以“民主社会主义”取代纳赛尔的“阿拉伯社会主义”。1981年萨达特遇刺身亡，埃及开启了穆巴拉克时代。2007年，埃及颁布新的宪法修正案，将“阿拉伯埃及共和国是一个以人民力量联盟为基础的民主的社会主义国家”修订为“阿拉伯埃及共和国是一个建立在公民权基础上的民主国家”[②]，这一改变标志着埃及以国家根本大法的形式表明其对社会主义的放弃，至此埃及官方从形式到实质上都已放弃对社会主义道路的追求。[③]

其四，中东剧变发生后，突尼斯的扎因·阿比丁·本·阿里（Zine El Abidine Ben Ali）政权和利比亚的卡扎菲政权被推翻，至今仅剩坦桑尼亚一

① 1981年撒哈拉以南非洲的GDP为3794.28亿美元，2000年为3968.11亿美元。数据来源：https：//data.worldbank.org/indicator/NY.GDP.MKTP.CD？end=2000&locations=ZG&start=1981。

② 贺鉴：《北非阿拉伯国家宪法变迁与政治发展研究》，社会科学文献出版社，2018，第120页。

③ 刘林智：《埃及阿拉伯社会主义的实践与当代左翼政党的发展》，《世界社会主义研究》2020年第8期，第43页。

国在宪法中宣称奉行社会主义。1987 年，布尔吉巴引退，本·阿里继任突尼斯总统，其上任后不遗余力地开展民主化改革，突尼斯成为以宪政民主联盟为主导的多党制国家。2010 年 12 月 17 日，突尼斯小贩穆罕默德·布瓦吉吉（Mohamed Bouazizi）自焚，该事件激起了民众的同情，突尼斯积压多年的矛盾爆发，引发国内骚乱，本·阿里政权被推翻。这一事件标志着宪政社会主义实践的失败，但是左翼政党并没有失去其政治地位，利用政党重组抓住新的发展契机，迎来新的发展阶段，在突尼斯政坛上继续发挥作用。利比亚的伊斯兰社会主义极具代表性。1969 年卡扎菲上台后，先后进行了民众革命、石油国有化和与欧美对抗等极具民族主义的行动。他在利比亚的统治有极强的强人色彩，国家权力高度集中，统治手腕十分强硬，并将伊斯兰教义融入其政策中，从而在社会文化方面增强民众对于政府的认同。进入21 世纪后，利比亚政府全面实行经济改革，在 2000~2005 年的国民经济发展计划中，利比亚投入 350 亿美元改善基础设施，为投资创造良好的社会环境和发展空间。[①] 自 2003 年 9 月国际社会解除对利比亚制裁到卡扎菲政权倒台，因恰逢高油价形势，利比亚石油收入大幅增加，带动了经济的发展。[②] 这进一步巩固了卡扎菲政权，使得阿拉伯社会主义在北非得以延续。受突尼斯“茉莉花革命”的影响，2010 年 2 月 16 日，利比亚也爆发了反政府抗议行动，卡扎菲政权对此采取坚决的打压态度。很快，以美国为首的北约军事力量介入利比亚事务，打响了利比亚战争，持续半年之久。最终，卡扎菲及其接班人穆塔希姆·比拉·卡扎菲（Moatassem-Billah Gaddafi）被枪杀，利比亚反对派接管国家政权。至此，北非国家的社会主义运动全部宣告终结。

（二）非洲社会主义的发展现状

非洲社会主义运动虽然陷入低潮期，但 30 多年来非洲的社会主义实践并没有彻底消失。具体表现在：一方面，坦桑尼亚政府依然宣称奉行社会主

① Neil Ford, “Libya: Diversifying Success,” *The Middle East*, May 2003, p. 50.

② 韩志斌、李铁：《“阿拉伯社会主义”国家治理模式探究》，《西亚非洲》2015 年第 4 期，第 33 页。

义，并开展社会主义实践；另一方面，非洲的社会主义政党有长足的发展，有些依然活跃，在国家政坛中扮演着重要的角色。

1. 非洲的社会主义国家——坦桑尼亚

当前，整个非洲大陆仍然宣称坚持社会主义道路的国家仅剩坦桑尼亚。坦桑尼亚在尼雷尔的推动下，在 20 世纪 60~70 年代实行了大规模的乌贾马运动。乌贾马的原意是指非洲社会中集体劳动、共同生活的家族关系。尼雷尔指出："家族主义是我们非洲人所需要的社会主义，社会将照顾到每一个人，只要他乐意工作，就不必为明天发愁，也不必去积累钱财，这是过去的非洲社会主义，也是今天的社会主义。"① 虽然获得了一定的成就，但偏激的社会主义实践也给坦桑尼亚带来了诸多问题。1985 年尼雷尔引退，阿里·哈桑·姆维尼（Ali Hassan Mwinyi）同年 10 月 27 日当选联合共和国第四届总统，1990 年连任。受到非洲大陆民主化运动以及苏东剧变的影响和冲击，1991 年坦桑尼亚开启了民主化进程。1992 年第 8 次宪法修正案明确提出，坦桑尼亚是多党民主国家，奉行社会主义和自力更生政策。2000 年第 13 次宪法修正案重新界定了坦政治体制，确认原宪法中的"社会主义"和"自力更生"等原则代表民主、自立、人权、自由、平等、友爱、团结。② 由其宪法可见，坦桑尼亚依然宣称奉行社会主义，但含义已与尼雷尔执政时期有很大区别。

坦桑尼亚能够长期坚持社会主义的原因如下。其一，坦桑尼亚革命党的长期执政是核心因素。该党有党员 800 多万人，主张坚持社会主义和自力更生原则，强调发展经济，在公正、平等和人道的基础上建立一个平等、正义的社会。2000 年坦宪法修正案对"社会主义"含义进行了重新界定，但革命党并未修改党章。从 1995 年首次多党选举后，革命党一直

① Julius K. Nyerere, "'Ujamaa': The Basis of African Socialism," *The Journal of Pan African Studies*, Vol. 1, No. 1, 1962, pp. 1-3.

② 《坦桑尼亚国家概况》，中华人民共和国外交部网站，2020 年 10 月，https://www.fmprc.gov.cn/web/gjhdq_676201/gj_676203/fz_677316/1206_678574/1206x0_678576/，最后访问日期：2021 年 3 月 12 日。

维持着国家执政党的地位，使得其奉行的社会主义理论和政策可以得到长期的实施。其二，坦桑尼亚革命党积极反思存在的问题，通过调整政党纲深化对社会主义的理解。1987年10月坦桑尼亚革命党召开三大，通过了《2000年革命党的纲要》，这是继《阿鲁沙宣言》之后，坦桑尼亚革命党的又一重大政治纲领。为今后15年国家政治、经济发展和党的建设等制定了目标。其三，坦桑尼亚政府顺应国际局势，主动调整政策，在1991年主动开启了民主化进程，得到西方国家的认可。后来又根据需要对社会主义政策进行重新解读，以便更好地适应形势发展。其四，坦桑尼亚政府在经济和社会发展领域也不断进行改革和政策调整，在一定程度上稳定了民心，维护了政权的稳定，从而使社会主义得到保留和发展。在坦桑尼亚革命党的指导下，坦政府分别实施了1985年结构调整计划、1989年经恢复计划和1992年经济复兴计划，使国民经济逐步走出低谷，工农业呈现增长趋势。

2. 非洲的社会主义政党

非洲国家纷纷放弃社会主义制度后，许多以社会主义或共产主义为宗旨和目标的左翼政党依然存在，并且对党的目标和宗旨进行了相应调整。目前，这些政党的活动很大程度上代表了非洲社会主义的发展现状。

首先，民主社会主义政党作为世界社会主义政党的重要分支在非洲有长足的发展。在遭遇苏东剧变和民主化浪潮后，非洲一些社会主义政党积极调整指导思想与政策，转而奉行民主社会主义，在多年的发展中依然执政，并拥有较高的民众支持率。如南非非国大自1994年新南非政府成立以来，连续6次赢得全国大选，安人运、纳米比亚人组党自安哥拉、纳米比亚独立以来分别执政至今，坦桑尼亚革命党自1977年以来始终屹立坦政坛不倒，打破西方多党民主制下朝野更替频繁、领导人普遍短视、政策朝令夕改的“魔咒”，形成一党长期执政的政党政治格局。执政国家政局普遍稳定、部族关系和谐、人民生活水平改善、发展前景良好，党的理论创新力、政策吸引力、群众组织力、社会号召力提升，成为非洲乃至世界政党舞台上一种独特现象。[①]

其次，在欧洲社会党国际的影响下，非洲出现了一大批左翼政党，为非洲社会主义运动的持续发展提供了更加广阔的政治基础。冷战后，社会党国际加强了在非洲的活动，专门成立非洲委员会，每年定期召开会议，关注非洲的现实问题。比如 1997 年达喀尔会议的主要议题是非洲的民主与人权问题、选举问题与可持续发展问题[②]；21 世纪前十年的会议较为关注非洲地区冲突、减贫与民主治理，并探讨新自由主义给非洲造成的弊端等。[③] 2010 年后则更加关注非传统安全问题与经济的持续增长。这些活动强化了社会党国际与非洲左翼政党的联系。社会党国际的相关渗透行动也使得非洲出现了一大批社会党。有一部分信奉科学社会主义的政党转向民主社会主义。这些政党有安哥拉人民解放运动、几内亚和佛得角非洲独立党、莫桑比克解放阵线党和坦桑尼亚革命党等。当前，绝大多数的非洲社会党都已追随西欧社会党，它们大多以社会民主主义为指导思想，转而认同资本主义。整个亚非拉地区，宣称以民主社会主义为指导思想的仅剩 18 个政党。[④] 确切而言，社会民主主义与民主社会主义的目的有根本性的区别。前者主张通过福利国家和失业保险使资本主义变得更加人道，后者追求在民主体制内促进社会主义理想，以社会主义替代资本主义。[⑤] 但需要指出的是，社会民主主义重新受到推崇是冷战后大量社会民主党在社会主义问题上重大立场变化的结果。此二者都对社会主义有天然的亲近感。进一步追根溯源，19 世纪第一国际和第二国际时期建立的工人阶级政党通称为社会民主党。其奉行的

① 徐苏江：《非洲民主社会主义政党的理念与实践探索》，《当代世界》2019 年第 6 期，第 73 页。

② 郭春生：《社会主义革新：从地区到全球的拓展（1978-2016）》，北京师范大学出版社，2018，第 409 页。

③ Socialist International, "Niamey Declaration: Socialist Priorities in Africa at the SI Meeting in Niger," https://www.socialistinternational.org/committees/africa/socialist-priorities-in-africa-at-the-si-meeting-in-niger/niamey-declaration/, accessed: 2020-12-10.

④ 向文华：《亚非拉地区社会党发展现状及其原因》，《当代世界社会主义问题》2016 年第 1 期，第 101 页。

⑤ 〔德〕托马斯·迈尔：《社会民主主义的转型：走向 21 世纪的社会民主党》，殷叙彝译，北京大学出版社，2001，第 11~12 页。

社会民主主义与科学社会主义在当时是并行不悖的。社会民主党中一直存在左右两派，左派坚持革命路线，右派则倾向于改良。因此，为实现非洲社会主义的复归，当前大量的左翼政党依然是可以联合的进步力量。

再次，非洲国家政坛依然有影响力强大的共产主义政党，南非共产党的发展和壮大颇具代表性。根据相关学者的统计，目前非洲现存的共产主义政党和组织有 39 个。[①] 总体而言，当前非洲以马列主义或者科学社会主义为指导思想的政党大多数都是在野党。但仍然有较有代表性的南非共产党作为参政党活跃在南非政坛，影响着国家政策的制定与实施。南非共产党受到十月革命的影响，成立于 1921 年 7 月。其长期坚持非暴力合法斗争，在南非解放组织内部对社会主义理论思想进行积极宣传和不断探索，并同非国大一起领导南非人民反抗白人种族主义隔离制度。1991 年，南非共产党八大提出了“革命性改良”理论，主要内容是：以和平方式改革南非政治、经济、文化及社会结构，使南非逐步迈向社会主义社会，但同时根据革命需要，适时发动群众，进行民主运动或者游行、罢工。[②] 1994 年南非举行了首次不分种族的全民大选。新南非政府成立后，南非共产党加入非国大，以“党中有党”的方式形成竞选联盟，与非国大一起成为南非执政党。在上述形势变化下，南非共产党顶住压力，坚持共产党的特性、指导思想、组织原则和奋斗目标不动摇，同时审时度势地调整政策。一是实行民族民主革命与社会

① 39 个政党分别是南非共产党、南非阿扎尼亚人民组织、埃及共产党、埃及社会主义力量联盟、马达加斯加独立国大党、阿尔及利亚社会主义工人党、阿尔及利亚民主与社会主义政党、突尼斯民主爱国运动、突尼斯工人党、摩洛哥进步与社会主义党、摩洛哥民主之路、塞内加尔独立劳动党、塞内加尔非洲独立党、塞内加尔非洲工人联盟、苏丹共产党、安哥拉卡宾达共产党人委员会、安哥拉共产主义社区党、留尼汪共产党、贝宁共产党、贝宁马列主义共产党、贝宁民族工人党、毛里求斯社会主义工人党、毛里求斯社会主义劳工运动、莱索托共产党、布基纳法索沃尔特革命党、博茨瓦纳马恩列斯运动、埃塞俄比亚阿哈姆拉民族民主运动、布隆迪共产党、乍得争取团结与社会主义行动党、科摩罗马约特革新共产党、多哥共产党、刚果争取革新与进步爱国阵线、科特迪瓦象牙共产党、科特迪瓦象牙海岸革命共产党、喀麦隆人民联盟、喀麦隆共产党、喀麦隆非洲争取新独立和民主运动、斯威士兰共产党、马里共产党。

② 程德光：《和平为主：1994 年后南非共产党社会主义革命方式》，《中国社会科学报》2011 年 7 月 28 日，第 15 版。

主义革命相结合的策略；二是实行革命和改良相结合的策略，即实施革命性改良；三是尽力维护“三方联盟”的团结，努力保持自身的独立性。[①] 在多年的执政过程中，南非共产党坚定地以建设社会主义为奋斗目标，具有较强的灵活性和适应性，党员队伍不断扩大，保持了作为社会主义政党的先进性。南非共产党社会主义理论和实践取得众多成果，在国内为国家各项政策的制定建言献策，在国际上则对科学社会主义和国际共运的理论创新有所贡献。

最后，非洲社会主义政党的意识形态非常多元，受到西方思想影响较大，这些政党在非洲的政治作用依然有限。非洲的社会主义政党奉行的意识形态非常多元，左翼的社会党除了奉行民主社会主义外，还受到民族主义、民众主义思想的影响。而共产主义政党除了奉行马列主义、共产主义、社会主义等理念外，还有以斯大林主义、毛泽东思想、霍查主义、黑人主义等思想作为指导的，甚至有以两个或两个以上思想作为党的指导思想的。除了意识形态的多元外，这些政党深受西方思想影响，大都为此进行了相关理念和组织的调整，在其中加入民主和人道主义思想。当前非洲的社会主义政党作为执政党全部都是左翼的社会党，大致有安哥拉人民解放运动、南非非洲人国民大会、佛得角非洲独立党、加纳人民全国大会党、几内亚人民联盟、马里联盟党、莫桑比克解放阵线党、纳米比亚西南非洲人民组织、尼日尔争取民主和社会主义党、坦桑尼亚革命党、博茨瓦纳民主党、几内亚和佛得角非洲独立党、赞比亚爱国阵线、西撒哈拉人民阵线、突尼斯呼声党等。这些政党中绝大多数都以社会民主主义为指导思想，早已偏离了社会主义道路。而依然以共产主义和马列主义等为指导思想的共产主义政党大多都是在野党，作为参政党的并不多。因此，非洲社会主义政党的政治作用非常有限，进一步说明非洲社会主义运动仍在低潮期徘徊。

但近年来，非洲一些国家和政党在批判西方发展范式的基础上，努力发

---

① 康来保：《南非共产党的社会主义理论与实践》，硕士学位论文，华侨大学，2012，第24~27页。

掘社会主义之于非洲摆脱西方范式束缚的价值，成为在世界百年未有之大变局下，推动和引领非洲独立实施发展探索的生力军。特别是在2020年新冠疫情暴发、西方加速衰落的背景下，“全球南方”再度升温，有助于非洲充分吸取其他国家社会主义发展的有益成果，不断赋能非洲的探索实现自我革新，为社会主义在非洲的复兴带来了新机遇。

第五章　非洲社会主义的实践与问题

非洲社会主义思想丰富，种类多样。不同国家的社会主义理论与实践都具有独特性，但大致可以分为四个思想流派，即阿拉伯社会主义、村社社会主义、民主社会主义和科学社会主义。其中，前两种从属于同一大类，即民族社会主义范畴，但由于地域和文化的差异，二者依然存在较大差异，因此分成两个流派分别论述。此二者也是非洲社会主义最具代表性且分布最广的流派。第三类民主社会主义则在理论和实践上更加倾向于西欧资本主义社会民主党的价值取向。第四类科学社会主义者坚持以马列主义为指导，以苏东的社会主义制度为范本进行社会主义建设。由此可见，仅有科学社会主义宣称坚持了马列主义的指导，但非洲的科学社会主义又有其独特之处，这些奉行科学社会主义的国家均遭遇发展困境，最终宣告失败，这是非常值得关注与细致研究的现象。

第一节　非洲社会主义的流派与实践

一　科学社会主义

非洲的科学社会主义也被称为“非洲共产主义”，这些国家宣称坚定地走以马列主义为指导的科学社会主义道路。早在 20 世纪 20 年代南非国际社会主义联盟就曾表达过要进行无产阶级革命，建立社会主义共和国的理想。

到了60年代中后期，随着美苏在非洲争夺的加剧，一些非洲国家接受了苏联的援助，开展武装斗争争取独立，纷纷走上了奉行马列主义的科学社会主义道路。大致有刚果（布）、贝宁、埃塞俄比亚、莫桑比克、安哥拉和津巴布韦。

以上六国存在一些共性。其一，六国的经济情况都较为落后，仅津巴布韦有部分前宗主国留下的工矿企业和农场，经济水平略好于其他几国。其二，基本都面临严重的内外隐患。安哥拉、莫桑比克和埃塞俄比亚武装反对派势力强大，挑战现政府权威。津巴布韦、安哥拉和莫桑比克还有比较严重的种族主义问题。刚果（布）的民族冲突较为严重，给中部非洲的安全带来隐患。其三，这些国家均得到苏联等社会主义国家的大力支持。它们的大致观点与特征如下。

第一，自称执政党的指导思想为马列主义。这些国家的共产党都认为，马克思主义是科学，代表社会发展的普遍规律，没有“非洲社会主义”，只有科学社会主义是唯一的社会主义。这些观点在执政党的纲领中均有类似表达。比如贝宁人民革命党就以马列主义为普遍指导原则。刚果劳动党的指导思想是马列主义。莫桑比克解放阵线党则以莫桑比克人民革命斗争经验的总结和马克思主义普遍原则为指导。津民盟章程规定，津民盟“以马列主义原则为基础，但又切实根据本国历史、文化和社会情况，在津巴布韦建立并维护社会主义”。[①] 除此之外，这些国家认为阶级与阶级斗争都是存在的，必须进行人民民主革命才能建立一个独立、民主的国家。

第二，非洲科学社会主义国家实行一党制，党领导一切。这些国家认为一党制是符合非洲传统的，能团结一切力量，齐心协力建设国家。执政党纷纷将“党领导一切”的话语写入国家宪法，并自称是无产阶级性质的革命先锋党。这种先锋作用表现在国家运行的各个方面。党是一切权力的中心，党的领袖集党政军大权于一身，既是国家元首，又是军队总司令。这就导致

① 门晓红、周广坤：《“非洲科学社会主义”的产生发展及衰落——以莫桑比克为例》，《科学社会主义》2008年第6期，第143页。

在实践中，奉行科学社会主义的非洲国家有非常强势的政党和政府，一些政策措施也较为激进。

第三，科学社会主义国家在经济方面实行国有化和经济计划化。由于长期的殖民统治以及独立后面临的内忧外患，这些国家纷纷认同巩固政权的首要目标是实现经济的独立和发展。为摆脱前宗主国的影响，它们主张同资本主义国际分工体系决裂的经济政策，即国家要在国民经济中发挥绝对主导作用，消灭外国资本并限制民族资本的发展。此后这些国家纷纷开展了一系列的生产关系革命，消灭私营部门和个体经济，实行国家对经济的全面控制。在实践中，除津巴布韦外，其他五国都实行了大规模的国有化和计划经济措施。其中，莫桑比克在三年内就将绝大部分的工业部门和企业收归国有。埃塞俄比亚政府在革命后，也很快控制了重要的金融机构、主要工业企业等。

第四，奉行科学社会主义的国家都与东方社会主义阵营保持友好关系。这些国家在独立过程中受到苏联等社会主义国家的大力支持，自然而然地对社会主义阵营产生好感，并将自身视为“世界革命运动不可分割的组成部分”，在政党纲领中强调对于无产阶级国际主义的支持。有些国家认为苏联是“天然盟友”，是“社会主义大国”，与其关系尤为密切，如安哥拉（1976年）、莫桑比克（1977年）、埃塞俄比亚（1978年）和刚果（布）（1981年）都同苏联缔结友好合作条约，其中有的还具有军事性质，并有苏联顾问和古巴驻军。[①] 由于同社会主义阵营关系密切，这些国家的很多政策都直接照搬苏联相关举措和模式。然而这些政策不符合非洲的实际情况，最终结果并不理想。

奉行科学社会主义这一流派的代表人物主要是刚果（布）的恩古瓦比和津巴布韦的穆加贝。恩古瓦比1938年出生于刚果（布）北部重镇奥旺多附近的翁贝勒村，父母是贫苦农民。他早年基本都在部队度过，是年轻有为的爱国军官，于1968年发动“七·三一”运动后上台执政。他曾读过许多马列主义书籍，思想较为激进，在群众和部队中有较高的威望。他的社会主

① 唐大盾等：《非洲社会主义：历史·理论·实践》，中国社会科学出版社，2007，第50页。

义见地主要集中在《科学社会主义在非洲——刚果的问题、观点和经验》这篇文章中。其中较有代表性的观点有：马克思所创立的科学社会主义是普遍适用的科学；非洲处于重新评估传统社会和否定资本主义的时代；刚果（布）必须实行社会主义制度，需由革命先锋党领导，经过民族民主和人民革命阶段，最终实现社会主义的胜利。另一位代表人物是穆加贝，他出身于木匠家庭，在非洲本土接受教育。大学期间，他加入了南非非洲人国民大会青年联盟，接受了甘地的非暴力思想以及恩克鲁玛的泛非主义思想，并开始接触马克思主义学说。① 他曾在 1964~1974 年入狱，因此坚信“枪杆子里出政权”的道理，认为必须进行革命，实行社会主义。津巴布韦独立后，他认为一党制是非洲唯一的出路，积极推动津巴布韦两大政党合并。其社会主义实践较为激进，坚决反对西方的干涉。

二　民主社会主义

非洲的民主社会主义思想源自欧洲的社会民主主义。这一概念出现于 1848 年欧洲革命时期，当时的一部分小资产阶级民主派在革命进程中提出利用民主共和制度缓和资本和雇佣劳动之间的对抗，进行社会改良。② 19 世纪第一国际和第二国际时期建立的工人阶级政党通称为社会民主党。其奉行的社会民主主义与科学社会主义在当时是并行不悖的。社会民主党中一直存在左右两派，左派坚持革命路线，右派则倾向于改良。1919 年，俄国十月革命后爆发后，两派分道扬镳。以共产国际代表的共产党与社会主义工人国际代表的社会党对立了近 20 年。社会主义工人国际于 1923 年成立时谴责苏联政府使用“恐怖方法”“压制基本民主权利”，为此，社会主义工人国际强调要走“民主社会主义”道路。③

---

① 韦祎红：《津巴布韦总统穆加贝》，《世界经济与政治》1996 年第 6 期，第 79 页。

② 赵宏涛：《社会民主主义是如何逐步背离科学社会主义的?》，《当代世界》2017 年第 3 期，第 32 页。

③ 〔苏联〕伊·米·克里沃古兹：《社会主义工人国际（1923—1940）》，黄进、姚荣译，中国人民大学出版社，1989，第 36~40 页。

在对立的20年中，社会主义工人国际发展迅速，到30年代末时，已拥有20多个成员党，党员更是多达500万人。在二战中，欧洲社会党成员遭到执政当局的严重迫害，转入地下进行活动。战争结束后，各国社会党再次活跃起来，于1951年重新成立了社会党国际，并在成立大会上通过了《民主社会主义的目标与任务》这一纲领文件，即《法兰克福宣言》。该文件的核心内容就是民主，民主社会主义包括政治民主、经济民主、社会民主和国际民主。具体而言，“社会党国际提出的政治民主是利用资本主义社会所提供的议会民主或者争取实现议会民主，要通过议会民主竞选成为执政党，但是并不垄断政权，承认多党平等竞争和彼此反对的权利；把维护政治民主作为实现经济民主与社会民主的先决条件。民主社会主义所主张的经济民主是要实现不同形式的公有制，做到充分就业，增加生产，提高生活水平，实行社会保险与收入和财产的公平分配。民主社会主义所主张的社会民主是要保障公民的工作权利，休息权利，医药与生产福利的权利，年老、残疾与失业者的保障权利，适当住房的权利，受教育和提高科学艺术的权利，妇女与儿童的权利等。民主社会主义所主张的国际民主是要反对各种形式的帝国主义，维护和平与集体安全，要求严格履行联合国宪章，认为联合国是走向国际共同体的重要步骤，要求促进广大落后地区经济、社会与文化的发展”①。社会党国际在欧洲得到稳定发展后，自1960年起，试图把民主社会主义推广到亚非拉地区，大量新获独立的非洲国家是其重要的目标对象，该政策导向也影响到塞内加尔。在多年的实践中，社会党国际的推广行动取得了一定的成效，对多个国家的道路选择产生了影响。

然而不可否认的是，民主社会主义有其固有局限性，它不以马克思主义为指导，仅限于局部改良，否定无产阶级社会主义革命，通过一些社会主义措施来弥补西方资本主义存在的问题，这在根本上是错误的。冷战后，大量的社会民主党更是放弃了民主社会主义的名称，宣称回归社会民主主义，实则反映了社会民主党在社会主义问题上重大的立场变化。自此，民主社会主

---

① 高放：《如何看待民主社会主义的发展》，《科学社会主义》2003年第2期，第39页。

义不再追求社会主义取代资本主义，而变成了维护资本主义制度的帮手，完全背离了科学社会主义。

在奉行民主社会主义的国家中，桑戈尔领导的塞内加尔是民主社会主义的集大成者，其本人也是非洲民主社会主义理论的奠基者。1976 年，桑戈尔提出："塞内加尔要实行民主社会主义，就是将先进的科学技术用于发展生产力，提倡社会正义和扎根于非洲特性，即生产力+社会正义+非洲特性。"① 这是对其社会主义理论的有力概括。这些奉行民主社会主义的国家有以下特点。其一，都是通过和平的方式获得民族独立，独立后与前宗主国保持着密切的政治和经济联系，因此这些国家对殖民主义和资本主义的抵制和厌恶并没有那么强烈。其二，塞内加尔、突尼斯和毛里求斯在经济发展水平上较之其他非洲国家更高些。其三，领导人早年大多在欧美留学，受到民主社会主义思潮的影响，对资产阶级改良主义抱有好感。

在这些背景下，民主社会主义主要有以下特征。第一，在思想上属于改良派。该流派认为社会主义是"当代人道主义"的体现，科学社会主义不适用于非洲，因为非洲国家并不存在阶级对立。民主社会主义道路是必然的选择，希望通过民主而有节制的和平方式建设"公平正义"的社会主义国家。同时，社会主义在非洲的出现和发展必须符合非洲的现实，带有非洲属性。布尔吉巴就提出工人和企业之间不应是对立的，大家应团结起来，共同为提高人民生活水平，进行突尼斯社会主义建设而努力。改良派的思想还体现在，民主社会主义认为中产阶级是国家的重要基础，应努力建设一个人人富足的福利国家。

第二，民主社会主义推崇多党制，认为多党制是保证公民生存权利的坚实基础，能够防止一党制存在的弊端，活跃国家政治气氛。桑戈尔指出，实行多党派的政治制度是体现政治民主化的一个重要方面。② 1958 年，桑戈尔

---

① 唐大盾等：《非洲社会主义：历史 · 理论 · 实践》，中国社会科学出版社，2007，第 164 页。

② 孙韶林：《桑戈尔非洲民主社会主义的理论与实践》，《国际共运史研究》1992 年第 1 期，第 25 页。

领导成立塞内加尔进步联盟，在独立之初，为稳定政局形成了该党一党执政的局面。但桑戈尔始终认为多党制才能防止一党制下容易出现的政治腐败和领导人“麻木不仁”等弊端。1967 年，桑戈尔承认除执政党外另外两个政党的合法性。70 年代中期，塞内加尔进步联盟更名为塞内加尔社会党，1976 年议会宣布开放党禁，给予反对党以合法的政治地位，代表自由民主思潮的“塞内加尔民主党”和代表马列主义思潮的“非洲独立党”得到承认。1979 年承认了第四个代表保守主义思潮的“塞内加尔共和运动党”的地位。突尼斯在 1981 年 4 月宣布取消党禁，推行多党制。虽然都实行多党制，但是塞内加尔和突尼斯都对反对党的活动有所限制，包括必须受宪法约束，不准接受外国财政援助以及投靠外国势力等。毛里求斯则是从独立后就实行多党制。

第三，支持发展混合经济，但经济领域的自由化应有限度，试图通过借助西方资金和技术发展民族经济。民主社会主义认为只有发展才能解决一切落后问题，所以要走出一条带有非洲传统特色的发展道路。在最开始，桑戈尔按照社会主义原则将私人企业收归国有，导致大量外资逃离，同时已国有化的企业也存在经营不善的问题，给经济发展造成负面影响。鉴于此，桑戈尔调整政策，提出塞内加尔化，即民族化。除了对港口、公共交通、邮政和媒体等实施国有化外，外资企业和联营企业要逐步使用塞内加尔人，民族资本所占的比例也要达到 50%以上，到条件完全成熟后再收归国有。到 1980 年，塞内加尔国内企业产值已占国民生产总值的 40%。同时，缓和的塞内加尔化政策使得大量的外资重新流入塞内加尔，到第六个四年计划时，外资已占其总投资的 80%。在突尼斯布尔吉巴推行有限制的自由经济，没有推行完全的计划经济和国有化。加上同西方的良好关系，民主社会主义国家的经济发展受到西方资本大力的支持。

第四，民主社会主义国家在对外关系上明显倾向于西方国家。虽然法国的殖民曾给塞内加尔带来灾难，但桑戈尔认为殖民化也有积极的一面，因此既要消除殖民统治的瑕疵，还要保留其积极的贡献，向资本主义的工业文明开放。同时，他认为非洲与欧洲更有可能和必要发展“既无讨好，又无屈从的互惠”民主合作关系。布尔吉巴支持桑戈尔的诸多观点，在70年代与桑戈尔共同发起成立非洲社会党国际，并积极与欧洲社会党国际沟通交流。在经济上也十分欢迎外资，鼓励国外知名的连锁酒店集团来突尼斯投资，促进国内旅游业的发展。

第五，民主社会主义表现出极强的民族主义、泛非主义以及文明融合的思想。“黑人传统精神”是桑戈尔理论体系的核心，是其民族主义的表现。“黑人传统精神”呼唤恢复黑人传统和尊严，重视非洲文明，民族主义的复兴使塞内加尔人民信任桑戈尔政府，团结在一起。泛非主义则将黑人视为一个整体，把非洲国家统一解放的理想同反帝反殖民斗争结合起来，团结一切可以团结的力量。而面对殖民统治的遗留影响，桑戈尔并没有同其决裂，而是提出必须吸收外来文明，在结束殖民统治的同时最大限度地维护国家利益。布尔吉巴的宪政社会主义也认为，只有遵照突尼斯的传统，结合国家特色开展的社会主义实践才是可行的。同时，也要注重突尼斯社会开放的特点，接受欧洲和其他社会主义政党关于进步、自由、公正和民主的思想。

桑戈尔的思想理论及其社会主义实践是民主社会主义的突出代表。他的思想见解与政治实践对塞内加尔以及非洲大陆的发展都产生了极其重要和深远的影响。桑戈尔出生于塞内加尔小城若阿勒，受母亲影响，桑戈尔信奉天主教。他的舅舅十分博学，经常向其讲述黑人的历史、风俗、典故、天文和地理等知识，在桑戈尔心中种下了黑人文化的种子。1928年高中毕业后桑戈尔获得奖学金前往巴黎大学深造，在这段时间，他结交了许多流落海外的黑人学者，并深受他们思想的影响，加之桑戈尔对非洲文明的热爱，他完善和发展了“黑人传统精神”学说，成为其一生中最重要的思想，也是后来建立民主社会主义的核心理论之一。在法国期间，桑戈尔逐渐接受了社会民主主义思想，并加入法国社会党。法国社会党的思想和政治领袖莱昂·勃鲁姆和空想社会主义者傅立叶、圣西门等人的思想对其产生了巨大影响。另外，在此期间，桑戈尔也接触与深入了解了马克思和恩格斯关于科学社会主义的论著，以及毛泽东关于民族资产阶级和农民的论述。对马克思提出的

“人道主义”以及辩证法非常推崇。“黑人传统精神”、民主社会主义以及部分马克思主义的观点组成了桑戈尔社会主义的理论基石。回国后，他投身塞内加尔民族解放运动，后又领导了塞内加尔的民主社会主义实践活动。

三 村社社会主义

村社社会主义是第一波非洲社会主义浪潮中的绝对主流，其理念与实践有着独特的非洲特性，是非洲国家在追求民族解放和国家发展道路过程中的勇敢尝试。村社社会主义起源于撒哈拉以南的非洲本土，通过对非洲传统社会文化的挖掘，与社会主义制度相结合，形成了独特的理论体系，是非洲社会主义流派中最能体现非洲特性和非洲民族主义的一支。作为最早介绍社会主义思想到非洲的布莱登就提到非洲的传统社会就是美好的理想社会，因为其强调土地公有制、平等以及人道主义等，这些都与社会主义的观点相似。

村社社会主义认为非洲传统部落村社制度是理想社会的楷模，从村社制度过渡到“社会主义”无须革命，可以改良，其目标是非洲传统精神文明和西方“物质文明”的结合。[①] 该称呼最早由桑戈尔提出，他认为非洲大陆普遍实行的非洲社会主义，其本质就是村社社会主义。后来，村社社会主义在尼雷尔、恩克鲁玛等人的更新和发展下发扬光大，成为非洲社会主义的重要流派。

实行村社社会主义的国家数量较多，大致有坦桑尼亚尼雷尔的乌贾马社会主义，其中乌贾马就是坦桑尼亚农村传统的基层居民组织，即村社。与此相似的还有马达加斯加的福科诺洛纳社会主义。除以上两国外，加纳、几内亚、赞比亚、乌干达、塞舌尔、马里，以及肯尼亚的社会主义制度均可归类于村社社会主义流派。这些选择实行村社社会主义的国家都是经济比较落后的农业国，氏族和部落的力量强大。从本土的传统社会中寻找的理念更易获得民众的支持。另外这些国家领导人的家庭出身和成长经历也与传统部落关

---

① 一乔：《非洲“社会主义”思潮的四大流派》，《世界知识》1985年第3期，第30页。

系密切，如尼雷尔出身于酋长家庭，恩克鲁玛拥有酋长继承权等。

虽然村社社会主义名称众多，政见也不尽相同，但也有诸多共同特征。第一，村社社会主义从非洲传统村社中寻找与社会主义相同的原则，突出非洲个性。村社社会主义的一个核心观点是，社会主义是非洲社会所固有的。因此不用通过照搬西方的社会主义理论来指导实践，而应大力弘扬非洲传统村社制度的原则，即人道主义和平等主义。在非洲的大家庭中，大家一起生活、一起工作，平等地享受劳动成果以及生产方式，这正是社会主义社会的理想图景。村社社会主义国家的领导人多次表达过这种观点。尼雷尔认为他的社会主义思想扎根于非洲古老的传统社会，社会主义和民主就像太阳一样为非洲人熟悉。坦桑尼亚社会主义的任务就是竭力去恢复和复活自古以来就存在非洲社会的社会主义原则，同时又要很好地使用现代科学技术，以达到继承平等、消除贫困的目的。[①] 恩克鲁玛也认为，非洲的广大农村地区依然保持着土地的村社集体所有制，人们在互助合作的基础上进行耕种，这仍然是决定非洲社会面貌的“主要因素”。[②] 这种观点导致非洲领导人认为非洲国家有社会主义的天然基础，没有阶级和阶级斗争，仅需通过改良即可实现社会主义。

第二，村社社会主义国家不存在阶级，因此普遍实行一党制，以显示全民团结。没有阶级的区分就不可能存在阶级斗争，村社社会主义国家的大多数民众都生活在传统原始村社中。为团结更多民众，领导人普遍希望建立全民性的政党。通过单一政党掌握国家的政权，能够充分体现民主，这有别于资本主义与苏联社会主义，是真正的非洲特色政治制度。奉行村社社会主义的国家除马达加斯加外，都在独立后宣布实行一党制，唯有执政党是合法政党，其他政党均被取缔，被列为非法组织。村社社会主义的一党制还有个显著特征是全民性，党员人数众多。塞古·杜尔曾说，“全民党是一个由大多

① 王磊：《尼雷尔与坦桑尼亚国家建构研究》，博士学位论文，华东师范大学，2014，第88页。

② L. V. Thomas, *Le socialisme et l'Afrique* , Paris, le livre africain, 1966, p. 147.

数人民组成的政党”，几内亚民主党不是一个阶级的党，是全体几内亚人民的党。①

第三，村社社会主义国家都是传统的农业国，社会主义实践优先实现农业集体化，大力发展农业。奉行村社社会主义的国家大多拥有丰富的土地资源和良好的气候条件，非常适宜发展种植业。正因如此，这些国家长期受到殖民者的剥削和压迫，依然是落后的农业生产国，几乎没有现代工业。独立后，这些国家亟须获得发展，但接受外援容易导致国家再次陷入被他国掌控的危险之中。为此，这些国家纷纷选择自力更生，以农业作为自身优势，优先发展以积累相应资金从而促进其他产业的发展。通过发展农业，也可以进一步强化村社社会主义的核心思想。尼雷尔提出的乌贾马，在斯瓦希里语中的原意就是在非洲的部族社会中集体劳动、共同生活和共享成果的家族关系。发展农业是维系和发展乌贾马的重要手段。为此，在《阿鲁沙宣言》发表后，尼雷尔又发表了《社会主义与农村发展》一文，把乌贾马运动推向高潮。赞比亚有丰富的矿产资源，即便如此，卡翁达仍然反复强调国家的前途有赖于农业的发展。

第四，村社社会主义国家坚持走具有自身特色的发展道路，推崇泛非主义，促进非洲团结。奉行村社社会主义的国家非常珍视非洲传统文化，都坚定地从本土传统中找寻国家发展的特色道路，这与泛非主义思想不谋而合。泛非主义起源于 19 世纪 20 年代末期，该思想坚决地表示非洲的历史文化不仅不比西方的低劣，还独具形态和价值。这些共同的非洲文化价值称为“非洲个性”（African Personality），即一种在以往历史年代里由非洲人自己创造并且为全体非洲人共有的历史遗产、民族精神、文化个性。② 泛非主义追求非洲的完全解放和统一，希望建立非洲合众国或非洲社会主义国家联盟。因此，村社社会主义国家都是泛非主义的支持与倡议者。在取得民族独

---

① Carl G. Rosberg, Thomas Callaghy, *Socialism in Sub-Saharan Africa: A New Assessment*, Berkeley: University of California Press, 1979, p. 72.

② 刘鸿武：《“非洲个性”或“黑人性”——20 世纪非洲复兴统一的神话与现实》，《思想战线》2002 年第 4 期，第 90 页。

立后，这些国家的领导人纷纷强调治理与促进泛非主义，努力推动非洲的团结和统一。比如，尼雷尔就认为："非洲作为一个整体统一的观点很重要，非洲大陆统一所取得的进展不是二个、三个或四个国家所决定的。"①

村社社会主义思想流派的代表人物主要是尼雷尔和恩克鲁玛。尼雷尔1922年出生于坦桑尼亚木素玛的布提玛山村的一个酋长家庭。幼年的成长经历使他对非洲传统的部族和村社精神有深刻的体会。在中学时期，他接触到西方的一些思想和文化，成为一名天主教徒。在大学期间，他受到非洲民族主义思潮的影响，开始投身民族独立运动。1949年，他前往英国深造，在那时涉猎了马列主义和其他社会主义学说，深受英国费边主义的影响。回国后，他投身民族解放运动，为争取坦噶尼喀的独立积极奔走。这些成长和学习经历塑造了尼雷尔对社会主义的独特见解和政治主张。他主张种族调和，采取非暴力手段。在以《阿鲁沙宣言》为代表的一系列文章中阐述了他对社会主义的理解，他认为非洲的传统社会就是一个具有社会主义性质的社会，恢复传统非洲社会制度就是建设社会主义。在他的领导下，乌贾马运动被视为非洲村社社会主义的典范。

1909年，恩克鲁玛出生于加纳西南恩济马地区的恩克罗富尔村，父亲是金匠，母亲是小商贩。非洲村社制度在当时有很强的影响力，所以恩克鲁玛随母亲的姓，有酋长继承权。进入小学学习后，他在母亲和外国传教士的影响下成为天主教徒。青年时代，他产生了一定的民族主义思想，认识到："非洲人民只有取得国家独立，并拥有自己的政府，才能与白人处于平等的地位，他们之间的合作和和谐才有可能出现。"② 1935~1945年，恩克鲁玛留学美国，在此期间阅读了马克思、恩格斯和列宁等人的著作，也受到美国资产阶级思潮的影响。他矢志不渝地找寻非洲的解放道路。在这一时期，恩克鲁玛提出非洲人民如想要摆脱殖民的经济剥削和政治压迫，实现政治自由、民主自由和社会重建三大目标就必须团结一致、斗争到

① Julius K. Nyerere, *Freedom and Liberation*, London: Oxford University Press, 2011, p. 49.

② 〔加纳〕恩克鲁玛：《恩克鲁玛自传》，国家关系研究所翻译组译校，世界知识出版社，1960，第17页。

底。1945年，恩克鲁玛在伦敦筹备并出席了第五次泛非大会，积极传播西非统一和民族主义思想。1947年底，他回国后便投身黄金海岸（加纳旧称）的解放事业，直到1957年加纳独立，恩克鲁玛成为国家领袖。在他的努力下，非洲统一组织得以成立，加纳的社会主义实践也得到全面开展。恩克鲁玛的思想对其他非洲国家，尤其是实行村社社会主义的国家都产生了深刻的影响。

四　阿拉伯社会主义

由于民族与宗教原因，北非国家在文化上与西亚更为密切，其社会主义也与西亚一脉相承，在非洲众多的社会主义国家中独树一帜，与马克思主义的差异最为显著。北非阿拉伯社会主义主要受到穆斯林改良运动的影响。该运动流行于北非诸国和巴勒斯坦地区，它提出："要复兴阿拉伯，就得对已被西方思想侵蚀的伊斯兰教进行必要的改革，恢复其本来面目，从而使伊斯兰教在阿拉伯人民中重新扎根，并借伊斯兰教的力量，实现复兴阿拉伯的目标。"[①] 在该思想的影响下，北非的民族解放领导人十分反对走资本主义道路。虽然阿拉伯社会主义也存在多种类型，但阿拉伯民族主义和伊斯兰教的教义是两大重要支柱。

最早提出阿拉伯社会主义概念的是叙利亚民族主义者米歇尔·阿弗拉克（Michel Aflaq）和萨拉赫丁·比塔尔（Salah al-Din al-Bitar）。两者的思想与观念对阿拉伯社会主义影响深远。阿弗拉克曾在法国留学，研读过马克思、恩格斯以及列宁的著作，受到社会主义思潮的熏陶。二人于1943年创建阿拉伯复兴党，并在1944年合著了《阿拉伯民族主义者对共产主义的态度》。在这本书中，阿拉伯社会主义被第一次提及，复兴党也成为阿拉伯社会主义政党。1946年，阿弗拉克发表了一篇重要文章——《阿拉伯社会主义的概貌》。该文强调，阿拉伯社会主义是阿拉伯民族主义与社会主义的结合，是

① 郁景祖：《什么是"阿拉伯社会主义"?》，《科社研究》1982年第2期，第40页。

从阿拉伯人生活环境和特殊条件出发，为解决阿拉伯民族面临的问题服务的。[1] 复兴党还提出“统一、自由与社会主义”的三大目标。复兴党政治纲领中，也有一些社会主义的内容，诸如“一是主张在一个统一的阿拉伯国家中建立议会制度，实施地方分权，一切公民在法律上享有平等的权利。二是阿拉伯民族必须与帝国主义和殖民主义进行坚决斗争，废除一切奴役和压迫，寻求自身的解放。三是一切公民均享有社会财富的权利，禁止对他人的劳动进行剥削。四是应对公用事业、大型工矿企业和交通运输设施实行国有化，工人参加管理。国家管理国内贸易和控制对外贸易。五是建立国家医疗系统，实行免费保健制度。保证一切有工作能力的公民享有劳动的权利。六是实行初级和中等教育的义务教育制度，教育事业由国家掌握，取消私人和外国人创办的学校。七是在农村实行土地改革，改善贫苦农民的生活。保护非剥削的私有制”[2]。

复兴党的理念与执政纲领在阿拉伯世界影响深远，尤其推动了阿拉伯民族主义的发展。非洲一些民族解放运动的领导人如纳赛尔、布迈丁、尼迈里和本·贝拉等也受到复兴党社会主义思想的启发。二战结束后，北非阿拉伯国家的经济和社会发展条件优于撒哈拉以南的非洲国家，拥有一定数量的民族资产阶级，商业活动活跃，民众受教育程度较高，更易接受社会主义思想。其中，埃及和阿尔及利亚的发展情况最好。1952 年，埃及在纳赛尔的领导下发动革命，成为北非首个走社会主义道路的国家。此后北非地区的苏丹、利比亚、阿尔及利亚也加入了阿拉伯社会主义阵营。另外，东非索马里总统西亚德宣称他的社会主义思想与伊斯兰教是一致的，故而也归为阿拉伯社会主义。

虽然实行阿拉伯社会主义的国家对社会主义的理解不完全相同，但仍然有一些共同特征。

---

① 陈德成：《中东政治现代化——理论与历史经验的探索》，社会科学文献出版社，2000，第 143 页。

② 唐大盾等：《非洲社会主义：历史·理论·实践》，中国社会科学出版社，2007，第 27~28 页。

第一，阿拉伯民族主义和伊斯兰教是阿拉伯社会主义的两大支柱，其中阿拉伯民族主义主要强调本民族的自尊和追求阿拉伯统一。阿拉伯统一运动是伴随着阿拉伯民族主义发展的，在民族解放运动中成了行动口号。阿拉伯民族主义者认为："阿拉伯的统一是阿拉伯民族的理想，因为阿拉伯本来就是统一的，目前分裂为若干国家是帝国主义和当地反动势力相互勾结的结果。"① 因此，纳赛尔等人一直试图进行阿拉伯统一运动，曾促成过埃及和叙利亚组成阿拉伯联合共和国。

伊斯兰教则是阿拉伯社会主义最重要的思想来源，彼此有千丝万缕的联系。阿拉伯社会主义中处处反映出伊斯兰教的教义，其中最重要的就是平等与均贫富。纳赛尔认为社会主义是建立在人人参加劳动和平等的基础上的。本·贝拉也曾说："社会主义就是人人平等，因为伊斯兰教象征着人间的正义。"② 此外，这些阿拉伯国家民族运动的领导人竭尽全力在《古兰经》中寻找"社会主义因素"，并对此赋予解释，获取民众支持。《古兰经》中反对剥削的思想也成为阿拉伯社会主义的重要理念。可以说，阿拉伯社会主义是在《古兰经》的旗号下进行的。

第二，阿拉伯社会主义国家重要的实践在于实行国有化和土地改革。这些国家都认为国家应该垄断资本，必须收回长期被殖民者霸占的各项基础设施和企业等。因而，独立后经济上的首要任务是实行全面国有化，将社会财富和重要生产资料掌握在国家手中。在此基础上，才能够开展计划经济和工业化，国有企业也可以限制私营企业对人民的剥削。纳赛尔执政时期，埃及的国有化程度约为90%。阿尔及利亚也是如此。除了国有化，土地改革也轰轰烈烈地开展起来。借助《古兰经》教义，埃及的土地征购被认为是在最好代理人的名义下进行的。布迈丁也在阿尔及利亚实行土地改革、技术革命和合作化运动。

第三，阿拉伯社会主义国家非常重视军队的作用，因而出现了许多军

① 郁景祖：《什么是"阿拉伯社会主义"?》，《科社研究》1982年第2期，第43页。

② 〔阿尔及利亚〕本·贝拉：《本·贝拉言论集》，世界知识出版社编译，世界知识出版社，1965，第145页。

政权。不可否认的是，军队在阿拉伯社会主义国家争取民族解放过程中起到了重要的作用。奉行阿拉伯社会主义的国家几乎都是通过军事政变或者武装斗争夺取政权的，统治阶层有很多是军人出身，深知军队在维护政权稳定和促进国家发展中的作用。因此，在国内社会主义建设中，这些国家普遍倚重军队的力量。纳赛尔和布迈丁等人都强调革命军人在社会主义政权中的作用，认为唯有军队才能保护社会主义的胜利果实。从长远来看，这种对军队的重视使得北非阿拉伯国家的政党发展受到限制，也使得军人干政成为常态，影响了国家权力的平衡，反而给国家政权的稳定埋下隐患。

阿拉伯社会主义理论流派的代表人物主要有纳赛尔和卡扎菲。他们的思想自成体系，对埃及和利比亚产生了深远影响。纳赛尔出生于上埃及亚西乌特省贝尼莫尔村的穆斯林家庭，家境清贫，社会地位不高。他在青年时期接受了阿拉伯民族主义和爱国主义思想的启蒙，参与了反帝反殖民主义斗争，还曾被捕入狱。1936 年考入开罗皇家军事学院后，对《古兰经》、埃及历史、欧洲资产阶级革命家的理论以及马克思恩格斯的著作都有所学习，并结识了军界的许多军官。在参加反法西斯战争后，其展现出较强的领导才能，成为“自由军官组织”执行委员会主席。这种经历使纳赛尔重视军队的作用，认为阿拉伯世界的革命只能由军人充当领导。除此之外，纳赛尔提出了“自由、社会主义和统一”的口号，他的思想和言行对其他阿拉伯领导人产生了一定的影响。

1942 年，卡扎菲出生于利比亚费赞省锡尔特沙漠地区的一个牧民家庭，属于信奉伊斯兰教的柏柏尔人游牧部落。他祖父、父亲和叔父都曾参加过反对殖民主义的斗争，对他影响巨大。此外，卡扎菲成长过程中接受的是伊斯兰教的教育，是虔诚的穆斯林。随着阿拉伯世界民族解放运动的高涨，卡扎菲也随着历史的洪流投身到利比亚独立运动中。卡扎菲把纳赛尔视作阿拉伯精神领袖。1966 年他从军事院校毕业，前往英国学习无线电通信知识，回国后逐渐成为部队领导层。1969 年发动军事政变，开启了利比亚的伊斯兰社会主义进程。虔诚的宗教信仰和纯朴的部落感情，以及阿拉伯民族主义思想，形成了卡扎非那种倾注于宗教而又偏执于传统的民族主义思想。[①] 卡扎非的社会主义思想自成体系，被称为“世界第三理论”，该思想和指导下的实践在非洲社会主义中特色鲜明。

第二节　非洲社会主义存在的问题

虽然上述四种类型的非洲社会主义各有其特性，但自 20 世纪 80 年代中后期，这些奉行社会主义的非洲国家纷纷放弃了社会主义。虽然近 30 多年来非洲还有一些社会主义实践仍在积极开展，但总体而言，非洲社会主义陷入了较长的低潮期，这与其自身存在的问题紧密相关。

一　理论层面：空想成分居多，脱离非洲实际

从理论层面来看，不同于正确坚持马克思主义指导的社会主义，非洲社会主义更具空想成分，缺乏科学理论的指导，从而导致其脱离了非洲实际。马克思主义有独立完整的理论体系，作为重要组成部分的科学社会主义有唯物辩证法和历史唯物主义的理论支持。其科学性体现在如下三个方面。其一，科学论证了理论与现实运动趋势的紧密关系。不仅证明了科学社会主义理论具有科学性，更论证了无产阶级的伟大历史作用。其二，科学预测了未来社会主义的基本特征。提出未来社会必须以生产资料社会占有为基础，实行公有制，按计划生产，保障按劳公平分配。其三，科学阐述了无产阶级政党和无产阶级政权的思想。即无产阶级必须建立独立的政党——共产党，共产党没有自己的特殊利益，它首先要带领无产阶级和广大人民群众，消灭私有制，推翻资产阶级的统治，夺取政权。只有无产阶级夺取政权，利用政权打碎一切资产阶级用来统治的国家机器，消灭资本家的私人所有制，把一切生产工具集中到无产阶级手中，这样无产阶级才能实现真正的解放。[②]

① 唐大盾等：《非洲社会主义：历史・理论・实践》，中国社会科学出版社，2007，第 105 页。
② 闫莉：《科学社会主义的“科学性”及其当代确证》，《中共山西省委党校学报》2007 年第 5 期，第 7~8 页。

在非洲社会主义运动过程中，由于所处历史阶段及当时非洲国家的复杂国情，领导阶级无法看清事物的本质。尽管花了大量时间和精力去阐述和宣传，非洲社会主义思想依然是一个大杂烩，充满着理想浪漫而又含糊不清的理念，加之形形色色的解释，缺乏基本的系统性和逻辑性。而对于一些非洲国家而言，非洲社会主义就像一张不干胶的方便贴纸，想贴就贴。① 究其缘由如下。其一，非洲社会主义思潮的理论来源丰富多样，科学社会主义无法占据主导地位。早期传播到非洲的社会主义思想多是圣西门、傅立叶等空想社会主义理论家的思想，虽然存在对资产阶级的批判，但并没有提出完整科学的实际措施。这使得非洲社会主义从一开始就缺乏科学理论的指导。其二，非洲的现实基础无力实施真正意义上的社会主义。非洲是被西方资本主义扩张裹挟进近代历史的，其虽有绚烂的古代文明，但生产力和生产关系依然停留在原始社会抑或是奴隶社会时期。在经历了长期殖民后，非洲资产阶级才获得发展。资产阶级本身就非常弱小，无产阶级则更加缺乏。因此，科学社会主义提出的无产阶级消灭私有制和剥削，在非洲更是无从谈起。其三，非洲社会主义的核心目标主要为获得独立、维护政权。与科学社会主义的目标相去甚远。非洲社会主义思想的传播与道路选择，多由非洲资产阶级民族解放运动领导人决定的，其自身的资产阶级属性导致必然无法追求建立无产阶级政党，最终推翻资产阶级统治的目标，而这种斗争的不彻底也与科学社会主义背道而驰。

某种程度而言，社会主义在非洲被标签化，脱离了社会主义的本质，遭遇冲击陷入低潮是不可避免的结局。非洲社会主义发展到顶峰期时已成了一种标签化的运动，成了政府的执政口号，但凡提及“一党制、国有化、经济计划化、平等与人道主义”等概念就是奉行社会主义。马克思主义的基本原则是发展社会生产力，为了实现共产主义，首要任务就是发展生产力，逐步提高人民的物质文化生活水平。社会主义的本质就是解放生产力、发展

① 〔英〕马丁·梅雷迪思：《非洲国——五十年独立史》（上册），亚明译，世界知识出版社，2011，第127页。

生产力、消灭剥削、消除两极分化，最终达到共同富裕。然而从非洲社会主义的实践来看，几乎所有奉行社会主义的国家都没有深入思考过社会主义的本质与核心问题，在发展过程中一味地照搬苏联模式或者按照领导人的思路开展激进的实践活动，给刚独立不久的非洲国家带来了沉重打击。国际形势多变，加之非洲社会主义国家自身问题层出不穷，遭遇冲击成为必然，这也是非洲社会主义陷入低潮的主要原因。

二　实践层面：实用主义考量，深受外部影响

从实践层面来看，非洲国家对社会主义制度的选择与放弃更多出于实用主义考量，导致政治制度凌驾于国家的发展之上，在面临困境时社会主义制度便轻易被放弃。在获得独立后，非洲国家普遍存在二元经济结构明显、传统部族社会势力强大的问题，亟须快速发展，改变积贫积弱的面貌。社会主义思想中对平等、发展与共同富裕的描绘对非洲国家产生了极大的吸引力，加之苏联模式带来的示范效应，使非洲国家迅速选择进行社会主义实践，其制度选择越过了国家发展的优先性和重要性，没有充分考虑自身的基本国情。邓小平同志于 1988 年会见莫桑比克总统若阿金·阿尔贝托·希萨诺（Joaquim Alberto Chissano）时就曾提出："要紧紧抓住合乎自己的实际情况这一条。所有别人的东西都可以参考，但也只是参考。世界上的问题不可能都用一个模式解决。中国有中国自己的模式，莫桑比克也应该有莫桑比克自己的模式。"[①] 选择了社会主义制度后，非洲国家将其所理解的政策照搬和套用在国家发展中，于是便出现了许多问题。诸如，计划经济体制本身就需要国家和政府的高度集权，否则经济计划就无法在复杂而又庞大的社会中顺利推行，因此中央集权管理体制的出现成为必然。[②] 但是面对缺乏国家认同观念的非洲社会，中央政府很难实现高度的集权，加上苏联式的计划经济从

---

① 〔英〕马丁·梅雷迪思：《非洲国——五十年独立史》（上册），亚明译，世界知识出版社，2011，第 261 页。

② 赵春丽：《计划经济体制的反思——试论社会主义国家改革的必要性》，《沙洋师范高等专科学校学报》2004 年第 6 期，第 15 页。

根源上是违背市场规律的，使得政府制定的计划指令与现实需求日益脱节，对社会主义建设造成巨大的破坏。坦桑尼亚的乌贾马运动致使原本可以自给自足的农业在 1976 年出现问题，坦遭遇全国性饥荒，经济发展陷入停滞。在第三波民主化与苏东剧变的影响下，非洲国家为获得西方的援助与支持，修正既有问题，又纷纷转向西方代议民主制，推进经济私有化改革，导致 90 年代成为动荡的十年。由此可见，在进行政治制度选择时，非洲国家从实用主义出发，并没有认清自身发展中的实际问题，大多数国家或受外部影响或跟风选择了社会主义制度，并没有思考实行该制度是否有利于国家发展。

而在进行社会主义探索的过程中，非洲国家则多是模仿与照搬。如非洲社会主义运动中亦有不少国家宣称奉行马克思主义的科学社会主义道路，但在独立初期，世界社会主义运动仅有苏联模式最具代表性，非洲国家领导人并没有意识到苏联情况与非洲实际的巨大差异。简单粗暴地将公有制、计划经济以及一党制作为社会主义道路的“基本配置”，忽略了马克思主义最重要的唯物史观和唯物辩证法。换而言之，在非洲当时的发展阶段，选择社会主义道路是需要完成一系列本土化改造措施的，一味地照搬结果不言而喻。正如周恩来总理于 1963 年底至 1964 年初访问非洲十国时，以马列主义的视角提出过非洲仍然处于民族民主革命阶段，并不是社会主义革命。此外，与马里总统凯塔会面时，凯塔向周总理表达了中国不称其为社会主义国家的不满。周总理说：“是不是社会主义，主要是组织工人、农民，以工人阶级为领导，实行工农联盟，联合革命和知识分子，经过许多过渡，我们 1949 年各个民主党派协商制定的共同纲领，也没有称我们是社会主义，抗美援朝胜利后，1954 年开始进行第一个五年计划建设，我们才提出社会主义革命和社会主义改造。非洲国家今天主要是反帝、反殖、组织生产问题，不是反对资本主义，而是利用资本主义有用的地方，这是社会主义范畴允许的，你们现在搞社会主义对你们不利。”①

① 参见李玉洁等整理《陈毅同志 1964 年关于访问亚洲、非洲十四国和参加第二次亚非会议筹备会议的情况》，陕西省档案馆建国后档案，档案编号：123-1-6135。

此外，鉴于非洲国家的历史，国际形势的变化对非洲社会主义的影响巨大且深远。近代历史中，非洲大陆遭到长达600年的奴隶贸易与殖民统治，直到20世纪中期才开始轰轰烈烈的民族解放运动，陆续获得民族独立建立新的国家。这些非洲国家都有以下特点。在经济上，非洲国家属于依附于资本主义世界体系的单一外向型经济，经济体系不完善，脆弱性高。按照萨米尔·阿明（Samir Amin）的依附论，非洲国家处于边缘地区，资本积累速度慢、程度低。在同发达国家开展贸易过程中不免受到不公正待遇。而欧洲宗主国更是一直控制原材料价格，在自身遭遇危机时向非洲转嫁危机。这导致在20世纪后半叶的两次经济危机中，非洲国家成为最大的受害者。在政治上，非洲国家普遍存在能力弱小的问题。这里的国家能力是统治阶级通过国家机关行使国家权力、履行国家职能，有效统治国家、治理社会，实现统治阶级意志利益及社会公共目标的能量和力量。[①] 非洲国家本身缺乏上述能力和力量，在经济依附于资本主义中心国家的前提下，国家自主性大打折扣，进一步削弱了国家能力。在社会文化上，许多非洲国家是被外力拉入现代社会的，传统部族社会的势力依然强大，阻碍了非洲现代国家的形成。部族社会问题众多，除了生产力落后，还使现代化国家的中央政府难以管理，易造成国家内部的冲突。非洲大陆和国家的这些特点和问题使其非常容易受到外部环境的影响。一方面，非洲的政治与经济由于历史和现实原因受制于大国，在苏东剧变后，美国成为超级大国，西方民主制与自由主义经济受到推崇，非洲国家被迫快速改变。另一方面，非洲的部族文化更是给国家内部增添不稳定因素，容易被外部势力逐一击破。多年来，非洲的多项事务总是受到外部环境的影响，非洲社会主义在该阶段的快速衰退也并不例外。

从《共产党宣言》诞生起，科学社会主义理论就指导了广大无产阶级和被压迫人民的民族解放运动。1917年，列宁领导俄国布尔什维克党成功地进行了十月革命，建立了世界上第一个社会主义国家，创立了列宁主

① 黄宝玖：《国家能力：涵义、特征与结构分析》，《政治学研究》2004年第4期，第70页。

义，将马克思主义发展到新的阶段。在中国革命和建设时期，毛泽东同志领导中国共产党人把马克思主义基本原理同中国革命和建设的具体实际结合起来，团结带领人民成功开展新民主主义革命和社会主义革命，建立了社会主义制度，实现了中华民族从“东亚病夫”到站起来的伟大飞跃，创立了毛泽东思想。在改革开放时期，邓小平同志领导中国共产党人把马克思主义基本原理同中国改革开放的具体实际结合起来，团结带领人民成功地开辟了中国特色社会主义道路，实现了中华民族从站起来到富起来的伟大飞跃，创立了邓小平理论……在新时代，习近平同志领导中国共产党人把马克思主义基本原理同新时代中国具体实际结合起来，团结带领人民进行伟大斗争、建设伟大工程、推进伟大事业、实现伟大梦想，推动党和国家事业取得全方位、开创性历史成就，发生深层次、根本性历史变革，中华民族迎来了从富起来到强起来的伟大飞跃，创立了习近平新时代中国特色社会主义思想。[①] 170 多年的实践中，马克思主义与时俱进，不断更新，彰显了强大的活力。

因此，科学社会主义在马克思主义的指导下，经过苏联、中国等社会主义国家的反复实践，不断革新，成功地实现本土化，二者相互促进，使得理论的科学性得以证明。而非洲社会主义则从初始就缺乏科学理论的指导，在实践中也没有进行成功的本土化过程。这些问题都导致非洲社会主义难以获得长久的实践与发展。

第三节　非洲社会主义落入低潮的原因

一　非洲社会主义运动陷入低潮的外部因素

进入 20 世纪 80 年代中期，美苏冷战已进行 30 余年，双边力量对比逐

① 谢伏瞻：《马克思主义是不断发展的理论——纪念马克思诞辰 200 周年》，《中国社会科学》2018 年第 5 期，第 7~8 页。

渐发生变化。苏联在长期的军备竞赛中，国力消耗巨大。生产关系与生产力不相符的矛盾也逐渐暴露出来，颓势已现。美国方面则正好相反，代表新保守主义的里根总统上台后，采取了新遏制战略，美国的优势逐渐显现。同时，国际环境不断变化，如科技、思潮等方面的新发展，一场重大的变革正在酝酿。国际环境的变化是非洲社会主义陷入低潮的重要外因，主要有以下几个方面。

第一，科技革命兴起，新自由主义经济思潮获得认可，资本主义进入国际垄断阶段，西方国家进入新一轮的高增长期。20 世纪 80 年代初，资本主义国家的衰退期结束后，以信息技术为中心，包括生物（基因）技术、航天技术、纳米技术、激光技术、超导体等高新技术迎来了突破性的发展。这次科技革命的深度和广度都是空前的，为资本主义向国际垄断阶段转变提供了基本动力。与此同时，由于 70 年代凯恩斯主义失灵，资本主义国家经济陷入滞胀阶段，使得新自由主义再次得到重视。该流派的代表人物主要是极端派的弗里德里希·奥古斯特·冯·哈耶克（Friedrich August von Hayak）、芝加哥学派的米尔顿·弗里德曼（Milton Friedman）、供应学派的阿瑟·拉弗阿瑟·拉弗（Arthur Betz Laffer）和罗伯特·蒙代尔（Robert Mundell）以及理性预期学派的罗伯特·卢卡斯（Robert E. Lucas, Jr）等。新自由主义与凯恩斯主义正好相反，反对政府干预，认为自由市场机制是经济运行的内部动力，赞成尽可能地让人们自由地生产，在市场上自由竞争。有了技术和思想基础，资本主义进入国际垄断阶段，英美等西方国家都进行了相应的经济改革，产业结构发生了重大变革和提升，跨国公司迅猛发展，劳动生产率也得到提高。资本主义世界进入了第五次长波的增长期。由于资本主义经济的迅速发展，新自由主义也被奉为圭臬，成为后来西方国家向非洲积极宣传并要求非洲实施经济改革的指导理论。

第二，里根总统上台执政后的一系列举措，使美国在冷战中重获优势。里根上台之初，苏联仍处于进攻态势。为此，他提出对苏联推行实力政策、恢复对苏联的遏制。具体而言有以下几点：扩充美国的军事实力，谋求打破战略均势；组建堵截苏联的战略防线；以实力为后盾，执行“以实力求和平”的方针；开展对苏联的经济攻势；通过美苏两极体制的框架来看待第三世界和地区冲突；进行意识形态战。① 1983 年，里根又推出了“星球大战计划”，标志着美国核战略思想的转变。在里根入主白宫四年后，美国恢复了信心与力量，在冷战中重获优势，具体包括对自身有了较为清醒的认识，拥有充分的威慑力量，经济实力获得增长，与盟国的关系进一步深化，并且军事力量有所增强。在此背景下，里根主义应运而生，该主义总体而言是美国与苏联在第三世界的对抗，支持反共主义的起义并击退共产主义，在第三世界建立起美国式的民主。里根主义的盛行影响了整个西方世界对第三世界的政策。这也进一步推动民主化浪潮席卷非洲。

第三，苏联模式弊端显现，加之戈尔巴乔夫推行新思维政策，导致苏东剧变，冷战结束。由于苏联在 70 年代长期保持大规模的扩张与进攻态势，将大量的财政收入投入军事领域。80 年代初，里根的新遏制政策更是导致勃列日涅夫、安德罗波夫和契尔年科主政时期，努力维持强烈的对抗与军备竞赛。在戈尔巴乔夫就任总书记之前，苏联社会发展实际上已处于停滞状态，经济发展的许多方面已经落后于美国、日本以及西欧发达资本主义国家。1985 年 3 月，戈尔巴乔夫接任苏联共产党中央委员会总书记，在 1986 年苏共第二十七次代表大会的报告中，他提出要对经济体制进行根本性的改革，同时还提出了进行政治体制改革的设想。② 1987 年庆祝十月革命胜利 70 周年讲话中，戈尔巴乔夫反复声称，苏联改革的真正目的，不仅是要在经济、社会、政治和文化方面体现人道主义的价值，而且要力求使国际关系民主化和人道主义化。③ 1988 年，苏共通过了《关于切实进行国家政治体制改革的若干迫切措施的决议》，决定进行以公开性和民主化为标志的政治体制改革。在戈尔巴乔夫新思维理论的影响下，苏联政治体制悄然发生变化，

---

① 方连庆、王炳元、刘金质主编《国际关系史（战后卷）》（下册），北京大学出版社，2006，第 564~567 页。

② 〔苏联〕米·谢·戈尔巴乔夫：《戈尔巴乔夫言论选集》，苏群译，人民出版社，1987，第 305 页。

③ 孔寒冰、项佐涛：《社会主义制度：从一国到多国的演进（1917—1991）》，北京师范大学出版社，2018，第 304 页。

苏共放弃了对军队的领导权，开始推崇经济私有化，曾经的一党制和高度中央集权消失了，掩藏的矛盾如同山洪般爆发，苏联迅速解体。在戈尔巴乔夫执政后期，东欧社会主义国家面临的问题也愈加突出，引起了国家动荡，结局是这些国家纷纷放弃了社会主义政权。苏东剧变也引发了整个社会主义阵营的剧烈动荡，使得原本遭遇发展问题的非洲社会主义国家丧失了后援，进一步加速了社会主义运动的衰落。

第四，民主化进程愈演愈烈，席卷了除非洲外的各个大洲。第三波民主化肇始于1974年4月25日葡萄牙发生的“康乃馨革命”，该国持续35年的独裁政府被推翻，之后波及希腊。接着，在20世纪70年代末迅速蔓延到拉美地区，厄瓜多尔、秘鲁、玻利维亚、阿根廷、乌拉圭、巴西、洪都拉斯、萨尔瓦多和危地马拉先后进行了民主改革，推翻军政权、召开制宪会议，进行民主选举。[①] 之后亚洲也先后爆发民主运动，1977年印度成为“全球最大的民主国家”。80年代土耳其、菲律宾、韩国和巴基斯坦结束威权或军人政治，走向民主。80年代末，苏联解体使大部分社会主义国家纷纷放弃社会主义制度和体制，转向多党代议的民主制度，这些国家包括匈牙利、波兰、波罗的海三国、民主德国、捷克斯洛伐克、罗马尼亚、保加利亚和蒙古国。这一波民主化浪潮在这一时期达到高潮，出现多个大洲多个国家同时发生民主化运动的情况。在民主化浪潮的刺激下，非洲大陆暗流涌动。到20世纪80年代后期，非洲民众普遍感觉到，只有废除威权、腐败和无效的一党制政体，经济复苏才有希望；同样感觉到，多党制政府能够遏制非洲经济的螺旋式下降。[②] 第三波民主化浪潮成为非洲社会主义陷入低潮的重要导火索。

在上述外部因素影响下，非洲社会主义国家纷纷放弃社会主义制度，西方倡导的民主化浪潮席卷非洲，伴随大规模民主化运动，非洲社会主义运动

① 赵雅婷：《21世纪欧盟对非洲援助的政治导向研究》，社会科学文献出版社，2019，第57~58页。

② 〔英〕威廉·托多夫：《非洲政府与政治》（第四版），肖宏宇译，北京大学出版社，2007，第13页。

彻底陷入低潮期，北非的阿拉伯社会主义国家（突尼斯、利比亚）在 2011 年“阿拉伯之春”后也抛弃了社会主义道路。

二　非洲社会主义运动陷入低潮的内部原因

（一）非洲代表性国家社会主义运动陷入低潮的内部原因探析

刚果（布） 1968 年，刚果（布）劳动党领导人恩古瓦比联合左派力量发动“七·三一”运动，建立以马列主义为指导思想的政权，公开宣称走科学社会主义道路，通过“革命先锋党”的领导实现民族、民主和人民革命，进而实现步入社会主义的目标。然而，探索社会主义道路的过程是曲折的，有诺阿基姆·雍比-奥庞戈（Joachim Yhombi-Opango）时期“倾西方”政策的回归，也有德尼·萨苏-恩格索（Denis Sassou-Nguesso）时期对“社会主义”道路的调整与恢复。

1990 年 9 月，刚果劳动党放弃一党制，宣称仍忠于社会主义理想，但是决定不再以马列主义作为党的理论基础。1991 年举行全国协商大会，1992 年全民投票通过现行宪法，实行三权分立，半总统和半议会制。劳动党在全国大选中失利沦为反对党。刚果（布）通过上述调整进行了民主化，科学社会主义在刚果（布）的尝试最终以失败告终。究其原因主要如下。一是工人阶级思想意识薄弱。虽然刚果（布）工人阶级已构成了一个集体，但这种集体仅是经济意义上的，刚果（布）的劳动者还没有形成统一的阶级政治觉悟，难以在政治斗争和经济建设中形成合力。二是经济发展程度不够。社会主义公有制经济的确立属于生产关系调整范畴，因此应以生产力的发展为前提条件。在生产技术落后，经济基础薄弱的现实条件下，建立社会主义公有制只能是空想，最终造成发展乏力，陷入严重的经济危机。三是国际局势的变化。随着苏联解体、冷战结束，资本主义阵营不仅在国际体系中占主导地位，并且将其倡导的自由民主观念强行输出到包括非洲在内的世界其他地区，迫于国际形势压力，刚果（布）最终放弃了社会主义尝试，走向西方主导的以市场经济和多党竞争为特征的民主化道路。

莫桑比克作为非洲东南部的一颗明珠，其独立对于结束帝国主义在非洲南部的殖民统治，瓦解世界殖民体系有着重要的意义。莫桑比克在独立之初，面对国内社会经济崩溃，国外帝国主义势力封锁，反对派对抗的局面，毅然选择了社会主义道路。在社会主义道路探索的具体实践中，主要取得了以下三方面的成就。第一，加强了人民政权建设，巩固了新生政权。即通过复制解放区的经验，迅速在全国范围内建立了国家权力机关，打破旧的国家机器，使人民当家作主，并积极开展党建工作；第二，经济上实行国有化和农业集体化，建立和发展了社会主义所有制，国家掌握了国有经济命脉并开展了基本的经济建设；第三，大力发展教育和医疗卫生事业，极大改善了莫桑比克本国人民的受教育状况和卫生状况，基于其在卫生防疫活动方面所取得的成就，它被世界卫生组织列为发展中国家的典范。

然而，以科学社会主义为指导的社会主义建设在莫桑比克最终以失败告终，究其原因主要有以下三点。第一，经济发展程度不够，与生产关系不适应。社会主义公有制经济的确立属于生产关系调整范畴，生产力的发展需与其相适应。在生产技术落后，经济基础薄弱的现实条件下，建立社会主义公有制只能是空想，最终造成发展乏力，陷入严重的经济危机。第二，教条地使用马列主义，产生了一系列矛盾和问题。在政治上学习苏联，实行一党专政政策，在国内部落结构复杂的情况下过早剥夺酋长权力，造成了部分群体与执政党的对立；在经济上过早过快地实行国有化和农业集体化，造成了工农生产水平的全面下降，激进推进农业农村政策也引发了一些农民的不满。第三，国内外局势的变化影响了最终道路。随着国内经济社会发展的困境，以及外界东欧剧变、苏联解体、冷战结束，自由民主观念在非洲地区的输出，最终也使得莫桑比克放弃了社会主义道路，寻求政治体制改革和政治对话，并走上了国家重建之路。

安哥拉在独立之后，由安人运组建政府，马列主义被定为党的指导思想，在安哥拉建立了社会主义政治经济制度。在经济上实行国有化政策，同时试图发展教育和医疗卫生事业，向安哥拉人民展现全新风貌。然而，以科学社会主义为指导的发展道路在安哥拉并不成功。进入 20 世纪 80 年代以后，安哥拉的发展陷入了较大困境，经济效率低下，社会建设停滞不前，而旷日持久的内战更是给安哥拉社会带来极大的破坏。经济社会发展困境与内战问题也使得安人运内部就政治路线产生了较大的分歧和讨论，最终也导致了政策路线的进一步调整与变革，也使安哥拉最终放弃了社会主义道路。

安哥拉的社会主义道路探索之所以失败，究其原因主要有以下两点。第一，独立前安哥拉经济基础极差，开展社会主义经济建设的难度较大。本身在独立前，工业、矿业、农业等国民经济重要领域均由葡萄牙人经营，在他们离开安哥拉后基本使其各个领域都处于瘫痪状态，本国自力更生、另起炉灶的难度较大，单纯依靠自身很难发展起来。此外，相关经济社会基础、市场发育情况、技术水平均处于较低水平，与社会主义经济体制严重不适应，最终造成发展乏力，陷入艰难困境。第二，内战严重影响发展进程。自安哥拉独立后，国内主要党派之间为了争夺执政权而进行的武装斗争持续不断，安人运既要进行国内经济社会建设，又要抽出精力转向国内防务，而自身的组织建设也遇到诸多问题，使其难以应对国内的发展任务。第三，国内外严峻的局势使得安哥拉的改革势在必行。从国内角度讲，经济社会发展遇到困境，不得不进行经济改革和国际援助；反对派势力强大，持续 27 年的内战更是让安哥拉国内发展雪上加霜，必须通过政治改革谋求政治对话。从外部环境看，东欧剧变、苏联解体，西方资本主义国家意识形态席卷非洲，国际形势的急剧变化最终也促使其放弃了社会主义道路，寻求政治经济体制改革，重新走上了国家发展之路。

塞内加尔 1980 年桑戈尔主动引退，继任者迪乌夫依然坚持民主社会主义道路。苏东剧变后，塞内加尔也进行了相应的国内改革，但迪乌夫依然在 1993 获得连任，他所领导的塞内加尔社会党继续以民主社会主义为纲领。2000 年总统大选中，阿卜杜拉耶·瓦德领导的塞内加尔民主党获得了胜利，社会党自此失去执政地位。塞内加尔长达 40 年的社会主义实践就此落下帷幕。

桑戈尔及其接班人在塞内加尔的社会主义实践获得了诸多成效，但也不可避免地暴露出一些问题。在思想层面，桑戈尔认为“在殖民主义来到非洲大陆以前，非洲社会本来就是一种公有制社会”，同时认为非洲没有阶级之分，不存在剥削，非洲很早就是社会主义社会。这种思想没有认识到原始村社公有制与社会主义公有制有着本质的区别，是对社会主义及其内涵的错误理解，使得民主社会主义空想的成分更多，实践缺乏科学的思想指导。此外，塞内加尔的社会主义实践由小资产阶级领导，其所奉行的民主社会主义思想认为，在社会结构发生变化和中产阶级日益壮大的情况下，无产阶级已丧失在历史动力中的主导作用，只有黏合社会各个阶级、阶层的利益和愿望，调整劳资关系，化解劳资矛盾，才能和平地实现社会变革。社会党在事实上成为"管理整个资产阶级的共同事务的委员会"中的体制内成员。① 同时，发展到后期，塞内加尔社会党指导思想中的社会主义色彩变得暗淡，更加追求所谓的民主，与最初提出的实现社会主义渐行渐远。

在实践层面，思想上的弊端导致问题不断显现。第一，政治上的多党制实际上否定了无产阶级专政，加剧国内矛盾，迫使政府花费更多精力应对批评与攻击，降低了执政效率。这也给桑戈尔引退后全面开放党禁和社会党失去执政权埋下了隐患。第二，在经济改革方面，桑戈尔在独立初期激进的国有化运动致使资金外逃，国家经济受到严重冲击。而后改行的塞内加尔化又过于依赖外国资本，民族资产阶级成长受限，经济易受资本主义世界市场的影响。第三，村社化改革中，并没有触碰传统的大家族和宗教领袖等群体的利益，中央政策与地方执行脱节，农村旧的社会关系并没有被打破，加之管理层的腐败，严重束缚了塞内加尔农业生产力的发展。在其执政末期，塞内加尔仍然是一个以出口花生为主的落后农业国。迪乌夫后来逐渐抛弃了公有制经济，接受私有化改革，放弃了社会党的执政地位，宣告民主社会主义在塞内加尔实践的失败。

埃及从理论层面审视埃及纳赛尔的阿拉伯社会主义，可以发现同其他阿拉伯社会主义思想一样，只能被视为马克思经典社会主义理论的一种"变异版本"。纳赛尔虽然自年轻时即接触社会主义思想，身边也不乏持有共产主义思想的好友，但其并不认同科学社会主义，甚至对共产主义还采取了明

① 林怀艺：《民主社会主义思潮对社会主义核心价值观的冲击及对策思考》，《科学社会主义》2017 年第 5 期，第 147 页。

确反对的态度。[①] 正如纳赛尔本人所说："……我们信仰宗教，马克思主义否认宗教……共产主义不相信私有制……我们相信私有制，但是我们不相信剥削的所有制；马克思主义或马克思列宁主义规定要通过暴力无情地消灭和粉碎资产阶级或者说是我们所称的反对派。我们不这样做，我们说过，我们要在不使用武力消灭统治阶级的情况下，通过和平方式来解决冲突的矛盾。"[②] 因此，在这种理论指导下，纳赛尔的阿拉伯社会主义实践活动成了威权主义、民族主义、国家资本主义和阶级调和主义的混合产物，特别是阿拉伯民族主义和泛阿拉伯主义逐渐成为纳赛尔思想的主轴，政治层面的威权主义统治和生产领域的土地改革、国有化运动、计划经济模式化成为埃及增强国力、进而推动阿拉伯世界解放和统一的手段。可以说，社会主义虽然是纳赛尔一直追求的目标，但阿拉伯民族主义才是其思想的底色，当这两种思想相结合时，社会主义实际已让位于民族主义，社会主义的"工具化"是纳赛尔阿拉伯社会主义同科学社会主义的根本分歧点。

世界社会主义运动在苏东剧变后陷入低潮，"阿拉伯之春"大动荡又导致政治伊斯兰和宗教激进主义强势崛起，中东左翼政党的社会支持力量不断流失，埃及左翼政党难以独善其身。就埃及国内局势看，塞西政府依靠军队实现对埃及社会的有效控制，左翼政党的活动受到政府的严密监管，难以作为反对力量对执政党进行有效制衡；而就埃及左翼阵营自身看，主要政党虽有很高的参政热情，但往往难以提出切合埃及现实国情、对民众具有吸引力的施政纲领，严重缺乏政治动员能力，一些左翼政党为了提升影响，采取现实主义做法，回避对塞西政府的批判，以换取政府对左翼政党参政的有限支持，但这种做法导致左翼政党缺乏独立和批判精神，反而进一步削弱了政党的群众基础。面对高度复杂的政治局势和社会环境，如何从埃及社会主义实践的历史过程中充分吸取经验教训，将坚持社会主义理念和埃及具体国情有效结合，探寻左翼力量的生存、发展和联合之路，已成为当代埃及左翼政党的重要历史任务。

---

① 唐大盾、徐济明、陈公元主编《非洲社会主义新论》，教育科学出版社，1994，第96页。

② 《1962年5月30日纳赛尔在全国人民力量代表大会上的发言》，《金字塔报》，1962年5月31日。

（二）非洲社会主义运动陷入低潮的共性原因

其一，实用主义特征造成理论混乱。由上述章节可知，非洲社会主义的理论来源非常广泛，既有非洲本土的传统文化，也有来自西方的空想社会主义等思潮；既有日渐觉醒的民族主义思想，亦有小资产阶级的民主和改良主义思想；既有非洲独特的传统宗教思想，也有伊斯兰教和基督教等世界主流宗教的教义。从非洲社会主义理论来源的广泛与复杂，就可以感受到非洲社会主义运动发展的不平凡与崎岖坎坷。这些思想杂糅到一起，编织出非洲社会主义多种多样、色彩斑斓的图景。因此，正如历史实践后来昭示的，非洲各国在把社会主义理论付诸实践的过程中，出现了非洲社会主义的不同流派。纵观非洲大陆，几乎没有统一的社会主义纲领和指导思想，甚至在有些方面观点截然对立。

不同的理论来源与实践并不意味着不能与各国国情相适应，从而产生良好的实践效果。但是，上文的讨论已表明，非洲各国在把理论付诸实践的过程中，展现出来一些不同于其他社会主义国家的显著特征。比如，非洲社会主义运动的实用主义特征。这种实用主义体现在如下两个方面。一是将社会主义的一些概念用于国家发展中，社会主义成了手段而不是目的。比如许多领导人多次表明，社会主义的许多观念是适应非洲发展的，希望从社会主义理论中寻找促进国家发展的途径。也因此，非洲的社会主义偏离了科学社会主义要求的以实现共产主义社会为目标，变成了只要能够促进国家发展，稳固政权，非洲国家就可以对社会主义理论做出各种改变和调整。二是一些非洲社会主义者对待宗教的态度也是灵活的。为了使人民更易接受，执政理念更有吸引力，许多宗教教义被加入非洲社会主义理论和实践中。对宗教运用实用主义的突出代表是北非的阿拉伯社会主义，纳赛尔和布迈丁等人明确指出伊斯兰教与社会主义没有什么矛盾。他们还曾从宗教中寻找执政的合法性。按照正统马克思主义学说，这种对宗教的态度虽然争取到了民众的支持，但却已经与马克思主义截然相反，变为了一种否认社会发展客观规律，否认阶级斗争的理论。[①] 如果说理论已经

① 杨光、王正、张宏明主编《马克思主义与西亚非洲国家发展道路问题研究》，中国社会科学出版社，2017，第 55 页。

发生了实质性的变化，那么，很难说理论对现实的指导作用到底源自哪里。实践中产生的困难并不能诉诸名义上的社会主义。

其二，中间道路导致制度混乱。社会主义在制度诉求上包含了政治、经济、社会的方方面面。在社会主义实践中混杂不同的制度设计，为理论的实践设置了障碍。非洲国家在社会主义实践中对待马克思主义和资本主义的态度也不尽相同，大多数国家走中间道路。虽然非洲社会主义在理论上反对殖民剥削，批判资本主义，在实践上建立社会主义政党，实行资产国有化，经济计划化等。除刚果（布）等坚称走科学社会主义道路的国家外，其他非洲社会主义国家都明确表明对马克思主义并不是全盘接受的，对资本主义国家的一些行为和政策也采取了接纳的态度。比如，纳赛尔和卡扎菲都在政策中表明反对马克思主义。大多数国家则表明它们实行的社会主义不是马克思的科学社会主义，而且介乎科学社会主义和资本主义之间的一条“中间道路”。中间道路施政过程中可以看到社会主义与资本主义相交叉的痕迹。比如民主社会主义制度在政治上实行多党制，在经济上则实行计划化和国有化。还有一些非洲国家，在推行计划经济受挫后，又转而对资本主义私有化网开一面。这种实践过程中的中间道路引发了左右摇摆的问题，致使执政党偏离了对社会主义制度的追求。中间道路的选择导致了实践中制度设计的混乱，偏离了理论的有效指导，同时也为实践中产生的困难埋下了伏笔。

其三，非洲国家发展问题越发突出。自 20 世纪 70 年代中后期，非洲国家受到国际大环境以及自身问题的影响，出现了普遍衰退的现象。80 年代被认为是非洲“失去的十年”。这 10 年中，撒哈拉以南非洲国家（南非除外）国内生产总值年均增长率由 1973 年的 6.1%降到 0.8%，人均收入下降约 25%。城市一半人口、农村 3/4 的人口受到饥饿的威胁。在贫困线以下的人口由 1985 年的 1.05 亿人增至 1992 年的 2.2 亿人。全球 48 个最不发达国家中非洲就占 33 个。与此同时，非洲国家外债急剧增加，1981 年为 864 亿美元，1990 年狂增到 2720 亿美元。债务总额相当于非洲国民生产总值的 80%。非洲每年用 50%以上的收入支付到期债务和利息。在对外贸易上，非洲国家的状况也不断恶化。1980~1986 年，非洲的贸易条件指数平均每年下降4%。1986~1990年，非洲出口商品单位价值指数下降了23.2%，出口收入损失达500亿美元。[①] 即便拥有丰富的矿产资源，非洲经济发展较好的阿尔及利亚和赞比亚等社会主义国家也遭遇经济发展困境，外债高筑，民生凋敝。非洲社会主义国家发展问题不断凸显，给民众对政府与制度的信心带来巨大打击。民心思变使得政权的稳定性与合法性受到冲击，社会主义制度岌岌可危。

综上，非洲社会主义理论渊源来源广泛，其核心思想是民族主义，产生的理论也复杂多样，但均努力保持非洲国家的自身特色。由此导致在实践中，非洲社会主义国家偏重实用主义，根据国家需要制定发展政策，同时非洲国家也大多选取了马克思主义和资本主义的中间道路。马恩的社会主义理论在非洲各国实用主义态度下发生异化，以及中间道路选择带来的制度混乱，从理论和实践上埋下了非洲社会主义运动陷入低潮的伏笔。20世纪80年代中后期，伴随国际大环境的改变以及非洲国家普遍出现的发展困境问题，非洲社会主义运动开始出现疲软与衰退的迹象，随着非洲国家自身情况与国际大环境的变化，毛里求斯、几内亚、苏丹、莫桑比克和阿尔及利亚在20世纪80年代首先脱离了社会主义阵营。苏东剧变后，民主化浪潮席卷非洲大陆，社会主义国家纷纷改弦易辙，转而进行市场化，奉行西方代议民主制。到了90年代，这些奉行非洲社会主义的国家纷纷改旗易帜，民主化浪潮全面席卷非洲。到2000年，仅有埃及、突尼斯、坦桑尼亚、利比亚、塞内加尔五国依然宣称奉行社会主义。2011年“阿拉伯之春”爆发，社会主义在北非国家中消失。至今，仅剩坦桑尼亚依然在宪法中坚称奉行社会主义和自力更生政策，非洲社会主义运动仍然举步维艰。

---

① 李爱华、卢少军：《非洲的社会主义为什么不成功》，《当代世界与社会主义》2003年第1期，第96页。

第六章　非洲社会主义的新探索

落入低潮期的30多年来，非洲奉行社会主义的国家数量依然在不断减少，仅剩的坦桑尼亚虽然仍在宪法中宣称奉行社会主义与自力更生，但其社会主义思想与实践同马克思主义的科学社会主义有很大的区别。其他社会主义政党也受到打击，在非洲政坛多是在野党，对非洲国家的政治发展作用十分有限。尽管如此，30多年来非洲的马列主义政党经过政策调整仍然在践行马克思主义，还有一些社会主义实践也得到开展，非洲的社会主义运动仍然有些许亮点。左翼的社会党在非洲多个国家执政，虽然绝大多数抛弃了社会主义道路，但是对社会主义依然有天然的亲近感。此外，南非共产党作为以马列主义为指导思想的社会主义政党已发展成为南非政坛的重要力量。随着近年来非洲经济的快速发展，非洲社会主义发展的场景也出现了新变化，在非洲的发展探索中，马克思主义指导下的社会主义道路或有更大的可能性。本部分将结合非洲社会主义新探索的现实需求对马克思主义在非洲的回归进行展望，并以坦桑尼亚、加纳、南非为例分析非洲社会主义的新探索。

第一节　非洲社会主义新探索的现实需求

一　非洲国家突破发展困境的道路选择

在第三波民主化浪潮、苏东剧变，以及20世纪80年代国际货币基金组织和世界银行等国际援助机构向非洲国家提出经济结构调整计划的影响下，1988 年，阿尔及利亚和贝宁两国率先发生游行示威，提出政治改革的要求，开启了非洲大陆大规模的民主化进程。笔者对非洲社会主义国家民主化发生的时间与结果进行了统计，具体参见表 6-1。

表 6-1 非洲社会主义国家民主化发生的时间与结果

国家	民主化起始时间	结果
苏丹	1996 年 6 月（1985 年达哈卜上台宣告放弃社会主义制度）	1986 年 4 月苏丹举行大选，萨迪克 · 马赫迪出任第一总理。1989 年巴希尔通过军事政变上台执政。1996 年，苏丹进行首次总统和议会选举。1998 年 6 月 30 日，苏颁布并实行新宪法，规定苏丹是多种族、多文化、多宗教国家，国家实行建立在联邦制基础上的非中央集权制；总统是国家主权的最高代表、军队最高统帅，拥有立法、司法、行政最高裁决权，由全民选举产生，任期 5 年，可连选连任一届；议会为立法机构；司法独立
几内亚	1990 年 3 月（1984 年 3 月塞古 · 杜尔病逝，随后几内亚放弃社会主义道路）	1990 年 12 月全民投票通过《根本法》规定实际总统制，1991 年成立文官政府，1992 年开放党禁，1993 年进行总统选举，1995 年完成议会选举
毛里求斯	1982 年大选工党落败，民主社会主义道路被逐渐放弃	1992 年 3 月改行共和制。毛里求斯独立以来，历届政府均坚持维护民族团结与和睦，实行文化多元化政策，保持了政局的长期稳定。毛里求斯独立后一直实行多党制，工党、社会主义战斗党（社战党）、战斗党轮流执政或联合执政
莫桑比克	1990 年 8 月（1989 年莫解阵宣布放弃一党制，奉行社会民主主义）	1990 年 11 月通过新宪法，决定建立多党民主制。1994 年首次进行多党议会和总统选举
阿尔及利亚	1989 年	1988 年发生动乱被平息后，1989 年，阿尔及利亚全民公决通过新宪法，这部宪法在以下几个方面表明与过去截然不同：取消阿尔及利亚的社会主义国家属性；实行多党制，引进西方民主机制；引进西方人权观念，保障个人的基本权利和自由；取消军队保卫社会主义和参与国家建设的任务，只保留保卫国家主权和领土完整的职责等

续表

国家	民主化起始时间	结果
贝宁	1989 年初	人民革命党于 1989 年宣布放弃马列主义和社会主义道路,1990 年 3 月,作为国家最高权力机构的贝宁全国会议宣布废除宪法,取消一党制,改贝宁人民共和国为贝宁共和国,同年 4 月,贝宁人民革命党召开特别代表大会,宣布该党解散。贝宁经济上接受结构调整计划,政治上实行党政分离,召开有生力量会议,反对派和平夺权
刚果(布)	1990 年 9 月	刚果(布)劳动党放弃一党制,宣称仍忠于社会主义理想,但是决定不再以马列主义作为党的理论基础。1991 年举行全国协商大会,1992 年全民投票通过现行宪法,实行三权分立,半总统和半议会制。劳动党在全国大选中失利沦为反对党
安哥拉	1990 年 12 月	人民解放运动-劳动党第三次全国代表大会决定放弃将马列主义作为党的理论和奋斗目标,奉行社会民主主义,采取市场经济模式,修改宪法,实行多党制
埃塞俄比亚	1991 年 7 月(1990 年放弃社会主义道路)	埃塞俄比亚工人党于 1990 年宣布放弃马列主义和社会主义,1991 年 5 月,埃塞俄比亚人民革命民主阵线武装攻占首都亚的斯亚贝巴夺取政权,总统门格斯图出逃,埃塞俄比亚工人党被取缔。同年 7 月,埃塞召开和平民主过渡全国会议,通过过渡时期宪章,决定成立由各派参加的过渡政府,两年半内举行全国大选,组建新政府和出台新宪法
津巴布韦	1991 年初	1991 年放弃一党制,1992 年宣布实行多党制。1991 年津巴布韦民盟主席穆加贝说:“无疑,我们不是要完全放弃社会主义的意识形态,我认为我们应该考虑对它进行修正。”民盟政治局常委会遂提出报告,建议以“社会民主主义”取代“马列主义”
佛得角	1990 年 9 月(1991 年放弃社会主义发展模式)	1991 年举行议会选举,2 月举行第一次全国总统选举,1992 年 8 月第四届全国人民议会第二次会议通过新宪法,规定实行多元民主和温和议会制
马达加斯加	1989 年 4 月	1982 年接受国际货币基金组织经济改革计划,1989 年民主化运动开始后经历了多年的国家内战,1992 年 3 月政府和反对派召开全国会议,8 月通过新宪法,11 月举行了第一次全国大选,1993 年经过了第二共和国向第三共和国的过渡后,确立了多党制

续表

国家	民主化起始时间	结果
塞舌尔	1991 年	取消党禁,改行多党制,1992 年起草新宪法,1993 年通过,并实行了首次总统和国民议会选举
几内亚比绍	1991 年 1 月(1987 年 4 月放弃村社社会主义制度)	执政党几内亚和佛得角非洲独立党第二次特别大会上,提出深化民主和实行多党制的方针,1994 年举行首次多党国务委员会主席和立法选举
圣多美和普林西比	1989 年 12 月	1987 年接受国际货币基金组织经济调整计划,1989 年执政党主动支持实行多党制,1990 年 8 月全民公投通过新宪法,1991 年进行了议会和总统大选。但此后两年有政局波动,1994 年 7 月才结束
索马里	1989 年 8 月	支持实行多党制,1990 年 12 月承认反对党合法地位,1991 年初举行大选。后来陷入旷日持久的内战
加纳	1990 年 7 月	在政府控制下有序进行,提出民主变革时间表,1991 年军政府还政于民,1992 年底举行首次多党总统和立法议会大选
马里	1991 年 7 月	1991 年 3 月爆发严重反政府骚乱,直至 7 月才通过宪法草案、多党制宪章和选举法,开启民主化进程
肯尼亚	1990 年 4 月(1991 年放弃社会主义道路)	全国政治体制大辩论,1991 年 2 月在西方压力下决定废除一党制,1992 年 12 月进行立法议会和总统大选
赞比亚	1990 年 7 月	1990 年 12 月宣布实行多党制,1991 年 7 月通过宪法修正案,实行总统内阁制,10 月举行多党民主选举
塞内加尔	1991 年 3 月(2000 年塞内加尔社会党在大选中沦为在野党,宣告民主社会主义道路在塞落幕)	国民议会特别会议决定修改宪法,恢复总理职位,扩大反对党在议会常设局的比例,1992 年通过选举法,1993 年 2 月进行第一次总统选举,5 月举行立法议会选举
突尼斯	2011 年初	2010 年底“茉莉花革命”爆发,随后本・阿里政权垮台,突尼斯进入政治重建时期,突尼斯政坛出现了新景观。原执政党突尼斯宪政民主联盟被取缔,党禁全面解除,旧政权时期的反对党纷纷取得合法地位,各种新党大批涌现。2014 年 1 月制宪会议通过了新宪法,同年 11 月进行了首次总统大选

续表

国家	民主化起始时间	结果
埃及	2011 年 2 月	“阿拉伯之春”爆发后，穆巴拉克政权倒台，此后埃及进入政局混乱时期。2014 年 1 月，埃及新宪法通过全民公投。5 月底，埃及举行总统选举，前军方领导人塞西以 97%的得票率当选总统（投票率 47%）。6 月 8 日，塞西总统就职。2018 年 6 月，塞西连任
利比亚	2011 年 2 月	2011 年 8 月，卡扎菲政权倒台。“利比亚国家过渡委员会”公布《宪法宣言》，在政治过渡阶段发挥临时宪法作用。《宪法宣言》规定，利比亚将建立多党制民主国家，实行法治，保障全体人民平等享有基本自由和人权。伊斯兰教为国教，教法是国家立法的主要依据，国家保护非穆斯林民众的宗教信仰自由。2013 年 1 月 9 日，利比亚国民议会正式批准停止使用“大阿拉伯利比亚人民社会主义民众国”名称的决定，改国号为“利比亚国”。当前利比亚依然处于动荡期，制宪进程缓慢
坦桑尼亚	1990 年 2 月（虽然开始民主化，但没有放弃社会主义道路）	通过实行多党制的决定，1995 年首次多党选举，2000 年第 13 次宪法修正案重新界定了其政治体制，确认原宪法中的“社会主义”和“自力更生”等原则代表民主、自立、人权、自由、平等、友爱、团结

资料来源：中华人民共和国外交部网站，https：//www.fmprc.gov.cn/web/gjhdq_676201/gj_676203/fz_677316/，以及相关文章①，笔者自行归纳整理。

根据对非洲国家民主化进程的考察，其按照时间顺序可以大致分为三个阶段。第一个阶段 1989~1991 年为大量变革阶段，这一时期有 30 个非洲国家先后提出实行多党制，民主化浪潮迅速席卷整个非洲。第二阶段 1992~2000 年为调试期，这一时期非洲大陆民主化深入发展，但同时也有诸多国

① 这些文章如下。门晓红、周广坤：《“非洲科学社会主义”的产生发展及衰落——以莫桑比克为例》，《科学社会主义》2008 年第 6 期。向文华：《亚非拉地区社会党发展现状及其原因》，《当代世界社会主义问题》2016 年第 1 期；佘维海、高云：《突尼斯左翼政党的发展演变探析》，《社会主义研究》2018 年第 4 期；慈志刚：《阿尔及利亚政治体系的变迁》，《西亚非洲》2010 年第 5 期；向文华、朱生志：《毛里求斯工党的民主社会主义实践》，《当代世界与社会主义》2010 年第 3 期。

家发生动乱，民主化进程曲折。第三阶段2001年至今为稳定阶段，这一时期虽然个别国家由于民主改革发生内部冲突，但非洲政治局势逐渐趋于平稳。

此外，非洲国家的民主化大致也分四个模式。第一种是召开全国会议，各个派别均有参加，达成一致实行多党制，颁布新宪法。这种情况多发生在西非的法语区国家，包括贝宁、多哥、马里、乍得、加蓬、尼日尔、马达加斯加、刚果（布）和刚果（金）等。第二种模式是反对党力量强大，执政党实行渐进式的民主改革。其中有代表性的是喀麦隆、布基纳法索、几内亚和肯尼亚。第三种模式是执政党力量强大，政府主动转变，平稳实现民主转型。其中主要有加纳、坦桑尼亚、几内亚比绍、赤道几内亚、毛里塔尼亚、塞舌尔、塞内加尔、科特迪瓦以及民主化初始阶段的津巴布韦。第四种则是国内要求民主呼声大增，执政党选择宽容的态度，通过多党民主大选实现民主转型。这些国家大致有马拉维、佛得角、圣多美和普林西比以及中非共和国等。到1999年时，撒哈拉以南非洲推行多党代议民主制的国家已经达到了42个。仅有布隆迪和刚果（金）仍在实行军人专政，斯威士兰是二元制君主立宪制，索马里为无政府状态，乌干达是无党制国家，厄立特里亚成为仅剩的一党制国家。在短短十余年间，非洲民主化运动来势汹涌，到21世纪之前基本完成了整个大陆的政治民主化。

然而，纵观非洲政治的发展现状，民主制度运行效率差、经济发展水平较低、政治腐败屡禁不止、个别国家安全局势不容乐观等问题依然存在。可见，民主化并没有带来非洲的全面发展，客观而言，民主并不等于政治发展。“即‘民主’作为政治发展诸多变量中的一个最关键变量，在实践中既可以促进、也可以阻碍非洲的‘政治发展’。也就是说，兼顾效率（经济发展）和秩序（社会稳定和法制）的民主可以极大地促进政治发展，反之，则会造成政治衰败或政治不发展。”①

同非洲民主政治多年发展取得的成果相比，其中存在的问题与爆发的危

① 贺文萍：《非洲国家民主化进程研究》，时事出版社，2005，第375页。

机更是不胜枚举。在民主转型方面，以民主政体取代威权政体是西方民主化理论所预设的“转型范式”，但非洲国家的政治实践则宣告了这一“转型范式”的失灵或终结，因为大多数非洲国家原有的威权政体只是受到了程度不同的削弱或改良，而并未彻底解体或消失。在巩固民主方面，大多数非洲国家尚滞留于“选举民主”的低级阶段。在质量上，大多数国家在政权组织形式（政体）上是介于民主与威权之间的“混合政体”，这类国家约占非洲国家总数的4/5。“混合政体”国家虽然也具备政治多元化政党政治、竞争性选举、公民社会等民主政治的基本要素或特征，但同时也存在着程度不同的“民主赤字”，诸如权力制衡欠缺、司法不公、政治参与有效性不足、媒体自由和公民权利遭侵蚀等。[①] 以上情况充分说明非洲选择的西式民主道路有民主之形式而无民主之实。这一情况给非洲大陆的政治发展带来诸多负面影响。

第一，民主制度有广度但无深度，民主质量差引发诸多问题。政治民主是国家进行管理的一种形式，政治民主化是一个不断扩大公民政治参与的过程。因此，民主政治发展是有程度高低之分的。“在现代社会，政治参与不仅是公民表达各自政治态度的需要，而且也是政治体系得以有效运作的重要支持条件。因此，通常把政治参与的程度和质量作为衡量一个国家政治民主化程度的一项重要指标。”[②] 其中政治参与的比例表现为民主的广度，参与是否充分和有效为民主的深度。非洲国家民主政治最突出的问题就是民主制度有广度而无深度。良好的民主制度应实现代表对选民负责，选民能够对代表进行有效的监督，确保维护好双方的利益。但在非洲实践中，民众对国家机构的监督是缺失的。政党在选举前为赢得选票而关注选民利益，在当选后就抛之脑后。大多数非洲国家均陷入政府权力不受制约的境地，腐败、内乱等问题频发。

① 张宏明：《非洲政治民主化历程和实践反思——兼论非洲民主政治实践与西方民主化理论的反差》，《西亚非洲》2020 年第 6 期，第 32、41~42 页。

② 张宏明：《多维视野中的非洲政治发展》（第 2 版），社会科学文献出版社，2007，第 288 页。

第二，代议民主制在非洲水土不服引发政局动荡和民主倒退。多党选举的代议民主制发源于西方资本主义社会。西方国家是由于生产力先行发展，产生了资本主义经济制度，民主政治是为更好配合提高生产力而架构的制度。在欧美西方国家，三权分立使立法、行政和司法权相互独立而又相互监督，并以宪法进行巩固，宪法的权威不容挑战，从而保护各项权力在运作过程中不受侵犯且获得有效监督。另外，政党制度也是伴随选民人数的大量增加，需要一种手段来动员广大选民而产生的。“政党通过争夺议会席位以及总统人选而不断争取选民支持的方式上台执政。议会成为两党发表各自政见的场所。由于多党制的存在，民主政治得以发展，有效地防止了一党专权以及多党竞争导致的政局不稳。”① 可见，西方多党代议民主制以及三权分立的政治体制均建立在其历史发展和现实需要的基础上，其民主制度是内生的。纵观冷战后非洲广泛而迅速的民主化进程，外来力量在其中起到更大的作用。快速建立起的民主制在许多方面并不完善，近 30 年来诸多非洲国家由于制度不完善引发政局动荡和民主倒退，严重威胁到非洲的和平进程和人民生活水平。其中，1994 年的卢旺达大屠杀就是西方民主制度在非洲水土不服的惨痛教训。还有之后的刚果（金）内战、布隆迪多年的动荡、索马里至今无法实现全国的统一等，也无一不证明着西方民主制度在非洲的失灵。由于民主制度运行不善，中央政府缺乏对政局的控制力直接威胁到民众最基本的生命健康权和生存权。这一问题是冷战后非洲发展最大的制约因素。

第三，非洲民主政治发展受到经济社会文化等条件的严重制约，发展过程中容易出现多种问题。在民主化的过程中，非洲国家的经济依然处于工业化的起步阶段，其中许多国家的支柱产业仍然是农业，经济发展主要依靠出口初级产品，物质财富非常匮乏，并无实行西方民主制的经济基础。在社会方面，许多国家出现诸多民族问题，中央政府控制力弱，无法有效实现对全

① 赵雅婷、高梵：《西方民主制度在阿富汗失灵的原因探析》，《新疆社会科学》2012 年第 4 期，第 83 页。

国的控制。此外，许多非洲国家的社会结构中缺乏强大而独立的中产阶级，社会的稳定性降低。在政治制度上，非洲国家的立法权和司法权普遍弱小，无法对行政权力形成有效监督。在文化层面，民众普遍受教育程度低，很多人对民主没有基本的认知，选举时易被眼前的利益所蛊惑。另外，非洲部族文化的影响力依然很大，民主选举时人们会根据部族亲缘的关系进行选择，民主选举缺乏理性的判断，不能发挥最大效用。因此，经济、社会和文化等因素的制约，导致非洲的民主政治缺乏深度发展的核心动力。

以上问题充分说明，其一，内生性是民主制度稳步发展的前提，外源性民主难以维持政权稳定，也难以在短期内实现与本土的兼容。民主政治制度在欧洲出现及发展之前，西欧的资本主义制度已经非常完善。民主的诞生是新兴资产阶级为保护自身利益，防止国家对私有财产的剥夺而设立的。再后来，多党选举的代议民主制逐步发展，其制度设计完全依据欧洲的历史与现实，能够很大程度上解决欧洲国家政治发展面临的问题，促进国家健康发展。因此内生性对民主的稳步发展至关重要。非洲国家的建构是外力塑造的，缺乏现代民族国家的内核，缺乏民主制度赖以生存的土壤。纵观非洲国家的构建过程，殖民者对非洲大陆的国家边界确定产生重要影响，致使多个民族由于边界划分被无端分割，这些民族在新的国家中成为少数族群，为国家认同构建带来困扰。此外，被分割的民族在新国家中除无认同外，自身利益容易受到主体民族的侵犯，使得民族矛盾频发，国家政局不稳。南北苏丹的分裂就是典型的例证。有些时候，少数族裔还可能挑战中央政府的权威，进一步破坏国家的政治制度。在这样缺乏国家认同和民族凝聚力的国家内，民众对主权的概念是模糊的，人民民主更是无从谈起。另外，非洲在殖民统治之前，经济体制属于较为原始的集体所有制。殖民者带来的私有制发展反而在非洲培养了一批肆意掠夺国家财产的统治者。20 世纪末轰轰烈烈的民主化运动后，非洲国家接受了自由市场经济。但大多数非洲国家仍然以出口初级产品作为实现国家经济发展的唯一方式，工业化基础薄弱。这种经济结构不能催生出民主制度，统治阶级对国家的管理成为牟取私利的过程，进一步抑制经济的健康发展。从西方移植来的民主制度完全是外源性的，在非洲缺乏必要的生存和成长条件，因此时常出现不发展不稳定的情况。

其二，民主制度的健全完善和效率提高是一个长期的发展过程，不能一蹴而就，西式民主亦存在问题。欧美国家均经历了较长的民主制度调试与实践历程。欧洲主要国家在近代发展过程中多次修改宪法，寻找最适合自身的民主政治制度，其间经历了些许挫折与困难。诸如男女平权、议事规则设置等多个问题依然处于不断完善的过程中。新冠疫情暴发后，欧美国家更是出现严重的民主赤字问题，美国的民主制度在实践中已沦为两党博弈夺权的政治工具，弊端不断暴露，无法有效维护广大民众的权益。由此可见，即便是民主政治建设与发展经验非常丰富的西方国家，其民主制度也经历了较长时间演变，并在面临当今全球挑战时问题百出。非洲国家的民主建设起步晚、发展经验少，更不能要求其快速实现西方民主制度的良好运行，而是需要根据自身情况，选择性运用与反复调试。

其三，非洲国家的社会结构和政治文化深受非洲传统部族影响，普通大众对西方民主缺乏认知。在长期的历史发展中，部族统治形式是非洲的基本政治形式。殖民者入侵后，为方便统治，他们直接利用非洲已有的统治阶层继续对国家进行统治。然而，原有的部族社会结构和亲缘社会关系并没有向现代化的社会结构迈进，这些统治者也多缺乏对现代国家的管理能力。“非洲各国取得独立后，欧洲殖民者撤走了，而他们培养出来的、只关注自己小集团私利的‘奴仆’，而非专业的公务员群体占据了各级政府部门。非洲民众在同本国的政府机构打交道时，就已预料到这个政府是‘无能、偏见、受贿和腐败的，并且在通常情况下确实如此’。”① 在这样的社会结构中，形成了当权者更关注自身利益，民众对政府信任存疑的政治氛围。民主政府的权力来自公民授予，政府的权力应该受到有效制约。这些基本条件在非洲国家均存在不同程度的缺失。即便冷战后西方民主制度在非洲得到大力推广，非洲民众对于民主的认知也基本停留在表面，将民主等同于投票选举，严重

① 王涛、张嘉宸：《非洲国家发展特征的三个维度及其本质——以撒哈拉以南非洲国家为考察中心》，《中北大学学报》（社会科学版）2016 年第 4 期，第 41 页。

阻碍民主政治的健康持续发展。

总体而言，非洲在抛弃社会主义道路之后，选择了一条进行经济结构调整，实行西方代议民主制的道路，由此经历了曲折且艰难的民主转型与巩固进程。经过30多年的发展，西方民主制已在非洲扎根，非洲国家也逐渐摆脱了逢选必乱的困局。但归根结底，西方民主制及其相应的治理方式均是外部赋予的，与非洲的实际情况存在差异。与此同时，西方民主制自身存在的弊端是无法克服的，这也使得非洲在民主巩固的过程中必须进行调试与修正。非洲国家对于实事求是，探寻适合自身发展道路的呼声越发高涨，其再一次面临着突破发展困境的道路选择。

二　新冠疫情冲击下非洲发展面临的挑战

近年来，一些非洲国家的经济取得了长足进步，人民生活有了显著改善，并已初步确立起一整套多方参与、互动探索的治理路径。但非洲发展仍面临着诸多挑战，特别是2020年突如其来的新冠疫情对其发展造成很大影响，大量发展中累积的问题集中爆发，加之国家治理能力孱弱，非洲发展治理面临的挑战增多。

一方面，非洲发展阻力增加，各种问题均被放大。具体表现在：其一，新冠疫情冲击非洲经济发展势头，抵消非洲减贫成就。国际货币基金组织预测，2020年撒哈拉以南非洲地区经济将萎缩3.2%。非洲开发银行的数据显示，2020~2021年，非洲GDP预计累计损失将达到1731亿~2367亿美元。新冠疫情引发通胀突然上升，扩张性财政支出可能导致财政赤字翻倍，主权债务附带将进一步加重，同时存款和外国直接投资存在骤降的风险。① 联合国贸发会议指出，截至2020年10月，最不发达国家尚未受到当前卫生紧急事件的最严重影响，但新冠疫情对它们的经济造成了损害，可能吞噬可持续

① "African Economic Outlook 2020 Supplement: Amid COVID-19," African Development Bank, 2020-07-07, https://www.afdb.org/en/documents/african-economic-outlook-2020-supplement, accessed: 2022-04-28.

发展方面的进展，加剧根深蒂固的不平等，并可能导致长期损害。[①] 鉴于非洲是极端贫困人口最集中、贫困率发生最高的地区，经济下行将重创非洲减贫事业。据世界银行的数据，在基准情景下，全球在 2020 年将有 7100 万人陷入极端贫困，而在下行情境下，这一数字将达到 1 亿人。[②] 其中绝大多数分布在非洲。

其二，疫情引发粮食危机、卫生系统崩溃及难民激增等次生人道主义灾害，加重非洲发展治理负担。一是收入来源减少使低收入家庭无法获得避免严重饥饿和营养不良所需的食物，同时贸易和供应链中断导致局部粮食价格上涨，进一步加重民众负担。据国际劳工组织报告，新冠疫情进入大流行后的一个月，非洲的工人工资减少了近 80%，2500 万～3000 万个工作岗位将会消失。[③] 二是可获取营养食品的减少以及健康和营养服务的中断增加了儿童营养不良的风险。据《柳叶刀》发布的数据，如果不采取快速和必要的行动，国际儿童消瘦率将上升 14.3%，导致全球出现消瘦情况的五岁以下儿童人数额外增加 670 万人，其中 80%在撒哈拉以南的非洲。[④] 三是新冠疫情冲击非洲脆弱的医疗卫生体系，诱发系统性崩溃的风险。非洲本就面临专业医疗人员短缺、卫生基础设施薄弱、实验室能力不足、现代医疗设备缺乏的窘境。即便非洲年轻人口占比高，并有埃博拉等传染病防治经验，但新冠疫情在非洲面临较大的防治难度，大规模传播将带来灾难性后果。四是大量普通民众在新冠疫情之下难以维持生计，重返贫困，沦为难民。据联合国粮

① 联合国贸发会议：《2020 年最不发达国家报告：新十年的生产能力（概述）》，2020 年 10 月，https://unctad.org/system/files/official-document/ldcr2020overview_ch.pdf，最后访问日期：2022 年 4 月 28 日。

② "Projected Poverty Impacts of COVID－19," World Bank, 2020－06－08, https://www.worldbank.org/en/topic/poverty/brief/projected－poverty－impacts－of－COVID－19, accessed: 2022-04-28.

③ "ILO Monitor: COVID－19 and the World of Work, Third Edition Estimates and Analysis," International Labour Organization, 2020-04, https://www.ilo.org/wcmsp5/groups/public/---dgreports/---dcomm/documents/briefingnote/wcms_743146.pdf, accessed: 2022-04-28.

④ Derek Headey, Rebecca Heidkamp, Saskia Osendap, "Impacts of COVID－19 on Childhood Malnutrition and Nutrition-related Mortality," *The Lancet*, Vol. 396, 2020, p. 519.

农组织 2020 年 12 月发布的季度报告，共有 34 个非洲国家面临作物短缺和经济问题挑战，当地民众急需粮食援助。2020 年，整个非洲大陆难民人数持续增加，难民在疫情之下更加脆弱和无助。大多数非洲国家采取了严格的管控措施，导致流离失所的难民可能通过非官方口岸非法越境，其生命安全受到多重威胁，也增加了非洲国家治理的难度。

其三，疫情的负面影响对政治稳定性造成冲击，地区安全形势动荡，进一步制约了社会发展。一方面，非洲地区的极端势力活动在新冠疫情之下更加频繁，新旧安全问题叠加，威胁地区安全局势。在马里，“圣战组织”的叛乱分子比 2013 年更接近巴马科的首都地区。由于马里叛乱的溢出效应，布基纳法索受到直接影响，加之该国安全部门能力不足，恐怖活动使本土安全面临巨大挑战。尼日尔情况略好，但是蒂拉贝里（Tillaberi）地区（距首都尼亚美不到 60 千米）不断增加的暴力活动仍表明国家的稳定受到威胁。① 同时，随着几内亚湾海盗的转型，几内亚湾地区劫持索要赎金事件频发，亟须更新治理路径。另一方面，一些严格的新冠疫情防控措施加剧了政府与民众间的冲突，南非、津巴布韦等均发生了反对封锁措施的骚乱，冲击政府的有效治理。联合国人道主义事务协调厅也指出，“非洲干旱地区的迁徙限制和边境禁运限制了牧民进入牧场和市场的机会，影响了牲畜供应链，加剧了族群之间的紧张关系，造成安全冲突，最后形成恶性循环”②。

此外，新冠疫情重挫非洲本就脆弱的地区和国家治理能力，发展前景堪忧。一方面，新冠疫情削弱非洲国家治理能力，进一步暴露了非洲国家发展治理行动的落后性。非洲国家治理能力先天不足，面对突发危机暴露更多问题。一是在防控新冠疫情的过程中，非洲国家面临治理赤字。为防控新冠疫

① Ibrahim Maiga, Habibou Souley Bako, “Lessons from Mali as Burkina and Niger Head for the Polls,” 2020-11-10, https://issafrica.org/iss-today/lessons-from-mali-as-burkina-and-niger-head-for-the-polls?utm_source=BenchmarkEmail&utm_campaign=ISS_Weekly&utm_medium=email, accessed: 2022-04-29.

② OCHA, “Sahel Crisis: Overview of Humanitarian Needs and Requirements,” 2020-05, https://reliefweb.int/sites/reliefweb.int/files/resources/HNRO%20Sahel%20May%202020.pdf, accessed: 2022-04-29.

情，非洲国家纷纷增加了财政支出，在尼日利亚、肯尼亚、津巴布韦和南非等国，有指控称防疫用的物资被贪污和盗窃、为维持宵禁而部署的安全部队没有维护法律和秩序，侵犯人权的事件反而时有发生。[①] 二是在处理政府和社会的关系方面面临挑战。非洲发展治理大多是政府处于主导地位的“自上而下”的治理，然而随着非洲青年人口的增长与社交媒体的普及，非洲的公民社会组织力量逐渐壮大，倒逼政府提升治理能力以及增强与民众的相互信任。三是非洲政府的治理理念与行动错配，在为民众提供服务，保护弱势群体方面遭遇困难。应对新冠疫情，非洲国家希望能够保护弱势群体，并有较强的提供公共产品与服务的能力，但这一切在巨大的经济冲击面前也只能望洋兴叹。在大多数国家，教育和急需的技能培训已被推迟，政府甚至无力保护弱势群体，随之而来的技术缺口、人力资源短缺和工作机会减少都要求非洲各国在未来的治理中更加依靠技术并具有创造力，仅靠非洲国家自身恐难以解决这些问题。

另一方面，新冠疫情给非洲区域发展治理机制运行带来阻碍。表现在以下三个方面。一是非洲一体化进程遇阻。其中最重要的影响是新冠疫情导致非洲大陆自贸区（AfCFTA）启动与第二阶段谈判被迫推迟，并为大陆自贸区的发展带来不确定性。非盟在 2019 年 7 月宣布建立非洲大陆自贸区，计划形成一个国民生产总值超过 3.4 万亿美元的大市场。受新冠疫情影响，自贸区正式启动时间被迫推迟至 2021 年 1 月 1 日。同时，新冠疫情使得贸易结构高度集中的非洲国家加大保护主义力度，关税减让和非关税壁垒拆除的时间表能否按时实施仍有待观察。二是非洲一体化的特点致使区域组织制定的相关政策落实无法得到强有力的保障。非洲一体化的独特之处在于，非洲国家对于国家主权与自主性极其看重，因而一体化建立在政府间协商的逻辑基础上，非盟的决议在实施中需协调成员国的优先事项与次区域动态。在应对新冠疫情时，非洲各国需要非盟积极领导，从而合力发挥更大的作用。但

---

① George Mukundi Wachira, “COVID-19 Reaffirms the Importance of Good Governance and Effective States in Africa,” *ECDPM Great Insights Magazine*, Vol. 9, 2020, p. 27.

在实际实施中，非洲国家政策不一，难以形成合力。三是非洲区域经济组织成员身份重叠现象的负面影响在新冠疫情中被放大。除法律层面的管辖权和适用性冲突之外，身份重叠现象增加了成员的财政和行政负担。在全球经济低迷的状态下，过多的地区发展治理机制非但不能带来可观的经济收益，反而迫使成员负担更多成本，不利于经济复苏。

总体而言，非洲国家在奉行资本主义制度后，持续暴露西方资本主义制度的固有缺陷，由此引发了一系列的社会问题，加之非洲国家治理能力有限，新冠疫情更是加剧了这些问题的严重程度。在当前非洲发展问题日益凸显的情况下，在中国蓬勃发展的社会主义制度有了更大的吸引力，这使得非洲国家领导人开始重新思考自身的发展道路，“向东看”成了一种自觉的意识。

三 “中国之治”与中非合作为非洲国家提供全新的发展选项

在非洲乃至世界各国都面临严峻发展问题的同时，成功实现马克思主义本土化的社会主义中国在全球经济危机与新冠疫情大流行的危机中逆势进取，获得了积极成效，为广大发展中国家尤其是非洲国家展现了全新的发展视野与治理范式。

一方面，“中国之治”展现出马克思主义强大的生命力与社会主义制度的优越性，为非洲选择发展道路提供了新视野与新思路。中国共产党的十八届三中全会中首次提出“推进国家治理体系和治理能力现代化”；十九届四中全会正式通过《中共中央关于坚持和完善中国特色社会主义制度、推进国家治理体系和治理能力现代化若干重大问题的决定》（以下简称《决定》），明确提出到新中国成立100年时，全面实现国家治理体系和治理能力现代化。该文件全面阐述了马克思主义的国家治理观，“中国之治”的画卷徐徐展开。《决定》还指出中国国家制度和国家治理体系13个方面的显著优势，这些优势为中国推进国家治理并取得显著成效提供了保障，受到世界各国的关注。

“中国之治”是中国在多年的发展实践中探索出的一套完整的理论与实践体系，在国家治理过程中展现出强大的能力，有学者将其概括为：体制吸纳力，包括话语论述、法治保障和民生满足三项能力；制度整合力，具体涉及政党政治、中央—地方、立法—行政—司法、政治经济四重关系；政策执行力，覆盖常规政策、产业政策和资本市场等。[①] 由此可见，“中国之治”内容丰富而深厚，与西方将政府和社会割裂的治理视角截然不同，其通过整体统筹，尽全力优化资源配置，并在实践中调整与修正政策，最终实现快速发展。

“中国之治”也为非洲国家打开了一扇窗户，其显著优势吸引了非洲国家政府和人民的眼光。中国通过改革开放等政策探索有效的发展与治理模式，处理好改革、发展和稳定之间的关系，实现了发展中国家在世界经济体系中从边缘逐步向半边缘再向中心的跨越。此外，中国通过合理规划，开展精准扶贫，在 2020 年底实现全国 832 个贫困县全部脱贫摘帽，积累了丰富的减贫经验。非洲国家曾多次表达希望学习中国的发展经验，双边治国理政经验交流取得明显进展。

非洲内外力量经过多年曲折实践后，依然没有推动非洲国家实现持续且长远的发展，其中很重要的原因在于非洲国家治理能力较弱，在治理过程中又陷入范式困境，国家和社会彼此撕扯无法统一。“中国之治”以马克思主义为指导，充分发挥制度优越性，切实从改善国家发展治理能力的角度出发，为非洲国家提供了非西方、可参考且具针对性的发展思路与治理路径。在新冠疫情之下，非洲国家的发展遭遇更大的冲击。调查机构“非洲晴雨表”（Afrobarometer）的民意调查显示，虽然美国模式依然在非洲有着较高的认同度，但非洲民众对中国模式的认同度在逐年上升。[②] 因此，对“中国之治”的深层剖析与经验总结对非洲国家有较强的借鉴意义，同时也为中非关系持续深入发展提供新的共识与着力点。

---

① 杨光斌：《关于国家治理能力的一般理论——探索世界政治（比较政治）研究的新范式》，《教学与研究》2017 年第 1 期，第 14 页。

② Folashade Soule, Edem E. Selormey, “What Africans Really Think about China's Role in Africa,” 2020-11-22, https://qz.com/africa/1936504/what-africans-really-think-about-chinas-role-in-africa/, accessed: 2020-12-30.

另一方面，中非合作的持续深化为非洲国家提供了全方位支持，将极大提升马克思主义以及习近平治国理政的思想理念在非洲的影响力。其中较有代表性的举措有以下三个方面。

一是中非共建“一带一路”。“一带一路”倡议与非盟《2063 年议程》深度对接，帮助培育非洲发展的内生力，提升治理的能动性，助推非洲发展治理提质增效。作为全球发展治理的中国方案，“一带一路”倡议将国内贫困治理的有效经验融入全球发展治理的制度化进程，以广泛多元的国际合作助推经济增长新理念与包容发展新模式在全球的共享，体现了国家治理与全球治理互动的中国式发展观。[①] 因此，“一带一路”倡议对于推进非洲发展具有重要作用和意义。2020 年 12 月，中国与非盟签署了《中华人民共和国政府与非洲联盟关于共同推进“一带一路”建设的合作规划》（以下简称《合作规划》）。该文件是我国和区域性国际组织签署的第一个共建“一带一路”规划类合作文件，围绕政策沟通、设施联通、贸易畅通、资金融通、民心相通等领域，明确了合作内容和重点合作项目，提出了时间表、路线图。[②] 目前中国和非盟已围绕推进实施《合作规划》设立了工作协调机制，明确将加快产业链价值链在非洲的局部化布局，通过实际行动给予非洲国家治理具体且坚定的支持。2021 年 1 月 4 日至 9 日，国务委员兼外长王毅应邀访问了尼日利亚、刚果（金）、博茨瓦纳、坦桑尼亚和塞舌尔五国。之后在接受媒体采访中，王毅明确表示：“下一阶段，我们愿结合非洲国家期待，加强战略对接，凝聚合作共识，在以下四个重点方向推进中非共建‘一带一路’合作。一是聚焦基础设施建设，助力非洲互联互通。……二是支持非洲自贸区建设，培育中非大市场。……三是优化产能投资布

① 韩笑：《全球发展治理视域下的“一带一路”建设》，《国际观察》2018 年第 3 期，第 114 页。

② 《中国政府与非洲联盟签署共建“一带一路”合作规划》，新华网，2020 年 12 月 16 日，http：//www. xinhuanet. com/world/2020-12/16/c_1126868669. htm，最后访问日期：2021 年 1 月 7 日。

局，促进非洲工业化进程。……四是加强科技创新合作，助力非洲跨越式发展。”①

二是在国际上积极为非洲国家发声，为广大发展中国家谋福利。习近平主席在联合国成立75周年纪念峰会上发表的重要讲话中明确了中国对联合国主导地位的维护，他指出：“联合国宪章仍然是世界和平与发展的重要保障。……我们将始终做多边主义的践行者，积极参与全球治理体系改革和建设，坚定维护以联合国为核心的国际体系，坚定维护以国际法为基础的国际秩序，坚定维护联合国在国际事务中的核心作用。”② 除维护以联合国为核心的国际体系之外，中国还通过联合国参与地区维和行动、人道主义援助、能力建设等，向国际社会提供了多项公共产品。此外，中国于2021年初发布《新时代的中国国际发展合作》白皮书明确指出中国的国际发展合作是以南南合作为基础的。在多年的国际发展合作实践中，中国秉持授人以渔的理念，推动构建平等互利、讲求实效的新型国际发展合作关系，为全球南方的兴起作出了重要贡献。③

三是在新冠疫情之下与非洲守望相助，携手抗疫，深化双边友谊。首先，中国对新冠疫情在非洲的蔓延态势及时跟进，反应迅速，援非措施充分尊重非洲意愿，满足非洲需求。2020年2月25日，外交部新闻发言人赵立坚在回应世界卫生组织的求助时说道：“在抗击疫情的过程中，非洲国家虽然自身条件有限，仍第一时间向中方提供了宝贵的支持和帮助……‘滴水之恩当以涌泉相报’是中华民族的优良传统。我们将铭记这份友情和帮助，继续落实好共建‘一带一路’和中非合作论坛北京峰会成果，向那些卫生

① 王毅：《携手铸就更加紧密的中非命运共同体——王毅国务委员兼外长在结束访问非洲五国之际接受媒体采访》，中国政府网，2021年1月11日，http://www.gov.cn/guowuyuan/2021-01/11/content_5578679.htm，最后访问日期：2021年1月25日。

② 《习近平在联合国成立75周年纪念峰会上的讲话（全文）》，中国政府网，2020年9月22日，http://www.gov.cn/xinwen/2020-09/22/content_5545494.htm，最后访问日期：2020年12月30日。

③ 魏玲：《大变局下的中国与国际发展合作》，《亚太安全与海洋研究》2021年第1期，第4页。

系统较弱国家提供力所能及的支持，帮助它们增强疫情防控能力，维护地区和全球的公共卫生安全。"[①] 3月中旬，非洲疫情形势趋于严峻，多个非洲国家提出希望学习借鉴中方的抗疫经验和做法。18日下午，中国卫生、海关等部门官员和中方专家同非洲疾控中心和20多个非洲国家政府官员和卫生专家举行视频会议，分享抗疫信息，交流防控经验。其次，中国政府亦根据非洲国家的需求，向非洲疾控中心提供检测试剂盒等医疗物资。同年6月17日晚，习近平主席在北京主持中非团结抗疫特别峰会并发表题为《团结抗疫 共克时艰》的主旨讲话，其中明确提出支持非洲抗疫，并继续推进中非合作，落实峰会成果。[②] 再次，中国与世界卫生组织以及非洲疾控中心等多边组织通力合作，合理分配援助物资，精准抗疫，增强收效。从次，中国政府、企业与民间联动，多层次全方位地向非洲分享抗疫经验，并提供抗疫物资，各类援助案例不胜枚举。最后，中国在新冠疫情期间探索新的合作领域，为非洲发展治理注入动力。其中，中非数字经济合作在新冠疫情期间迎来快速发展契机。中国企业积极通过多双边渠道，与非方分享利用数字技术支持"云抗疫"、发展"云经济"的经验。各类数字合作平台、线上推介会、直播带货等新业态合作蓬勃发展，有效服务中非企业对接，带动非洲特色产品对华出口。[③]

发展问题自独立以来便长期困扰非洲国家，在发展议题被纳入全球治理后，全球发展治理的概念与议程逐渐清晰，其中非洲发展治理的重要性不言而明。在全球发展治理框架下，非洲国家获得有效支持，虽仍存在问题，但非洲国家自主性逐渐增强，形成了具有非洲特色的地区发展治理。2020年

---

① 《外交部：中方将向卫生系统较弱国家提供力所能及的支持》，中国政府网，2020年2月25日，http://www.gov.cn/xinwen/2020-02/25/content_5483288.htm，最后访问日期：2020年4月26日。

② 《团结抗疫　共克时艰——在中非团结抗疫特别峰会上的主旨讲话》，中国政府网，2020年6月17日，http://www.gov.cn/gongbao/content/2020/content_5522520.htm，最后访问日期：2021年2月6日。

③ 王磊：《非洲数字经济发展的挑战与机遇 中非合作带来新动力》，人民网，2020年10月9日，http://m.people.cn/n4/2020/1009/c23-14472955.html，最后访问日期：2021年2月6日。

新冠疫情暴发给非洲内部和外部的发展治理均带来沉重打击。其中，全球发展治理体系系统性失灵导致的供需矛盾以及非洲发展治理问题与治理能力不匹配矛盾的增加严重制约了非洲国家治理的推进。然而，非洲地区组织积极自救、国际多边合作组织根据共识通力合作以及中国提供的经验与物质支持给后疫情时代的非洲发展治理带来了新的希望。未来，中国将通过提升“中国之治”、加快“一带一路”建设和推动全球发展治理转型，由内而外地给予非洲发展治理多项支持，有望打破现有理论范式，帮助非洲实现包容性增长与可持续发展，建成更加紧密的人类命运共同体。

第二节　社会主义探索在非洲重现活力的表现

从长远来看，社会主义在现代非洲政治发展过程中扮演着重要的作用，是引领和承载非洲人民为实现政治解放和经济独立而奋斗的理论与实践的总和。尽管在冷战后遭遇了挫折，但社会主义并没有从此与非洲绝缘。虽然西方新自由主义依然是非洲的主流思想，但马克思主义及习近平治国理政的思想理念分别为非洲分析、解决发展问题提供了重要的理论支撑，贡献了中国智慧，这也为马克思主义指导下的社会主义在非洲的复归提供了些许可能。当前非洲的各类带有社会主义性质的探索，正是社会主义理论和价值在现阶段的延续和表现。社会主义元素在非洲发展中重新迸发活力，为充分诠释社会主义在全世界发展的光明前景，提供了具象化的非洲案例。在非洲相关政党执政理念或社会活跃度变化的过程中，社会主义与非洲政治经济发展呈现加速融合态势，成为推动非洲实现转型发展的理论指导，社会主义探索在非洲重现活力，并有如下表现。

一　社会主义新探索构筑成部分执政党改革的基础

这类政党基本都是带领非洲国家独立，且经历过冷战后“第三波民主化浪潮”冲击，至今仍然执政的非洲政坛明星政党，具体可以细分为两大类。

第一，从曾经的社会主义实践中寻找改革突破口的执政党。尽管在冷战结束后，这些政党面对“华盛顿共识”的绞杀，在文字表述上暂时中止了社会主义实践，但支撑其治国理政的底层逻辑依然带有显著的社会主义特征。相较于当前非洲常见的选举型政党，这些执政党具有多重优势：其一，拥有较为成熟的意识形态和执政理念，组织建设相对完备，基本可以实现对国内各地与各行业的无死角覆盖，在民众中拥有较高的政治威望；其二，高度重视发展公有制经济，特别在对外合作中着重强调，坚持公有制掌控事关国家经济命脉的部门或行业，对国家的稳定发展作用重大；其三，构建了以党为核心的民主政治体系，党的广泛代表性与党内的监督与决策机制相辅相成，保证民众参与国家治理的渠道畅通，维护了人民当家做主的权利。继续扩大上述优势，成为这些政党近年来增强自身的时代适应性，推进国家发展提质增效的主要着眼点。[①] 2015 年以来，在约翰·马古富力（John Magufuli）的带领下，坦桑尼亚革命党以复兴尼雷尔乌贾马社会主义理论的部分探索成就为引领，打出了一套推进党风廉政、经济改革、国家统一的组合拳，不仅消除了该党在群众中遭遇的信任赤字，而且提前五年让全国迈入中等收入国家行列，创造了东非的发展奇迹。[②] 2017 年若昂·洛伦索（João Lourenço）当选总统后，以安东尼奥·内图（António Neto）时代建设马列主义政党的若干举措为依托，在安哥拉人民解放运动内部大力清理特权阶层，扩大普通党员特别是青年党员参政议政的空间，同时积极追讨因腐败而流失海外的国有资产，并加大引领安哥拉国家石油公司（Sonangol）的利润反哺民生工程建设的力度。[③] 莫桑比克解放阵线党在菲利佩·纽西（Filipe Nyusi）的领导下，自 2014 年以来持续借鉴萨莫拉、尼雷尔依托政党建设探索社会主义的部分经验，把巩固党内团结和强化党对经济社会发展的宏观引领，作为提升

① 邓延庭：《非洲去西方化转型发展中的社会主义探索》，《世界社会主义研究》2022 年第 5 期，第 80 页。

② 邓延庭：《尼雷尔非洲社会主义理论引领下的马古富力改革》，《世界社会主义研究》2021 年第 12 期，第 27 页。

③ 邓延庭：《安哥拉政治经济改革给中国对安投资带来的机遇和挑战》，载宋雅楠主编《安哥拉投资环境报告》，经济科学出版社，2020，第 56 页。

政绩以应对反对党政治攻势的基本着力点。[①] 2018 年以来，以埃默森·姆南加古瓦（Emmerson Mnangagwa）为核心的津巴布韦非洲民族联盟吸取穆加贝以土地改革为依托的社会主义探索[②]，提出了以继续合理深化土改，重塑本国人民在对外合作中实现公平与效率平衡的新经济秩序，带领全国人民尽快摆脱经济发展困难。[③]

第二，此前没有社会主义实践，但愈加重视社会主义价值的左翼执政党。这类政党在非洲国家政治发展中所扮演的角色与第一类政党大体相同，区别在于前者的意识形态只有民族主义。但当前，越来越多的党内有识之士认识到，借鉴社会主义实施改革，应成为破解组织建设与国家发展僵局的支点。西南非洲人民组织（Southwest Africa People's Organization）长期坚持民族主义，但面对当下纳米比亚日益严峻的社会经济危机，西南非洲人民组织内部要求借鉴社会主义的呼声持续高涨，遏制私有化的过度膨胀，强化政府的宏观调控，已成为全党施政的重点。在 2018 年全党特别会议上，西南非洲人民组织党内提出建设“纳米比亚特色社会主义”的提案[④]，反映了全党对于社会主义的信心。南非非洲人国民大会一直将民族主义作为建设新南非的中心，但面对近年来国内社会加剧撕裂的危机，全党开始大量吸取执政同盟中南非共产党的纲领，将坚定支持土地改革、限制白人垄断资本、提前预防黑人垄断资本出现、国有化南非储备银行等举措作为顺应时代呼声的施政焦点。[⑤] 几内亚和佛得角非

---

① 邓延庭：《从 2019 年大选看莫桑比克政治社会发展》，载宋雅楠主编《莫桑比克投资环境报告》，经济科学出版社，2021，第 57 页。

② Tom Meisenhelder, "Capital, State, Socialism: Lessons of Zimbabwe," 1994, https://againstthecurrent.org/atc051/p4616/, accessed: 2022-04-08.

③ Emmerson D. Mnangagwa, "Towards a New Economic Order in Zimbabwe," 2018-01-19, https://bulawayo24.com/opinion/columnist/126084, accessed: 2020-04-08.

④ Namibian, "SWAPO, What Is 'Socialism with a Namibian Character'?" https://www.namibian.com.na/183845/archive-read/Letter-of-the-Week--Swapo-what-is-Socialism-with-a-Namibian-Character , accessed: 2020-04-08.

⑤ Linda van Tilburg, "ANC's Policy of Trying to Adopt Right and Left Wing Polices May Trip It Up," 2019-01-21, https://www.biznews.com/leadership/2019/01/21/three-legged-race-anc-policy, accessed: 2020-04-08.

洲独立党领袖阿米卡尔·卡布拉尔虽深受马列主义影响，但强调党的基础是民族主义。[①] 进入21世纪后，针对几内亚比绍政变频发的问题，几内亚和佛得角非洲独立党自2014年“八大”后，积极复兴卡布拉尔在马列主义影响下的探索活动，一方面统一党内思想，抵制自由化干扰，另一方面强化政府对经济发展的宏观指导与调控，提升公有制经济的占比，增强国家发展保障民生福祉的能力。[②]

二 社会主义新探索增强部分非执政党的社会影响力

近年来，认同社会主义理念的各个非执政党在非洲各国政治中的活跃性显著增强，社会认可程度和民众支持率稳步提升。

第一，老牌非执政党的政治地位日渐上升。南非共产党是非洲历史最为悠久的社会主义政党之一，也是南非左翼政治力量中的典型代表。在近年来南非愈演愈烈的社会危机中，南非共产党积极投身于维护社会弱势群体的政治经济权益的斗争，社会支持率持续走高。基于与非国大、南非工会大会形成的三方执政联盟，南非共产党成为推动执政党重视社会主义的中心力量。[③] 与南非共产党联系密切的莱索托共产党、斯威士兰共产党，分别在推动以限制两国王室权力为中心议题的政治民主化、经济普惠化的改革进程中扮演关键性的作用，亦是推动两国与南非实现一体化发展的主要力量。苏丹共产党是非洲阿拉伯国家中历史最为悠久，规模最大的左翼力量，以推动苏丹实现全面的政治民主化和真正的经济独立为奋斗目标。特别是在2019年巴希尔政府被军事政变推翻，以及2021年底军方终止与临时政府的交权协议后，苏丹共产党成为积极发动民众举行民主示威、保护民权的重要领导力量。阿尔及利亚民主和社会主义党（Parti Algérien

① News Ghana, "Amilcar Cabral Theory of Revolutionary Socialism," 2016-06-10, https://newsghana.com.gh/amilcar-cabral-theory-of-revolutionary-socialism/, accessed: 2022-04-08.

② All-African People's Revolutionary Party, "History of the PAIGC," https://aaprp-intl.org/history-of-the-paigc/, accessed: 2022-04-08.

③ 李玉洁：《百年再启程：南非共产党对社会主义的新探索》，《世界社会主义研究》2021年第12期，第28页。

pour la Démocratie et le Socialisme，以下简称民社党）以马列主义为指导思想，对该国大城市中的低收入群体，特别是手工业者、青年学生有着较强的吸引力。无论是在 2010～2011 年保卫阿尔及利亚免受“阿拉伯之春”的侵袭，还是在 2019 年大力化解布特弗利卡总统辞职后引发的国内政治危机，民社党积极推动执政者与民众开展对话协商，奠定了其后若干改革措施出台的基础，有效维护了国家的和平与全社会的团结。加纳人民大会党为非洲社会主义先驱恩克鲁玛创立的社会主义政党，后在政变中丧失执政地位。近年来人大党明确提出将重新赢得执政地位作为奋斗目标，把复兴恩克鲁玛思想作为从发展困局中拯救加纳的指导指南①，并且在青年、妇女群体中获得较高声誉，得票率在连续多届的议会选举中位居前三。此外，旨在促进工人阶级团结互助的加纳社会主义论坛，于 2021 年 9 月改组为加纳社会主义运动（Socialist Movement of Ghana），为包括人大党在内的左翼政党的交流与联合②，提供了必要的框架机制。争取发展与革新全国同盟（Union Nationale pour le Développement et le Renouveau）为乍得最大的在野党，主张在推动全民共享政治权利和经济发展红利的基础上，实现民主与社会主义，奠定国家实现可持续和平的基础。③

第二，新成立的共产党彰显社会影响力。冷战结束后，不少非洲国家一度严格禁止本国成立共产党，但随着 2010 年后多个非洲国家相继出现新成立的共产党，马列主义开始重新受到非洲重视。2014 年，纳米比亚共产党正式成立，主张捍卫矿业工人权益，并积极支持人组党开展带有社会主义性

① Modern Ghana，“Only CPP can Save Ghanaians from Incompetent NPP and NDC - Benjamin Nsiah，” https：//www. modernghana. com/news/1009424/only-cpp-can-save-ghanaians-from-incompetent-npp. html，accessed：2022-04-08.

② 张梦颖：《加纳当代左翼组织的现状与展望——以加纳社会主义运动为例》，《世界社会主义研究》2021 年第 12 期，第 50 页。

③ Refworld，“Tchad ：Information Sur l'Union Nationale Pour le Développement et le Renouveau（UNDR），y Compris Sur sa Composition，Ses Activités et Ses Régions D'influence；Information Sur le Traitement Réservé à Ses Membres et à Ses Sympathisants par les Autorités，y Compris Dans le Cadre de la Campagne Pour les Élections de 2016（2014 - janvier 2015），” https：//www. refworld. org/docid/57f7a3294. html，accessed：2022-04-08.

质的探索，为日后纳米比亚形成左翼政党联盟奠定了必要的基础。在非洲最年轻的主权国家——南苏丹于 2011 年正式脱离苏丹独立后，苏丹共产党原在南方各州的支部合并组建南苏丹共产党。尽管苏丹南北分裂，但南苏丹共产党与苏丹共产党保持着密切的合作关系，基本政治主张一致，一方面积极呼吁两国尽快结束因石油收益分配、阿卜耶伊（Abyei）地区归属权而产生的分歧与冲突，另一方面积极推动国内努尔族、丁卡族实现全面政治和解，支持联合国解决南苏丹安全局势相关决议和行动，赢得民众的广泛支持。在长期被西方视为东非发展样板的肯尼亚，2017 年成立的肯尼亚共产党主要聚焦该国农村的土地分配问题，指出土地私有制是周期性引发国家政局动荡的根源，但无论是 2010 年政改后颁布的新《宪法》，还是当前执政党与反对派之间实现和解的《建桥协议》（*Building Bridge Initiative*），都没有实质性触及土地所有制改革问题。[①] 为此，肯尼亚共产党将推动实现土地国有化作为参加 2022 年大选的首要议题，引领了肯尼亚左翼政治力量的呼声。

三 社会主义新探索强化了非洲与国际左翼力量的团结

非洲展开的社会主义探索，也为非洲的相关政党与国际左翼力量强化交流合作搭建了必要的桥梁。

第一，在国际多边交流方面，非洲相关政党普遍参加了左翼政党联盟。目前，非洲的各个马列主义政党，都是世界共产党与工人党国际会议（International Meeting of Communist and Workers' Parties）的成员。在此机制框架下，各党与世界其他地区的兄弟政党通力合作，积极支持世界共产党与工人党国际会议、批判西方垄断资本主义是催生国际不合理政治经济秩序的根源，重申生产资料公有化、国际关系民主化之于推进世界治理的必要性。特别是新冠疫情暴发后，非洲各党在此机制下积极发声，指责西方借新冠疫情谋求地缘政治利益，并且在 2021 年底召开的特别（线上）会议上，达成

① "Itikadi Issue No. 1," Communist Party of Kenya, https://communistpartyofkenya.org/ITIKADI/ITIKADI-ISSUE-NO-1.pdf, accessed: 2022-04-08.

包括妥善解决难民问题、团结抗击新冠疫情、保护生态环境、加强工人阶级对世界治理的贡献等议题在内的联合行动声明①，为国际共运的复兴夯实了基础。与此同时，非洲其他的与社会主义相关联的各个政党，基本都是社会党国际的成员，认同民主社会主义。除了前文提到的各个非马列主义政党之外，认同社会主义的党派主要还包括布基纳法索争取进步人民运动（MPP）、摩洛哥人民力量社会主义联盟（USFP）、多哥非洲人民民主大会（CDPA）、塞内加尔社会党、喀麦隆社会民主阵线（SDF）、尼日尔争取民主和社会主义党（PNDS）、马里非洲统一与正义党（ADEMA）、加蓬进步党（PGP）、阿尔及利亚社会主义力量阵线、中非人民解放运动（MLPC）、毛里塔尼亚民主力量联盟（RFD）、刚果（金）民主与社会进步联盟（UDPS）、突尼斯争取工作与自由民主论坛（FDTL）、吉布提民主革新与发展运动（MRD）、西撒哈拉波利萨里奥阵线（PF）、冈比亚联合民主党（UDP）、赤道几内亚社会民主联盟（CPDS），等等。随着 2017 年社会党国际机制改革进一步强化下设区域委员会的职能，上述各党依托非洲委员会（Africa Committee）建立起固定的对话机制。新冠疫情暴发后，如何破解非洲公共医疗体系建设面临的资金障碍成为各党探讨的共同焦点。2021 年 6 月，非洲委员会举行的年度会议聚焦新冠疫情下的非洲民主与安全，强调只有实质性改变现实发展中权益在国家和阶层间分配的严重失衡，才能真正在非洲实现包容性发展。②

第二，在国际双边交流领域，非洲各党积极加强与其他社会主义国家政党的对话。部分非洲执政党与中国共产党的交流为典型例子。中国共产党不仅是全世界规模最大的社会主义政党和全世界最大的社会主义国家的执政党，而且始终是非洲民族解放与现代化建设的坚定支持者，中非党际交往是

① "Extraordinary TeleConference of the IMCWP, Text of Joint Actions," SolidNet. org, http://www.solidnet.org/article/Extraordinary-TeleConference-of-the-IMCWP-Text-of-Joint-Actions/, accessed: 2022-04-08.

② "Priorities on Democracy, COVID-19 and Peace Discussed by SI Members in Africa," Socialist International, https://www.socialistinternational.org/committees/africa/priorities-on-democracy-covid-19-and-peace-discussed-by-si-members-in-africa/, accessed: 2022-04-08.

支撑中非关系发展的重要基石。中共十八大以来，特别是2015年中非关系升级为全面战略合作伙伴关系之后，中非党际交流合作步入发展快车道。首先，中共持续派出高级代表出席部分非洲政党的全国代表大会。2016年后，由于全球经济形势波动，西方国家保守主义势力泛滥，大多数非洲国家发展困局加剧。中共派出高级代表赴非参会[①]，是对相关政党独立探索适合非洲发展道路的充分肯定，为在新时代持续夯实中非政治互信打下了牢固的根基。其次，中共大力推动与非洲政党加强治国理政经验交流。近年来，中方通过举办中非政党理论研讨会、中国共产党与世界政党领导人峰会、非洲政党高层研修班等机制，邀请非国大、安人运、莫解阵等非洲相关政党代表来华交流学习，为推动"一带一路"倡议深度对接非洲联盟《2063年议程》提供了坚实的政治保障。最后，非洲政党全力抵制西方对中国共产党的无端抹黑。面对当前西方借助炮制疫情责任论、债务陷阱论、人权践踏论、环境破坏论等所谓论据，大肆诋毁中共治国理政成就和中非关系时，人组党、革命党、津民盟等非洲政党怒斥西方言论，在中国决胜脱贫攻坚、中共建党百年、十九届六中全会召开等重大历史时刻积极发声，盛赞新时代中国特色社会主义之于全世界的借鉴意义。

第三节　非洲社会主义新探索的案例研究之坦桑尼亚

尼雷尔的非洲社会主义理论是社会主义在非洲发展的最显著成就之一，奠定了坦桑尼亚社会主义建设的基础。坦桑尼亚是社会主义在非洲再度迎来发展高潮的代表性国家之一。尽管它不以马克思主义为指导，但仍然强调以先锋政党领导和公有制经济为依托，解放和发展生产力、消灭剥削、实现人

---

① 例如：2016年8月，时任中共中央委员、广西壮族自治区党委书记彭清华率中共代表团出席安人运"七大"；2017年9月，时任吉林省委常委、宣传部部长王晓萍作为中共代表参加莫解阵"十一大"；2020年7月，中国驻坦桑尼亚大使王克作为中共代表，参加革命党"十大"；等等。

民共同富裕。[①] 20 世纪 80 年代以来，受国内国际形势影响，西方新自由主义开始大规模渗透非洲国家经济政治改革，尼雷尔非洲社会主义理论在一定程度上被忽视。但作为非洲当前极少数仍然坚持将实现社会主义写入宪法的国家[②]，坦桑尼亚近年来开始反思新自由主义与国家发展目标之间严重错位的问题。2015 年，马古富力就任总统后，在国家发展模式上正本清源，依托尼雷尔非洲社会主义理论进行全面深化改革。

一　马古富力改革的内在动力

尼雷尔社会主义理论被淡化后，坦桑尼亚也广泛采取了以经济私有化、调控完全市场化、政治多党化为主要内容的新自由主义改革方案。但近 30 年的实践效果表明，这些措施无法满足现实发展需求，社会各界要求深化改革的呼声不断高涨。

（一）执政党形象与公信度滑坡问题

革命党是尼雷尔缔造的以工农联盟为基础的先锋政党，是领导坦桑尼亚社会主义建设的核心力量。[③] 在 20 世纪 90 年代实行多党制后，革命党仍继续执政，确保了社会主义仍然是国家的建设方向。但在政治多元化改革中，革命党也因自身问题面临执政根基松动的风险。

第一，尼雷尔之后，革命党内部长期缺乏有效的指导思想。尼雷尔的

---

① 尼雷尔的非洲社会主义理论认为，非洲以集体主义为支撑的传统文化与经济模式天然带有社会主义性质，由于殖民统治并没有带领非洲进入工业化，不存在大量的工人阶级，因此非洲实现社会主义的方式不是无产阶级领导的革命，而是回归非洲传统。具体参见 Julius K. Nyerere, "'Ujamaa': The Basis of African Socialism," *The Journal of Pan African Studies*, Vol. 1, No. 1, 1962, pp. 1-3。

② 《坦桑尼亚联合共和国宪法》将社会主义列为国家建设的目标，比如“序言：宪法的基础”部分指出“制定宪法的目标是确保坦桑尼亚由坚持民主和社会主义原则的政府来执政”；“第一章第二节：国家政策的基本目标与指导原则”指出“国家的基本治理原则是民主与社会主义”，等等。参见“The Constitution of the United Republic of Tanzania of 1977,” https://www.nao.go.tz/uploads/Constitution_of_the_United_Republic_of_Tanzania_en.pdf, accessed: 2022-04-08。

③ Julius K. Nyerere, *Uhuru na Ujamaa: A Selection From Writings and Speeches, 1965-1967*, New York: Oxford University Press, 1968, pp. 15-17.

非洲社会主义思想曾长期是革命党的指导思想，但在乌贾马运动遭受挫折，特别是尼雷尔离开领导岗位之后，党内迅速陷入了缺乏指导思想的窘境。革命党的章程虽然仍旧强调建设社会主义目标没有发生变化，但在淡化乌贾马的同时，又没有提出如何建设社会主义的新理论和方法，出现了目标与实践相脱节的问题。在姆维尼、姆帕卡担任主席期间，革命党关注的重点是如何积极适应全面的经济政治改革，而较少论及怎样领导和塑造改革，尤其在社会主义建设的问题上出现了范式的缺失。加之 90 年代中期后，党内开始出现越来越多针对尼雷尔政策失误的批评之声，党内成员在一定程度上陷入了思想混乱。受此影响，革命党内部逐步开始出现裂痕，不仅暴露出高层领导与广大基层党员之间的疏离，而且还造成了大陆党员与桑给巴尔党员之间的隔阂，更有甚者出现革命党领导干部退党参加其他反对党的情况。毫无疑问，在缺少行动指南的形势下，内部日益松弛的革命党对全社会的动员能力也随之打折扣，相较于其他反对党的政治优势在逐步缩小。

第二，革命党内部面临严重的腐败问题。尼雷尔为避免革命党干部队伍成为新的剥削阶层，曾在《阿鲁沙宣言》中明令禁止党员干部从事商业活动。[①] 但在 90 年代的政治改革中，党内又以《桑给巴尔宣言》的形式取消了这一限制，以调动党员带动经济发展的积极性。[②] 此举虽然在短期内取得了一定效果，但为党内滋生腐败埋下了祸根。随着私有化的推进，许多党员领导干部将国有企业变成了自己的财产，直接从事企业投资或经营，不仅带来了政商不分的问题，而且严重扰乱正常的市场秩序。根据国际透明组织的统计数据，1998 年坦桑尼亚的透明度全球排名第 81 位，五年后下滑至第 94

---

① “Part Four: The TANU Creed, the Arusha Declaration and TANU's Policy on Socialism and Self-Reliance,” 1967-02-05, https: //www. marxists. org/subject/africa/nyerere/1967/arusha-declaration. htm, accessed: 2022-04-08.

② “Tanzanian Affairs: Zanzibar Declaration,” 1991-05-01, https: //www. tzaffairs. org/1991/05/the-zanzibar-declaration/#: ~: text=Under%20whet%20hes%20come%20to%20be%20known%20as, which%20were%20expressly%20forbidden%20under%20the%20Arusha%20Declaration, accessed: 2022-04-08.

位，腐败指数为 2.4，属于腐败较为严重的国家，首要因素就是党政官员的权力寻租。[①] 在其后的贾卡亚·基奎特（Jakaya Kikwete）总统任期内，甚至还出现了大批党员干部集体抗拒财产申报的情况。横跨政商界的领导干部逐步成为一个封闭的利益群体，严重割裂了党与人民群众间的关系。

五年一次的大选结果，充分反映出民众对革命党形象与公信度的失望。革命党从 1995 年首次参加多党大选以来，历次得票率都在 60%以上，但在 2015 年大选跌至历史低谷的 51.8%。[②] 这充分表明，如果革命党不实施变革，会面临丧失执政党地位的风险。

（二）国家发展战略模糊化问题

在 20 世纪 80 年代的经济改革中，政府弱化自身对经济发展的主导，作为破除计划经济色彩、优先让位于市场调节的主要手段。但这一举措实际上导致国家发展战略被模糊化，国家发展长期裹足不前。

一方面，国家的发展重点出现频繁变更，缺乏必要的连续性。制定和实施“五年计划”，曾是尼雷尔通过参考苏联、中国的经验，并结合本国实际情况，为坦桑尼亚社会主义建设提出的行动方案。1967 年《阿鲁沙宣言》发布后，尼雷尔相继推动制定了三个“五年计划”，迅速建立起以公有制为基础，以革命党领导为支撑的经济政治制度，并为乌贾马运动的发展提供了明确的目标与时间表。但从 80 年代的改革开始，这一规则开始被彻底打破，国家行动计划愈加表现出明显的碎片化问题。其一，行动计划的时间长度频繁变化。1992 年实行多党制之前，继任尼雷尔的姆维尼先后制定了一个一年经济生存计划、两个三年经济调整计划、两个三年经济复苏计划；90 年代中期后，姆帕卡政府又采取若干个“三年计划”与“五年计划”交替执

① “Global Security: Corruption in Tanzania,” https://www.globalsecurity.org/military/world/tanzania/corruption.htm, accessed: 2022-04-08.

② 有关选举结果的相关数据总结自《坦桑尼亚大选英联邦观察团报告》，参见 https://aceproject.org/ero-en/regions/africa/TZ/tanzania-final-report-general-elections-commonwealth，最后访问日期：2022 年 4 月 8 日。

行的政策[①]。其二，行动计划的主题频繁变化。其中，80 年代的计划侧重经济私有化，90 年代的方案聚焦政治多元化，21 世纪初的战略将减贫作为重点。这些问题的出现，导致坦桑尼亚的发展逐步丧失了政府主导下“一张蓝图绘到底”的优势，与周边国家的差距逐步增大。

另一方面，国家制定的发展战略未能实现预设的发展目标。在尼雷尔非洲社会主义思想中，自力更生、社会主义互为前提与结果，即只有与西方资本主义脱钩，才能实现社会主义，而建设社会主义，是确保国家实现真正独立的唯一途径。这种辩证关系的本质要求，是全面构建起真正由本国人民掌控的，服务于人民根本利益的现代化发展格局。尼雷尔执政时期，全国已经初步建立起完备的公有制经济以及交通运输体系，但随着私有化改革浪潮的袭来，原有的发展成就出现了较为严重的停滞甚至是倒退。在私有化改革的大幕之后隐藏着的，是大量国有资产流失的严峻问题。昔日服务于民生的国有企业，或者被卖给了外资所有者，成为外商涉足本国经济命脉的工具，或者由从商的党政高管接盘，变成了私人资产。而且在这些被私有化改造的企业中，大约 197 家在其后的经营中走向倒闭或破产[②]，造成严重的失业问题，严重背离解放与发展生产力的改革初衷。此外，受压缩财政预算、降低财政赤字的改革措施影响，自 80 年代以来，全国长时间没有新增大型基础设施工程和成规模的工业化项目。至 2015 年，国家的经济发展严重依赖海外直接投资的流入和矿石、农产品等偏原料端产品出口，不仅完备的产业体系仍无从谈起，而且经济对外依存程度激增，抗风险能力不足，与国家预期实现的独立自主目标相去甚远。

---

① 乌贾马运动遭遇挫折后，坦桑尼亚自 20 世纪 80 年代先后制定多个短期、中期发展计划，分别是全国经济生存一年计划（1981~1982 年）、结构调整三年计划（1982~1985 年）、两个经济复苏三年计划（1986~1992 年）、1999 年愿景五年计划（1994~1999 年）、减贫战略三年计划（2000~2003 年）、全国增长与减贫战略五年计划（2005~2010 年）。

② “How ‘Magufuli-Nomics’ Is Slowly Changing Tanzania,” The Guardian IPP Media, 2017-10-15, https://www.ippmedia.com/en/news/how-magufuli-nomics-slowly-changing-tanzania, accessed: 2022-04-08.

（三）民众的不满意程度激增问题

尼雷尔之后的改革虽然维持了全国 20 年间 3%左右的 GDP 平均增速，但受制于经济发展质量和分配结构的影响，广大民众并未真正享受到国家发展带来的红利，失衡的发展成为民众产生不满情绪的焦点。

一方面，从全国层面来看，普通民众普遍带有被发展边缘化的感觉。尼雷尔曾指出，只有社会主义才能保证非洲人民的共同富裕。乌贾马运动蓬勃发展时期，坦桑尼亚虽然经济总量较小，但社会公平程度较高，至 20 世纪 80 年代初基本实现了义务教育、基础医疗对城市和乡村的大体覆盖，取得了同期其他非洲国家难以企及的社会发展成就。[①] 但在随后的改革中，由于私有化改制导致众多国企破产倒闭，加之蜂拥而来的外资优先进入利润较高但创造就业岗位较少的矿业、金融等行业，普通民众长期面临严峻的失业问题，1991~2015 年的失业率始终徘徊在 3%~4%的高位。此外，由于政府压缩财政开支缩减了对公共服务的投入，民众的实际生活状况并没有随改革的进行而出现改善。1991~2015 年，全国人口的贫困率仅下降了 5%，温饱线以下人口比例只下降了 2%，能获得清洁饮用水和电力供应的人口比例只增长了 5%。[②] 但与此同时，阶层之间的贫富差距却在快速扩大，全国的基尼系数从 1991 年的 35.3 上涨到 2015 年的将近 40[③]，经济社会发展的普惠性程度相对较低。

另一方面，从坦桑联合关系来看，桑给巴尔民众对均享发展成果的要求更为迫切。坦桑联合是尼雷尔以乌贾马理念促成的政治联盟，是非洲迄今最稳定的国家间联合关系。但由于私有制经济改革给全国经济发展带来巨大冲击，体量较小且自治权益有限的桑给巴尔受影响要更为显著，因此岛内民众谋求变革的呼声极为强烈。1991~2015 年，当地的产业一直停留在丁香出口

---

① Selma James, "What We Can Learn from Tanzania's Hidden Socialist History," The Guardian, 2014-12-11, https://www.theguardian.com/commentisfree/2014/dec/11/tanzania-hidden-socialist-history-president-julius-nyerere, accessed: 2022-04-08.

② 以上统计来源于世界银行发布的相关数据，参见 https://www.macrotrends.net/countries/TZA，最后访问日期，2022 年 4 月 18 日。

③ Gini index (World Bank estimate) - Tanzania, https://data.worldbank.org/indicator/SI.POV.GINI?locations=TZ, accessed: 2022-04-08.

和旅游，工业发展成就乏善可陈，年均经济增速仅为4%左右，而失业率却从4%增长到12%[①]，民众不满情绪更甚于国内其他地区。随着岛内民粹主义、伊斯兰保守派、分离主义等右翼势力的崛起，民众要求与大陆划清界限的呼声愈加高涨，对国家主权与领土完整产生了最直接威胁。

二　马古富力改革的理论基础

马古富力在论及国家治理困境时指出，问题的根源在于人们遗忘了《阿鲁沙宣言》中的乌贾马与自力更生，没有意识到两者依然契合当前的发展形势；国父尼雷尔的脚步，是全国改革的基本线索。[②]

（一）加强革命党的改革与建设

就任革命党主席后，马古富力旋即从思想、组织、作风等方面拉开全党的改革与建设序幕，旨在沿着尼雷尔的路线，把革命党重建为人民的党，而非领导人的党。

第一，统一全党思想，实施党内改革。针对革命党内长期缺乏统一指导思想的情况，马古富力大力强调尼雷尔理论与实践的深厚价值，号召全党在理念和行动上主动对标尼雷尔的相关论述。[③] 在应对思想混乱问题的同时，他还提出推进党内组织改革的多项措施，包括设立专职负责党建的全国主席，防止日常的党建工作被虚化；压缩全国执行委员会与地方各级委员会的人数，提升决策效率；强化政治原则，下级组织必须服从上级组织领导，全党必须服从中央执行委员会的领导；压缩各级组织非必要的会议与活动，确

---

① 有关桑给巴尔的相关统计数据，参见 https：//www. researchgate. net/figure/Unemployment-rate-and-Population-Growth-in-Zanzibar-from-1990-2020_fig1_353378247，最后访问日期：2022年4月18日。

② "How 'Magufuli-Nomics' Is Slowly Changing Tanzania," The Guardian IPP Media, 2017-10-15, https：//www. ippmedia. com/en/news/how-magufuli-nomics-slowly-changing-tanzania, accessed：2022-04-08.

③ Hotuba Ya Rais Wa Jamhuri Ya Muungano Wa Tanzania, Mheshimiwa John Pombe Joseph Magufuli, "Wakati Wa Kufungua Rasmi Bunge La 12 La Jamhuri Ya Muungano Wa Tanzania Dodoma," CCM-NYARAKA, 2020-11-13, https：//ccm. or. tz/ccm-nyaraka, accessed：2022-04-08.

保党组织和党员能够将经费和精力全部投入到为人民服务的工作中去。2017年2月举行的革命党全国执委会会议通过党章修正案，全面采纳马古富力的改革措施。[①]

第二，严打党内腐败行为。马古富力引用尼雷尔的名言“正直的公民会坚决支持反腐败斗争的”来论证反腐败工作的意义。这场斗争首先从审计党员干部的财产开始，国家反贪局、铁路局、港务局、税务局等重要部门或国企等腐败重灾区被优先彻查，多名负责人被移送司法机关起诉。此外，一大批作风不良的党员领导干部被免职或开除党籍，职位最高的当属因醉酒出席国民议会而被撤职的内政部部长查尔斯·基图万加（Charles Kitwanga）。

马古富力的治党措施有效改善了党组织碎片化和党建虚化弱化的问题，不仅逐步扭转了党员干部在人民群众心目中的形象，而且巩固了党组织对社会各界的发动力量。在2020年大选中，革命党重拾全国人民信任，以84.4%的得票率拿下总统职位，同时赢得国民议会89%的席位[②]，不但一改五年前大选的颓势，而且创造了坦桑尼亚实行多党制以来的最佳战绩。达累斯萨拉姆大学左派学者本森·巴纳（Benson Bana）指出，马古富力对革命党的改革及时有效，避免了执政党沦为一般社会组织的悲剧，为国家的改革与建设塑造了强大的核心力量。[③]

（二）强调政府主导下以人民为中心的发展

作为国家总统，马古富力通过强化政府在经济发展中的主导与引领地位，增强经济发展的包容性与普惠性，提升民众的获得感与幸福感。

---

① “Tanzania's Ruling Party Approves Constitution Amendments to Make it More Vibrant,” Xinhuanet, 2017-03-12, http://www.xinhuanet.com/english/2017-03/12/c_136123129.htm, accessed: 2022-04-08.

② “Commonwealth Group Report: Tanzania Election 2020,” p. 15, https://aceproject.org/ero-en/regions/africa/TZ/tanzania-final-report-general-elections-commonwealth, accessed: 2022-04-08.

③ “CCM Reforms: Don't Forget the Grassroots, Sons Says,” The Guardian IPP Media, 2016-12-15: https://www.ippmedia.com/en/news/ccm-reforms-don%E2%80%99t-forget-grassroots-dons-say, accessed: 2022-04-08.

第一，政府主动压缩非必要开支，为民生发展筹措资金。在《2020—2025竞选宣言》中，马古富力表示，国家减贫不力与近几届政府对民生工程的投入不足存在着直接联系。为确保能够重现尼雷尔时期的社会资源的公平分配，政府将持续加大对公共服务项目的投入，确保到2020年底重新实现免费义务教育以及可负担的基础医疗、清洁饮用水对城市和农村居民的基本全覆盖。[①] 为实现该目标，各级政府自2015年开始大幅度压缩非必要支出，取消非必要的会议、论坛、庆典、培训班以及政府官员的海外出访。他本人多次强调，仅2013~2015年期间政府出访经费1.54亿美元，足能新建400千米的柏油马路。[②] 此外，为了压缩中西部各地官员前往达累斯萨拉姆开会的成本，同时为了实现沿海与内陆区域均衡发展，马古富力不仅将长期以各种理由继续滞留达累斯萨拉姆的中央政府部门全部迁往位于中部的新都多多马，而且以新都建设为契机，持续加大对周边地区民生改善的投入。截至2020年，全国的基础教育、医疗、清洁用水覆盖率从五年前的50%左右，分别提升至87.7%、94.4%、84%[③]，为农村的发展作出了巨大贡献。

第二，坚持制定和实施“五年计划”，侧重于基础设施建设和工业化项目。为保证国家能够执行明确且稳定的发展规划，马古富力政府全面继承了基奎特政府制定的“2025愿景”以及“五年计划”等举措，但在侧重点上予以调整，集中实施能够直接改善民生、提升经济发展韧性的项目，且项目谋划上向中西部内陆地区侧重。在2015年启动“二五计划”时，马古富力表示，工业化、基础设施建设将有效拉动国家的就业发展，五年内将在全国的就业中贡献占比超过四成的就业机会，拉动经济实现稳健增长。随着中央标准轨铁路建设、尼雷尔国际机场航站楼改扩建、达累斯萨拉姆港扩建、桑

① “Summary of the CCM Election Manifesto 2020 - 2025,” 2020 - 09 - 16, https://ccm.or.tz/website/ilani/Ilani%20CCM%20English.pdf, accessed: 2022-04-08.

② “Magufuli: My Priorities,” The Citizen, 2015-11-21, https://www.thecitizen.co.tz/tanzania/news/magufuli-my-priorities-2539058, accessed: 2022-04-08.

③ “President John Magufuli: A Model Leader in Africa for Employing Science in Politics,” CGTN, 2020-08-23, https://africa.cgtn.com/2020/08/23/president-john-magufuli-a-model-leader-in-africa-for-employing-science-in-politics/, accessed: 2022-04-08.

给巴尔毛泽东体育场改扩建等一大批项目的开工建设，坦桑尼亚掀起了近20年来规模最大的建设热潮，不仅为国家经济增长提供了新的支点，而且增强了自身在东非一体化中的竞争优势。尽管截至2020年底，“二五计划”的规划项目并没有全部落实，但它基本奠定了国家建设的思路。2021年政府启动“三五计划”，依然以工业化、基础设施建设为抓手，计划通过上马尼雷尔水电站、巴加莫约港口等项目，冲刺“2025愿景”的目标。

第三，维护坦桑联合关系，加大对桑给巴尔发展权益的支持与保护。避免坦桑联合关系恶化，被马古富力列为维护与继承尼雷尔政治遗产的要点，并写入《2020—2025竞选宣言》中。根据政府的深化改革措施，桑给巴尔除了跟全国其他地区一起参加压缩政府非必要开支，发展民生，实施“二五计划”之外，还将进一步承接中央政府让渡的部分权力，在自身发展规划与管理方面享受更多的高度自治权益。2020年10月，中央政府与桑给巴尔政府签订《坦桑联合问题备忘录》，聚焦桑给巴尔在参与国际合作、开展本地项目等事项上面临的多个问题。根据双方协定，桑给巴尔可以直接申请国际优惠贷款、向东非共同体递交经济发展项目申请，同时在油气资源开发、经大陆转口的贸易收费等方面享受中央政府的优惠政策。① 作为近20年来首个涉及联合关系的重要协议，经济自主权的扩大有效缓解了岛内市场狭小、资源匮乏带来的发展困局，受到当地各界的欢迎。

马古富力的稳增长、调结构、惠民生等措施取得了良好的发展效果，在非洲经济自2016年因国际大宗产品价格波动而出现增速放缓的形势下，坦桑尼亚同期的年均经济增速维持在7%，创造了近年来非洲经济发展的奇迹。三年来，坦桑尼亚全国的减贫成就基本与前15年相当，世界银行于2020年7月发布的报告显示，坦桑尼亚人均收入从五年前的992

---

① 《坦政府签署大陆和桑给巴尔岛联合问题备忘录》，中华人民共和国商务部网站，2020年10月22日，http：//www.mofcom.gov.cn/article/i/jyjl/k/202010/20201003010013.shtml，最后访问日期：2022年4月8日。

美元上升至 1121 美元，提前五年跨入中等收入国家行列。[①] 与此同时，桑给巴尔的经济发展形势也稳中向好，稳定是联合关系存续的基础。马古富力摒弃单一市场调节，强调发挥政府主导作用，强力推动全国经济发展提质增效的做法，为其在人民口中赢得了“推土机”（Tingatinga）和“铁人”（Chuma）的美誉。坦桑尼亚著名经济学家、姆祖比大学（Mzumbe University）教授厄内斯特·恩戈维（Honest Ngowi）指出，马古富力的改革塑造了具有公信力的强大政府，从而让政府的调控与主导成为经济发展提质增效的内在动力和保障。[②]

（三）夯实国有经济的基础性地位

为确保国家的经济命脉始终掌握在人民手中，马古富力叫停了此前以弱化国有经济为特征的改革措施，重新强调把国有经济作为引领和规范对外合作与国内企业改革的基础。

首先，依托国有经济，规范外资行为。马古富力认为，外资大量流入却未能给人民带来真正的收益，症结出在外资的运作缺少人民的监督。为打破经济发展对外资的过分依赖，政府主要通过强化合资企业或项目中的公有制经济成分来实现破局。一方面，重点审查已有的合资项目，对拒不整改非法获益行为的外资公司，采取国家股份替换的方式予以接手。从 2016 年开始，大量的外资企业因为存在没有严格履行合同规定的情形，而受到了不同程度的处罚，其中最具代表性的是英国矿业公司阿卡西亚（Acacia）。2017 年总统委员会第一次、第二次会议决议，因该公司 2007～2017 年期间存在巨额偷税行为，政府对其处以 1900 亿美元罚款，创造了近现代历史中非洲国家政府对外资开出的最大一笔罚单。同时，根据政府规定，如果该企业不能及时上缴罚款，既有的投资股份将被政府的投资予以替代。另一方面，严把未开工合

① “President John Magufuli: A Model Leader in Africa for Employing Science in Politics,” CGTN, 2020-08-23: https: //africa. cgtn. com/2020/08/23/president-john-magufuli-a-model-leader-in-africa-for-employing-science-in-politics/, accessed: 2022-04-08.

② “CCM Reforms: Don't Forget the Grassroots, Sons Says,” The Guardian IPP Media, 2016-12-15, https: //www. ippmedia. com/en/news/ccm-reforms-don%E2%80%99t-forget-grassroots-dons-say, accessed: 2022-04-08.

资项目的审批关口，严防外商通过虚报数据的方式拉高造价或技术标准，谋求对项目的主导权。2015~2016年，大量“一五计划”时期签订的对外合作工程合同被暂停执行，等待政府重新组织第三方进行可行性评估，严查外资的参与是否存在边缘化国有经济的主导与带动作用，对存在问题的项目坚决予以废止或者更换合作方。从“二五计划”实际开工的基础设施、工业化项目成果来看，国有经济初步改变了此前在对外合作中的被动地位，有效增强了国家和人民对外商和外资的引导和调控力量。

其次，叫停大规模私有化，全面振兴国有经济。针对大规模开展的私有化改革，马古富力强调，这种政策不仅没能实现解放发展生产力的初衷，反而逐步侵蚀了尼雷尔在执政时期为全国奠定的经济基础。因此，“国进私退”成为2015年后政府改革的重要内容。一方面，针对私有化后业绩未达预期目标的企业，政府采取重新国有化的方式予以接管。经过系统的评估调查，五年来已有数十家企业因为长期亏损或者濒临破产，被工业和贸易部以全部赎买或者注资控股的方式重新收回国有运营①，涉及日用品制造、交通运输、农产品销售等多个行业。与此同时，被私有化但却没有得到有效开发的土地资源，也一并被重新收归国有，由政府统一规划安排。② 另一方面，对涉及国计民生和国家安全的行业，必须坚持国有经济的绝对主导地位。针对国家运输体系长期低效的问题，马古富力怒批铁路、民航等行业的私有化负有不可推卸的责任，全国人民都应该从中吸取教训。因此，建成后的中央标准轨铁路等必须由国有公司负责运管，成为政府当前坚持的一项基本原则。此外，在全国主要的创汇行业中，政府同样力推国有经济的基础性地位。例如，从2019年开始，全国矿物产品的进出口权全部收归坦桑尼亚航运代理公司（TASAC）手中。在上述措施的拉动下，全国公有制经济实现

---

① 《坦总统马古富力责令收回被私有化但未能正常运转的企业》，中华人民共和国商务部网站，2021年2月25日，http://tz.mofcom.gov.cn/article/jmxw/202102/20210203041053.shtml，最后访问日期：2022年4月8日。

② 《坦桑尼亚总理宣布没收大量未开发的土地》，环球网，2016年3月24日，https://china.huanqiu.com/article/9CaKrnJUMf7，最后访问日期：2022年4月8日。

长足发展。截至 2018 年年中，政府对国有企业投资超过 237 亿美元，较 2017 年增加 28.42 亿美元，政府拥有全部股权的企业占所有国有企业的比例上升至 84%，而同期国有企业也给政府带来 4 亿多美元的非税收性收入与投资分红①，有效巩固了国家的经济基础。

通过力挺国有经济，马古富力为革命党、政府进一步强化对经济发展的引领、主导作用，提供了坚实的物质基础与强大的保障。这种与之前私有化完全背道而驰的经济改革措施也常常被其他非洲国家称作"马古经济学"（Magufuli-Nomics）。外界普遍认为，马古经济学的出炉，标志着坦桑尼亚正在逐步摆脱以新自由主义、华盛顿共识为依托的西方影响，开启了新一轮独立发展的探索。②

三　马古富力改革的意义与影响

尽管马古富力执政时间很短③，但无论从深度和广度上，其改革无疑在尼雷尔之后给坦桑尼亚的社会主义建设带来了一次飞跃。他的改革举措不仅丰富了尼雷尔的非洲社会主义思想，而且为社会主义在非洲的复兴注入了动力。

（一）发展了尼雷尔的非洲社会主义理论

马古富力改革的立论基础虽然全部来自尼雷尔的非洲社会主义思想，但并非简单机械的复制，而是结合当前国家发展的实际情况进行的发展与创新，被誉为"乌贾马的新面貌"。④

首先，探索了当下先锋型政党的建设问题。尼雷尔时期的革命党为宪

---

① 《截至 2018 年 6 月，坦桑尼亚政府在国有企业投入的资产总额达 237.28 亿美元》，中国日报中文网，2019 年 2 月 8 日，http://cn.chinadaily.com.cn/a/201902/08/WS5c5cbfeba31010568bdc8ad8.html，最后访问日期：2022 年 4 月 8 日。

② Nizar K. Visram, "Election in Tanzania: The Battle of Neoliberal Agendas," Socialist Project, 2020-10-24, https://socialistproject.ca/2020/10/election-in-tanzania-the-battle-of-neoliberal-agendas/, accessed: 2022-04-08.

③ 2021 年 3 月 17 日，马古富力总统在第二届任期内去世，成为坦桑尼亚第一位在任期内去世的总统。

④ The African Exponent, "President John Magufuli Is the True Leader Julius Nyerere Wished for Tanzania," 2016-08-04, https://www.africanexponent.com/post/7766-magufuli-is-the-leader-julius-nyerere-wished-for-tanzania, accessed: 2022-04-08.

法规定的唯一执政党，既不存在其他政党竞争，也不会受到其他意识形态挑战，能够稳定掌控国家建设的理念和方向。但由此带来的挑战是党组织的臃肿与决策效率的低下，尤其在多党制环境下弊端明显。对于马古富力而言，如要恢复尼雷尔的社会主义思想对国家建设的指导，则必须确保革命党能够连选连胜，长期执政。因此，在仿效尼雷尔从广度和深度上加强党的思想、作风建设的同时，马古富力还注重从精度入手，通过改革党组织内部的低效机制，提升执政能力与参选竞争力，让饱经沧桑的革命党焕发出新的生机。

其次，探索了坚持自力更生原则的问题。尼雷尔执政时期，主要采取对外与资本主义经济完全脱钩、对内取消一切私有制的方式，来维持经济发展的自主性与独立性。但这种政策也在很大程度上制约了生产参与者的积极性，在一定程度上也加剧了70年代末全国的经济困难。作为东部和南部非洲共同市场（COMESA）的成员，当前的坦桑尼亚已深度融入全球经济一体化，国内多种所有制经济共同发展。在此形势下，马古富力选择通过强化国有经济对外资、私有经济的引领和规范，来实现国家和人民对经济发展的主导权。但这并不否定外资、私企存在的合法性，马古富力同时强调两者在解决就业、驱动经济发展方面发挥的重要作用，并承诺政府将继续构建良好的投资与营商环境。这种抓住主要矛盾的改革，有效兼顾了经济发展中的公平与效率。

最后，探索了广大农村地区居民步入现代化的问题。尼雷尔把非洲社会主义的建设重点放在人口占大多数的农村地区，利用乌贾马运动发展农村集体所有制，并试图以此实现步入现代化的目标。但广泛开展的乌贾马运动实际上并不符合当时农村的生产力基础，最后陷入发展困局。马古富力的改革同样把国家的建设与减贫的重点转向中西部内陆的乡村地区，但施政的重点是通过国有经济占主导地位的多种所有制经济发展来予以驱动，具体通过国家统一规划下的企业投资、基础设施工程、能力建设、民生保障等举措，夯实了民众实现共同富裕的生产力基础。这种通过政府引导积极导入生产要素的举措，有效避免了单纯依靠农村公有制建设驱动发展所导致的农村发展质量低、效果差等问题，收到了较为显著的实际效果。

马古富力逝世后，外界曾一度揣测后继者会部分改变过去五年中的“极左”政策，但从继任革命党主席和国家总统的萨米娅·苏卢胡·哈桑（Samia Suluhu Hassan）提出执政的“十个优先点”来看，坦桑尼亚革命党的执政方略没有发生任何改变。在可预见时期内，马古富力式改革将是坦桑尼亚探索社会主义建设的主要途径。

（二）为非洲社会主义发展注入新动能

在当前“华盛顿共识”不仅无助于解决非洲发展困境，而且连应对西方国家自身矛盾的能力也愈加勉强的形势下，中国的快速崛起以及中非关系的快速发展，让非洲国家看到了社会主义理论与制度的魅力。马古富力改革推动的尼雷尔非洲社会主义理论复兴，是非洲重新思考社会主义价值的突出表现，势必将为社会主义在非洲的复兴提供强大动力。

为应对治理危机，一些非洲国家近年来通过若干带有左翼色彩的改革取得了显著效果，比如同为东非国家的肯尼亚通过制定和实施五年计划推动落实“2030 愿景”、卢旺达通过政府主导下的改革开放实现经济腾飞，但由于这些国家之前没有实行过社会主义，加之西方舆论的影响，往往不愿将改革措施与社会主义联系起来。相较之下，坦桑尼亚是为数不多将社会主义理论融入治国理政思想并转化为实践的国度，马古富力直接将改革的成就与尼雷尔的理论探索与制度建设相联系，实际上从理论和实践两个层面向其他非洲国家公开表明，社会主义比新自由主义更适合非洲的发展需求，起到了良好的示范作用。

革命党领导下取得的改革成就，也为其他国家的社会主义政党学习坦桑尼亚探索社会主义建设的经验，提供了宝贵的契机。例如，在邻国肯尼亚，以马列主义为指导的肯尼亚共产党将革命党推动的国有经济、土地国有化等措施明确为自身在肯尼亚实现的奋斗目标，并把加强与革命党的联系与合作作为在整个东非实现社会主义的重要举措。[①] 可以肯定，通过党际交流，尼雷尔社会主

① “Itikadi Issue No. 1,” Communist Party of Kenya, https: //communistpartyofkenya. org/ITIKADI/ITIKADI-ISSUE-NO-1. pdf, accessed: 2022-08-28.

义理论的复兴将为社会主义在其他非洲国家的发展带来全新的动力。

马古富力改革引领下的尼雷尔社会主义理论的复兴，是坦桑尼亚乃至非洲发展的必然趋势。尽管这种社会主义探索目前仍然带有一定的局限性，但它却预示着非洲在不断觉醒的自我意识中对社会主义理论的重新认可。随着新自由主义在非洲逐渐褪去光环，特别是在新冠疫情、气候变化、恐怖主义、贫困等问题的多重夹击下，非洲迫切需要找到新的治理方式来实现各自的发展愿景。马古富力改革为非洲带来了希望，不仅按下了坦桑尼亚社会主义建设加速发展的快进键，同时也吹响了社会主义在非洲复苏的号角。

第四节　非洲社会主义新探索的案例研究之加纳

进入 21 世纪第三个十年，加纳社会主义运动迅速发展，加纳社会主义运动第一次全国代表大会顺利召开，明确加纳社会主义斗争需要一个先进的政治组织，以增强其在规模、广度、网络、动员力量、战略和战术方面的能力，从而克服新自由主义给加纳政治、经济等领域造成的结构性危机，推动加纳社会主义和泛非主义事业的继续发展。随着成员数量、组织规模的不断扩大，未来加纳社会主义运动在继承和弘扬恩克鲁玛非洲社会主义思想和泛非主义精神、促进加纳左翼组织队伍建设和增强与第三世界国家联系方面将发挥重要作用。

一　加纳社会主义运动的现状

加纳社会主义运动的前身是加纳社会主义论坛。1993 年，在加纳时任总统杰里·罗林斯（Jerry Rawlings）执政时期，加纳社会主义论坛在首都阿克拉正式成立。该组织将人民群众置于国家决策的中心，以推动加纳社会主义和泛非主义事业发展、继承恩克鲁玛遗产为使命，为促进加纳左翼组织和人士围绕国内、国际问题开展交流对话提供了智力分享的平台。20 世纪 90 年代，罗林斯政府加速了加纳国有企业私有化进程，摒弃了恩克鲁玛政府在医疗、教育、住房等社会服务领域的改革方案，对加纳社会主义思想和泛非主义运动进行了严厉打压。正是在这一背景下，加纳社会主义论坛组织了多次有关国内和国际问题的公共论坛，建立了电影俱乐部，出版了相关书籍和手册，设立了公共图书馆，还与世界其他遭受西方国家侵略和霸凌的发展中国家加强团结合作，与世界上其他受压迫的民族保持密切联系。在近 30 年的发展过程中，加纳社会主义论坛通过建立自己的媒体组织、研究小组、文化组织和书店，不断扩大组织活动范围和组织规模①，高度关注失业、土地、城市移民等民生问题，为促进加纳国家整体发展作出了贡献。②

（一）形成较完善的组织和平台

加纳社会主义论坛在阿克拉设立“自由中心”，该中心既是加纳社会主义论坛秘书处的办公地点，又是民众的文化中心，为群众阅读左翼诗歌和书籍、弹唱进步歌曲和观看进步电影提供了场所。该中心还特设免费的医疗诊所为群众就医提供方便，并为激进分子讨论国内问题和改革计划以及为给第三世界民众反抗帝国主义压迫出谋划策提供了交流的场所和平台。2018 年，该中心成功举办了第三届“今日泛非主义”大会，非洲大陆以及全球上百个左翼政党和组织参加了此次大会，为泛非主义运动的进一步发展贡献了智慧。

加纳社会主义论坛还在阿达布拉卡镇建立了自由书店，该书店收集了恩克鲁玛和其他非洲民族解放斗争时期领导人的相关书籍。恩克鲁玛被视作“非洲社会主义之父”，其诸多著作集中反映了他的社会主义理论在加纳的形成和发展过程。恩克鲁玛一生著作等身，特别是其在 20 世纪六七十年代创作的多部专著集中体现了他对社会主义的理解和认识，包括《殖民地走向自由之路：反对世界帝国主义斗争中的非洲》（1962 年）、《非洲必须统

① Pavan Kulkarni, “Socialist Movement of Ghana,” People's Dispatch, 2021-08-03, http://peoplesdispatch.org/2021/08/03/first-national-congress-of-socialist-movement-of-ghana-charts-a-new-course-for-the-region/, accessed: 2021-08-28.

② Michael Eli Dokosi, “Socialist Forum of Ghana Morphs into Socialist Movement of Ghana, Set to Rescue Long Suffering of Ghanaians,” The Insight, 2021-08-18, https://www.theinsightnewsonline.com/socialist-forum-of-ghana-sfg-morphs-into-socialist-movement-of-ghana-smg-set-to-rescue-long-suffering-of-ghanaians/, accessed: 2021-08-28.

一》（1963年）、《新殖民主义——帝国主义的最后阶段》（1965年）、《良知主义：非殖民地化的哲学思想》（1970年）和《非洲的阶级斗争》（1970年）等。[①] 自由书店收录了恩克鲁玛撰写的全部著作，并为加纳的大学、研究机构和个人提供借阅服务。为进一步宣传社会主义思想、加强舆论宣传工作，加纳社会主义论坛出版了有关政治、哲学、社会、历史等问题的小册子，手册中收录了有关对西方掠夺加纳自然资源、加纳民族冲突、域外军事干预等问题的分析与解决方式的进步文章。为加强组织成员培训和干部培养，加纳社会主义论坛还建立了一个大众教育机构，即米尔卡·卡布拉尔学校，为加纳和西非地区的社会主义政党、组织、工会以及加纳社会主义论坛的成员提供政治、哲学、组织和干部方面的培训。时至今日，有600多名来自非洲各个国家的学员和干部参加了米尔卡·卡布拉尔学校的培训课程，为这些成员所在组织的人力资源培养和干部选拔奠定了坚实基础。[②]

在宣传领域，加纳社会主义论坛与加纳很多支持和同情左翼组织的媒体建立了积极互动与联系。加纳社会主义论坛的领导人奎西·普拉特（Kwesi Pratt）不仅是一位坚定的恩克鲁玛主义者、泛非主义者和左翼学者，同时也是加纳《洞察力》（*The Insight*）报纸的主编和资深记者。普拉特主编的《洞察力》已成为加纳社会主义论坛的舆论阵地。普拉特积极关注加纳社会各个领域的发展，已经发表多篇时评和新闻报道。与此同时，他还积极在脸书（Facebook）、推特（Twitter）等加纳青年人常用的社交媒体上宣传加纳社会主义论坛的发展现状，发表有关左翼组织的相关观点，受到了加纳本国青年人和流离在海外的加纳人的喜爱和支持。另外，加纳社会主义论坛与泛

---

① 具体参见 Kwame Nkrumah, *Towards Colonial Freedom: Africa in the Struggle Against World Imperialism*, London: Heinemann, 1962; Kwame Nkrumah, *Africa Must Unite*, New York: Frederick A. Praeger, 1963; Kwame Nkrumah, *Neo-Colonialism: The Last Stage of Imperialism*, London: Thomas Nelson and Sons Ltd., 1965; Kwame Nkrumah, *Consciencism: Philosophy and Ideology for De-Colonization*, New York: Monthly Review Press, 1970; Kwame Nkrumah, *Class Struggle in Africa*, New York: International Publishers, 1970。

② Kyeretwie Opoku, "Media Statement: First Congress Socialist Movement of Ghana," The Insight, https://www.theinsightnewsonline.com/media-statement-first-congress-socialist-movement-of-ghana/, accessed: 2021-08-28.

非电视台开展合作，制作了有关加纳民族独立和非洲解放运动的纪录片，并计划围绕非洲的性别斗争、流行性疾病等政治、经济话题拍摄系列专题纪录片①，向民众揭示加纳面临的现实挑战，揭露西方资本主义的虚伪性，在相关领域与西方势力开展舆论斗争。

（二）顺利召开第一次全国代表大会

加纳社会主义论坛原计划于2020年举行第一次全国代表大会，但受新冠疫情的影响，大会推迟至2021年7月30日至8月1日在加纳中部地区温尼巴镇举办。由于新冠疫情在非洲大陆的快速蔓延，为确保所有与会者的健康和安全，加纳社会主义论坛要求第一次全国代表大会全程严格执行加纳疫情防控标准。大会秩序井然，来自加纳全国各地130余名代表和来自非洲、南美、北美、欧洲和亚洲国家的兄弟组织派出的共27名观察员出席了此次大会，所有与会人员全程佩戴口罩、保持社交距离。

第一次全国代表大会的胜利召开，取得了若干成果，掀开了加纳社会主义论坛发展的新篇章。大会下设五个委员会，分别负责国内事务、国际事务、新章程、性别事务和青年事务，与会者分别围绕五个委员会相关事务进行充分讨论并投票表决。大会通过了该组织的新章程，同意将“加纳社会主义论坛”更名为“加纳社会主义运动”，以促进该组织成长为一支规模更大、形式更多元、思想更激进的政治组织。第一次全国代表大会还通过了最终决议。该决议要求在新章程规定的框架内，加纳社会主义运动②积极分子可以根据需求建立相关组织和关系网络，为把权力交还给人民而战斗。大会选举产生该组织新一届领导班子，其中，普拉特当选为加纳社会主义运动总书记，凯雷特维·奥博库（Kyeretwie Opoku）为加纳社会主义运动召集人，阿库福·亨努克（Akuffo Henaku）为加纳社会主义运动国际事务秘书长。

---

① Kyeretwie Opoku, “Media Statement: First Congress Socialist Movement of Ghana,” The Insight, https://www.theinsightnewsonline.com/media-statement-first-congress-socialist-movement-of-ghana/, accessed: 2021-08-28.

② 为避免混淆，下文全部统一用“加纳社会主义运动”作为组织名称，代替“加纳社会主义论坛”。

大会的最终决议对帝国主义进行了界定，认为帝国主义是西方资本主义的全球化阶段。四个世纪以来，帝国主义对非洲大陆采取了直接攻击，把所有可能的身份-种族、民族、宗教、性别、年龄等都作为它们“分而治之”策略的一部分，给非洲大陆带来了无穷灾难，严重制约了非洲大陆的发展与复兴。最终决议还明确指出，加纳社会主义运动未来的主要任务目标就是与加纳的社会主义者、进步的政治和社会组织开展合作，一同削弱西方资本主义在非洲政治、经济等领域的影响力，助力加纳早日实现独立与自主。

二　加纳社会主义运动的实践

在过去近 30 年的发展历程中，加纳社会主义运动积极探索、努力实践，在思想建设、舆论监督和支援第三世界国家方面走出了一条自己的道路，为加纳左翼组织的规模壮大和发展进步奠定了基础。

（一）加强自身思想建设，发挥舆论监督作用

在后恩克鲁玛时代，加纳社会主义思想的发展始终面临着来自国内意识形态领域的多重挑战。在罗林斯执政期间，加纳曾以“新马克思主义”的形式短暂恢复过社会主义改造，但最终以经济结构难以调整为理由，放弃了走社会主义道路的机会，接受了西方资本主义的发展模式。① 加纳社会主义运动深谙国内政治思想的暗流涌动。罗林斯曾公开赞扬发动军事政变、推翻恩克鲁玛政权的伊曼纽尔·科托卡（Emmanuel Kotoka）少将，并启动了一项政府议程，试图诋毁恩克鲁玛的社会主义和泛非主义成果，否认其对加纳乃至整个非洲大陆的巨大贡献。② 加纳现任总统纳纳·阿库福-阿多（Nana Akufo-Addo）领导的新爱国党也被指出试图修改历史、否认恩克鲁玛的国

① M. Anne Pitcher, et al., “African Socialisms and Postsocialisms,” *Africa*, Vol. 76, 2006, p. 7.

② Kwesi Pratt, “Rawlings Led the Agenda to Erase Nkrumah's Legacy,” 2021-02-01, https://www.dreamzfmonline.com/news/rawlings-led-the-agenda-to-erase-nkrumahs-legacy-kwesi-pratt/index.html, accessed: 2021-09-10.

父地位，改认加纳历史学家约瑟夫·丹夸（Joseph Danquah）为“国父”。[①]为此，加纳社会主义运动不断加强自身的思想建设，在各领域勇敢发声，组织主要成员积极接受媒体采访、发表时评，猛烈抨击加纳社会存在的错误思想，掀起了一场反资本主义运动，一定程度上阻止了西方资本主义和新自由主义对加纳的渗透，其具体措施如下。

第一，组织培训和授课，加强了组织成员的思想建设，形成理论共识，鼓励组织成员在舆论场以错误思想为批判对象，针砭时弊、为民发声。最为突出的事例是加纳社会主义运动围绕出售加纳电信公司股份、反对新自由主义剥削制度和对泛非主义的再认识展开大讨论，很多普通民众通过互联网、移动终端等参与线上讨论，吹响了加纳反资本主义斗争的号角。

西方在加纳大肆推行新殖民主义，很多民众不知不觉地充当了西方国家的代理人。2008 年，加纳政府以 9 亿美元的价格将加纳电信公司 70%的股份出售给了英国的沃达丰国际控股集团，以偿还政府高达 4 亿美元的债务，引发民众的强烈不满。加纳社会主义运动指出，恩克鲁玛政府被推翻以来，加纳已经深陷民族倒退。加纳电信业股份被出售充分表明加纳在“经济结构调整”“私营部门是经济增长引擎”外衣的伪装下深陷新殖民主义陷阱。加纳社会主义运动多次撰文呼吁，以唤起民众良知，反对政府不顾加纳民众利益向国际跨国公司屈服。加纳社会主义运动认为，加纳民众只有克服在殖民统治时期形成的买办意识形态与国家奴性，停止为获得微薄收益而充当外国人的代理人的行为，才能真正实现国家富裕与强大。[②]

近年来，加纳已深陷新自由主义经济的泥淖不可自拔。各项经济领域政策安排杂乱无章，腐败现象已经深入加纳社会肌理。无力反抗的民众甚至已越来越倾向于被动“接受”政府腐败的现实。为此，加纳社会主义运动在

---

① Osman Nuhu, “It's a Big Mistake to Consider JB Danquah as the Founder of Ghana,” 2021-08-05, https://ghanaontheglobe.com/2021/08/05/its-a-big-mistake-to-consider-jb-danquah-as-the-founder-of-ghana-kwesi-pratt-jnr/, accessed: 2021-09-10.

② Socialist Forum of Ghana, “Sale of Ghana Telecom,” 2008-07-17, https://www.ghanaweb.com/GhanaHomePage/NewsArchive/artikel.php?ID=147117, accessed: 2021-09-10.

2014年纪念加纳建国57周年的声明中感慨，“我们对加纳共和国目前所陷入的贫困、不平等和不卫生的状况已经麻木”。加纳社会主义运动在声明中呼吁，所有进步的、民主的力量应组成变革联盟，形成一种进步的团结力量，以对抗新自由主义和资本主义制度；应发起一场运动，旨在揭露加纳青年、妇女、农民、工人、失业者、小企业主、学生和广大普通民众身上所受到的剥削，帮助加纳彻底摆脱妨碍其进步的新自由主义思想。加纳社会主义运动在声明中呼吁加纳人民在加纳共和国纪念日勇敢站出来，为人民夺回政权。①

为唤起民众对泛非主义思想的再认识，加纳社会主义运动加大了舆论宣传工作。2020年5月25日，加纳社会主义运动国际事务秘书长亨努克在接受媒体采访时指出，泛非主义本质上是一种反对殖民主义和资本主义的解放思想，旨在把非洲人从压迫和奴役中解放出来。当前泛非主义世界内部存在着一场斗争，一方是想要维持现状、依附于西方的人，另一方则是想要变革、成为真正的非洲激进分子。亨努克表示，“非洲的解放还远没有到来。政治上我们受人控制，经济上我们被人宰割，唯一能对抗资本主义的就是社会主义。加纳社会主义运动就是要实现劳动人民领导下的所有被压迫人民之间的团结，让劳动人民共同拥有资源，并用这些资源来改善我们所有人的生活，而不是仅仅改善精英们的生活”②。亨努克的观点表明，加纳社会主义运动内部已达成理论共识，对加纳社会主义和泛非主义思想形成了较为完整、系统的理论认识。

第二，发挥舆论监督作用，为加纳政府和社会发展建言献策。以普拉特为代表的加纳社会主义运动主要成员，主动接受电视台、广播和报纸采访，大胆指出政府可能存在的问题和不足，并提出纠正措施，为促进形成一个更

① “SFG Rallies Against Neo-liberal Exploitative System in Ghana,” New Ghana, 2017-07-01, https://newsghana.com.gh/sfg-rallies-against-neo-liberal-exploitative-system-in-ghana/, accessed: 2021-09-10.

② Kambale Musavuli, “African Liberation Day: Historical Perspective for Pan Africanism Today,” People's Dispatch, 2020-05-25, http://peoplesdispatch.org/2020/05/25/african-liberation-day-historical-perspective-for-pan-africanism-today/, accessed: 2021-09-12.

加平等、公平、正义的社会贡献力量。

2021年8月14日，普拉特在加纳的大学教师协会（UTAG）举行的一场罢工活动中表达了对现任政府过度追求排场等腐败现象的严重不满。普拉特在接受媒体采访时表示，这一现象一方面客观说明加纳政府官员普遍喜欢追求奢华、彰显特权，另一方面也表明现任政府疏离百姓、漠视群众疾苦，更揭露了政府官员的两面性——一边享受特权阶级的好处，一边要求群众勒紧裤腰带过苦日子。普拉特认为，许多加纳人正在遭受困苦，迫切希望政府能够振兴经济，而现实却是政府未能以身作则，对加纳贫困群众的处境更是无动于衷。普拉特建议，加纳政府要早日克服贪图物质享受、不顾百姓安危的不良作风，早日实现为民办事、为民着想的朴素工作作风。①

次日，普拉特接受电台采访时强烈指责加纳最大在野党——全国民主大会党，认为该党应为当前加纳疫苗供应紧张而负责。截至2021年9月23日，加纳累计新冠肺炎确诊病例近12.6万例，累计死亡1130例。在早些时候，加纳卫生部部长夸库·阿杰曼-马努（Kwaku Agyeman-Manu）与阿联酋副总统兼总理、迪拜酋长阿勒马克图姆（Al Maktoum）私人办公室签订协议，决定购买后者提供的30万剂俄罗斯卫星V（Sputnik V）疫苗用于控制加纳日益严重的新冠疫情。但由于疫苗供应流程遇到了障碍，2021年7月该协议被迫终止，使加纳疫苗供应一度出现紧张局面。随后，加纳议会成立特别委员会开展相关调查，最终调查报告指出，阿杰曼-马努在没有得到议会批准的情况下就与阿联酋单方面签订协议，这一行为严重违反了加纳1992年宪法第181条第5款的相关要求。阿杰曼-马努的个人行为导致加纳市场疫苗供应不足，严重威胁人民生命健康。普拉特认为，由于当初在野党没有充分行使监督机制，而是对现任政府包括阿杰曼-马努在内的部长级官员任命“大开绿灯”，没有真正为民众利益负责，选拔出真正能担起大任的

① Ghana Visions, “How do You Call on People to Tighten Their Belts with 39 Cars in a Convoy? - Kwesi Pratt Asks,” 2021-08-14, https://www.ghanavisions.com/2021/08/14/how-do-you-call-on-people-to-tighten-their-belts-with-39-cars-in-a-convoy-kwesi-pratt-asks/, accessed: 2021-09-12.

政府官员。因此，在野党应该为当前卫生部部长不作为和疫苗供应紧张负有责任，并接受惩罚和整改。①

（二）积极声援亚非拉第三世界国家，弘扬泛非主义和国际主义精神

目前，加纳社会主义运动共有 29 个支部、遍布全国各地，各个支部都积极参与、支持和声援非洲其他国家以及古巴、巴勒斯坦、委内瑞拉、朝鲜等发展中国家的反对西方资本主义的斗争。加纳社会主义运动始终高举国际主义旗帜，长期围绕泛非主义运动开展了一系列活动，包括积极联合其他非洲国家左翼组织开展联合斗争以避免非盟复制欧盟的发展道路；积极弘扬国际主义精神、联合世界范围内其他国家左翼政党和组织共同声讨西方资本主义制度。为严防第三世界国家经济发展屈从于以欧洲资本和美国资本为核心的帝国主义资本，防止泛非主义和国际主义精神沦落为资本主义的工具，防止非盟等区域组织沦落为资本对抗劳动人民的联盟，加纳社会主义运动采取了以下措施。

第一，加强同其他非洲国家左翼组织之间的联系，推动新形势下非洲大陆泛非主义运动的深入发展。2019 年 7 月 15 日，加纳社会主义运动与尼日利亚社会主义工人和青年团发表《加纳和尼日利亚劳动人民，团结起来!》联合声明。该声明指出，加纳国内针对尼日利亚人的仇外情绪正在不断蔓延，这一情况令人担忧。任何形式的民族沙文主义都将破坏国际工人阶级的团结，并最终服务于统治阶级的利益。声明中还提到，加纳社会主义运动作为社会主义组织，在敦促贫困群众停止基于国籍差异或任何原因而针对其他贫困工人、工匠和邻居的仇恨时，有着义不容辞的重要责任。“我们应该清楚谁才是我们真正的敌人。我们真正的敌人是那些有钱有势的人，是他们从我们手中掠夺资源、剥削我们的劳动成果。”② 声明强调，在任何国家，工

① Elvis Anokye, “NDC Cannot Escape Responsibility for Sputnik V Vaccine Mess,” 2021-08-15, https://thepressradio.com/2021/08/15/ndc-cannot-escape-responsibility-for-sputnik-v-vaccine-mess-kwesi-pratt/, accessed: 2021-09-12.

② “Working People of Ghana and Nigeria, Unite!” 2019-07-15, https://socialistworkersleague.org/2019/07/15/working-people-of-ghana-and-nigeria-unite/, accessed: 2021-09-12.

人阶级都必须发挥领导作用，不能允许出现统治阶级针对贫困群众的剥削现象，要制止这种对穷人没有好处的恶风。因此，加纳和尼日利亚工会组织要联合起来，共同为创造一个团结、正义的新世界而奋斗。① 同年 10 月 14 日，为支持和团结赞比亚人民，加纳社会主义运动举办公共演讲活动，邀请赞比亚社会主义论坛总书记科斯莫斯·穆苏马里（Cosmos Musumali）发表题为《赞比亚社会主义与现实》的演说，呼吁赞比亚和加纳的社会主义者和组织要团结起来，非洲其他国家也要团结起来，以共同应对西方资本主义对非洲国家的剥削。② 2021 年 6 月 17 日，赞比亚国父、非洲民族解放运动和非洲社会主义实践的代表人物卡翁达逝世。亨努克代表加纳社会主义运动撰文向赞比亚已故开国总统卡翁达致敬。亨努克在文中指出，当前赞比亚出现了货币贬值、劳动力减少、国有资产私有化问题，劳动人民的利益受到严重侵害，而卡翁达的思想理论和著作将帮助赞比亚劳动人民走出新自由主义的桎梏，使其重新获得自由。加纳社会主义运动相信，赞比亚社会党将继续沿着卡翁达思想路线走下去，建立独立的民族经济以摆脱资本主义的盘剥。③

第二，以发扬国际主义精神为己任，积极支援世界上其他被压迫的国家和民族，并为推动域外左翼政党的发展而持续发声。例如，2012 年，加纳社会主义运动召集人奥博库就古巴人权问题发表评论。奥博库指出，自 1959 年 1 月古巴革命发生至今，古巴在古巴共产党的领导下，不仅将古巴人民从独裁统治和外国强制统治中解放出来，而且保障了古巴人民的言论自由、结社自由、信仰自由，还保障了民众就业、医疗、教育等基本权利。古巴共产党为非洲、亚洲、拉丁美洲等地的第三世界国家提供了大量援助，其

① "Working People of Ghana and Nigeria, Unite!" 2019-07-15, https: //socialistworkersleague. org/2019/07/15/working-people-of-ghana-and-nigeria-unite/, accessed: 2021-09-12.

② Frederick Gadese-Mensah, "Ghana: Socialist Forum Ghana Holds Public Lecture on Zambia," 2019-10-14, https: //allafrica. com/stories/201910140481. html, accessed: 2021-09-13.

③ "Kaunda's Works Will Live on, Says Socialist Forum of Ghana," 2021-06-24, https: //www. themastonline. com/2021/06/24/kaundas-works-will-live-on-says-socialist-forum-of-ghana/, accessed: 2021-09-13.

中古巴每年向加纳派遣200多名医务人员，为加纳农村地区的医疗卫生提供了支持，还同加纳开展消除疟疾合作项目，为加纳人民医疗卫生、教育等福祉作出了重要贡献。奥博库强调，真正制约古巴发展的是美国对古巴的非法经济和金融封锁。此外，美国在古巴还发动了恐怖主义活动，严重破坏了古巴人民的生存权和发展权。加纳社会主义运动呼吁世界爱好和平的国家、团体和个人一起向美国施压，要求其结束对古巴人民的非法经济封锁和压迫。[①] 加纳社会主义运动表示，美国的霸权行径应当受到世人的强烈谴责。古巴政府、古巴共产党与人民始终团结在一起，为其他国家树立了榜样，其不懈斗争的奋斗精神在世界历史上留下了浓墨重彩的一笔。加纳社会主义运动呼吁，加纳政府应该加入谴责美国对古巴的封锁和破坏的行列中，采取实际措施反对美国的非法行径，帮助古巴人民减轻痛苦。[②]

另外，加纳社会主义运动始终为世界上所有受压迫的人民的利益而战。2020年5月25日，加纳社会主义运动围绕巴以问题发表时评，强烈谴责以色列在巴勒斯坦所犯下的反人类罪行，谴责美国和其他西方资本主义国家是其幕后黑手，表示巴勒斯坦人民应团结一致与以色列对巴勒斯坦土地的非法占领进行抗争，呼吁所有非洲国家反对以色列以观察员身份或其他任何身份参与非盟工作。[③] 这篇文章不仅充分展示了加纳社会主义运动的国际责任与担当，更体现了该组织维护和平与稳定的天然使命感。同年10月5日至10日，加纳社会主义运动还参与了国际上多个左翼政党和左翼组织等举办的线上研讨会，该研讨会是国际反帝运动周的一项重要活动，举办包括线下工作坊、社交媒体活动、上街抗议等反帝国主义运动。活动期间，加纳社会主义

---

① Socialist Forum of Ghana (SFG), "SFG's Views on Cuba," 2012-10-07, https://lib.ohchr.org/HRBodies/UPR/Documents/Session16/CU/SFG_UPR_CUB_S16_2013_SocialistForumofGhana_E.pdf, accessed: 2021-09-13.

② Socialist Forum of Ghana (SFG), "SFG's Views on Cuba," 2012-10-07, https://lib.ohchr.org/HRBodies/UPR/Documents/Session16/CU/SFG_UPR_CUB_S16_2013_SocialistForumofGhana_E.pdf, accessed: 2021-09-13.

③ Kambale Musavuli, "African Liberation Day: Historical Perspective for Pan Africanism Today," People's Dispatch, 2020-05-25, http://peoplesdispatch.org/2020/05/25/african-liberation-day-historical-perspective-for-pan-africanism-today/, accessed: 2021-09-13.

运动、泛非电视台和米尔卡·卡布拉尔学校共同举办了“帝国主义在西非的表现”研讨会，旨在探讨帝国主义在西非地区产生影响的因素。在以往西方举办的研讨会中，西方国家对非洲大陆，特别是对西非地区的军事占领和军事干预行为往往三缄其口。但现实却是，西非仍然是西方帝国主义列强眼中具有高度战略意义的地区，美国和法国在西非地区的驻军人数最多，西非地区苦于身负帝国主义军事化枷锁，而很难实现非洲治理下的和平与安全，更不能实现真正的独立自主，如何摆脱帝国主义的迫害成为与会者讨论的重点。[①] 加纳社会主义运动用实际行动充分展现了其不断弘扬国际主义精神、增进与第三世界国家间团结、促进发展中国家人民紧密相连的不懈追求。

三　加纳社会主义运动的展望

伴随着加纳社会主义运动的快速发展，其影响力不断拓展，未来发展呈现以下三个特点。

第一，继承并弘扬了恩克鲁玛遗产，为加纳社会主义思想的进一步发展奠定了坚实基础。加纳一些革命青年依然沿袭恩克鲁玛思想，试图复兴恩克鲁玛社会主义思想和泛非主义运动，认为对恩克鲁玛思想的继承是应对新自由主义的最佳方式。作为非洲民族解放运动中的重要政治思想[②]和非洲政治哲学的重要分支[③]，加纳开国领袖恩克鲁玛领导践行的加纳社会主义，为20世纪60年代加纳的民族解放和独立提供了全新的道路选择、制度选择、社会和文化重建样本，为加纳摆脱西方资本主义强加于非洲的价值体系、政治经济社会制度起到了重要作用。加纳社会主义的发展历程波澜起伏。尽管加

① “People's Movements and Organizations across the World Mobilize in Week of Anti－imperialist Action,” People's Dispatch，2020－10－06，http：//peoplesdispatch.org/2020/10/06/peoples－movements－and－organizations－across－the－world－mobilize－in－week－of－anti－imperialist－action/，accessed：2021－09－13.

② 唐大盾等：《非洲社会主义：历史·理论·实践》，中国社会科学出版社，2007，第2页。

③ 李安山：《当代非洲哲学流派探析》，《国际社会科学杂志》（中文版）2020年第2期，第140页。

纳社会主义在理论上存在诸多理解错误，但加纳社会主义实践始终伴随泛非主义运动的发展，共同为促进非洲大陆的团结和联合作出了突出贡献。[①] 由于加纳新爱国党和全国民主大会党都不同程度地推行新自由主义，加纳经济自由斗士等组织中的青年人正秉承恩克鲁玛思想，重新思考加纳的国家角色、发展地位，以及加纳在非洲大陆和世界的地位。[②]

时至今日，恩克鲁玛的社会主义思想和泛非主义遗产依然激励着加纳人民，为后来的革命者指明了前进的方向。2020 年 2 月 24 日，加纳新闻学院师生参加了加纳社会主义运动纪念活动，重温恩克鲁玛社会主义和泛非主义思想。参加活动的师生纷纷表示，恩克鲁玛的泛非主义思想对于今日的加纳和非洲大陆来说，比任何时候都更加重要。非洲大陆一直被西方国家排除在全球政治经济之外，非洲人、加纳人必须共同制定发展计划，才能从资本主义泥淖中挣脱出来，获得真正的独立。同年 9 月 21 日，加纳社会主义运动在阿克拉的泛非电视台举行创建者日（即恩克鲁玛纪念日）活动，缅怀加纳国父恩克鲁玛领导加纳赢得民族解放斗争的光辉历程，认为加纳民族解放斗争的胜利为整个非洲大陆的独立与解放注入了无穷力量。2019 年 3 月，加纳现任政府试图篡改历史，强调加纳独立的功绩不应归属于恩克鲁玛，而应归功于在 1947 年 8 月 4 日达立黄金海岸联合公约（UGCC）的六位领导人，认为他们才是推动加纳实现真正独立的人，并试图通过法案，将创建者日从恩克鲁玛的生日 9 月 21 日修改为 8 月 4 日。但加纳社会主义运动坚信，恩克鲁玛精神之火炬将为所有加纳人带去光明和指引，必将在加纳上空永远燃烧，任何试图淡化恩克鲁玛开国元勋地位，以及抹黑恩克鲁玛为加纳和非洲大陆解放事业所作出的丰功伟绩的行为必将失败。普拉特表示，恩克鲁玛不仅是加纳斗争的领袖，其精神遗产更代表着加纳人民对美好生活的向往。

---

① 刘鸿武、肖玉华、梁益坚：《一个大陆的觉醒、抗争与自强——20 世纪非洲国家关系理论之研究论纲》，《世界经济与政治》2007 年第 1 期，第 4 页。

② William Shoki, et al., "Why Kwame Nkrumah's Socialist, Pan-African Vision Continues to Inspire Radicals Today," 2020-09-26, https://jacobinmag.com/2020/09/kwame-nkrumah-ghana-pan-africanism, accessed: 2021-09-15.

加纳人民不会忘记恩克鲁玛所领导的加纳民族解放斗争历史。“我们不会忘记我们的历史，这是决定今天或明天的重要历史。我们的历史将指导我们寻找新的明天。”[①] 正如恩克鲁玛在加纳《独立宣言》中所言，除非与非洲的彻底解放联系在一起，加纳的独立才有意义。因此，亨努克强调：“我们能够为此而斗争的方法之一是争取人民的团结，包括各种团体（青年团体、妇女团体、社会和经济团体）的团结，这些团体代表人民并了解人民的问题。我们需要这些团体的团结，它们明白加纳的问题是外国干涉和精英阶层剥削所造成的。”[②] 展望未来，只有继承和弘扬恩克鲁玛遗产才能真正获得争取独立的最有效工具。

第二，加纳左翼组织队伍不断壮大，为早日成长为左翼政党储备了人才。在过去三年中，加纳社会主义运动队伍建设不断加强、成员数量连年增多。截至 2021 年上半年，大批青年人加入加纳社会主义运动，其成员总数已由成立之初的 4 名成员增至约 3000 人。[③] 这 3000 名成员遍布加纳 16 个行政区划中的 12 个，预计在 2021 年底成员将覆盖全部 16 个区划。这一方面反映出加纳社会主义运动通过加强自身组织建设，成员数量和组织规模获得了长足发展；另一方面也表明，加纳民众对当前实行新自由主义经济制度的加纳失业率高和生活成本增加的现状产生了不满，对社会主义思想和泛非主义运动的支持提升。自东欧剧变、苏联解体后，包括加纳在内的非洲国家为了获得外国直接投资和贸易，不得不接受国际货币基金组织、世界银行等国际组织和西方国家的贷款，开启了经济私有化的进程，并采纳

① Mercy D. Osei, “Socialists in Ghana Honored Liberation Leader Kwame Nkrumah on Founder's Day,” People's Dispatch, 2020-09-29, https://peoplesdispatch.org/2020/09/29/socialists-in-ghana-honored-liberation-leader-kwame-nkrumah-on-founders-day/, accessed: 2021-09-15.

② Kambale Musavuli, “African Liberation Day: Historical Perspective for Pan Africanism Today,” People's Dispatch, 2020-05-25, http://peoplesdispatch.org/2020/05/25/african-liberation-day-historical-perspective-for-pan-africanism-today/, accessed: 2021-09-15.

③ Pavan Kulkarni, “First National Congress of Socialist Movement of Ghana Charts a New Course for the Region,” People's Dispatch, 2021-08-03, http://peoplesdispatch.org/2021/08/03/first-national-congress-of-socialist-movement-of-ghana-charts-a-new-course-for-the-region/, accessed: 2021-09-15.

了西方多党制模式。但西方国家强加于加纳等非洲国家身上的发展模式并未赢得非洲国家的真心赞同，非洲人民依然期待社会主义制度在公共教育、公共医疗和交通系统等社会基础设施建设方面发挥作用。①

2000年以来，新爱国党和全国民主大会党两党轮流执政，主导着加纳的政治和经济社会发展，但这两大党派助长了资本主义对基层民众的剥削，小资产阶级充斥地方行政机构、疯狂敛财，使国家陷入经济衰退。② 特别是近年来，加纳经济发展持续疲软、失业率居高不下、社会问题激增，西方鼓吹的所谓的民主化浪潮和新自由主义并没有给加纳带来真正的繁荣与稳定。世界银行2020年9月发布的报告显示，加纳青年失业率为12%、全民不充分就业率超过50%，这两个数据都远远高于撒哈拉以南非洲国家的总体失业率。③ 粮食、住房、石油、黄金、可可、木材、基础设施、金融和技术服务等领域都经历了私有化热潮并被外国公司接管，其中农业用地的私有化是加纳失业危机进一步加剧的重要原因。农村大批青年劳动力失去土地，因而选择大规模迁移到城市生活。其中部分农村青年人由于缺乏技能无法找到合适工作，只能铤而走险并走上了违法犯罪的道路。这又导致城市盗窃、抢劫和有组织犯罪活动的增加，严重影响了加纳的公共安全和社会秩序。民众对加纳政府的信任和能力认可都跌到了谷底，越来越多青年人坚信无论是执政的新爱国党还是在野党——全国民主大会党都没有能力力挽狂澜，只有社会主义才可以拯救加纳。④

---

① Angela Thompsell, "Socialism in Africa and African Socialism," ThoughtCo., 2019-07-23, https://www.thoughtco.com/socialism-in-africa-and-african-socialism-4031311, accessed: 2021-09-15.

② Yaw Kwakye, "Collateral Damage: The Promise and Failure of Socialism in Ghana," 2020-08-09, https://citinewsroom.com/2020/08/collateral-damage-the-promise-and-failure-of-socialism-in-ghana-article/, accessed: 2021-09-15.

③ "Addressing Youth Unemployment in Ghana Needs Urgent Action, Calls New World Bank Report," World Bank, 2020-09-29, https://www.worldbank.org/en/news/press-release/2020/09/29/addressing-youth-unemployment-in-ghana-needs-urgent-action, 2021-09-15.

④ Pavan Kulkarni, "First National Congress of Socialist Movement of Ghana Charts a New Course for the Region," People's Dispatch, 2021-08-03, http://peoplesdispatch.org/2021/08/03/first-national-congress-of-socialist-movement-of-ghana-charts-a-new-course-for-the-region/, 2021-09-16.

所以，很多寻求社会变革的青年人加入了加纳社会主义运动，团结在社会主义和泛非主义思想的旗帜下，为解决加纳面临的严峻的政治、经济、社会、文化等领域挑战而出谋划策①，成为左翼政党的储备人才。

第三，加纳社会主义运动的未来面临机遇与挑战。从外部环境和国内发展角度来看，在全球范围内，以美西方为代表的资本主义世界正面临严峻挑战，资本主义弊端日益暴露，“东升西降”已经成为大势所趋。以加纳为代表的非洲国家左翼政党和左翼组织都在积极探索属于自己国家的发展模式和道路。西方国家强加给加纳的“两党制”② 和西式民主在应对新冠疫情等社会问题时暴露出制度缺陷。自 2020 年新冠疫情在非洲大陆肆虐以来，原本就脆弱的加纳经济更是雪上加霜，接连遭受经济重创和负面影响。加纳预算赤字也较往年大幅增长。截至 2021 年 7 月，加纳债务总额已达到 2916 亿加纳塞地，约占加纳国内生产总值的 76.1%，加纳政府超过 90%的财政收入都用于偿还高额债务。并且，加纳还面临电力供应严重短缺等问题，严重制约了该国生产力发展和工业生产率的提高。2021 年 1 月以来，加纳石油产品价格已经上涨四次，加纳政府不仅提高了增值税税率，还额外征收了卫生税和银行改革税。除了面临生活成本的增加，加纳民众还接连遭受高失业率、住房困难、医疗卫生条件恶化、工业产能大幅下降等问题的困扰。③ 并且，西方还加紧扩大其在加纳的影响力范围，不断对加纳的政治、经济和安全领域进行渗透。阿库福-阿多政府为美国在加纳建立军事基地提供了国家

① Kyeretwie Opoku, “Media Statement: First Congress Socialist Movement of Ghana,” The Insight, https://www.theinsightnewsonline.com/media-statement-first-congress-socialist-movement-of-ghana/, 2021-09-16.

② “Chapter 6 Ghana: The African Exemplar of an Institutionalized Two-Party System?” in Renske Doorenspleet and Lia Nijzink, eds., *Party Systems and Democracy in Africa*, Basingstoke & New York: Palgrave Macmillan, 2014, pp. 107-128.

③ “Chapter 6 Ghana: The African Exemplar of an Institutionalized Two-Party System?” in Renske Doorenspleet and Lia Nijzink, eds., *Party Systems and Democracy in Africa*, Basingstoke & New York: Palgrave Macmillan, 2014, pp. 107-128.

资源和法律框架，此举严重危害了加纳的自主权和国家安全。[①] 西方资本主义国家在加纳政治、经济和安全等领域的持续渗透与影响也给加纳社会主义运动的组织发展、规模壮大和社会主义思想传播设置了重重障碍。

总的来说，加纳社会主义运动是对恩克鲁玛主义的继承与发展，但也面临理论创新与发展的问题。作为非洲社会主义的重要组成部分，恩克鲁玛在加纳的社会主义实践是世界社会主义发展不可分割的组成部分。当然，恩克鲁玛对社会主义的认识存在许多误区，比如他认为，走社会主义道路是对西方殖民主义到来之前非洲传统社群所崇尚的社会互利共生的一种复原和重建；基于非洲传统社会的村社制度，认为在非洲发展社会主义是自然而然的事情，且非洲大陆不存在阶级和阶级斗争；认为对非洲传统社会进行部分完善，非洲国家就可以直接跨越资本主义的“卡夫丁峡谷”，进入社会主义等。这种将村社制度简单等同于社会主义的认识不仅夸大了非洲传统社会公有制的社会主义特点，忽视了科学社会主义有关社会发展阶段的基本判断，也否认了阶级斗争的必要性。尽管如此，恩克鲁玛为发展加纳社会主义所进行的积极探索仍然有其合理之处，其在加纳取得民族解放和独立之初，推动加纳迅速消除贫困、增加就业、保障民众基本住房和医保、提高识字率、恢复文化机构，为加纳和非洲留下了宝贵的思想遗产。

在未来发展中，加纳社会主义运动一方面要适应时代变化，团结一切可以团结的力量，适时提出自己的思想主张，积极探索自己的发展道路，为早日成长为一支成熟的左翼政党而努力奋斗；另一方面也要汲取恩克鲁玛主义实践的经验教训，同时注意吸收恩克鲁玛社会主义思想的有益成分，铭记恩克鲁玛为巩固加纳民族独立和反殖民主义胜利成果、促进民族统一所作出的贡献，努力推进加纳社会主义思想创新发展。

---

① Williams Sarpong, “Transnational Capital Exploitation Is the Cause of Ghana’s Bleeding Economy-SMG,” 2021-08-01, https://www.environmentalguideonline.com/2021/08/01/transnational-capital-exploitation-is-the-cause-of-ghanas-bleeding-economy-smg/, accessed: 2021-09-16.

第五节　非洲社会主义新探索的案例研究之南非

南非共产党自1921年7月成立至今，已走过百年风云历程。作为非洲大陆的第一个马克思列宁主义政党，也是当前非洲影响力最大、最活跃的马克思列宁主义政党，百年来南非共产党始终站在反帝国主义、反霸权主义、反种族主义斗争的最前列。虽然历经沧桑，但它从未放弃对社会主义的执着追求，进行了富有南非特色、成绩斐然的社会主义探索。1994年，南非进行了历史上首次多种族大选，非国大、南非共产党、南非工会大会结成的“三方联盟”在选举中获胜，南非共产党首次成为参与国家管理的政党，由此进入了争取民主和建设社会主义的新时期。在新时期，面对国内外多重挑战，南非共产党继续坚持马克思列宁主义信仰和共产主义理想，结合世界形势与南非现实再次启程，对社会主义事业进行新探索，以推动非洲社会主义运动向前发展。

一　南非共产党社会主义新探索的挑战

（一）“三方联盟”的功能失调

近年来，以非国大为首的“三方联盟”，无论在治国理政抑或是政治选举中都遭遇了前所未有的困境，这也是南非共产党所面临的一个重大挑战。“三方联盟”可以被理解为历史产物，在反对种族隔离制度斗争时期，三方在民族民主革命的战略目标上有着高度共识。但随着1994年以来南非社会阶层与内部组织的变化，以及新自由主义经济政策引发诸多危机，这种制度安排越来越难以控制，甚至有人认为“三方联盟”实际上已经终结。[①]“三方联盟”的功能失调，一方面在于这三大独立的政治力量并没有融合为一个单一的政治组织。作为一个战略联盟，三者仍保持着各自政治和组织上的

---

① “Ministers' Call for Zuma to Resign Signals Internal Rebellion in South Africa's Cabinet,” The Conversation, 2016-12-02, https://theconversation.com/ministers-call-for-zuma-to-resign-signals-internal-rebellion-in-south-africas-cabinet-69663, accessed: 2021-09-02.

独立性，对民族民主革命战略目标的理解与实现目标的战略路径差异日益扩大。另一方面，联盟的分化来自联盟伙伴的竞争加剧。三者在执政联盟中的力量很不平衡，1994 年以来非国大的主导地位十分明显，南非共产党与南非工会大会逐步被边缘化，左翼力量在非国大和政府中的作用都很有限。直到 2008 年国际金融危机爆发，南非经济遭受重创，社会矛盾频发，失业率居高不下，民众对政府的信任度下降，非国大长期以来的主导性政党政治格局逐渐被弱化。在这种情况下，非国大与南非共产党的关系日趋紧张，南非共产党内部要求独立参与竞选的呼声日益高涨，并且加强与南非工会大会合作，以左翼轴心和左翼联盟来与非国大竞争的策略也逐渐清晰。

（二）工人阶级的内部分化

南非共产党自诩为南非工人阶级的先锋队，其致力于维护工人阶级的利益，将工人阶级动员、组织起来以形成有力的政治力量，从而赢得在经济社会各领域的主导地位。这一目标的实现有赖于南非工人阶级的团结和统一，取决于工人阶级拥有共同的阶级利益与政治诉求，然而近年来其内部出现了明显的利益分化，影响了南非共产党推动建立“一个南非、一个工会联邦”目标的实现。其中，最明显的标志为南非工会大会的分裂。2014 年，南非工会大会开除了其历史上最具有战斗性、规模最大、实力最强的工会——南非全国金属工人工会。该工会在 2014 年的大选中未支持非国大，认为其已不再代表工人阶级的利益，这个最大的附属工会退出后，南非工会大会的会员人数从 190 万人减少到 160 万人。后来南非全国金属工人工会又成立了一个新的联合会即南非工会联合会，更多的左翼工会从南非工会大会分裂出来，曾经占主导地位的南非工会大会由此逐步在政治斗争中失去了其成员的信任和合法性。[①] 2015 年 3 月，南非工会大会的总书记兹维林兹马·瓦维（Zwelinzima Vavi）也被解雇，这两起密切相关的事件成为后种族隔离时代劳工政治的分水岭，工人阶级认为南非工会大会的领导层越来越远离劳工和失业工人，对工会日益失望。

① Bridget Kenny, “The South African Labour Movement: A Fragmented and Shifting Terrain,” *Tempo Socia*, Vol. 32, 2020, pp. 119-136.

除了南非工会大会的分裂以外，南非工人阶级内部也出现了分化和碎片化的趋势，这势必会对南非共产党组织、动员和团结工人阶级带来挑战。一方面，工人阶级内部受资本主义的劳动分工、收入差异以及科技发展等多方面影响，出现了明显的分化趋势。新自由主义经济政策要求劳动力市场具有更多灵活性，外包和劳务中介增多，这导致传统制造业、采矿业、公共服务部门等行业的正规就业人数下降，而临时工、非正式工人等非正规就业人员大量涌现。从 2000 年到 2017 年，正规就业人员占比从 73%下降到 61%，而同期非正规就业人员数量增长了 371%。[①] 当前，大约 1/3 的劳动力都是非正规就业人员。[②] 这些工人群体通常受教育程度不高、较为脆弱、缺乏组织性且力量分散，他们享有的权利十分有限，这也导致他们在利益诉求、价值观念方面与传统的工人阶级存在着明显的差异，游离于工会组织之外，从而对南非共产党对工作阶级的组织和动员形成了挑战。另一方面，南非工人阶级还呈现碎片化的态势，工人的入会率越来越低。例如，1995 年南非工人加入工会组织的比例曾达到 40.9%，现在已经下降到 20%左右[③]，这意味着超过 70%的工人选择不加入任何工会组织。这一现象的出现与过去 20 多年来南非愈演愈烈的经济与就业危机紧密相关。据南非统计局数据，南非 2021 年第一季度失业率为 32.6%，创历史新高，而前三个月的失业人数达到 724.2 万人。[④] 这些被边缘化的失业群体也是工人阶级的重要组成部分，在南非经济陷入低投资、低生产率、低工资、低就业的困境之时，南非共产党要实现扩大党员队伍、发动劳工运动、建立一个统一的政治基础、确保工人阶级在政治上的主导地位比南非早期工业化时期要困难得多。

---

① "Trade Unions Subsector Skills Plan 2020-2021," http://www.etdpseta.org.za/education/sites/default/files/2020-06/Trade-Unions-Final-Report-2019.pdf, accessed: 2021-09-02.

② Sam Ashman, "The Social Crisis of Labour and the Crisis of Labour Politics in South Africa," *Dans Revue Tiers Monde*, Vol. 224, 2015, p. 47.

③ "ILO Highlights Global Challenge to Trade Unions," 1997-11-04, https://www.ilo.org/global/about-the-ilo/newsroom/news/WCMS_008032, accessed: 2021-09-04.

④ "UPDATE 1-South Africa's Unemployment Rate Reaches New Record High in First Quarter," https://www.reuters.com/article/safrica-economy-unemployment-idUSL2N2NJ0NV, accessed: 2021-09-04.

（三）非国大所面临的挑战

南非共产党一直认为支持非国大领导的民族民主革命是南非迈向社会主义的最直接路径，然而近年来非国大内部出现派系之争、腐败丛生等一系列问题，弱化了民族民主革命的领导力量，无疑对南非共产党探索社会主义构成了挑战。21 世纪以来，非国大就因为内部派系之争至少造成了两次大的分裂。一次是在 2008 年时任非国大副主席的雅各布·祖马（Jacob Zuma）与时任南非总统塔博·姆贝基（Thabo Mbeki）的总统之争中，祖马胜出，而姆贝基的支持者则宣布脱离非国大成立了新的人民大会党，声称要与非国大争夺执政地位。[①] 另一次是在 2013 年，非国大青年联盟前主席朱利叶斯·马勒马（Julius Malema）被非国大开除党籍后，组建了经济自由斗士党，该党拥护左派立场并吹捧经济解放，提出了南非的矿山和银行国有化以及征用土地进行重新分配等许多有争议的主张，还呼吁采取一系列措施以增加优质教育机会和改善健康与福利，谴责腐败和歧视，从而赢得了众多年轻人、穷人、失业者的支持。经济自由斗士党在 2019 年的选举中表现非常出色，获得近 11%的全国选票，现已成为南非的第三大政党。[②] 这两次分裂反映出非国大的党内矛盾十分严重，党内民主、党内法制、党内文化等多方面建设十分欠缺，党内的派系之争也蔓延到政府之中，影响政策实施和部门间的合作，分裂的行政部门无法形成一个高质量的政府，从而造成治理瘫痪。党内派系斗争所导致的政治分裂以及党员干部特别是党的领导层深陷贪腐丑闻，使非国大的形象及执政地位面临自种族隔离制度结束以来最为严峻的考验。[③] 在 2019 年的南非大选中，非国大赢得了 57. 1%的选票，创执政 25 年

---

① 张凯：《新南非政党格局：主导党政治发展的变化》，《西亚非洲》2020 年第 5 期，第 138～160 页。

② “Economic Freedom Fighters Political Party, South Africa,” https：//www. britannica. com/topic/Economic-Freedom-Fighters, accessed：2021-09-04.

③ “Ministers' Call for Zuma to Resign Signals Internal Rebellion in South Africa's Cabinet,” The Conversation, 2016-12-02, https：//theconversation. com/ministers-call-for-zuma-to-resign-signals-internal-rebellion-in-south-africas-cabinet-69663, accessed：2021-09-02.

全国大选新低[①]，其因未能履行解决经济问题、失业问题、土改问题以及腐败问题的承诺，失去了众多黑人中产阶级与年轻群体的支持。[②]

（四）南非共产党内部的挑战

除了面对来自外部的挑战以外，南非共产党也面临着来自内部的挑战。一是独立性受质疑。“三方联盟”的机制允许南非共产党员同时加入非国大，并担任国家部门的重要职位，但这种依托于非国大的战略联盟参与国家治理的形式，容易导致南非共产党员的独立性受质疑。比如，当南非共产党与非国大在国家发展道路、政策制定、提名候选人等问题上发生严重分歧时，这时候共产党员很可能会服从非国大的路线，脱离本党的指挥路线。这是由南非共产党的参政模式决定的，尽管非国大的决议与南非共产党的决议分歧较大，但联盟章程要求南非共产党员需执行非国大决议。[③] 另外，南非共产党在资金和财政的补助上也依赖于非国大，这对一个党的独立自主发展无疑是非常危险的。在这种情况下，南非共产党的独立性遭受质疑，甚至被一些极左派人士指责，称其奉行“尾巴主义”。因此，南非共产党员该以何种方式参政，是独立参与竞选以争取国家权力，还是继续依托“三方联盟”机制来参与国家治理，这都成为当前南非共产党需要思考和解决的重大战略问题。二是阶级属性有模糊的迹象。南非财政部副部长戴维·马桑多（David Masondo）曾指出，“目前存在一种错误观点，其认为南非共产党之所以参与议会和政府，原因在于资本主义制度下的政府是一个完全中立的社会组织，它的运行和表现取决于谁执掌政权，而将南非出现的种种问题主要归咎于管理国家的政党和官僚。从这一逻辑前提出发，南非共产党只要

① John Campbell, “South African Election Results Strengthen Ramaphosa's Hand in the ANC,” 2019-05-13, https://www.cfr.org/blog/south-african-election-results-strengthen-ramaphosas-hand-anc, accessed: 2021-09-02.

② “The ANC: The Story of a Liberation Movement that's Lost Its Lustre,” The Conversation, 2019-01-06, https://theconversation.com/the-anc-the-story-of-a-liberation-movement-thats-lost-its-lustre-108628, accessed: 2021-09-02.

③ 〔南非〕戴维·马桑多：《2009 年全国大选后南非共产党的独立性问题》，姚芳、孙来斌译，《国外理论动态》2010 年第 7 期，第 28~33 页。

'掌握'国家权力机构的某些关键部门，并使之在资本主义限制的前提下得到有效运转，就会发挥共产党人的积极作用"[①]。因此，南非共产党似乎选择了一条不断远离群众性动员而试图从内部去影响非国大的道路。但这一观点实际上忽略了资本主义的固有结构和深层次矛盾，导致南非共产党往往从非国大的战略角度考虑，削弱了其作为工人阶级先锋队的阶级属性，忽视了党的领导干部在政府内必须面对的阶级斗争。离非国大太近，而离工人较远这一倾向导致南非共产党的阶级属性模糊，党领导和动员工人阶级斗争的能力变弱，在某些省份南非共产党往往处于被边缘化的地位。因而，南非共产党面临的一个重大现实挑战是如何在工人阶级内部结构发生变化之际，继续保持工人阶级先锋队的定位，清楚认知国家的"资产阶级性质"及其固有矛盾并能继续开展阶级斗争，同时加强党的能力建设以动员和团结工人阶级及拥护社会主义建设的各种力量，以实现国家向社会主义方向的转变。

二　南非共产党社会主义新探索的实践

南非共产党对当前世界局势及资本主义的多重危机、社会主义的发展态势、党的自身建设等问题进行了深入思考与分析，形成了一系列新的认识和判断，并基于百年来砥砺前行的宝贵经验，积极采取举措去应对挑战，进一步坚定了对社会主义未来的信心。

（一）批判资本主义，采取务实措施应对现实危机

南非共产党通过对当今世界局势及工人阶级的力量分析，对资本主义及其危机有着深刻的判断。2012 年南非共产党在一份政治纲领性文件——《南非通往社会主义之路》中就指出，全球资本主义正在接近物质的、生物的、人类的和经济的绝对极限，资本主义的过度积累引发了经济、环境、社会等多领域的系统性危机，要建立可持续的世界，唯一的希

① 〔南非〕戴维·马桑多：《2009 年全国大选后南非共产党的独立性问题》，姚芳、孙来斌译，《国外理论动态》2010 年第 7 期，第 28~33 页。

望就是实现向社会主义的彻底过渡。① 而在 2020 年 12 月的中央委员会政治报告中，南非共产党再次重申了其过去对于资本主义制度判断的正确性，指出当前国内和全球都面临着资本主义的四重危机——新冠疫情引发的健康危机、经济危机、社会再生产危机和气候变化危机，并强调除非从生产与再生产这一根源来解决目前的危机，否则就不可能克服生产资料资本主义私人占有和生产社会化之间的基本矛盾。② 针对在全球流行的新冠疫情，南非共产党高度关注，指出这一全球性流行病加剧了资本主义的矛盾，导致数百万工人的生计遭到前所未有的打击，进一步加深了南非高度不平等、失业、贫困等资本主义的危机。③ 南非共产党总书记布莱德·恩齐曼德（Blade Nzimande）称，种族隔离的结束并不意味着帝国主义的结束，相反，帝国主义变得更加傲慢。随着新冠疫情大流行，帝国主义支持的制药公司正在通过垄断疫苗和治疗技术来争夺巨额利润。④ 南非共产党和南非工会大会在联合声明中，也指责西方一些国家利用主导地位追求疫苗帝国主义和疫苗民族主义，囤积疫苗，使发展中国家无法获得和负担不起疫苗，因此呼吁全球取消新冠疫苗专利保护，以允许南方国家生产用于救命的疫苗。⑤ 南非共产党还谴责将新冠病毒溯源政治化的企图，表示病毒溯源是一项科学工作，应以科学、客观、公正的态度看待，以严谨的态

---

① "The South African Road to Socialism," https://www.sacp.org.za/docs/docs/2012/draftpol2012.pdf, accessed: 2021-09-03.

② "Secretariat: SACP Central Committee Political Report, December 2020," *African Communis*, Vol. 203, 2021, p. 11.

③ "COVID-19 has Further Exposed the Capitalist Crisis of High Levels of Inequality: SACP," SABC News, 2020-12-21, https://www.sabcnews.com/sabcnews/covid-19-has-further-exposed-the-capitalist-crisis-of-high-levels-of-inequality-sacp/, accessed: 2021-09-03.

④ "South African Communist Party Celebrates 99 Years, Plans Next Stage of Struggle," 2020-08-05, https://www.peoplesworld.org/article/south-african-communist-party-celebrates-99-years-plans-next-stage-of-struggle/, accessed: 2021-09-03.

⑤ "SACP and COSATU Bilateral Statement," 2021-03-16, https://www.polity.org.za/article/sacp-and-cosatu-bilateral-statement-2021-03-16, accessed: 2021-09-05.

度进行，这有利于推进全球抗疫合作。①

面对资本主义引发的多重危机，南非共产党指出要重振“把人置于利润之前”的口号，通过联合工人阶级开展大规模的群众运动，以应对这些危机。针对20多年来的新自由主义、国家腐败等挫伤人民对民族民主革命信心的情况，南非共产党认为自身有责任重燃人民对民族民主革命的信念。人民群众只有通过自己的行动，才能掌握自己的命运。在应对新冠疫情等健康危机之时，南非共产党提出要加强对人民群众的公共健康教育；要关注新冠疫情对工人阶级和穷人的影响并采取措施减少负面影响；要将人的生命置于利润之前，而不是冒进追求经济增长；必须参与疫苗的采购和免疫接种计划，以确保最弱势群体得到保护，并确保工人阶级在获得疫苗方面不会被富人边缘化；等等。在应对经济危机方面，南非共产党提出坚决站在反对紧缩、反对新自由主义政策与腐败、反对寄生网络的立场上，呼吁非国大政府重启“国有化”政策，推动“经济社会化”进程，打破资本家在生产、经营、管理各环节的垄断地位，提升工人的影响力与参与感，使社会资源的分配能够向广大穷人和工人阶级倾斜。自2007年南非共产党的十二大以来，南非共产党还实施了五项工作“政策优先”的措施，包括工作、教育和健康的发展、打击犯罪和反腐败、土地改革，以解决新自由主义经济政策引发的危机，构建工人阶级在国家和社会生活中的主导权。② 在应对环境危机方面，南非共产党坚持马克思主义生态观，提出要推动化石能源向新能源的转型，并联合相关左翼组织发起全国性的减少温室气体排放运动，倡导清洁能源革命与环境正义，为南非创造一个可持续发展的未来。③

---

① “SACP Denounces Politicization of COVID - 19 Origin Tracing,” 2021 - 07 - 23, http://www.xinhuanet.com/english/africa/2021-07/23/c_1310079209.htm, accessed: 2021-09-05.

② 程光德：《南非共产党深化民族民主革命的策略》，《中国矿业大学学报》（社会科学版）2017年第2期，第17~23页。

③ “Secretariat: SACP Central Committee Political Report, December 2020,” *African Communis*, Vol. 203, 2021, p. 17.

（二）谨慎对待独立参选，推动联盟重组

面对“三方联盟”的功能失调，南非共产党能够理性看待当前非国大出现的问题、自身独立性及其在联盟中的地位、是否独立参选等问题，坚持维护“三方联盟”战略框架并在此基础上推动联盟的重组。其一，努力保持党的独立性。南非共产党注重提升自身在联盟中的独立地位，维护自身的话语权，努力真正成为参与执政、拥有决策权的政党。与此同时，南非共产党也会采取妥协措施，避免与非国大关系紧张以及破坏联盟关系。鉴于此，南非共产党经常在联盟内开展“自我批评与建设性的批评”，并要求议会中的南非共产党员积极宣传党的政策，坚决充当好参政党和建设性反对党的双重角色，但在全国大选时则需全党全力支持非国大。[①] 其二，谨慎对待是否独立参加选举。近年来，南非共产党内部要求作为独立政党参加选举的呼声日益高涨，但南非共产党始终认为“三方联盟”是一种战略联盟将长期存在，而民族民主革命的领导者只能是非国大。恩齐曼德曾指出，如果非国大消失了，我们仍然需要一个非国大的类似组织，因为我们是一个阶级政党，我们永远不能取代非国大。[②] 南非共产党不是、也不会成为狭隘的选举型政党，南非共产党的目标不是党派政治，而是在立法机构中增加共产党或者左翼的力量，以建立工人阶级在全国的领导权。[③]其三，推动联盟重组。虽然南非共产党仍坚持维护非国大在“三方联盟”中的领导地位，但南非共产党内部已逐步达成共识，认为自 1994 年以来联盟的运行模式已经过时，联盟再也不能共同参加选举，但将所有关键事项决策权都交给非国大这种运作

---

① 康来保：《苏东剧变后南非共产党的策略调整探析》，《重庆科技学院学报》（社会科学版）2010 年第 15 期，第 36~39 页。

② “ ‘SACP can Never Replace the ANC ’ – Blade Nzimande,” 2019 – 12 – 10, https://www.news24.com/citypress/news/sacp – can – never – replace – the – anc – blade – nzimande – 20191210, accessed: 2021-09-05.

③ “SACP Unlikely to Contest State Power, for Now,” 2017 – 07 – 13, https://www.enca.com/south-africa/sacp-unlikely-to-contest-state-power-for-now, accessed: 2021-09-05.

形式必须终止。① 因而，在当前形势下，南非共产党认识到自身要承担更大的领导责任，需要带领社会主义新阵线、左翼阵线、左翼组织和所有的进步组织等重组联盟，为民族民主革命注入更多的社会主义、反资本主义的力量。南非共产党认为，重组联盟不应该是狭隘的争权斗争，也不能简单理解为谁要控制谁，重组是为了统一组织、动员各方以更好发挥领导效能，应对资本主义的危机。②

（三）依托现有机制，努力发挥对政府工作的影响

南非共产党依托“三方联盟”机制，参与南非政府的政策制定与执行工作，在政府决策中增加的社会主义因素，对政府决策产生了重要影响，这也是南非共产党探索建设社会主义的独特之处。南非共产党人在南非政府中担任重要职务已近 30 年，比如在拉马福萨的第一批内阁中，许多部长级职务都由共产党员担任，包括贸易和工业部、高等教育和培训部等。南非共产党在政府中部署高级领导人，参与政府工作，对政府决策发挥了真正的影响，比如推进公共就业计划与再工业化、制定更优的外贸政策、加强对产业的市场监管和保护、推动国有企业改革、发展教育与增加对学生的经济援助、限制政府腐败、加强公共服务的供给等方面，南非共产党都发挥了重要作用。③ 除了上述领域之外，南非共产党还认为南非需要制定一个更加协调一致的宏观经济政策，从而将南非置于生态可持续发展道路上，这一观念也体现了南非共产党超越资本主义环境危机的生态智慧。尽管南非共产党努力通过参与政府关键部门工作进而发挥影响，推动决策朝着社会主义方向倾斜，但因其与非国大受不同意识形态、核心利益的影响，努力的效果往往受

① “Blade Nzimande - Let Us Tell the Truth (Full Speech)，” 2017-05-30，https：//www. news24. com/news24/columnists/guestcolumn/blade- nzimande - let - us - tell - the - truth - full - speech - 20170530，accessed：2021-09-05.

② “SACP Unlikely to Contest State Power，for Now，” 2017 - 07 - 13，https：//www. enca. com/south-africa/sacp-unlikely-to-contest-state-power-for-now，accessed：2021-09-05.

③ “How Communists have Shaped South Africa’s History over 100 Years，” 2021-08-05，https：//theconversation. com/how - communists - have - shaped - south - africas - history - over - 100 - years - 165556，accessed：2021-09-07.

到诸多限制，很难从根本上改变政府的新自由主义经济政策、政治腐败、官僚机构效率低下等问题。[①]

（四）明确政党性质，加强党的建设

面对来自党内的挑战，南非共产党注重自我反思，思考新时期如何继续保持其作为工人阶级先锋队的政党性质，并通过各项举措加强党的建设，以提升党的组织和动员能力。首先，南非共产党意识到一个以工人阶级为基础的政党，必须根植于工作场所和社区才能发挥效力，必须始终坚持党的领导和与党员的密切联系。南非共产党在建设“群众性的先锋队政党”思想的指导下，努力扩大党的队伍，当前党员已超过 31.1 万人，并呈增长态势，朝着建立庞大而先进的政党迈进。[②] 南非共产党提出的《2021 年行动纲领》也是其百年行动纲领，指出 2021 年必须把重点放在党的组织建设上，2021 年各项工作的实施，都必须把党的历史、当前党组织存在的重大问题，以及重大政治任务联系起来。为实现这一目标，南非共产党首先提出要增强党在所有工作场所的影响力，包括非正规就业场所、社会再生产的各个领域等，提升党在这些工作场所的组织能力和工作水平。其次，继续发起“红十月运动”。“红十月运动”是受“十月革命”启发而发起的。从 1999 年起，南非共产党每年 10 月都要发起该运动，每年运动都围绕一个特定的主题，如金融改革、土地改革、农业、就业等，通过全国性群众运动的方式推动全社会加深对这些问题的认识、并推动政府解决这些问题。南非共产党强调“红十月运动”必须“两条腿走路”：一条腿是具体运动和干预；另一条腿是要在群众中深化党对于粮食安全、住房、健康、清洁饮水等问题的政策观点。再次，加强对青年、妇女等群体的工作，深化与南非工会大会青年工人论坛、工会青年工人组织以及非国大妇女联盟等组织的关系。具体来讲，包

① “How Communists have Shaped South Africa’s History over 100 Years,” 2021-08-05, https://theconversation.com/how-communists-have-shaped-south-africas-history-over-100-years-165556, accessed: 2021-09-05.

② “South African Communist Party Celebrates 99 Years, Plans Next Stage of Struggle,” 2020-08-05, https://peoplesworld.org/article/south-african-communist-party-celebrates-99-years-plans-next-stage-of-struggle/, accessed: 2021-09-05.

括要在高校建立由学者、行政人员、工人和学生组成的党支部，加强学生组织的思想工作以便使这些组织能得到更好的指导；要将妇女运动当作 2021 年需要优先关注的议题，重点关注对女性工人阶级而言最为紧迫的问题，开展反对性别暴力的斗争，提升女性在工作场所和社区等场所预防与应对暴力的能力。此外，针对民众高度关注的腐败问题，南非共产党实施党内问责制，要求党员坚守最高的道德和伦理标准，并要求在政府公共部门任职的党员签署拒绝贪污、追求善治的承诺书。最后，南非共产党还关注党在财政方面的可持续性，通过发起众筹、捐赠等各类基金，以期为党的各项工作提供资金保障，确保党的独立性不受侵蚀。①

经历百年风雨历程的南非共产党，清楚认识到建设社会主义未来的关键在于党的能力，并且对当前的党能力的局限性，以及所面临的国内外形势进行了实事求是的剖析。鉴于此，南非共产党提出了“学习过去、积极参与现在、建设未来、社会主义建设从今日开始”的百年诞辰主题，坚信民族民主革命是符合南非实际并使其走向社会主义的最直接道路，而这一主题的实现依赖于扎根工作场所和社区，依赖于以党员干部为基础的党的工作，依赖于各级各类型的工人阶级组织能力的增强。②社会主义在南非已经存在 100 多年，现在依然繁荣，这在很大程度上归功于南非共产党始终能从自身国情出发，来阐释和运用马克思列宁主义，探索社会主义在南非的建设之路。南非共产党是南非工人阶级的政党，代表各阶层最先进的力量，它是一个马克思列宁主义政党，但更是一个非洲的马克思列宁主义政党，最重要的是它是南非的马克思列宁主义政党。③ 这正是理解南非共产党百年革命与建设历史的重要坐标。

---

① “Secretariat: SACP Central Committee Political Report, December 2020,” *African Communis*, Vol. 203, 2021, pp. 29-30.

② “Secretariat: SACP Central Committee Political Report, December 2020,” *African Communist*, Vol. 203, 2021, pp. 29-30.

③ Thomas Stanley Kolasa, *The South African Communist Party: Adapting to Thrive in a Post-Communist*, North Carolina: McFarland, 2015, p. 212.

第七章　习近平治国理政的思想理念在非洲的传播与交流：媒介、主体与受众

面对社会主义在非洲的复兴态势，加强关于中非治国理政经验与发展道路的交流正当其时且前景广阔，而这就需要加强习近平治国理政的思想理念在非洲的传播和交流工作。习近平治国理政的思想理念全面系统反映了习近平新时代中国特色社会主义思想，集中展示了马克思主义中国化的最新成果。这一重要思想，系统回答了在世界面临百年未有之大变局之时人类社会何去何从的重大理论和现实问题，给世界上那些既希望加快发展又希望保持自身独立性的国家和民族提供了全新选择，打破了“西方中心论”的桎梏，宣告了“历史终结论”的破产，揭示了“文明冲突论”的狭隘，为推动构建人类命运共同体、维护人类共同利益和共同价值作出了重大贡献。非洲国家正是既希望加快发展又希望保持自身独立性的典型代表，因此推进习近平治国理政的思想理念与非洲国家的交流互鉴具有重要意义。而交流互鉴的前提是要让非洲人民了解这一系统完整、逻辑严密的科学理论体系，因此向非洲国家传播好、解释好、宣传好习近平治国理政的思想理念就成为重要事项。习近平治国理政的思想理念想要在非洲取得好的传播与交流效果，需要深入思考、精准把握、科学推进，在传播流程方面精心选择传播交流的媒介与策略，以契合非洲国家的实际情况，助力非洲国家在借鉴中国经验和智慧的基础之上，找到一条适合自身情况的发展道路，构建更加紧密的中非命运共同体。

第一节　发挥官方媒体与民营媒体的合力

广义上来看，凡是能使人与人、人与事物或事物与事物之间产生联系或发生关系的物质都可以被称作媒介。而在当代社会，媒介一般而言指代大众媒体，包括报纸、杂志、广播、电视、网络等，它们都是用以向大众传播消息或影响大众意见的大众传播工具，都是传播信息的媒介。大众媒体已经成为人类日常生活中不可或缺的一部分，具有传递信息、监测环境、守望社会、提供娱乐等多种功能。而在国际关系领域，大众媒体还发挥着引导国际关系的方向、提高国际关系的透明度、加快国际交往活动的节奏、增加国际事务的参与者、影响国际关系的传统运作程序等多种作用。① 可见，大众媒体在国际关系与国际传播中扮演着重要的角色。而在今天的国际传播与国际事务中，随着网络媒体、社交媒体等新技术将全世界连接成为一个“地球村”，其赋权更多非职业的传播主体进入国际舆论场，从而导致国际传播的主体呈现多元化态势。中国的大众媒体，尤其是涉及对非传播的媒体，是传播中国声音、讲好中国故事的“主力军”，也是习近平治国理政的思想理念在非洲传播与交流的主要媒介。实际上，中国媒体在非洲已有一段发展历史。早在20世纪50年代，新华社作为中国第一家到非洲开拓业务的中央媒体，就已在非洲扎根。而今天，中国各类中央级媒体与社会化媒体都已完成在非洲的布局，井然有序地开展各项报道工作，中国媒体在非洲的发展呈现一副欣欣向荣的景象。中国各类媒体都有着自己的独特定位与优势，为了更好推进习近平治国理政的深邃思想在非洲的传播与交流，首先需要对这些媒体的历史及在非洲的发展现状进行梳理。

一　扎根于非洲大陆的官方媒体

（一）新华通讯社

非洲是新华社在国际新闻报道中最受重视的地区之一，非洲大陆也是新

① 赵雪波：《大众媒介在现代国际关系中的作用》，《现代传播》1997年第5期，第41～44页。

华社设立驻外分社最多的一个大陆。早在 20 世纪 50 年代，新华社就在非洲建立了出稿站。1956 年新华社在开罗设立办事处，1959 年撒哈拉以南非洲地区的第一个新华分社——阿克拉分社创建。针对非洲国家的语言多样性，新华社开辟了不同的语言专线，以提供多语种的新闻服务。如 1958 年，新华社开辟了法文专线，后改为法文编辑部、法语国家地区总分社，负责编发法语新闻稿件。1964 年开辟了阿拉伯文专线，后又于 1985 年在开罗设立中东地区总分社，负责中东地区国家的英文和阿拉伯文报道。1986 年新华社在内罗毕设立非洲总分社，负责非洲地区的英文报道后，对非洲地区的新闻服务起到了较大推动作用。① 截至 2018 年，新华社在非洲共有 28 个分社，已建立起可传输数据、语音、文稿和图像的高速专线网，向非洲地区上千家媒体提供新闻。

此外，新华社在非洲的业务还逐步拓展到电视媒体和新媒体。从 2011 年 1 月 1 日起，中国新华新闻电视网旗下的新华社英语电视台通过米瑞德公司的电视播出，网络覆盖非洲大陆，并通过家用电视机顶盒进入 400 万非洲家庭。② 同时，新华社非洲总分社编制的“新华手机报”“新华短信”也陆续在刚果（金）、肯尼亚等多个非洲国家开启运转，其中 2011 年 4 月在肯尼亚开通的“新华手机报”（英文版）是撒哈拉以南非洲第一家新闻手机报，直接为 1700 多万手机用户提供及时的新闻信息服务。③ 在津巴布韦、南非等国家的主要城市，新华社还设立了滚动播出新闻的户外大屏幕。

新华社在报道非洲时，始终坚持客观、全面、公正报道非洲的方针，让全世界人民充分了解非洲，关注非洲，助力非洲的发展。新华社记者采写的

---

① 《新华社在五大洲》，新华网，2011 年 9 月 11 日，http：//www. hq. xinhuanet. com/hnfs/70year/files/news02. htm，最后访问日期：2022 年 2 月 22 日。

② 《新华社英语电视台将于 2011 年元旦在非洲入户播出》，中国政府网，2010 年 12 月 10 日，http：//www. gov. cn/jrzg/2010-12/10/content_1762795. htm，最后访问日期：2022 年 2 月 22 日。

③ 《新华社“新华手机报”在肯尼亚开通》，中视网，2011 年 4 月 23 日，http：//www. zgqmjz. com/index. php？ m = wap&c = index&a = show&catid = 109&id = 1009，最后访问日期：2022 年 2 月 22 日。

稿件真实地记录和反映了非洲大陆发展的步伐和非洲人民生活的变化，为广大非洲地区的媒体和读者所欢迎。面对一些西方媒体过分渲染非洲，将非洲大陆描绘为疫病流行、冲突频发、灾害不断之地，损害了非洲形象的情况，新华社多位领导都曾呼吁，媒体不要损害非洲的形象，要更多地关注非洲的和平与发展，要客观、全面、公正报道非洲。[①]

（二）中央广播电视总台

中央广播电视总台是由原来的中央电视台、中央人民广播电台、中国国际广播电台合并而来的，因此其集合了原有三台对非报道的广播和电视业务于一体。2021 年 4 月 16 日，中央电视台非洲总站揭牌仪式在肯尼亚首都内罗毕举行，其所辖有 9 个记者站，具体的业务规划还处于调整与整合之中，目前尚未知晓。但根据中央电视台、中央人民广播电台、中国国际广播电台这三台原有的对非业务，大致还是划分为两个部分，而今后的业务也将在此基础上进行深化与拓展。

一是广播业务，原来的中国国际广播电台（以下简称国际台）是新中国最早开展国际广播业务的机构，也是中国目前通过广播形式开展对非传播的主要媒体。国际台在非洲地区设有 4 个记者站，分别位于肯尼亚内罗毕、埃及开罗、尼日利亚拉各斯、津巴布韦哈拉雷。为提高新闻采集能力和节目本土化水平，国际台又在肯尼亚内罗毕设立了非洲总站，在肯尼亚内罗毕、埃及开罗、塞内加尔达喀尔、南非约翰内斯堡设立了 4 个节目制作室。国际台使用斯瓦希里语、豪萨语、博茨瓦纳语、英语、法语、阿拉伯语、葡萄牙语等多种语言为非洲观众提供广播服务，在非洲国家开办了 20 多家海外分台、10 多家广播孔子课堂。立足于自身的语言优势，国际台曾用非洲当地语言将《媳妇的美好时代》《北京爱情故事》《金太狼的幸福生活》等多部国产影视剧译制播出，受到非洲民众的欢迎，为他们了解中国普通民众的生活打开了一个新的窗口。

---

① 李新烽、李玉洁：《新面孔与新变革：中国媒体改变非洲媒体格局》，《湖南师范大学社会科学学报》2018 年第 3 期，第 131～140 页。

2014年7月，国际台在南非约翰内斯堡发行了双月刊英文杂志《中国商旅》，并在赞比亚首都卢萨卡发行中文杂志《非洲侨讯》和英文报纸《新时代》。此外，国际台还于2013年收购了“中华网”，并对其进行升级改成国际台英文中华网，使其成为另外一个多语种网络传播平台。2014年7月1日，“中华网”在南非约翰内斯堡的本土化网站正式开通，为当地民众提供了通过网络和移动终端获得中国信息的便利途径。可见，国际台对非传播采取了“本土化传播、全媒体发展”的理念，这一理念不仅使得其拥有的传媒资源得到有效利用，也扩大了国际台在非洲地区的影响。

二是电视业务。原有的中央电视台在非洲建有一个非洲分台和12个记者站，聘请非洲当地记者和报道员100多人，报道覆盖整个非洲大陆，每年播发涉非英语新闻2.4万条，每天播制本土化节目2.5个小时，是全球媒体中播出非洲新闻最多的媒体。[①] 非洲分台拥有配置一流的高清演播室，能够实现播报、访谈及多边连线等各种节目形态，同时也能够通过全套的数字化新闻制作和包装系统，分享央视总部的全部新闻资源。在报道中，非洲分台充分利用非洲本土资源，采取“以非洲人的角度报道非洲”“客观公正地报道非洲”的报道方针，制作了《直播非洲》《对话非洲》《非洲人物》等专题节目，让非洲观众倍感亲切。2012年8月5日，中央电视台旗下的网络广播电视播出机构中国网络电视台，面向非洲用户研发的“我爱非洲”手机电视移动多媒体频道在内罗毕正式开通，该频道通过移动多媒体平台播出，非洲地区的移动用户可以通过手机、车载电视、笔记本电脑等移动多媒体终端实时收看来自中国的精彩电视节目。频道节目用英语播出，以“中国精选”为主题，面向非洲移动用户提供实时专业的新闻报道、原汁原味的中国影视剧和纪录片，以及非洲民众喜爱的体育赛事等精品节目。[②]

---

① 刘斌：《从国际视角到中国声音》，《青年记者》2016年第28期，第15~16页。

② 《中国网络电视台“我爱非洲”手机电视频道正式开通》，中国网络电视台网站，2012年8月5日，http：//news. cntv. cn/china/20120805/108667_ print. shtml，最后访问日期：2022年2月25日。

（三）其他官方媒体

《人民日报》在非洲设立了埃及分社、科特迪瓦分社、南非分社、尼日利亚分社、突尼斯分社[①]，采写了大量关于非洲的高质量报告。而由人民日报海外网和非洲华文传媒集团合作创办的非洲新闻网也于2016年8月10日在坦桑尼亚首都达累斯萨拉姆正式上线。该网站被各方寄予厚望，希望其成为服务非洲华侨华人、加强中非关系的纽带。[②]

《中国日报》于2012年12月14日在肯尼亚创刊发行了《中国日报非洲版》，这是在非洲发行的首份中国英文报纸，其发行范围全面覆盖肯尼亚、南非、尼日利亚、埃塞俄比亚、坦桑尼亚、加纳等非洲国家，目标读者包括各国的政府机构、工商界、主要智库、重点大学、在非洲的国际组织和跨国公司的人员。在《中国日报非洲版》创刊的同时，中国日报网非洲子网也同步推出，便于非洲公众第一时间通过网络获取新闻。[③]

中国新闻社是中国以对外报道为主要新闻业务的国家级通讯社。长期以来，中新社十分重视对非洲大陆的新闻报道。2013年10月，中新社南非分社正式成立。中新社与南非、尼日利亚、肯尼亚、毛里求斯等多个国家的媒体保持着合作关系。

中国外文局所属《北京周报》社创办了《中国与非洲》（英、法文）月刊，该刊是面向非洲读者的以深度分析报道为主的评论性月刊，法文版创办于1988年，英文版创立于1990年。此刊致力于加强中非沟通，就有关中国、非洲和中非关系的热点问题提供有针对性的深度报道、分析和评论，从而向非洲读者及时、客观地介绍中国情况，报道中国与非洲之间的双边关系、经贸合作、文化交流和民间往来的发展，为相关机构和人士提供实用服务信息。

---

① 《〈人民日报〉机构设置》，人民日报社网站，2021年3月20日，http://www.people.com.cn/GB/50142/208384/index.html，最后访问日期：2022年2月25日。

② 《人民日报海外网非洲新闻网上线》，人民日报海外版官网，2016年8月10日，http://m.haiwainet.cn/middle/3542014/2016/0810/content_30180689_1.html，最后访问日期：2022年2月25日。

③ 《〈中国日报非洲版〉在肯尼亚创刊发行》，《光明日报》2012年12月15日，第4版。

此外，《经济日报》在约翰内斯堡、比勒陀利亚、达喀尔都有派驻记者。该报是中国经济类报刊中权威性、公信力较强的报纸。

二 活跃于非洲的民营媒体

除了上述中国官方媒体走进非洲外，中国企业如中兴、华为、四达时代等也积极参与非洲广播电视的数字化建设，成为非洲主要的技术提供者。其中最具代表性的是四达时代。

四达时代成立于 1988 年，2002 年开始拓展海外市场。近 20 年来，随着中非关系和产业环境的发展变化，四达时代在非洲经历了初步探索、快速发展和战略转型等不同阶段，目前已跻身非洲付费数字电视运营商前列。四达时代已在尼日利亚、肯尼亚、坦桑尼亚、南非、乌干达、卢旺达、几内亚、布隆迪、中非、莫桑比克、刚果（金）等 30 个非洲国家注册成立公司并开展数字电视和互联网视频运营，发展数字电视用户 1300 万，移动端用户 2000 万，成为非洲大陆发展最快、影响最大的数字电视运营商。[①]

20 世纪 90 年代末以来，随着中国国内广播电视升级换代逐渐完成，系统集成市场逐渐饱和。四达时代敏锐感知非洲数字化的历史机遇，开始承接非洲各国数字化整转项目，开展地面付费数字电视业务，并于 2007 年成立了第一个海外公司——四达时代传媒（卢旺达）有限公司。之后，随着中非友好互利合作实现跨越式发展，四达时代凭借中非友好传统基础，制定了以成为全球有影响力的传媒集团为目标的国际化战略，积极争取国家产业和金融政策支持，同时利用中非媒体合作论坛等平台，在非洲实现了加速发展。四达时代的核心竞争力在于低价优势和本土化策略，通过收取收视费，机顶盒销售，终端销售，广告销售，传输收入，节目译制、制作与发行等方式获取收入，其中主营业务收入来自数字电视收视费。

---

① 《集团介绍》，四达时代网站，2021 年 3 月 10 日，https：//www. startimes. com. cn/about，最后访问日期：2022 年 2 月 26 日。

为了实现成为全球有影响力的传媒集团这一战略目标，四达时代近年来不断加大在内容方面的投入，打造了极具竞争力的节目播出平台。截至2021年3月，平台拥有超过630个频道，包括非洲本地人气频道、中国主流媒体频道、国际知名频道和四达自办频道，每天用8种语言、24小时不间断播出，节目类型涵盖综合、新闻、影视、娱乐、体育、音乐等。本土化战略是四达时代非洲人力资源政策的主要特点。四代时代拥有规模达5000人的国际化、专业化、本土化的员工队伍，其中非洲运营国的本地员工占95%以上。[①] 一批非洲当地优秀员工走上了管理岗位，甚至进入高层。人才本土化战略是四达时代在非洲长期扎根的重要保障，对把握用户需求和提升服务质量有重要意义。

整体来看，四达时代抓住非洲数字化的历史机遇，把握非洲经济社会发展和数字电视产业特点，利用自身技术背景和管理优势，探索出适应非洲实际情况的商业模式，提供了以商业手段开展国际传播能力建设的成功范例。

据媒体报道，2016年腾讯联手非洲最大的媒体公司南非报业集团（Naspers），在整个非洲大陆推出其社交媒体应用程序——微信。微信拟向非洲用户提供包括聊天在内的多种服务，其短期内落户重点主要在南非，而加纳和尼日利亚也是微信用户活跃的国家。[②]

除四达时代和腾讯等企业进军非洲之外，在非洲还存在一些规模较小的中文社会化媒体，它们大多是由华侨创办的民营或私营媒体。如南非、尼日利亚、加纳、毛里求斯等国都有华侨创办的华人报。除了在非洲一国发展的中文媒体以外，还出现了跨区域布局的媒体。比如非洲华文传媒集团以2009年创办的《非洲华侨周报》为起点，将媒体业务拓展至非洲多国，传播的语种也涵盖了汉语、英语以及博茨瓦纳语、斯瓦希里语等非洲语言，还在坦桑尼亚建立新闻学院，培养当地的新闻人才。《非洲华侨周报》总部在

① 《集团介绍》，四达时代网站，2021年3月10日，https：//www.startimes.com.cn/about，最后访问日期：2022年2月26日。

② 《腾讯加紧开拓非洲社交媒体市场》，环球网，https：//world.huanqiu.com/article/9CaKrnJTB1b，2016年2月1日，最后访问日期：2022年2月26日。

博茨瓦纳，是一份综合性华文报纸。报纸内容关注非洲华人华侨生活动态，记录海外华人历史，反映当地社会热点时事和社会动态，及时为华人读者提供信息资讯。该报报网现已由博茨瓦纳逐步拓展至赞比亚、坦桑尼亚、南非等非洲各国，是旅非华侨华人交流的平台，是读者认识非洲各国和了解中国的一个窗口。除了报纸外，非洲华文传媒集团还于2013年和2014年分别成立“非洲广播网”和“非洲侨网”，进一步拉近了非洲民众与中国和世界的距离。

第二节　构建多元的传播交流主体格局

除了传统媒体这一职业传播主体之外，智库、学者、企业、民间团体、公众个体等也都成了国际传播的参与者，体现了全球交往时代的全民传播特征与国际交流的日常化态势。因此，习近平治国理政的思想理念在非洲传播与交流的主体，也应是以大众媒体为主，政党、国家领导人、智库、学者、企业、民间团体、公众个体等多个主体共同参与。这一多元的传播交流主体格局既表明了中国国际传播主体意识的强化，也是对国际社会特别是非洲国家对中国信息需求的一种积极回应。

一　政党外交、党和国家领导人是讲好中国故事的重要主体

（一）政党外交

政党外交是中国总体外交的重要组成部分，中国共产党已与160多个国家和地区的600多个政党和政治组织建立了不同形式的关系。而非洲是中国外交的基本盘，中国共产党与非洲政党的政党外交，是党对外工作的重要一环。长期以来，中非政党间有着深厚的友谊。中国共产党与非洲政党在长期的反帝反殖反霸过程中结成了深厚的友谊，双方互帮互助，中国共产党鼎力支持非洲政党寻求民族解放，非洲政党也在中国共产党对外交往困难时期给予大力支持。在中非政党交往中，中国共产党严格按照“独

立自主、完全平等、互相尊重、互不干涉内部事务”① 的党际交往四项原则，发展与非洲国家政党的关系。中非政党通过交流增进双方对彼此执政体制和理念的了解和认同，相互学习借鉴经验，共同提高执政能力，促进国家关系发展，从而形成了全方位、宽领域、多渠道、深层次的政党外交格局。

因此，政党交往也是习近平治国理政的思想理念对非传播与交流的重要媒介和渠道。其中，中非政党高层互访、中非政党对话、中非政党理论研讨会都是介绍、传播、阐释习近平治国理政的思想理念的好方式。据介绍，中国共产党与非洲国家 81 个政党保持着党际交往关系，在中非高层领导人往来更加频繁的同时，中国共产党每年派出 10 批左右由省部级领导率领的中共代表团访问非洲国家。此外，中国共产党每年都邀请 20 批左右非洲国家政党高级代表团访华。② 中国共产党十分注重与非洲政党的对话，愿意与非洲兄弟分享中国发展经验、治国治党的新经验。比如 2018 年中国共产党与世界政党高层对话会非洲专题会在坦桑尼亚达累斯萨拉姆举行，来自非洲近 40 个国家约 40 个政党和政治组织的近百名政党领导人参会，与会的非方代表普遍认为，通过此次非洲专题会，学习到了中国共产党带领人民探索中国特色社会主义道路的成功实践和宝贵经验，这为非洲国家探索自主发展道路提供了重要参考。肯尼亚朱比利党总书记图朱表示，“我们非常敬佩习近平新时代中国特色社会主义思想，尤其是习近平外交思想”③。2020 年中共中央对外联络部举办十九届五中全会精神对非洲专场视频通报会。非洲 36 个国家 43 个政党共 160 多位政党领导人及智库、媒体代表参会。中方着重介绍了中共十九届五中全会审议通过的“十四五”规划和 2035 年远景目

---

① 中共中央文献研究室编《十二大以来重要文献选编》（上），人民出版社，1986，第66 页。

② 《中联部：中国共产党与非洲国家 81 个政党开展党际交往》，新华网，2012 年 7 月 19 日，http：//www.xinhuanet.com/world/2012-07/19/c_112481753.htm，最后访问日期：2022 年 3 月 2 日。

③ 《凝聚政党共识 构建中非命运共同体——中国共产党与世界政党高层对话会非洲专题会侧记》，中国共产党新闻网，2018 年 7 月 23 日，http：//cpc.people.com.cn/n1/2018/0723/c419242-30163680.html，最后访问日期：2022 年 3 月 1 日。

标建议。[①] 在理论研讨会方面，2015 年 2 月，中国共产党与埃塞俄比亚人民革命民主阵线在亚的斯亚贝巴共同举办了第一届中非政党理论研讨会，为中非政党搭建起一个多边交流的平台。此后，第二届中非政党理论研讨会和第三届中非政党理论研讨会也都圆满召开。通过这类理论研讨会，双方分享政党建设、经济合作、治国理政等多方面的经验和教训，增进双方的了解与理解，真正推动中非命运共同体的构建。如在 2017 年第三届中非政党理论研讨会上，来自非洲近 20 个国家主要政党的 60 余位代表出席研讨会，他们围绕一个共同关心的话题——向中国共产党学习什么——展开了热烈的讨论。[②]

中非政党高层互访、中非政党对话、中非政党理论研讨会等都是系统地宣介、传播习近平治国理政的思想理念的媒介。通过这些形式的交流，中国共产党也能够较为全面地摸底非洲国家的问题单，进而在后续工作中采取精准传播方式将习近平总书记的思想和理论传达到这些国家。习近平总书记提出新型政党关系要秉持求同存异、相互尊重、互学互鉴的原则，这展现了一种求真务实的态度和观念。中非今后的政党外交也应遵循建立新型政党关系的原则，秉持求真务实的态度，推动双方的交流以更好造福中非人民。

（二）党和国家领导人

党和国家领导人也是向非洲讲好中国故事、传播好习近平治国理政的思想理念的重要媒介。在这方面，习近平总书记本人率先垂范。在多个国际重要场合，习近平主席用国际社会易于接受和理解的话语与表达方式，传递中国声音、中国方案和中国智慧。他是“讲好中国故事，传播好中国声音”的倡导者，更是践行者，是讲好中国故事的典范和表率，是塑造当代中国形

① 《中联部举办十九届五中全会精神对非洲专场通报会》，央视网，2020 年 11 月 18 日，http：//news. cctv. com/2020/11/18/ARTIamGAC1O4BD6rvCb000bo201118. shtml，最后访问日期：2022 年 3 月 2 日。

② 《第三届中非政党理论研讨会在北京圆满闭幕》，国际在线网站，2017 年 12 月 1 日，http：//news. cri. cn/zaker/20171201/c0583a27-5452-e1d9-8c94-afff661edc5e. html，最后访问日期：2022 年 3 月 2 日。

象的引领者。习近平总书记曾说过："介绍中国，既要介绍特色的中国，也要介绍全面的中国；既要介绍古老的中国，也要介绍当代的中国；既要介绍中国的经济社会发展，也要介绍中国的人与文化。"① 在实践过程中，习近平总书记从不同角度、不同侧面，通过极其娴熟的讲述技巧使国际社会感知一个多样的中国。

习近平主席在2015年中非合作论坛约翰内斯堡峰会开幕式上的致辞、2018年中非合作论坛北京峰会开幕式上的主旨讲话、2020年中非团结抗疫特别峰会上的主旨讲话等有关非洲的重要讲话，以及有关中非关系、中非合作的重要论述中，都蕴含了习近平治国理政的思想理念的丰富内涵，包括新发展理念、经济建设、政治建设、文化建设、社会建设、生态文明建设、全球治理、治国理政等方方面面的内容。因而，习近平总书记本人成了习近平治国理政的思想理念最直接、最有效的传播者。

二　智库与学者具有阐释中国的独特优势

（一）智库

在当今世界系统性、复杂性矛盾和问题凸显的时代，智库集各类专业知识、丰富经验和深刻思想之大成，在各国的经济社会发展以及国际事务中发挥着越来越重要的作用。智库是介于学术界、政界、商界和传媒界之间的混合型组织。② 在对外交往中，智库是大外交的重要环节，是官方外交的重要补充，也是外宣工作的重要媒介。相比于国家行为主体，智库外交具有特殊的优势，凭借其公益性与客观性，智库外交能够快速推动中非之间的知识交流与思想分享，为深化中非人文交往与经贸合作提供智力支持。因此在向非洲分享交流习近平治国理政的思想理念的过程中，智库可以发挥独特的作用。

---

① 李慧男、董晓彤：《跟习近平学习"讲好中国故事"》，《思想政治工作研究》2016年第11期，第34页。

② 周慎、赵彦云、朱旭峰：《智库外交及其行为实践：智库在对外交往中的功能、角色与活动》，《智库理论与实践》2020年第5期，第1~7页。

《全球智库报告 2020》显示，中国智库数量以 1413 家位居第二。[①] 这些智库，特别是跟国际关系与非洲相关的，诸如中国社会科学院、中国现代国际关系研究院、中国国际问题研究院、全球化智库（CCG）、北京大学国际战略研究院等，在向世界尤其是非洲大陆传播习近平治国理政的思想理念中都可以大有作为。中国智库可以通过灵活的形式，比如与非洲智库展开对话、开展中非联合研究、发布研究报告、举办研讨会，实地访问考察等，从不同领域入手，用理论与专业向非洲国家阐释好习近平治国理政的重要思想。如 2011 年创办的中非智库论坛，截至 2022 年已经召开 11 届，为中非双方搭建了一个沟通与交流的思想对话平台，增进了中非之间的了解与共识。这类论坛为中国智库向非洲同行分享习近平治国理政的思想理念提供了很好的平台。此外，中国智库还能以其学术研究与倡导活动影响非洲公众的公共话语、主流意见、思想认知和价值观念，将习近平治国理政的思想理念更深地嵌入到非洲公众的话语体系建构之中。

（二）学者

对习近平治国理政的思想理念进行及时、准确、科学的学理化解读，使总书记思想的力度、深度、厚度、锐度能够充分地被国内外所了解、认知、理解非常重要。这是摆在中国学者，特别是哲学社会科学理论工作者面前的重大任务和重要课题。因此，高校、社会科学界的学者们也是向非洲传播习近平治国理政的思想理念的重要主体。一方面，专门从事哲学社会科学研究的学者们要以多样的形式、多样的层次、多样的角度、多样的风格向非洲国家展示这一思想理念的巨大生机与活力，进而为更广泛地在非洲大陆传播这一思想提供有效的观点、方法、形式，以形成传播的深层丰厚基础。另一方面，相较于普通公众，各个领域的专家学者的意见更容易赢得交往与传播对象的认同。学者通常都是某一领域的专家，不但在其所研究的学科领域具有一定的知名度和权威性，而且往往都被视为社会精英，其拥有的话语权较

---

① 《〈全球智库报告 2020〉发布，中国多家智库入选全球顶级智库分类排名》，中国网，2021 年 2 月 1 日，http：//www. china. com. cn/opinion/think/2021 - 02/01/content_77175930. htm，最后访问日期：2022 年 3 月 2 日。

大，所发表的意见也较容易赢得交往与传播对象的认同。[①] 因此，要发挥不同领域学者在对非学术交流与传播中的作用，鼓励他们主动承担其向非洲同行与民众宣传、阐释习近平治国理政的思想理念的任务。

三　企业、团体与公众是中非民间外交的重要主体

民间外交是公共外交的重要组成部分。向非洲讲好习近平治国理政的思想理念绝不仅仅是官方媒体的工作，走进非洲的企业、民间团体和公众个体，都是非洲人了解中国的窗口。事实表明，越来越多的普通民众成为互联网时代的“国家形象代言人”和“中国故事讲述者”，在对外交流中发挥着重要作用。习近平总书记曾说过：“鞋子合不合脚，自己穿着才知道。一个国家的发展道路合不合适，只有这个国家的人民才最有发言权。”[②] 确实如此，习近平治国理政的思想理念在非洲的传播与交流，要注重并最大程度上发挥民间力量的作用。

（一）企业

近年来，中非经贸合作向着全方位、多层次、宽领域发展。到 2020 年为止，中国已经连续 11 年成为非洲的第一大贸易伙伴国，对非直接投资存量达 1100 亿美元，连续多年对非洲经济增长的贡献率超过 20%，为非洲经济的持续增长提供了强劲动力。中非贸易的增速惊人，2000 年中非贸易额首次突破 100 亿美元，2019 年中非贸易额突破 2000 亿美元，是 2000 年的 20 倍；2019 年中国对非洲直接投资存量 491 亿美元，是 2000 年的 100 倍。[③] 这些数字背后，中资企业特别是民营企业功不可没。商务部数据显示，截至 2018 年底，中国在非洲设立的各类企业超过了 3700 家，对非全行业直接投资存量超过 460 亿美元，而民营企业占据了中国对非投资数量和金额的 70%

① 郑保卫：《学者学术交往与民间对外传播》，《对外传播》2012 年第 3 期，第 15~16 页。

② 李维编《习近平重要论述学习笔记》，人民出版社，2014，第 156 页。

③ 徐乐江：《中国连续 11 年是非洲第一大贸易国，对非直接投资存量是 20 年前 100 倍》，搜狐网，2020 年 8 月 10 日，https：//www.sohu.com/a/437866352_100160903，最后访问日期：2022 年 3 月 2 日。

以上，已经成为对非投资合作的主力军。[①] 中国各类企业在非洲深耕细作，用实际行动支持非洲国家经济社会发展，在基础设施、产业升级、创造税收、带动就业等方面作出了重要贡献。这些企业给非洲国家带来实实在在、可见的变化，赢得了当地民众的信任与友谊，成为在非洲讲好中国故事、分享习近平治国理政的思想理念的"排头兵"。

（二）民间团体与公众个体

传播习近平治国理政的重要思想，需要精彩的叙事、亲和的姿态，更需要多元的主体。随着中非全方位交往的拓展，中非民间团体与公众的交流也日益频繁。中国非洲人民友好协会、中国-非洲国家贸易促进会等民间团体在增进中非相了解、开展文化交流等方面发挥着重要的作用，也是对非传播习近平治国理政的思想理念的媒介载体。民间团体很多都是非营利组织，独立于政府部门，这些团体具有较强的自愿精神和利他主义，是对政府职能的有效补充。而在传播习近平治国理政这一思想时，民间团体有着天然的优势，它们与非洲各界中立、客观的交流分享会更具说服力。

与此同时，中国前往非洲经商、工作、旅游的民众也越来越多，他们作为中国社会发展的亲历者或者观察者，对非洲民众讲述习近平治国理政的思想理念时能保持一种常识化与世俗化的叙事口吻。区别于政府的宣导和媒体的正面讲述，公众个体基于自身实践的讲述能够赋予这一思想更多个体温度，让故事更有说服力、感染力，这样的故事也更能抵达非洲民众的内心，实现中非的民心相通。此外，在新技术逻辑下，中非民众通过社交媒体已更加紧密相连，中非之间的沟通更加直接与便捷，信息的跨国传播成为常态，因此也应鼓励中国网民讲好中国故事、利用社交媒体传播习近平治国理政的思想理念。

① 《中非经贸合作迈向高质量发展》，中国政府网，2019 年 7 月 9 日，http：//www.gov.cn/xinwen/2019-07/09/content_5407514.htm，最后访问日期：2022 年 3 月2 日。

第三节 加强对非洲受众的了解与研究

在非洲传播与交流习近平治国理政的思想理念不仅需要了解中国对非传播的媒介，还应该深入研究非洲国家的媒体与公众，只有了解和精准对接传播对象，才能产生好的传播效果。要把习近平总书记的思想传递到非洲，需要了解非洲当前的媒体状况、目标影响人群、这些人群对中国的认知状况及其媒介接触习惯、预计传播效果，这些问题都必须做好评估，做到心中有数。

一 非洲媒体图景的变动与公众媒介接触的特征

非洲是一个多样化的大陆，54 个国家的人文历史、语言文化、宗教风俗、政治与经济发展状况等不尽相同，媒体发展状况也不相同。细致地对这 54 个国家的媒体状况进行梳理有一定难度，因此从各类调查机构近年来对非洲国家媒体与公众的调研情况，可以快速获悉非洲大陆的媒体图景及其与民众媒介接触的特征。调查机构非洲晴雨表 2020～2021 年对 18 个非洲国家的媒体情况进行调查，有以下发现。①

（一）广播仍然是非洲国家民众获取信息的最主要途径

在调查的 18 个非洲国家中，67%的受访者称每周至少会收听几次广播，其中 43%称自己每天都收听广播。广播在非洲如此受欢迎，这与非洲国家的经济情况、通信基础设施以及语言习惯紧密相关。一方面，在非洲农村及偏远地区，收听广播的成本低廉，易于低收入家庭接受；另一方面，非洲大陆拥有上千种语言，而广播特别是地方广播电台、社区广播通常使用当地语言播放节目，且表达方式口语化，栏目设置内容贴近当地生活，为识字率较

① Afrobarometer, "Promise and Peril: In Changing Media Landscape, Africans Are Concerned about Social Media but Opposed to Restricting Access," 2020-12-01, https://media.africaportal.org/documents/ad410-promise_and_peril-africas_changing_media_landscape-afrobarometer_dispatch-1dec20.pdf, accessed: 2022-03-02.

低的农村家庭以及仅掌握本族群语言的听众提供了解国家政策、获取实用信息、参与社会化过程的渠道。因此，广播在非洲国家仍然是占主导地位的媒介形态。

（二）电视也是非洲公众获取信息的主要渠道

在调查的18个非洲国家中，51%的受访者声称一周会收看几次电视，其中35%的人称每天都会看电视。电视的受众则相对集中，主要为城市居民，特别受到在城市生活的女性和青年群体的欢迎。虽然近年来非洲电视普及率逐步提升，如撒哈拉以南非洲2018年电视普及率已达到42%，大约2.15亿家庭中，已有1.02亿户接入电视[①]，但由于电视对电力基础设施、信息通信技术要求较高，其难以深入农村地区，非洲国家提升普及率的进度还比较缓慢。但未来十年，电视在非洲的发展趋势将由主要覆盖城市转向覆盖广大农村地区，由模拟时代转型进入数字时代，这一转型意味着增量空间的释放，以及有线电视和数字广播电视在非洲的快速发展趋势。

（三）社交媒体与网络媒体发展迅速且增量空间巨大

在调查的18个非洲国家中，分别有35%和32%的受访者称从社交媒体与网络媒体获取信息，而这一数据相较于非洲晴雨表2014~2015年的调查数据已经翻倍。非洲民众十分重视社交媒体与网络媒体的作用，认为这些新媒体赋予他们参与政治与社会事务的权利，也能帮助他们更加便捷地获取信息。这与非洲国家政府较为严格的媒体管理制度密切相关，大多数官方主流媒体处于政府的管控之下，普通民众获取信息的渠道十分有限，只能寻找它替代性的媒体，社交媒体、网络媒体就成为他们的最佳选择。在移动互联网技术迅速发展与智能手机快速普及的双重驱动下，非洲的社交媒体和网络媒体正驶入发展快车道，呈现弯道追赶传统媒体，补偿性增长的特点。据互联网世界统计数据，截至2021年3月，非洲大陆的网络普及率达到43%，网民人数约为5.9亿，比2000年增长了12.975%，十分惊人，脸书用户预估

① "Slow Progress for TV Penetration in Sub-Saharan," Advanced Television, 2019-12-18, https://advanced-television.com/2019/09/18/slow-progress-for-tv-penetration-in-sub-saharan-africa/, accessed: 2022-03-02.

达超2.55亿。[①] 这些数据显示出非洲大陆新媒体发展的迅猛态势，非洲国家互联网总体发展的指标仍然落后于世界其他区域，互联网普及率世界最低，且与世界平均水平存在较大的距离。相较于世界其他区域的68.6%与世界平均水平64.2%的互联网普及率，非洲的数据仅为43%。

但从长远来看，非洲大陆的新媒体发展拥有巨大的增量空间并呈现以下特征。一是不同群体之间存在数字鸿沟。在对18个国家的调查中，非洲民众的互联网使用具有明显的人口统计学差异，城市居民、受过良好教育的公民、男性、年轻人最喜欢使用社交媒体、网络媒体等数字媒体，虽然其他群体的使用率也在提升，但这些群体之间仍然存在日益扩大的数字鸿沟。据联合国预测，到2050年，非洲人口将翻倍，达到24亿人，其中超过半数的人口都将在25岁以下，非洲将成为人口最年轻的大洲。[②] 而这巨大的年轻人口红利对互联网行业来说吸引力十足，因此非洲被各方看作是互联网行业的新蓝海。二是外来社交媒体占据主导地位。随着网络渗透率的提高，非洲网民使用各类社交媒体的数量激增，非洲成为脸书、推特等西方社交媒体用户增长最快的地区之一。截至2022年6月，社交媒体在北部非洲、南部非洲、西部非洲、东部非洲、中部非洲的渗透率分别为56%、45%、16%、10%、8%。[③] 全球网络数据统计网站2021年3月统计的数据显示，非洲的主要社交媒体及其占比分别为：脸书58.74%、油管（YouTube）23.01%、推特11.75%、拼趣（Pinterest）4.93%、照片墙（Instagram）1.24%、领英（LinkedIn）0.17%。[④] 可见，非洲的社交媒体市场由西方国家垄断，没有任

① "Internet Penetration in Africa," Intenet World Stats, 2022-05-25, https://www.internetworldstats.com/stats1.htm, accessed: 2022-06-10.

② "By 2050, more than Half of Africa's Population will Be under 25 Years Old," 2019-06-04, https://www.afd.fr/en/actualites/2050-more-half-africas-population-will-be-under-25-years-old, accessed: 2022-06-20.

③ "Social Media Penetration in Africa in 2022, by Region," Statista, 2022-06-16, https://www.statista.com/statistics/1190628/social-media-penetration-in-africa-by-region/, accessed: 2021-06-20.

④ "Social Media Stats Africa," Statcounter, https://gs.statcounter.com/social-media-stats/all/africa, accessed: 2021-03-15.

何一家本土或者非西方国家的社交媒体在此占据重要份额。三是社交媒体影响非洲公众的日常生活与政治参与。非洲社交媒体的使用者特别是年轻一代将脸书、油管等社交媒体看作参与政治事务、动员示威抗议活动、传播种族言论的重要平台，这对非洲各国的社会治理和舆论引导造成了挑战。如有研究分析了 2015 年埃塞俄比亚大选时脸书上的 13000 条推文，指出社交媒体上种族仇恨言论泛滥，种族已成为各种煽动性言论的最主要攻击目标，其中 75%的仇恨言论、58%的挑衅言论都有特定的种族攻击对象，而 92%的危险言论都是匿名发表的，内容基本上全都是关于种族问题的。① 而针对非洲新媒体使用的这一现实，中国对非传播，包括在向非洲传递与分享习近平治国理政的思想理念时，都需要清楚认知社交媒体的利弊，创新传播形态，拓展传播内容，以实现有效的精准传播。

（四）纸质媒介严重衰落，数字化媒介融合成为趋势

在调查的 18 个非洲国家中，只有 18%的受访者称从报纸获取信息，其中每天阅读报纸的比例为 7%，而从不阅读报纸的比例高达 66%，这显示了报纸在非洲国家的衰落态势。非洲国家的报业处于极速萎缩之中，多种政府与政党主办的报纸消失，而受新冠疫情影响，更多的报社关闭。据统计，刚果（金）每千人拥有报纸为 3 份、埃塞俄比亚每千人拥有报纸为 4. 65 份，莫桑比克每千人拥有报纸为 5 份，其他国家也都大同小异。这些数据表明，当前非洲国家报纸发行量很小，主要是大城市发行的官方报纸，其主要读者对象为政府与外交人士。非洲国家的非官方报纸，由于缺少独立的资金来源，长期以来挣扎于资金短缺的窘境，而新冠疫情更是雪上加霜，是否能存活下去成为当前的首要任务。而之后对这些报纸来说，最为重要的生存之道在于实现媒介融合，转向手机和互联网，寻找可能的本土化市场。

从上可见，非洲国家的传媒产业正处于极速变动中，报纸的影响力日趋

① E. G. Belay, et al., "Towards Curtailing Infodemic in the Era of COVID－19: A Contextualized Solution for Ethiopia," in C. Stephanidis, et al. eds., *HCI International* 2020 － *Late Breaking Papers: Interaction, Knowledge and Social Media*, New York: Springer Nature, 2020, pp. 210 － 221.

下降，广播因其语言与成本优势依旧在传媒收视份额中占据着重要地位，电视成为城市居民的重要信息渠道，而社交媒体、网络媒体的异军突起带领非洲实现媒介形态的跨越式发展。这些非洲媒体图景的新变动与公众媒介接触的新特征都是习近平治国理政的思想理念在非洲传播时需要重点关注的，只有适应非洲新的传媒市场与公众的收视习惯，才能取得更好的传播效果。

二　非洲民众对中国、中国道路、中国形象的认知与态度

非洲民众对中国、中国道路、中国形象的看法，是在非洲传播习近平治国理政这一思想理念的民意基础，如果非洲民众对中国好感度高，意味着他们更可能以友好的姿态去解读和接收中国传达的信息并向他人传播信息。国内外的各类调查机构就非洲民众对中国的认知态度进行了多次调研，大都显示出非洲民众对中国、中国道路持肯定的积极态度，这意味着习近平治国理政的思想理念在非洲的传播与交流有着很好的群众基础。

（一）大多数非洲民众对中国持积极态度

非洲晴雨表 2016 年曾对 36 个非洲国家的 5.4 万位受访者做过一次对华印象调研，结果显示：63%的受访者称中国对非洲产生了积极影响，而其中马里、尼日尔、利比里亚最具代表性，分别有高达 92%、84%、81%的受访者对中国持积极态度。56%的受访者认为中国对非洲的发展援助有利于他们各自国家的发展。调查中，非洲民众对中国印象很好的最重要因素包括中国向非洲提供的基础设施建设、商业投资以及价格低廉的产品。[①] 非洲晴雨表 2019~2020 年对非洲 18 个国家 2.6 万民众的调查显示，现在越来越多的非洲国家民众开始对中国的发展模式产生兴趣，他们认为以前的欧美殖民宗主国的发展模式并不适合他们。在问及哪一种发展模式最适合未来的非洲时，虽然有 32%的受访者选择“美国”，但也有 23%的受访者选择了“中国”，位居第二，远高于 11%的人选择“前殖民宗主国”和 11%的人选择“南

① “China's Growing Presence in Africa Wins Largely Positive Popular Reviews,” Afrobarometer, 2016-10-24, https://afrobarometer.org/sites/default/files/publications/Dispatches/ab_r6_dispatchno122_perceptions_of_china_in_africa1.pdf, accessed: 2022-03-04.

非”。不过这个数据在不同国家之间有很大的区别。布基纳法索、马里、博茨瓦纳等非洲国家受访者选择中国模式的比例高于美国模式。而在问及受访者心中对本国影响最大的国家时，中国排名第一，59%的受访者认为中国对本国的政治和经济产生了积极的影响，高于美国58%的占比。①

2022年南非伊奇科维茨家庭基金会对非洲15个国家共4507名青年的调查结果显示，中国超越美国成为非洲年轻人心中最具积极影响力的国家。76%的非洲青年认为中国是对其国家产生积极影响的外部力量，其中35%的人认为中国对他们的国家有非常积极的影响，另外有41%的人认为中国的影响比较积极。而美国的比例为72%，其中26%的人表示美国的影响十分积极，另有46%的人认为美国的影响比较积极。认为中国发挥积极影响力的非洲青年认为，中国提供了负担得起的产品、投资和帮助发展基础设施、创造就业机会、提供重要贷款和经济支持、为非洲商品提供出口市场、为当地工人提供培训和技能等。②

有学者为考察非洲民众对“中国模式”的认知与态度，对非洲主流媒体在2000~2017年间的相关新闻报道进行话语分析。研究结果显示，非洲媒体将中国模式建构为不仅是中国独特的发展经验，并且也是值得非洲国家在政治和经济等领域学习和实践的发展模式。相关报道内容多为积极，少有消极，且积极程度总体偏中高，体现出非洲国家与人民对中国模式的信赖和肯定。中国模式较其他模式在非洲更具竞争力，非洲人民渴望通过借鉴中国模式来促进自身经济发展和社会进步。③

此外，2018年中国报道杂志社联合当代中国与世界研究院发布等机构在埃及、肯尼亚、尼日利亚和南非四国开展调查，发布《2018中国企业海

① “Africans' Perceptions about China: A Sneak Peek from 18 Countries,” Afrobarometer, 2020-09-03, https://afrobarometer.org/sites/default/files/africa-china_relations-3sept20.pdf, accessed: 2022-03-04.

② “Africa Youth Survey,” Ichikowitz Family Foundation, 2022-06-13, https://ichikowitzfoundation.com/wp-content/uploads/2022/06/AfricanYS_ 21_ H_ TXT_ 001g1.pdf, accessed: 2022-06-25.

③ 刘欣：《“中国模式”在非洲报纸媒体中的话语建构》，硕士学位论文，大连理工大学，2019，第36页。

外形象调查报告（非洲版）》。报告得出如下结论。一是中国在非洲四国总体印象较好，达 7.3 分（总分 10 分）。分国家来看，埃及受访者对中国印象最好，得分高达 8.0 分，其次是尼日利亚 7.6 分，肯尼亚 7.0 分，南非相对较低为 6.7 分。二是普遍认可本国同中国双边关系的重要性，有 84%的受访者认为本国与中国的关系“很重要”，其中有 32%的受访者认为“非常重要”。三是对中国的经济发展持看好态度。82%的受访者认为中国经济发展对全球经济发展带来积极影响，80%认为对非洲国家产生积极影响，78%认为对本国经济发展有促进作用。四是 54%的受访者希望中国的“一带一路”倡议能够带动中非之间经贸发展。[①]

2019 年美国皮尤研究中心在 34 个国家的调查也显示，非洲民众对华的好感度高于全球平均水平。其中 40%的受访者对中国持积极印象，但在非洲国家这一比例明显更高，其中在尼日利亚为 70%，在肯尼亚为 58%。[②]

在非洲民众获取中国有关信息的传播渠道方面，中国外文局 2015 年的调查显示，非洲受访者对中国、中国商业活动和中国人的观点很大程度上受媒体和道听途说影响。41%的受访者表示媒体是他们接收信息的主要渠道，35%的人靠道听途说，仅有 7.9%、5.7%和 2.4%的人分别表示中国朋友、同事和雇主是他们的主要信息源。受访者表示他们通过不同的媒体渠道获取中国相关新闻，电视是最流行的渠道（37%），随后是互联网（26.9%）、社交媒体（14.8%）、报纸（9.5%）和电台（7.7%），罕有人通过杂志和书本来了解中国。被问及媒体信息可信度时，34.4%的调查者认为媒体渠道提供了对中国准确的新闻报道，15.4%的人认为媒体报道是不真实的，高达 50.5%的人不确定媒体对中国报道的真实程度。而对于中国媒体在非洲的影响力方面，有 28.8%的人表示他们在了解中国相关的新闻报道时不会接触

---

① 《2018 中国企业海外形象调查报告（非洲版）》，搜狐网，2018 年 12 月 13 日，https：//www.sohu.com/a/281762616_733145，最后访问日期：2022 年 3 月 6 日。

② Laura Silver, et al.,“People around the Globe are Divided in Their Opinions of China,” 2019-12-05，https：//www.pewresearch.org/fact-tank/2019/12/05/people-around-the-globe-are-divided-in-their-opinions-of-china/，accessed：2022-03-04.

任何中国媒体，即使最被熟悉的中国媒体——中国中央电视台，也仅有26.4%的受访者声称曾经看过。这表明，尽管如前文所述，中国媒体进入非洲并呈现良好的发展态势，但非洲民众对这些中国媒体的了解度和信任度还不够，在非洲的影响力还需进一步提升。

（二）非洲民众对中国较高正面评价的原因

上述调查整体上反映出非洲民众对中国、中国道路、中国形象具有较高的正面评价。究其缘由，一方面，非洲民众对中国的良好印象在很大程度上源自中非经贸合作的巨大成就、源自中国对非经济社会发展的务实支持。比如以非洲民众最能感受到的基础设施建设为例，截至2011年底，中国共在非洲51个国家援助建设了约270个基础设施项目，约占中国援非项目总量的25%。[①] 2021年1月的数据表明，中国已帮助非洲修建超过6000千米的铁路、6000千米的公路，建设近20个港口和80多个大型电力设施。[②] 中国在非洲的基础设施涵盖桥梁、道路、港口、机场、电力、通信设施等，这些民生项目建成使用后，对带动受援国当地经济发展和改善民众生活发挥了十分显著的作用。这些基础设施建设无疑是最闪亮的中国名片，直接影响到非洲民众对中国的认知。

另一方面，非洲国家民众对中国发展道路和中国模式越来越感兴趣，这背后是他们对自身发展困境的反思与对新的发展道路的一种摸索。20世纪六七十年代，中国和非洲国家差不多处于同一发展水平，被称为特殊的“难兄难弟”。此后，中国通过改革开放自主探索出来一条中国特色社会主义现代化道路并取得巨大成功，中国创造了经济发展的奇迹，对世界减贫贡献率超过70%。而相较之下，非洲国家在探索自己的发展道路时经历了诸多曲折，直到今天，大多数国家仍未找到一条适合自身历史文化和现实情况

① 《商务部援外司司长王胜文在“非洲基础设施建设发展合作研讨会”上的发言》，中国商务部网站，2013年4月19日，http://yws.mofcom.gov.cn/article/m/policies/201304/2013040009 6071.shtml，最后访问日期：2022年3月6日。

② 《王毅：中非友谊经受疫情考验得到新的升华》，人民网，2021年1月2日，http://world.people.com.cn/n1/2021/0102/c/002-31986764.html，最后访问日期：2022年3月6日。

的发展道路。非洲大陆的脱贫之路更是极其缓慢，目前全球 28 个最贫困国家中，有 23 个位于撒哈拉以南非洲，有些非洲国家的贫困率甚至超过 30%，且该地区的贫困人口数量仍在增长。据估计，到 2030 年，撒哈拉以南非洲地区仍将有 3 亿多人处于贫困状态。[①] 中非发展现状的明显对比引发了非洲民众对当前发展道路的反思以及借鉴中国模式的自觉意识。对非洲国家来说，摆脱贫困、发展经济是重中之重，非洲民众都希望过上更加富裕和稳定的生活。而经过多年的实践，越来越多的非洲国家民众意识到西方国家的发展模式并不适合他们，因此中国模式、中国经验对非洲就具有越来越强的吸引力。这也从侧面印证了向非洲分享与传播习近平治国理政的思想理念的重要现实意义，传播好这一思想理念，能够帮助非洲民众更加了解当前中国的发展道路、发展理念、政治经济文化建设的理念等，助力非洲国家提高自主建设能力，找到适合自己的发展道路。

三　非洲与西方媒体对中国、中非关系的报道态度与框架

除了建立非洲民众对中国、中国道路、中国形象的认知外，在非洲传播习近平治国理政的思想理念，还需要了解各方媒体主要是非洲媒体和西方媒体对中国、中非关系以及中非合作的报道态度特别是报道框架，因为这些报道框架会直接影响非洲民众对中国的认知，以及中非合作的国际舆论环境。对此有较为清楚、理性的认知，能更好地应对西方在报道中非关系时惯用的负面框架，进而采取更有针对性的策略来传播好习近平治国理政的思想理念。在过去的十年中，国内外学界关于非洲媒体、西方媒体对中国与中非关系的报道态度和框架研究较多，整体呈现正负面框架交织的复杂图景，并且非洲各国对华态度各有不同。

（一）非洲媒体倾向于用正面框架报道中国

非洲媒体更倾向使用南南合作的正面框架来描述中非合作与中非关系。有学者构建了 2006～2016 年非洲报纸媒体涉华报道语料库，通过对 994 篇

① 侯丽：《非洲国家减贫任重道远》，《中国社会科学报》2019 年 10 月 30 日，第 3 版。

报道的研究发现，中国在非洲主流报纸媒体具有多元的国家形象，表现为：一是通过赞赏或认可中国经济实力等话语，建构“强大的中国”形象；二是通过中国真诚援助非洲及中非经贸合作等话语，建构“朋友或伙伴式的中国”形象；三是极少数媒体因误判中国经济实力、放大中非贸易问题等，对华仍有误解甚至持否定态度，建构“令人担忧的中国”形象。[①] 与此类似，有学者对非洲 5 个国家的英文报纸内容进行分析，发现其以明确的语言赞誉中国的信息集中在三个方面：一是对中国本身在经济、科技等方面发展的肯定；二是肯定中国通过投资、援助和商贸等对非洲发展作出的贡献；三是与西方国家相比，肯定中国是一个更为平等的伙伴。但值得注意的是，中国传递给非洲的主要还是经济形象，由此引发非洲媒体对中非可能出现的严重贸易倾斜、过度依赖中国导致丧失自主发展能力、中国产品质量不佳等方面的担忧。[②] 有学者对肯尼亚第一大报《民族日报》2015 年涉华报道进行分析，发现肯尼亚主流舆论中的中国形象不是单向度的，往往是正负杂糅的多面形象。其主要建构了以下三种中国形象：中国是政治大国，但民主价值观不同；中国是经济大国，但国内社会治理问题重重；中国是肯尼亚、非洲的重要合作伙伴，但民间认同度尚待提高。[③] 有学者对坦桑尼亚媒体视角下的中国形象进行分析，对方认为中国文化博大精深，中国是非洲国家“全天候”的朋友，是非洲国家互利共赢的伙伴。同时，中国在非洲的形象维护、中非情感的巩固，还需要中非双方政府和人民的共同努力。[④]

（二）西方媒体塑造的负面框架及其缘由

西方媒体在报道中国在非形象、中非合作时，采取了完全不同的报道框

---

① 刘文宇、毛伟伟：《非洲报纸媒体中中国形象的语料库辅助话语分析》，《外语研究》2020 年第 2 期，第 9~15 页。

② 陈雪飞：《非洲人眼中的中国形象：基于非洲本地媒体视角的考察》，《国外理论动态》2014 年第 3 期，第 68~72 页。

③ 郭聪：《肯尼亚舆论中的中国形象：光与影并存——以〈民族日报〉2015 年涉华报道为例》，《国际传播》2017 年第 3 期，第 66~76 页。

④ 骆元媛、倪小龙：《坦桑尼亚媒体视角的中国形象》，《对外传播》2017 年第 7 期，第 72~74 页。

架。而这些框架在一定程度上影响了非洲媒体对“中国”的话语建构。有国外学者认为中国在非洲有三种典型的形象：一是合作伙伴；二是竞争者；三是非洲大陆的霸权扩张者。[①] 还有学者认为非洲媒体主要使用“新殖民主义”“霸权主义”等框架来报道中国与中非合作。[②] 这些框架带有典型的西方媒体偏见，比如有学者认为西方媒体对中非关系的报道主要分为三类：“近年扩张说”“石油能源说”“新殖民主义说”，这些观点的理论基点是“中国威胁论”。[③] 有学者对 BBC 在 2002~2016 年有关中非关系的报道进行框架分析，指出 BBC 中非关系报道使用最多的为“冲突框架”，具体体现在人权问题、中国商品进入非洲、能源矿产开采、环境动物问题、中国在非企业劳资矛盾等各类报道中。“冲突框架”的大量使用导致框架的“启动效应”明显，由此加深了西方与非洲民众对中国的固化思维和刻板印象。[④]

西方主流媒体或明或暗地将中国定性为非洲的“新殖民者”，它们将“中国在非洲”排除在“全球化”之外，打入另册，贴上了“新殖民主义”的标签，从而将正常的中非交往问题化，而这一错误定性对中非的现实交往产生了影响，阻碍了中非关系的健康发展。正如埃塞俄比亚的斯亚贝巴大学和平安全研究所博士所罗门·特格涅所言，由于语言限制和信息的不通畅，非洲媒体对中国有偏见，大多是因为很多信息只能从西方媒体获得，但是那些信息是扭曲的，因此中国媒体要对全世界发出自己的声音，让更多非洲人民对中国有更全面的了解。[⑤] 西方媒体塑造中非合作的负面框架，究其缘由受西方的意识形态与文化价值观影响较大。在西方媒体的视野里，“我们”

---

① Chris Alden, *China in Africa* (*African Arguments*), London: Zed Books, 2007, pp. 5-6.

② Paul Tiyambe Zeleza, "Dancing with the Dragon: Africa's Courtship with China," *The Global South*, Vol. 2, 2008, pp. 171-187.

③ 李安山：《中非关系研究中国际话语的演变》，《世界经济与政治》2014 年第 2 期，第 19~47 页。

④ 李新烽、李玉洁：《冲突框架与中立转向：2002-2016 年 BBC 中非关系报道分析》，《新闻与传播研究》2018 年第 3 期，第 27~39 页。

⑤ 袁舒婕：《非洲媒体人谈中非媒体合作 国际交流少不了“媒体桥”》，人民网，2017 年 3 月 14 日，http://media.people.com.cn/n1/2017/0314/c40606-29144362.html，最后访问日期：2022 年 3 月 6 日。

代表着“文明”，“他们”则代表文明的对立面，因此对非洲和中国这些文明对立面的“他者”进行公开批评是一种不由自主的惯性，是一种政治制度、人权制度、经济状况、文化观念等各方面优越感的集中体现。由此，在西方媒体建构的中非关系中，“中国”是一个异类，碰到这个犹如黑洞般的异类，社会学和经济学等学科的一般概念和逻辑仿佛都不能正常发挥作用，都失去了解释的功能。因此从“他者”视角出发，就不难理解西方媒体对中非报道的态势，从“中国威胁论”到“新殖民主义论”，再到“中国拖累论”，这些西方媒体的负面报道框架占据了国际涉非舆论的主导地位，它们从自身利益出发，随意构建了一个中国在非洲的“他者”形象来满足特定受众的欲望和自己立论的需要。

但中国人受传统文化影响，习惯于多做少说、只做不说、做完免说。而走进非洲的中资企业更是害怕被批评“资源掠夺”，从而专注于经营而不发声，但这种沉默就间接丢掉了话语权，让西方的片面报道成了唯一的信息源，影响了中非的正常经济交往。因此，通过中国媒体和非洲媒体向非洲传播与分享习近平治国理政的思想理念有着至关重要的现实意义，有利于批驳西方媒体对中国在非洲的错误定性，让非洲民众能更加了解习近平外交思想，中国将坚定不移走和平发展道路，永不称霸，永不扩张，这是对国际社会也是对非洲国家的郑重承诺。

第八章　习近平治国理政的思想理念在非洲的传播与交流：原则、框架与策略

第一节　注重传播与交流的原则

习近平治国理政的思想理念在非洲的传播与交流是一项重要的系统工程，涉及政府、政党、媒体、智库、企业、民间团体、公众等多个主体，内容涵盖政治、经济、文化、外交、全球治理等多个方面，而国际舆论环境纷繁复杂，非洲各国的情况又不尽相同，潜在的受众群体也是形形色色。因此，在向非洲传播习近平治国理政的思想理念的过程中需要高度重视传播与交流的原则，并在统一的原则指导下精选传播框架，进行有的放矢的传播。

一　遵循政治性原则

习近平治国理政的思想理念在非洲的传播与交流属于国际政治传播的范畴。国际政治传播主要指一种由政府主导、通过大众传播媒介展开信息交流的特殊意义上的跨国或跨文化传播，是具有政治性质的国际传播。[①] 国际传播是国际舆论斗争、国际政治的一部分，其最核心的要素是话语权。[②] 因此政治性是其最大特点。在向非洲分享习近平治国理政的思想理念过程中，各方必须意识到坚持

① 李智：《国际政治传播：控制与效果》，北京大学出版社，2007，第 12 页。

② 程曼丽：《论国际传播的底气与自信》，《新闻与写作》2020 年第 6 期，第 61～66 页。

政治性、维护国家利益是对非开展交流工作必须遵循的首要原则。

习近平关于治国理政的重要思想是政治思想，是中国发展的指导思想，它更多关注现实，包含一系列引领中国人民实现美好生活和中国实现国家治理体系现代化的新理念、新思想、新战略。这种思想与商业广告、文化观念、体育精神等有根本区别，它不具有娱乐性，也不以创造商业价值为直接目标，政府部门、政党与官方主流媒体之外的其他传播交流者比如企业、组织和个人，可能缺乏主动向非洲民众阐释习近平治国理政的思想理念的动力。实际上，在全球传播时代，每一个中国的社会组织、企业乃至个体都可能成为对非传播与交流的一个节点，也是非洲民众了解中国的一个窗口，但这一类传播交流者可能还没有充分意识到自身在对非交往大局中的重要性，也没有完全意识到自己的行为、话语和评论都在传递着中国价值与中国理念，代表着国家形象。因此，习近平治国理政的思想理念在非洲的传播交流主体，包括国家、政党、智库、研究机构、学者、企业、民间团体、公众个体等，都要高度认识到这项传播与交流工作的政治性与重要性，能够从世界百年未有之大变局与中华民族伟大复兴的战略全局这两个大局来审视这项工作，提高自己的政治站位与大局意识。

习近平总书记多次指出，当今世界正处于百年未有之大变局。这个大变局，概括起来说，就是当前国际格局和国际体系正在发生深刻调整，全球治理体系正在发生深刻变革，国际力量对比正在发生近代以来最具革命性的变化。而在这个大的变局下，全面统筹和推进习近平治国理政的思想理念在非洲的传播与交流具有重要的政治意义。其一，向非洲传播好习总书记的思想有助于让非洲各界更加了解中国的政治经济模式与发展理念，提升中国在非洲的国际话语权与政党吸引力。虽然中非经贸往来密切，但非洲国家对中国的政治制度、执政理念、发展理念等关键性问题了解尚不深，少数非洲国家受所处社会制度、西方价值观等影响，对中国和社会主义体制难以产生亲近感，甚至还存在一些误解与偏见。因此，系统地向非洲国家宣介和阐释习近平治国理政的思想理念，能够增强双方的政治互信与民心互通，推动中非合作走向更加深化的阶段。其二，百年大变局背景下，国际政治中意识形态斗争前所未有的激烈，西方国家凭借话语霸权对中国等国家的发展发起了意识形态战略攻势，维护它们的国际舆论制高点，而向非洲分享习近平治国理政的思想理念，让长期以来同呼吸、共命运的非洲兄弟更加了解中国的政策与理念，有助于发挥非洲在中国政治外交议程中的更大作用，促进中非携手反对当今世界仍然存在的霸权主义和强权政治，更好维护中国在全球战略中的意识形态利益。其三，非洲是中国国际“朋友圈”的领头羊，向非洲国家讲好习近平治国理政的思想理念的故事，对于在全世界范围内讲好中国共产党故事与讲好中国故事，驳斥西式民主及其鼓吹的“普世价值”，具有重要的启示意义。其四，习近平治国理政这一重要思想理念是当代中国马克思主义的新发展，是当代中国共产党人在新的历史起点上续写中国特色社会主义新篇章的最新理论成果，向非洲传播这一思想有助于推进马克思主义中国化理论成果的国际表达，拓展马克思主义中国化的“世界向度”，避免具有中国特色的马克思主义理论陷入单向度、封闭的状态。其五，有力驳斥西方国家和媒体对中国走进非洲、中非合作的污名化，排除干扰中非关系的杂音，为中非下一步合作营造和谐的国际舆论环境。

二　注重分享性原则

尽管习近平治国理政的思想理念在非洲的传播与交流属于国际政治传播活动，但这不是中国向非洲单向的输入，而是中非之间的互享互鉴。因此，习近平治国理政的思想理念在非洲的传播，“分享性”“共鉴交流”是必须秉持的另一原则。正如习近平总书记强调的，我们要把自己的事情做好，这本身就是对构建人类命运共同体的贡献。我们也要通过推动中国发展给世界创造更多机遇，通过深化自身实践探索人类社会发展规律并同世界各国分享。我们不“输入”外国模式，也不“输出”中国模式，不会要求别国“复制”中国的做法。[①]

① 习近平：《携手建设更加美好的世界——在中国共产党与世界政党高层对话会上的主旨讲话》，人民出版社，2017，第 8 页。

中国历来强调树立世界眼光，积极学习借鉴世界各国人民创造的文明成果，并结合中国实际加以运用。中国吃过照抄照搬别国经验的苦头，不希望别的国家重犯这样的错误。自中华人民共和国成立以来，中国在与非洲国家交往时，始终坚持“非洲是非洲人的非洲，非洲的事情应该由非洲人说了算”“非洲人民有权自主选择自己发展道路”的观念，支持非洲发展道路的自主选择，维护非洲国家主权的独立性。因此，对非洲传播与分享习近平治国理政的思想理念，并不是要非洲国家“复制”“照搬”中国的做法，而是想分享发展道路的多样性，为非洲民众提供看待自身问题的另一种视角。因为一直以来，现代化似乎成为西方的代名词，西方模式也似乎成为非洲国家实现现代化唯一可以参考的样本。非洲国家一直迷失在西方开具的“药方”中，缺乏非洲本土思想对发展道路的引领，它们期望依赖发达资本主义国家进行现代化建设，但结果却是事与愿违。这种“依附型”发展方式不利于非洲国家独立开展经济建设，反而使其受制于发达国家，以至于在发展中丧失了独立性。

而相比之下，中国创造性地把社会主义制度与现代化相结合，通过社会主义建设推进中国实现现代化，取得了巨大的成就。早在 2010 年，中国就已经成为仅次于美国的世界第二大经济体，而 2020 年中国国内生产总值首次突破 100 万亿元大关。2021 年中国的脱贫攻坚战取得了全面胜利，832 个贫困县全部摘帽，现行标准下 9899 万农村贫困人口全部脱贫，提前 10 年实现了联合国 2030 年可持续发展议程减贫目标；改革开放 40 多年来，中国 7 亿多人摆脱贫困，对世界减贫贡献率超过 70%。[①] 中国经济社会建设、脱贫攻坚等多方面的成就，吸引了迫切希望摆脱贫困、发展起来的非洲国家领导人的目光，他们希望能够从中国的经验中为自己的国家寻求一条发展之道，而这条道路突破了西方现代化的单一性，蕴含着一种新的发展理念、价值理念和人文关怀。

---

① 《习近平：在全国脱贫攻坚总结表彰大会上的讲话》，新华网，2021 年 2 月 25 日，http://www.xinhuanet.com/politics/2021-02/25/c_1127138102.htm，最后访问日期：2022 年 3 月 7 日。

与此同时，全球发展深层次矛盾突出，霸权主义、强权政治依然存在，保护主义、单边主义不断抬头，战乱恐袭、饥荒疫情此伏彼起，传统安全和非传统安全问题复杂交织。治理赤字、信任赤字、和平赤字、发展赤字成为摆在全人类面前的严峻挑战。习近平总书记指出："没有哪个国家能够独自应对人类面临的各种挑战，也没有哪个国家能够退回到自我封闭的孤岛。"① 世界各国人民的命运从未像今天这样紧紧相连，世界各国要顺应时代发展潮流，做出正确选择，齐心协力应对挑战，开展全球性协作，构建人类命运共同体。在这样的国际态势下，加强习近平治国理政的思想理念在非洲的传播与交流，并不是中国要输出自己的政治理论，而是世界格局变化需要全新的政治理论出场来应对这种变局。这是一个需要理论而且一定能够产生理论的时代，是一个需要思想而且一定能够产生思想的时代。面对如此变局，中非更是要在思想上加强交流交融、互学互鉴，推进中非命运共同体建设，携手积极参与引领全球治理体系的改革和建设，一起推动建设相互尊重、公平正义、合作共赢的新型国际关系。

三　坚持针对性原则

向非洲传播与分享习近平治国理政的思想理念，要坚持针对性原则，这种针对性体现在：坚持问题导向，向非洲国家讲它们最需要、最想听、最实用的故事；坚持需求导向，向非洲国家讲述它们对中国的疑问之处与可能存在的认知偏差，特别是要驳斥西方媒体对中国、中非关系的错误描述，改善中国在非形象；坚持受众导向，针对非洲年轻一代新的媒介接触方式，对新媒体、多元信息的迫切需求，加强面向非洲青年的话语传递。

其一，针对非洲急需解决的问题，以这些问题为导向，以中国模式为参照，去设置议题，传播好习近平治国理政这一思想理念，引导非洲舆论。当下非洲国家当前需要解决的问题，可以从一些报告中探寻端倪。首先，疫情

① 中共中央宣传部编《习近平新时代中国特色社会主义思想学习纲要》，学习出版社、人民出版社，2019，第209页。

加剧了非洲国家的政治动荡和政治暴力，比如科特迪瓦、几内亚、坦桑尼亚和加纳四个国家在 2020 年大选期间都发生了暴乱，埃塞俄比亚因为选举发生了内战。其次，经济下滑，外债高筑。世界银行发布的数据显示，2020 年非洲经济萎缩 1.7%～3.4%，经济损失高达 1455 亿美元。同时非洲经济下滑，人均实际的 GDP 下滑 6%，为 20 年来最大。与此同时，非洲国家的公共债务也大幅上涨。再次，民生问题凸显，失业率高攀、粮食危机、公共卫生安全体制濒临崩溃。最后，反恐形势严峻，撒哈拉地区和大湖地区安全局势进一步恶化。[①] 除此之外，非洲国家还面临着腐败、工业化进程缓慢、基础设施落后等诸多常态问题。习近平治国理政的思想理念为解决世界经济、国际安全、全球治理、腐败、非传统安全等一系列重大问题提供了新的方向、新的方案、新的选择，同样也能给正遭遇这些问题的非洲国家以启示。林毅夫称非洲国家是检验总结于中国经验的理论是否有一般意义的最好的地方，他向非洲国家介绍中国经验，以埃塞俄比亚为试点，学习中国的经验开办经济特区和工业园区，试点的快速成功证明了中国经验的有效性。[②] 因此，习近平治国理政的思想理念在非洲的传播与交流，要始终秉持针对性原则，针对非洲国家期待解决的诸多问题，向它们分享最需要、最想听、最实用的中国经验和中国故事。

其二，针对非洲国家对中国的疑问与误解进行增信释疑，驳斥西方媒体对中国、中非关系的污名化。由于中非的历史传统、生活经验和文化背景等存在较大差异，一些非洲国家可能对中国会存在一些疑问，比如政治体制、腐败问题、环境保护、贫富差距，等等。另外，西方对中国快速发展的防备和遏制心理越发强烈，对中国话语中不信任、不友好的一面突出，其话语与行为在非影响力仍相当可观。比如西方媒体对中非关系的污名化举动，炒作

① 《“中国社会科学院国际研究学部 2021 年度国际问题研讨会”暨〈中国社会科学院国际形势报告（2021）〉发布会》，中国网，2021 年 2 月 26 日，http：//www.china.com.cn/zhibo/content_77235193.htm，最后访问日期：2022 年 3 月 10 日。

② 《林毅夫：非洲国家是检验中国经验的最好地方（2）》，人民论坛网，2015 年 2 月 27 日，http：//theory.rmlt.com.cn/2015/0227/374163_2.shtml，最后访问日期：2022 年 3 月10 日。

“中国债务陷阱论”“新殖民主义”“中国资源掠夺论”等言论，从而让非洲国家的一些民众对中国产生认知偏差，认为中国走进非洲是为了赚“快钱”、不注重非洲当地的经济发展和民生、中非合作以利益优先等，这些错误认知严重影响到中非友谊。针对这些认知偏差，习近平治国理政的思想理念在非洲传播与交流时要做到有的放矢，寻找最佳切入点讲好中非命运共同体与中非合作共赢的故事，做好增信释疑的工作，驳斥西方媒体的负面言论。

其三，针对非洲年轻人媒体接触方式的变化，且在民间舆论中发挥日益重要的引领作用的现状，要采取精准传播策略，加强与该群体的对话与沟通。互联网让非洲年轻一代与世界联通，他们的媒介接触方式正在发生变化，脸书、推特等社交媒体引入了西方的自由、民主、人权等“现代的”“先进的”价值观，与非洲年轻人身处的经济和民生现实形成巨大反差，从而容易引发年轻人及其组织在社交媒体上的偏激言论，而对中国走进非洲、中非关系的讨论也是重点议题之一。互联网提供了非洲年轻人参与政治事务的平台，他们的热情前所未有的高涨，在参与政治讨论、进行社会动员等各方面的深度和水平都达到了前所未有的程度，从而塑造了非洲政治历史中的一个新景象。这些网络上的年轻人通过新媒体表达诉求、发表言论、鼓动群众抗议，具有强大的影响力和动员能力，已成为影响非洲国家政治决策的不可忽视的力量，而这股力量也成为中非民间话语互动中的关键一环，甚至在某种程度上决定了非洲对华民间舆论的走向。因此，习近平治国理政的思想理念在非洲进行传播与交流时要高度关注非洲年轻人，了解他们对多元信息的迫切需求，加强面向这一群体的话语传递，发挥他们沟通中非的桥梁作用。

第二节　精选传播与交流的框架

新闻是通过特定框架来建构现实的，而这主要是由新闻职业惯例和意识形态决定的。特别是在涉及国家利益的国际争端中，各国媒体都会成为本国国家利益的维护者，以参与者的身份介入国家政策的发布与推广、国家利益的倡导与辩护，因此媒体所呈现的报道框架在很大程度上都是各自政府对此议题态度的写照。西方媒体在报道中非关系时，使用了大量的“冲突框架”，比如批评中国在非洲的资源能源问题、劳资矛盾、环境保护、野生动物猎杀等，而这些框架被特意凸显，影响了非洲及国外民众对中国的认知，从而形成了一些刻板印象和偏见，影响到中非的正常交往。有学者研究发现，当人们被置于一个单一框架之下时，框架会有明显效果，但是在面临存在两个对立性框架的情况时，框架效应就消失了。这就是框架竞争的效果。[①] 当前，西方媒体在对非传播中占据主导地位，其设置的“冲突框架”较有市场，不存在其他有力的框架来与其竞争。因此，习近平治国理政的思想理念在非洲的传播，要重视新闻报道框架的选择。中国各类传播交流主体特别是主流媒体要重设中非关系的强势框架、参与框架竞争、消除西方负面“冲突框架”的影响，重塑中国话语权，从而给非洲民众乃至国际民众一个西方媒体理解之外的中非关系印象。

强势框架主要是指那些具有实用性的框架，即公众能够将这个框架与自己的生活直接关联，当人们提到某个话题的时候与其相关联的框架立即就在脑海里浮现，并且这些框架有足够强的说服力。结合习近平治国理政的思想理念与中非合作的现实，可以提出以下框架。

一　政党框架是核心与根本

讲好中国故事，就是要讲好中国共产党的故事。习近平治国理政的思想理念作为中国共产党的指导思想，其在非洲的传播也必须讲好本体——中国共产党的故事。

一是向非洲国家分享党的建设的基本经验。当前大多数非洲国家仍存在不同程度的政治发展困境，主要表现为治理不善、政治不稳定和持续的国家衰败，一些国家甚至爆发严重的政治动荡和军事冲突。如何加强这些国家政

① P. M. Sniderman, S. M. Theriault, *The Structure of Political Argument and the Logic of Issue Framing*, New Jersey: Princeton University Press, 2004.

党的执政能力，在此基础上实现非洲的稳定、发展与复兴，成为非洲国家普遍关心的问题。中国共产党在政治建设、思想建设、组织建设、作风建设、纪律建设、人才队伍建设等方面的经验，在全面推进中国特色社会主义政治发展道路、中国特色社会主义法治道路的经验，都能给非洲国家政党提升执政能力、探索自主发展道路提供新的启示。

二是向非洲国家分享中国共产党的红色故事与红色精神，以便非洲国家更好了解中国共产党独特的精神气质及其基因来源。中国共产党在带领中国人民长期浴血奋斗的过程中，孕育并铸就了永不褪色的红色基因，为中国奠定了鲜明的红色基调，而这是非洲国家政党和民众很少有机会了解的红色历史。在向非洲国家讲述中国共产党的红色历史时，一方面，要讲好在中国共产党在领导创建新中国的历史进程中留下的系列红色故事，如长征故事、西路军故事、抗日战争故事、解放战争故事、延安故事、西柏坡故事，等等。另一方面，要讲好红色故事中蕴含的红色精神，这是中国共产党人理想信念、精神品质、光荣传统和优良作风的结晶，如红船精神、井冈山精神、苏区精神、长征精神、延安精神、西柏坡精神，等等。只有让非洲国家各界人士了解到奠定中国共产党底色的红色基因，才能更加理解今天的中国及其成功经验。正如来自喀麦隆的人民盟外事书记让皮埃尔·佛基（Jean-Pierre Fogui）在结束对江西井冈山的考察时曾说，喀麦隆有一句俗语，当一个人手指月亮的时候，你不要只看着月亮，而是要看着他所指的方向。此次的考察访问，他不仅看到了中国现已取得的成就，更重要的是获得了如何取得成就的经验。①

三是向非洲国家分享中国共产党应对风险挑战的经验。中国共产党成立百年来的历史，绝非一帆风顺、波澜不惊，而是在应对挑战、克服困难、战胜风险、破解危局中不断前行的。纵览中国共产党的奋斗历程，常有危难之际的绝处逢生，挫折之后的毅然奋起，磨难面前的百折不挠，失误之后的拨乱反正。中国共产党总能克服一切艰难险阻、战胜一切风险挑战，带领中国

① 《非洲国家政党干部在井冈山“取经”称很受启发》，中国新闻网，2010 年 12 月 14 日，https：//www.chinanews.com/df/2010/12-14/2722155.shtml，最后访问日期：2022 年 3 月 10 日。

人民不断从一场胜利走向又一场胜利，而其中的制胜法宝也是非洲国家政党最为好奇的。习近平总书记曾这样说过："我们党为什么能够在现代中国各种政治力量的反复较量中脱颖而出？为什么能够始终走在时代前列、成为中国人民和中华民族的主心骨？根本原因在于我们党始终保持了自我革命精神，保持了承认并改正错误的勇气，一次次拿起手术刀来革除自身的病症，一次次靠自己解决了自身问题。这种能力既是我们党区别于世界上其他政党的显著标志，也是我们党长盛不衰的重要原因所在。"①

向非洲国家分享中国共产党面对挑战与风险的故事，特别是阐述在当前世情国情党情变化下中国所面临的更加复杂的情况，是在介绍习近平治国理政的思想理念形成的时代背景与实践基础，有助于非洲国家更加全面地理解中国共产党。比如有欧美学者认为，习近平新时代中国特色社会主义思想的形成具有历史必然性，是中国特色社会主义建设面临的部分严峻挑战使然，也是全面加强党的领导使然。对于前者而言，习近平出任总书记和国家主席之时，中国的社会主义事业面临着一些非常严峻的挑战，包括腐败、经济发展失衡、社会矛盾等。上述挑战不仅需要一位强有力的领导人来应对，同时也必须以一套完整、系统的理论思想为指引才能予以有效治理。对于后者而言，1978 年之后，中国社会主义建设的重心完全转向了经济领域，这一变化导致了一些未曾预期的后果：一是功利主义和其他多元化思潮借机而入，对马克思主义在意识形态领域的指导地位造成了冲击；二是在"经济挂帅"的大背景下，党纪党规未能得到严格遵守，党员干部违纪违法现象屡见不鲜，党的引领性与公信力受到了质疑与批评。习近平治国理政的思想理念的形成客观上是全面加强党的领导，特别是强化党在政治领域领导作用的必然需求。② 因此，向非洲国家交流分享这些中国共产党执政过程中表现出来的强烈的自我革命精神、正视自己问题的自觉、刀刃向内的勇气，一方面希望

① 中共中央党史和文献研究院编《十八大以来重要文献选编》（下），中央文献出版社，2018，第 590 页。

② 贾力楠：《海外中国学认知中的习近平新时代中国特色社会主义思想——基于欧美学术界认同者的研究述评》，《当代世界与社会主义》2021 年第 2 期，第 171 页。

能够鼓励非洲国家正视自己问题所在并努力解决这些问题，另一方面也能为非洲在今后的中非合作中应对各类风险增添信心。

二 治理框架助力非洲解决现实困境

对于当前仍面临严重治理问题的非洲国家而言，政治发展的主题不仅仅只是政治民主化，还包括同样重要的国家制度建设，提高治理能力和实现政治稳定等问题。因此，为了提升国家治理能力，这些非洲国家需要了解中国的国家制度与制度执行能力，或者理解为国家治理体系与治理能力。对非传播与分享习近平治国理政的思想理念，在使用治理框架时，应避免比较或辩论双方在意识形态和政治制度上的优劣，而是要在以下方面进行坦诚的经验交流与互鉴。

一是交流中国政治制度及其建设的经验，鼓励非洲国家选择与自身国情相适应的政治发展道路。中国特色社会主义制度，是中国共产党带领全国各族人民经过长期奋斗和实践探索而建立和发展起来的，是中国人民的选择，是经过数代人的实践经验，不断完善稳定下来的。要对非介绍中国的人民代表大会制度、中国共产党领导的多党合作和政治协商制度、民族区域自治制度、基层群众自治制度，要介绍这些制度深厚的历史底蕴、多方显著特点与丰富的实践成果，让非洲各国真正了解中国的政治发展道路。此外，还要介绍中国特色社会主义制度的鲜明特色和最宝贵经验，比如坚持党的领导、人民当家作主、依法治国的有机统一。

二是交流中国国家治理体系和治理能力现代化的经验，助力非洲国家提升国家治理能力。一方面，要介绍中国在经济治理、政治治理、文化治理、社会治理、生态治理等方面的经验及对非启示。另一方面，要传播好习近平总书记的国家治理之道，他曾多次发表关于“推进国家治理体系和治理能力现代化建设”的重要讲话，对此有着诸多经典论述。习近平总书记指出，必须适应国家现代化总进程，提高党科学执政、民主执政、依法执政水平，提高国家机构履职能力，提高人民群众依法管理国家事务、经济社会文化事务、自身事务的能力，实现党、国家、社会各项事务治理制度化、规范化、程序化，不断提高运用中国特色社会主义制度有效治理国家的能力。他还指出，推进国家治理体系和治理能力现代化，要大力培育和弘扬社会主义核心价值体系和核心价值观，加快构建充分反映中国特色、民族特性、时代特征的价值体系。[①] 实际上，怎样治理社会主义社会这样全新的社会，在以往的世界社会主义中没有解决得很好，中国共产党在全国执政以后，不断探索这个问题，虽然也遇到了严重曲折，但在国家治理体系和治理能力上积累了丰富经验、取得了重大成果。对非传播中国国家治理体系和治理能力现代化的经验，不仅是要通过介绍中国的有益经验，以期有助于非洲国家提升治理能力，更是要从中国治国理政经验的分享，启示非洲国家既要从自身历史中去寻找经验与智慧，也要在现实中去探索，最终形成适合非洲实际、非洲人民满意的国家治理体系。

三 经济框架最易获得非洲认同

1985 年，邓小平会见坦桑尼亚总统尼雷尔时曾说："我们的改革不仅在中国，而且在国际范围内也是一种试验。我们相信会成功。如果成功了，可以为世界上的社会主义事业和不发达国家的发展提供某些经验。当然，不是把它搬给别国。我们的原则是把马克思主义同中国的实践相结合，走中国自己的道路，我们叫建设有中国特色的社会主义。"[②] 改革开放 40 多年来，中国社会面貌发生翻天覆地的变化，中国人民在中国共产党的带领下走出了一条中国特色社会主义道路。中国经济崛起的现实证明了社会主义道路是可行的，其为在经济落后的国家进行现代化建设方面提供了带有中国智慧的经济发展方案。而中国为什么能够在短短两代人的时间内获得如此大的成功、中国成功的秘诀何在，这一系列问题引发了国际社会特别是非洲国家的广泛关注。的确如邓小平所预测的那样，今天的中国能够给还在谋求发展的非洲国

① 《习近平强调：推进国家治理体系和治理能力现代化》，中国政府网，2014 年 2 月 17 日，http：//www.gov.cn/ldhd/2014-02/17/content_2610754.htm，最后访问日期：2022 年 3 月 9 日。

② 邓小平：《邓小平文选》（第三卷），人民出版社，1993，第 135 页。

家提供某些经验，其中经济发展的经验是渴望摆脱贫困和实现发展的非洲国家最希望了解、学习和借鉴的。因此，习近平治国理政的思想理念在非洲传播与交流时，中国经济建设的成就与发展经验是容易引发非洲国家认同的一个框架。习近平治国理政的思想理念蕴含着最为丰富的中国经济发展经验。

比如坚持改革开放，改革开放是决定当代中国命运的关键一招，改革开放已成为当代中国最鲜明的特色、当代中国共产党人最鲜明的品格。从实行家庭联产承包、乡镇企业异军突起、取消农业税到农村承包地“三权”分置、打赢脱贫攻坚战、实施乡村振兴战略，从兴办深圳等经济特区、沿海沿边沿江沿线和内陆中心城市对外开放到加入世界贸易组织、共建“一带一路”、设立自由贸易试验区、成功举办首届中国国际进口博览会，从“引进来”到“走出去”，从搞好国有大中小企业、发展个体私营经济到深化国资国企改革、发展混合所有制经济，从单一公有制到公有制为主体、多种所有制经济共同发展和坚持“两个毫不动摇”，从传统的计划经济体制到前无古人的社会主义市场经济体制再到使市场在资源配置中起决定性作用、更好发挥政府作用，从以经济体制改革为主到全面深化经济、政治、文化、社会、生态文明体制和党的建设制度改革等，一系列重大改革扎实推进，各项便民、惠民、利民举措持续实施，使改革开放成为当代中国最显著的特征、最壮丽的气象。①

比如关于新发展理念。习近平总书记指出：“发展是解决我国一切问题的基础和关键，发展必须是科学发展，必须坚定不移贯彻创新、协调、绿色、开放、共享的发展理念。”② 在发展中，要处理好政府和市场的关系。无论是使市场在资源配置中起决定性作用，还是更好发挥政府作用，都必须始终坚持公有制为主体、多种所有制经济共同发展的基本经济制度，这一制度成功破解了“公有”与“私有”的关系，让市场主体充满活力，共同促

---

① 中共中央宣传部编《习近平新时代中国特色社会主义思想学习纲要》，学习出版社、人民出版社，2019，第 82 页。

② 习近平：《决胜全面建成小康社会 夺取新时代中国特色社会主义伟大胜利——在中国共产党第十九次全国代表大会上的报告》，人民出版社，2017，第 21 页。

进经济的发展。在中国特色社会主义的伟大实践中，中国特色社会主义基本经济制度这一重大理论和实践创新，对建立完善社会主义市场经济体制，推动经济增长、扩大就业、促进创新、增加税收等方面具有不可替代的重要作用。

除此以外，习近平治国理政的思想理念中还蕴含着诸多有关中国经济建设与发展的理论与方法论，这些都能够引起非洲国家政府和人民的广泛共鸣，因为非洲大陆的发展和中国当年发展有许多相似之处。在中国的经济建设成就与发展经验之外，中非合作的经济成就也应是经济框架的重要组成部分，因为这些中非经贸合作的成就是非洲民众能实实在在感受到的，更加具有说服力。这些数据和事实包括中非经贸合作、中国在非基础设施建设、中国对非投资、中国对非援助、中非共建“一带一路”等。

四　民生框架实现“中国梦”与“非洲梦”交融

习近平总书记指出：“中国共产党人的初心和使命，就是为中国人民谋幸福，为中华民族谋复兴，这个初心和使命是激励中国共产党人不断前进的根本动力。”① “人民是我们党执政的最大底气，是我们共和国的坚实根基，是我们强党兴国的根本所在”“党的一切工作都是为了实现好、维护好、发展好最广大人民根本利益”② ……坚持人民至上，站稳人民立场，是中国共产党治国理政最鲜明的特点，体现在改革发展稳定、经济政治文化建设、内政外交国防、治党治国治军方方面面。习近平治国理政的思想理念中蕴含了诸多关于民生的理念，比如增进民生福祉是发展的根本目的，紧紧抓住人民最关心最直接最现实的利益问题，抓住最需要关心的人群，在更高水平上实现幼有所育、学有所教、劳有所得、病有所医、老有所养、住有所居、弱有所扶，让人民有更多、更直接、更实在的获得感、幸福感、安全感；坚决打

---

① 习近平：《决胜全面建成小康社会 夺取新时代中国特色社会主义伟大胜利——在中国共产党第十九次全国代表大会上的报告》，人民出版社，2017，第1页。

② 习近平：《在“不忘初心、牢记使命”主体教育工作会议上的讲话》，人民出版社，2019，第4页。

赢脱贫攻坚战，实施精准扶贫战略，经过长期持续努力，中国成功走出一条中国特色扶贫开发道路，等等。而这正是非洲国家想学习的法宝，如莫桑比克解放阵线党中央组织书记阿尔西多·恩戈尼亚所说：“中国共产党为世界其他政党树立了典范。”他看来，中国共产党坚持以人民为中心，坚决维护人民利益，中国人民信任党、跟随党，这是中国战胜各种艰难挑战的重要法宝。他称从学习《习近平谈治国理政》这部著作中，看到了中国共产党人始终不忘初心的人民情怀，获得很多启示。①

因此，在向非洲传播与分享习近平治国理政这一思想的过程中，要善用民生框架，以鲜活的案例讲述中国共产党率领中国人民强起来的新故事，讲好中国人民脱贫攻坚走上致富道路的新故事，讲好中国人民勇于追梦、努力实现“中国梦”的新故事，讲好中国和非洲人民共建中非命运共同体、共享全球发展新机遇的新故事。

其中，要特别关注非洲最需要解决的温饱、就业、健康等民生问题，积极分享中国的成功经验，帮助非洲国家摆脱贫困、提高就业与改善医疗卫生状况。以中国推进减贫的经验为例，中国坚持发挥自身优势，走出一条有中国特色、通过发展实现减贫的成功之路；坚持发展为根本，为实现摆脱贫困打下了坚实的物质基础；坚持因地制宜制定发展规划，有的放矢推进脱贫工作，共同成就了中国的整体发展进步；坚持开放合作，使中国的减贫事业在发展大潮中得到迅速推进，等等。② 这些实现中国减贫发展的成功实践，对非洲国家推进减贫努力也具有借鉴参考价值。

五　责任框架讲好中非友好故事

习近平总书记指出：“我们不仅致力于中国自身发展，也强调对世界的

① 《“中国共产党为世界其他政党树立典范”（百名外国政党政要看中共）》，《人民日报》2021 年 4 月 30 日，第 3 版。

② 《王毅：中国愿帮非洲重点解决就业、温饱和健康三问题》，中国网，2017 年 6 月 22 日，https：//news. china. com/international/1000/20170622/30803324_all. html，最后访问日期：2022 年 3 月 10 日。

责任和贡献；不仅造福中国人民，而且造福世界人民。”[①] 这句话用在患难与共、风雨同舟的非洲兄弟身上尤为适用。习近平治国理政的思想理念在非洲的传播与交流是一种责任的体现，中非从来都是命运共同体，共同的历史遭遇、共同的发展任务、共同的战略利益把中非紧紧联系在一起。中非之间的友谊历久弥坚，自中国共产党建党以来的百年历史中，中非基于中非共同战略利益，在长期的共同斗争与合作发展中，培育起了一种新型的中非战略合作伙伴关系。而今天已经富起来、强起来的中国有责任通过治国治党经验分享，帮助仍在探索的非洲国家找到发展出路。因此，习近平治国理政的思想理念在非洲的传播与交流，要用好责任框架，要讲好以下故事。

一是要讲好百年来中非在反对帝国主义、殖民主义和霸权主义的过程中守望相助的故事，讲好毛泽东、周恩来等老一辈人鼎力支持非洲国家民族解放运动的故事、讲好中国为非洲建设提供各领域无私援助的故事、讲好中国为提升非洲国际地位奔走呼吁的故事、讲好中非开展经贸合作实现互利共赢的故事、讲好中非共建“一带一路”的故事、讲好中非团结抗疫的故事、讲好中非命运共同体构建的故事，等等。这一类的故事不仅生动诠释了中非人民同呼吸共命运，而且凸显了中国共产党作为马克思主义政党的责任担当意识与国际主义精神，是中国共产党秉持“天下为公”理念、致力于为全世界人民造福的明证。比如，20 世纪 70 年代以前，在中国自身经济还十分困难的情况下，中国人民竭尽其能帮助非洲“兄弟”，留下了包括援建坦赞铁路、派驻援非医疗队等感人的故事；面对新冠疫情的严峻考验，中非携手应对。非洲向中国给予了宝贵声援和支持，中国向非洲国家提供了约 120 批紧急抗疫物资援助，向非洲 45 国和非盟委员会提供了约 2.6 亿剂新冠疫苗，生动诠释了中非命运共同体的真谛。讲好这些故事，有助于唤醒中非民众共同的历史记忆，纠正非洲国家对中国可能存在的一些认知偏差，促使非洲民众更加理性客观地看待中非合作的现实与未来。

---

① 《深入学习习近平同志中国梦重要论述》编辑组编著《深入学习习近平同志中国梦重要论述》，人民出版社，2013，第 114 页。

二是在责任框架的讲述中，还应重点突出百年交往中中国共产党对非交往的基本原则。从1955年周恩来提出的“求同存异”“关于促进世界和平与合作的十项原则”，到1963~1964年周恩来访问非洲时提出的“中国处理同阿拉伯国家和非洲国家关系的五项原则”“对外经济技术援助的八项原则”；从1982~1983年赵紫阳提出的新时期中非经济合作应该遵循“平等互利、讲究实效、形式多样、共同发展”四个原则，到1996年中非关系面向21世纪长期稳定、全面合作的五点建议“真诚友好、平等相待、团结合作、共同发展、面向未来”；从2009年胡锦涛提出的坚持真诚友好、平等互利、团结合作、共同发展的对非政策原则，到2013年习近平主席提出的“真实亲诚”对非政策理念和正确义利观，再到2018年的“五不”原则，中国对非交往的关键词始终包含独立自主、相互尊重、平等互利、互不干涉内政、共同发展。不同于一些发达国家在对非经济援助中通常附有苛刻的政治条件，推销其价值观念和政治经济模式，干涉非洲国家内政的做法，中非始终致力于在遵循独立自主、相互尊重、平等互利、互不干涉内政、共同发展等原则的基础之上建立一种基于双方各自文明特性与现实战略需要的平等关系。不论是在中非合作反帝反殖反霸的斗争中，还是在对非提供经济援助与中非发展合作的进程中，中非互相支持维护彼此主权独立的初衷从未改变、维护双方核心利益的原则和立场从未动摇、推动中非经济合作实现共赢的努力从未减退。中非交往的这些核心原则，不但保障了中非双方的友好交往和共同发展，还有利于促进国际局势的稳定与健康发展，为世界的和平与发展提供了范例。在传播习近平治国理政思想的过程中，要突出中非交往的这些核心原则，彰显中国作为大国、中国共产党作为百年大党的责任意识，以巩固深化中非传统友谊。

三是要讲好中国参与全球治理的角色与责任的故事，对非传播与分享人类命运共同体、中非命运共同体、“一带一路”倡议、新型国际关系等习近平新时代中国特色社会主义思想的核心理念。习近平总书记曾说，面对百年未有之大变局，面对严峻的全球性挑战，面对人类发展在十字路口何去何从的抉择，各国应该积极做行动派，不做观望者，共同努力把人类前途命运掌握在自己手中。[①] 这展现了中国共产党人作为马克思主义政党，对全人类命运所具有的使命感和责任感。面对全球化带来的诸多全球性挑战，中国积极参与国际体系改革和全球治理，贡献中国智慧和中国方案，是全球治理体系的积极参与者建设者。更为重要的是，中国在追求国家利益的同时也强调发展人类共同利益，摆脱了西方固有话语体系的局限，突破了对立、矛盾、冲突的思维模式，在世界发展新态势和多样性的格局中提出了一种人类社会共同的价值观，积极维护和增进人类共同利益。人类命运共同体、"一带一路"倡议、以合作共赢为核心的新型国际关系等重大战略思想都是中国担负全球治理责任，维护人类整体性和共同利益的明证。对非传播与分享这些责任框架，将更加鼓舞中非继续携手参与全球治理，提升中国在非的国家形象，也是对"中国威胁论""中国称霸论"等错误言论的有力回击。

第三节　创新传播与交流的策略

习近平治国理政的思想理念在非洲的传播与交流，表明中国以一种更加开放、理性、自信的交流逻辑去看待自身与世界的关系与未来，愿意主动与世界分享中国发展的经验和方法论，这实际上重建了中国国际传播的主体性。虽然中国的经济实力已经让全世界刮目相看，但中国面临的国际舆论态势仍然十分严峻，在国际上还经常处于"有理说不出，说了传不开，传了传不远"的境地，究其原因是中国的对外传播话语体系还没有完全建立起来。当前中国面临的国内局势与媒介生态均已发生了显著变化，原有的"西强东弱"的国际传播秩序面临调试和变革，区域性的互联网生态特性改变了全球传播场景，为了更好支撑中国的全方位发展与全球传播实践，新的时代使命与全球传播生态呼唤新知识的生产。而习近平治国理政经验中所蕴含的这一重大思想理念就是新知识的集大成者。国内各界要拥有更强的理论

① 新华月报编《新中国 70 年大事记（1949. 10. 1—2019. 10. 1）》（下），人民出版社，2020，第 1948 页。

自觉与学术自觉，将这些蕴含着中国独特文化基因的新理念、经过实践检验的成功经验传播出去，从而打破国际传播领域根深蒂固的西方结构性知识权力体系。认同的最高形态是价值认同，中国想要讲好有穿透力的中国故事，其主题和内涵必定呈现特定价值层面的认同话语。

习近平治国理政的思想理念中蕴含的丰富新价值观念，如“生态文明建设”“新发展理念”“人类命运共同体”等都是中国结合自身现代化实践与世界局势变化所做出的理论推进和深化，彰显了中国风格，体现了政治话语与学术话语、国家话语与大众话语、民族话语与国际话语的联通与衔接，因此这类话语应成为中国国际传播话语建设的重中之重，应着力推广出去以打破西方的话语霸权。而整体来看，要向非洲讲好习近平治国理政的故事，并不是一个简单的、自发的过程，而是要加强顶层设计，统筹各类传播资源，推进以国家为主体的传播策略创新。

一　构建中国话语和中国叙事体系

政府、政党、主流媒体、社交媒体、智库学者、企业、社会团体、公众个体都是习近平治国理政思想在非洲的讲述者，这些媒介有着各自独特的传播优势。与此同时，习近平治国理政的思想理念也有着不同的叙事面向，包括国家层面、政党层面、领导人层面、民众层面、思想层面等。因此在向非洲讲述习总书记的思想时，应该从整体上统筹规划，发挥各类媒介的不同专长，从多个层面入手来进行系统讲述，以构建中国话语和中国叙事体系。

（一）国家叙事

讲好习近平治国理政的思想理念的故事，实际上也是讲好中国故事。中国国家层面的叙事是习近平治国理政的思想理念的基础，只有讲好不同历史时期中国社会的变迁与发展故事，才能算真正讲好这一思想。这就需要通过中非政党交往与中国主流媒体宣传，向非洲传播习近平总书记关于如何全面建设社会主义现代化这一重大问题提出的一系列新思想新观点新要求。习近平总书记强调，“现代化的本质是人的现代化”“我们要建设的现代化是人与自然和谐共生的现代化”，要“推进国家治理体系和治理能力现代化”“要在坚持以经济建设为中心的同时，全面推进经济建设、政治建设、文化建设、社会建设、生态文明建设，促进现代化建设各个环节、各个方面协调发展”。[①] 这些重大战略思想、重大理论观点、重大工作部署，极大深化了中国对社会主义现代化建设规律的认识，有力指导和推动中国社会主义现代化建设迈出坚实的步伐。了解这些重要思想与理论观点，非洲国家能更加深刻地理解中国从“站起来、富起来”再到“强起来”的国家发展历程。

（二）政党叙事

新时期加强党的建设，必须坚持用习近平治国理政的思想理念来武装头脑、指导实践、推动工作。因此，习近平治国理政的思想理念在非洲的传播与交流，也应从政党本源的层面讲好中国共产党的百年革命、建设与发展的故事。比如应传播好中国共产党领导的多党合作和政治协商制度。这是一种新型政党制度，具有超越西方多党制、两党制的新特点和政治优势，是对世界政党制度的卓越贡献。多年来的事实证明，中国共产党领导的多党合作和政治协商制度，有利于团结一切可以团结的力量，实现“有事多商量、有事好商量、有事会商量”的中国式民主；有利于携手共谋大事，减少内耗，提高效率，加速和促进中国走向伟大复兴的进程。这个制度的优势显而易见，实践证明，这是最适合中国国情的政党制度，对此中国有充分的制度自信将其分享给非洲国家。除此之外，还要讲好中国共产党人勇于牺牲、善于斗争、敢于胜利的崇高品格；讲好中国共产党为人民谋幸福、为民族谋复兴、为世界谋大同的高远情怀；讲好中国共产党为什么“能”、靠什么成功的硬核道理；讲好中国共产党参与全球治理、改变世界的故事，等等。这一类的讲述主要可通过中非党际交往、党际理论研讨会等方式来实现。

（三）领导人叙事

讲好中国故事、讲好中国共产党的故事，离不开党和国家领导人。在国

① 《五、开启全面建设社会主义现代化国家新征程（习近平新时代中国特色社会主义思想学习纲要⑥）——关于新时代坚持和发展中国特色社会主义的战略安排》，2019 年 7 月 29 日，人民网，http：//chuxin. people. cn/n1/2019/0729/c428144 - 31260753. html，最后访问日期：2022 年 3 月 10 日。

家形象的塑造中，国家领导人的形象至关重要，他们是国家形象的窗口，是讲好中国故事最重要的代言人，对于彰显国家实力、提升国家声望具有不可替代的作用。习近平治国理政的思想理念在非洲的传播与交流，也要高度关注党和国家领导人在传播中的作用，特别是习近平主席的作用。在国内外各个重大场合，习近平主席都是讲好中国故事的典范。要利用习近平主席等党和国家领导人出访、举办或参加政党论坛、发表外交演讲、国际活动讲话、海外署名文章等活动的机会，向国外高层政要和普通民众介绍习近平治国理政的思想理念、阐释该思想体系，这一系列活动能够拓展对外传播的话语体系，需要得到更充分的开发和运用。

在向非洲传播与分享习近平治国理政的思想理念的同时，也要侧重传播作为政治家改革家的习近平主席的人格魅力与家国情怀，突出习近平主席是当代中国政治家、改革家的形象，这样会让思想更加容易传播出去。因为非洲政府和民众都很好奇什么样的人才能领导中国，这些具有个性、有人情味的传播更能吸引他们的注意力。习近平主席在各重大国际场合展示了中国领导人的自信、睿智、亲和、从容、坦诚的风采，鲜明表达了中国立场与观点，展现了负责任大国的形象。他在国内视察中，关心民生，体贴民情，展现了勤政爱民、平易近人的领导人形象，展现了大国新一代领导人的风采。这一类故事可以通过政党外交、领导人出访、主流媒体、新媒体等多种途径合作讲述。

（四）民众叙事

除了党和国家领导人，民众也是向非洲讲好习近平治国理政这一思想理念的重要层面。小故事和大时代无法割裂，对中国发展历程的宏大叙事，离不开对鲜活个体的围观聚焦。勤劳善良的中国人民是中非叙事中永远的主角，他们是中国社会发展的见证者、亲历者与建设者。回顾中国改革开放的历程，中国取得的巨大成就离不开人民群众的努力奋斗，而中国改革发展的最大受益者也是人民群众，人民群众对这一切最有发言权。因此，介绍中国社会的巨变、讲好中国故事，应注重从小切口进入，通过个体的小故事从细微之处折射国家发展的宏伟图景，展现新时代中国人民的精神风貌，起到以小窥大的效果。从一定意义上来说，普通民众的精神风貌直接体现了中国的国家形象，外国受众对中国的认识一定程度上来自他们对普通中国百姓的认识、了解和体验。因此，在传播习近平治国理政的思想理念时，多向非洲分享一些微观层面的中国老百姓的个体故事、家庭故事及与其相关的社会故事，能让讲述显得更加有温度和人情味。这类故事可以通过中非各类主流媒体、社会化媒体、社交媒体、社会团体、公众个体等渠道进行讲述。

（五）理论叙事

任何一种思想的确立，都有其内在的理论逻辑。习近平治国理政的思想理念亦是如此。习近平总书记治国理政的一个鲜明特点，就是善于运用马克思主义立场观点方法分析问题、解决问题，善于透过复杂现象抓住本质，从纷繁复杂的矛盾中把握规律。习近平总书记反复强调全党要学习和掌握战略思维、历史思维、辩证思维、创新思维、法治思维、底线思维，增强工作的原则性、系统性、预见性、创造性。这些科学的思想方法和工作方法，贯穿总书记治国理政的全过程、各领域、各方面，彼此之间具有内在联系，构成一个有机整体，具有极强的理论性。习近平治国理政这一深邃思想理念，贯通马克思主义哲学、政治经济学、科学社会主义，贯通历史、现实和未来，贯通改革发展稳定、内政外交国防、治党治国治军等各领域，使中国共产党对执政规律、社会主义建设规律、人类社会发展规律的认识达到了新高度，为发展马克思主义作出了原创性贡献。因此，习近平治国理政的思想理念在对非传播与交流中，要发挥好研究机构、智库学者在学术传播方面的作用，通过与非洲同行的交流、研讨与合作研究，从理论层面阐释好习近平治国理政的思想理念。

二　全球化表达、区域化表达、分众化表达

习近平总书记在关于加强国际传播能力建设的重要讲话中指出，要采用贴近不同区域、不同国家、不同群体受众的精准传播方式，推进中国故事和中国声音的全球化表达、区域化表达、分众化表达，增强国际传播的亲和力

和实效性。[①] 把握分众化、差异化传播趋势，实现全球化表达、区域化表达、分众化表达是当前提升国际传播能力的关键。习近平治国理政的思想理念在非洲的传播与交流，也要深入分析传播对象，根据不同人群实施差异化传播和分众化策略，确定传播形式、手段、内容，以确保达到好的传播效果。

（一）非洲普通民众

对于想初步了解中国、了解习近平总书记思想的非洲普通民众，可以将习近平治国理政的思想理念编纂成名言语录式样的小册子，突出重点，浓缩精华，文风清新，符合网络时代民众快速阅读的习惯，使人易于接受，并且能快速获取其中最为核心的内容。习近平治国理政的思想理念是一个系统完整、逻辑严密的科学理论体系，但由于一些非洲国家民众对中国还了解不深，缺乏共同的语义空间，可能会出现对理论体系理解困难、理解不透的情况。曾有非洲学者、有识之士提出他们希望能系统了解有关“中国方案”“中国发展”等方面的知识，学习中国的经验，但因沟通不足、语言障碍等很难实现。因此，结合非洲国家现实需要，精选习近平治国理政的思想理念中的关键概念与重要理念，编撰一套既具有指导意义，又通俗易懂、便于携带、适合口头传播的名言语录集，扩大这些理念在非洲政府、民众中的影响力，让习近平总书记的思想成为非洲人民耳熟能详并入脑入心的理念是有必要的。

“改革开放只有进行时，没有完成时”“鞋子合不合脚，自己穿了才知道”“有案必查、有腐必惩”，“坚持‘老虎’‘苍蝇’一起打”“绿水青山就是金山银山”“中国这头狮子已经醒了，但这是一只和平的、可亲的、文明的狮子”“作风建设永远在路上，永远没有休止符”，这些习近平总书记的名言就是中国共产党对于改革开放、发展道路选择、反腐倡廉、可持续发展、和平外交政策、作风建设等问题的生动阐释。20 世纪六七十年代，非

① 《习近平在中共中央政治局第三十次集体学习时强调 加强和改进国际传播工作 展示真实立体全面的中国》，《人民日报》2021 年 6 月 2 日，第 1 版。

洲的自由战士将《毛泽东语录》作为指导革命的红宝书，使其在非洲成为超级“畅销书”，从而推动了毛泽东思想在非洲大陆的广泛传播，这显示了名言语录集的传播威力。

（二）非洲智库、专家学者

对于非洲智库与科研机构的专家学者，他们中有不少是研究中国问题的专家，对中国政策与情况十分熟悉。对这一群体来说，最重要的是要精心挑选一支高质量的翻译队伍，将习近平总书记的思想原原本本、精准地翻译出来，为他们继续研究提供基本素材。其中，有两点需要注意。

一是要兼顾语言的多样性。当前，《习近平谈治国理政》以英语、法语、俄语、阿拉伯语、西班牙语、葡萄牙语、德语和日语等多种语言向海外出版发行，在全世界范围内广受好评。除了这些主流的语言外，还应尽量覆盖非洲国家的本土语言，比如斯瓦希里语、阿姆哈拉语、约鲁巴语、奥罗米亚语、豪萨语、伊格博语等。在翻译过程中，一定要注意精准性，要注重研究非洲各国不同的历史文化、思维习惯、价值观体系与现实情况，采用非洲国家能够理解的翻译方式和表达用语，以便为中非智库交流营造更大的共同意义空间。

二是注重发挥非洲国家知名智库的作用。非洲国家受西方影响，各类智库、非政府组织等中层机构发展十分兴盛，这些机构分布领域广、种类多、关注领域不同、立场与背景也异常复杂。要重视非洲智库中的“领头羊”，加强与这些智库的合作，通过这些智库的二级传播，让习近平总书记的思想更有效地“上通下达”，传递给政府和民众。《全球智库发展报告 2019》数据显示，非洲智库总数为 699 家，占比 8.48%，其发展自主性和全球影响力持续增强。在全球智库前 175 位中，非洲智库占据 16 席，分别是非洲争端解决中心，金字塔政治和战略研究中心，非洲经济研究联合会，食品、农业和自然资源政策分析网络，南非国际事务研究所，解决冲突中心，非洲技术政策研究网络，伊曼尼政策和教育中心，南非国际事务研究所，南非安全研究所、自由市场基金会，非洲社会科学研究发展委员会，肯尼亚公共政策分析研究所，经济政策研究中心，埃塞俄比亚发展研究所，东部和南部非洲社会科学研究组织以及统计、社会和经济研究。[①] 以这 16 家智库为代表的非洲智库，应是中国智库、科研机构、学者等开展精准对接与合作的目标，为这些机构提供原汁原味的《习近平谈治国理政》译著，推动智库成员与中国同行的对话交流，有利于真正让习近平总书记的思想在非洲学术界产生影响。

（三）非洲国家领导人与政党政要

对非洲国家的领导人与政党政要来说，他们可能更想了解习近平治国理政这一重要思想的提出过程、致力于解决的主要问题、中国治理模式与经验、中国共产党的治党经验、习近平主席的治国思想与习近平主席的个人风格等信息。针对这些诉求，可以编撰习近平治国理政的思想理念的解释读本，帮助非洲国家的领导人与政党政要全面、深入地了解习近平主席的思想。

简而言之，要深入分析非洲国家的传播对象，根据不同的传播对象，来确定传播习近平治国理政的思想理念的形式、手段、内容，而不仅仅限于编写一本通用的书籍供不同传播对象使用。同时，要加强对这些不同传播方式的实际效果评估，通过评估反馈，不断改进、优化传播与交流策略，以追求更好效果。

三　创新机制体制，灵活使用多种传播形式

在描述非洲媒体图景与公众媒介接触的特征时，可以发现非洲公众有着不同的媒介使用习惯，因此在传播与分享习近平治国理政的思想理念时，也应该创新体制机制，灵活使用多种传播形式，顺应当地公众的媒介使用习惯，从而推进这些思想和理念真正传递给非洲。

（一）注重新媒体手段，向非洲年轻一代讲好中国故事

更多的消费者、发展初级的市场、广阔的增长空间、年轻的国民结构，一

① 王珩、王丽君：《非洲智库发展与中非智库合作现状》，《中国社会科学报》2020 年 6 月 4 日，第 2 版。

切都在促使全球互联网络走进非洲，而这将改变非洲大陆民众的媒介使用习惯，同时也影响着中国对非传播。其给中国对非传播的启示是，在新技术逻辑下，中非的网络空间已经紧密相连，要想传播好习近平治国理政的思想理念，除了中国政府和主流媒体的主流叙事外，还要鼓励各类传播主体善用非洲年轻一代惯用的社交媒体、网络媒体等新媒体，制作适合这类媒体传播的短消息、短视频、视频博客、音频节目、短纪录片等内容，将抽象的文字转化成可视化的新媒体产品，将严肃话题拆解成一个个轻松的瞬间，通过在社交媒体开展个性服务、公共外交，影响非洲年轻人。非洲基于互联网的社会化媒体发展方兴未艾、商机无限。针对非洲受众当下使用的社会化媒体平台主要来自西方的情况，中国要想赢得对非国际话语权与影响力，也应抢占网络社会化媒体这个新兴制高点，加速发展自己的社会化媒体平台，提升对非洲年轻人的吸引力、影响力和凝聚力。世界各大洲中，非洲人口结构最年轻，且城镇年轻人开始习惯于通过移动网络获取信息。赢得非洲年轻人，就赢得非洲未来；影响非洲年轻人，就将影响非洲未来。[①] 这既是对非洲民众媒介接触模式的变迁的回应，也顺应了当今国际传播技术向移动互联网转移的趋势。

（二）利用好广播媒介，覆盖非洲更多偏远地区

广播依旧是非洲大部分地区的主导媒介，特别是在东非和西非的不发达地区。究其原因，其一，广播可以提供当地人们所需要的各类生活信息，满足人们精神和娱乐上的需求。其二，广播特别是其中的公共广播和社区广播可以成为记录和保护非洲多民族、多宗教、多语言的多样性文化的载体。其三，广播内容易理解，而收听广播的成本也较低。鉴于广播在非洲国家的重要地位，习近平治国理政的思想理念在非洲的传播与交流要高度重视广播的作用，要让这一思想传至更远，通过广播喇叭覆盖广大的非洲农村地区。一方面，要依托原有的中国国际广播电台，利用其在非洲积累多年的渠道和资源，将传播的范围向更广袤的农村地区拓展。中国国际广播电台主要以短

① 龙小农、吕梓源：《非洲社会化媒体发展及中国对非传播转型》，《国际传播》2018 年第 4 期，第 39~47 页。

波、调频、网络三种形式在非洲进行广播，在非洲的海外调频台或中波台有26座，主要集中在各国首都或重要城市，覆盖当地300万人口。[①] 2011年，中国国际广播电台斯瓦希里语广播节目就已覆盖非洲东部、中部地区国家的近1亿人口。[②] 未来农村地区的覆盖率还需要进一步提升。另一方面，要根据习近平治国理政的思想理念，挑选出其中与非洲关联度高的内容，制作一批生动、富有感染力的非洲本土化广播节目，特别是结合中国普通老百姓的案例，让非洲人能听到、能听懂新时代的中国思想，从广播中感受到一个新时代的中国与中国文化的魅力。

（三）用活电视融媒体，以多种形式影响非洲民众

2011年，国产电视剧《媳妇的美好时代》在坦桑尼亚热播，带动了非洲的中国电视剧热。中国的电视节目在非洲受到追捧，越来越多非洲人通过观看当代中国电视剧了解中国社会，电视剧在中非跨文化交流中发挥了重要作用。同样，电视也将是对非传播与分享习近平治国理政的思想理念的重要媒介载体，在网络电视与电视直播大行其道的当下，要用活电视融媒体，以丰富的形式来影响非洲民众。

一是利用已有资源和播出渠道，译制一批主题国产电视剧。依托2012年开始实施的“中非影视合作工程”，译制一批习近平总书记治国理政的思想理念、中国共产党红色记忆与建设历程、中国经济建设、脱贫攻坚、社会治理等相关的主题电视剧与纪录片，利用四达时代、“万村通”等数字电视频道进行播放，让越来越多的非洲民众通过影视剧对中国、中国领导人与中国政府有更真实、更接地气的认知。

“中非影视合作工程”自2012年8月开始实施以来，成果颇丰。截至2017年5月底，该工程已将145部优秀影视节目译制成英语、法语、葡语、

① 罗令辉：《中国媒体对非洲传播策略探析——以中央广播电视总台为例》，《现代视听》2020年第11期，第88~91页。

② 《中国对非洲斯瓦西里语广播已经覆盖近1亿人口》，中国政府网，2011年9月1日，http：//www. gov. cn/jrzg/2011-09/01/content_1938485. htm，最后访问日期：2022年3月12日。

西语、斯瓦希里语、豪萨语、阿拉伯语 7 种语言，在 40 多个非洲国家播出，多部作品在当地电视台创下收视纪录。参与该工程的主体既包括中国国际电视总公司、中国国际广播电台、中国电视剧制作中心有限公司、上海广播电视台、江苏广播电视总台等国有媒体机构，也包括四达时代、华谊兄弟、新丽传媒、华策影视等民营影视公司。按照本土化译制的原则，中国国际电视总公司、中国国际广播电台等机构尝试与国内外专业译制机构、演员合作，将实现中非治国理政相关影视作品“引进来”“走出去”，既提高了作品译配质量，又拉近了与非洲国家观众的心理距离。[①] 参与该工程的媒体机构和民营影视公司对于制作出非洲民众喜欢的电视剧已经有了较多经验，这为制作讲好习近平总书记思想相关的电视剧打下了很好的基础。

二是发挥网络电视和手机电视的功效。针对非洲都市民众和年轻一代，收看网络电视更符合他们的习惯。因此，依据前面提及的“中非影视合作工程”，可将已经本土化译制的中国优秀影视剧汇聚加工，建立基于移动网络的中国影视剧聚合平台。另外，要充分利用中国网络电视台“我爱非洲”手机电视多媒体频道，其已覆盖非洲十多个国家，用户数达 75 万，可将中国优秀译制电视剧汇聚在手机电视频道，发挥移动媒体的便捷性优势，可以让非洲民众随时随地收看中国电视节目。

三是重视电视直播节目的推广。中央电视台 CGTN 联合央视频的网络直播节目《非洲野生动物大迁徙》引发了众多关注，让中国用户见证了狂野非洲的生命奇观。反之，这一直播节目的启示是，在今后的中国对非传播中，随着非洲网络基础设施和网络电视的发展，也可以尝试向非洲民众推出一些直播中国的电视节目，让非洲民众能够见证真实的中国社会。

（四）利用非洲本土媒体，加强对非传播效果

非洲人讲述的中非故事，对于非洲受众来说更具有说服力。中国媒体在充分利用自己的媒介渠道之外，还应加强与非洲本土媒体的合作，共同传播

① 《中国广播影视在非传播开创新局面》，国家广电智库网，2018 年 1 月 17 日，http://www.zongyijia.net/News/News_info?id=88553，最后访问日期：2022 年 3 月 14 日。

好习近平治国理政的思想理念。中国媒体可以与非洲本土的重要媒体在内容、渠道等方面实现互联互通，通过内容合作、共享版面和发行渠道等方式对中国媒体的报道对非洲民众进行二次推广，通过举办集体采访、联动报道等活动，加强对非传播效果。

（五）继续重视人际传播，邀请非洲各界实地考察

除了利用好各类媒体帮助非洲民众了解习近平总书记的思想与当代中国之外，还应继续重视人际传播手段。知华友华的非洲学者、在华非洲留学生、非洲国家驻华大使、非洲知名记者等群体都对中国十分熟悉，通过他们来讲述中国的故事，说服力会更强，传播效果也可能会更好。中国各类媒介的“第一人称”讲述十分重要，但通过知华友华的非洲朋友的“第三人称”讲述，其贴近性和感染力往往会比“第一人称”主动讲故事更强。还可以邀请非洲政党代表团、非洲学者乃至民众代表访华，实地进行不同主题的参观考察。比如中国共产党的红色之旅、中国的现代化建设之旅、中国的脱贫攻坚之旅、中国农村建设之旅，等等。这种实地考察将会给来访的非洲客人留下最直观、最深刻的有关中国共产党的故事、中国故事与习近平总书记治国理政的故事。而这些考察团返回非洲，也会通过人际传播将在中国所见所闻所感分享给自己所在圈子，形成口碑效应。

四　注重讲述技巧，追求全面生动可信

对非讲述习近平治国理政的思想理念，还应注意具体的叙事技巧，在信息时代，谁的故事能打动人，谁就能赢得更多受众、产生更大影响。文字的深处是哲理，故事的精髓是思想。向非洲民众讲好习近平总书记的思想，需要把抽象的理论通俗化，把深奥的道理浅显化，既要有历史纵深感，又要有中非对照视野，既有哲理思辨，又有现实关照，只有这样，才能让具有不同文化背景、教育背景的非洲民众易懂、易记、易传播，乃至入脑入心。

（一）在中非的横向类比中讲述

根植于中国现实的习近平治国理政的思想理念，尽管有着宏大的世界视

野，但仍具有深深的中国烙印，因此在对非洲传播与分享该思想时，始终要坚持中非横向类比的分析框架。通过同时讲述中国现状与非洲现状、中国历史与非洲历史、中国问题与非洲问题、中国道路与非洲道路等，打破对中国、中国共产党、中国道路叙事的孤立感，发掘中非之间的共性与差异性，这不仅能够拓展中国化马克思主义的国际向度、赋予中华民族复兴更加深刻的世界意义、彰显中国共产党作为百年大党的全球视野和世界胸怀，还能够将中非共同反帝反殖反霸的历史联系起来、中非互利共赢的经济合作结合起来，以及与构建更加紧密的中非命运共同体关联起来。

（二）从纵向历史发展中讲述

发展的观点是唯物辩证法的一个总特征。唯物辩证法认为无论是自然界、人类社会还是人的思维都是在不断地运动、变化和发展的，事物的发展具有普遍性和客观性。发展的实质就是事物的前进、上升，是新事物代替旧事物。向非洲讲述习近平治国理政的思想理念，也要从纵向历史的发展中来讲述，不管是中国社会、中国共产党、中国的发展观，都是处于变化之中的。为此，要向非洲讲好中国与中国共产党的历史故事、现实故事与未来故事，讲好百年来中国人民探索发展的变迁故事，今天中国的发展观也是伴随着中国经济社会的演变而不断完善的，这样的讲述更加全面。

（三）从事实、数据、案例中讲述

习近平治国理政这一重要思想理念是高度凝练的理论体系，而这一深刻理论体系的背后，可以演绎成无数的事实、数据和生动案例。在向非洲人民讲述习近平治国理政的思想理念时，要多配合事实、数据和案例，这类传播技巧可以增强可信度与说服力。比如谈论中国改革开放以来的经济发展成就，仅中国国内生产总值从 1978 年的 3645. 2 亿元增长到 2020 年的 1015986 亿元①，这一个数据就足以让人折服于中国经济的增速。与此同时，中国各类传播主体应留心收集一些能够表现习近平总书记思想、中国理念的案例，

① 《中华人民共和国 2020 年国民经济和社会发展统计公报》，中国国家统计局，2021 年 2 月 28 日，http：//www. stats. gov. cn/sj/zxfb/202302/t20230203_ 1901004. html，最后访问时间：2023 年 11 月8 日。

用简明的小故事、小细节来体现时代的宏大主题，生动活泼地讲述中国故事。

（四）从成就与问题两面来讲述

讲述中国故事，应在坚持发展和进步主流的同时，适度指出问题和不足，增强可信度和传播效果。中国共产党带领中国人民取得了一个又一个伟大胜利，同时也有着一些深刻的历史教训。比如，相比于历史上的任何时期，现阶段中国取得的成就，是超越以往、振奋人心的历史性跨越。一方面，中国通过对外开放与世界紧密相连，逐步参与建设国际话语体系，国内改革卓有成效，社会进步、生活安康、人民富裕，成为世界第二大经济体；另一方面，改革开放迅猛发展也带来诸多问题，比如发展不平衡、贫富差距、腐败问题等。但中国共产党一向敢于直面问题和不足，注重对自己“祛病疗伤”，以刮骨疗毒的决心和勇气与自己不断斗争，不断自我净化、自我完善、自我革新、自我提高。中国共产党的这个特质，可以保障讲好中国共产党故事时既充分展示成绩，又不回避问题。而向非洲传播与分享习近平治国理政的思想理念时，同样应使用“两面提示”的传播技巧，既要谈中国社会取得的成就，也要谈面对风险和挑战时走的弯路，以及是如何化解这些风险的。这类讲述，能够有效化解非洲民众对中国存在的一些疑虑之处，也能够对西方国家对中国的污蔑给予有力的还击。

结语：有关新时代中非治国理政经验交流的思考

作为世界上最大的发展中国家与发展中国家最多的大陆，中国与非洲携手走过了一段漫长的反帝反殖反霸的合作斗争之路与互利共赢、卓有成效的共同发展之路。当前，中非战略互信之强、利益融合之深、团结协作之密前所未有。“中国梦”与“非洲梦”更加紧密相连，铸就了新时代构建中非命运共同体的牢固根基。南非学者马丁·戴维斯（Martin Davis）曾绘制1980~2010年中国与非洲经济增长对比曲线图，发现中国的增长与非洲的增长紧密相关，特别是从1999年开始，非洲经济增长走势与中国经济增长走势的曲线图几乎是一致的，这表明中非的经济发展已经紧密交织在一起。[①] 鉴于中非经济交往的现状，当前中非需要加强对彼此发展道路和政治制度的了解、认同和互鉴，这是进一步深化经贸交往的前提，也是政策沟通、设施联通、贸易畅通、资金融通和民心相通的基础。特别是在贸易保护主义、逆全球化思潮盛行，全球经济增长动能不足、全球治理滞后的全球背景下，唱衰中国经济的论调甚嚣尘上，通过深层次的思想交流加深非洲对中国发展道路的认同十分必要，这将有利于提升中非双方的经济互信与政治互信。而新时代加强中非治国理政经验的交流、推进习近平治国理政的思想理念在非洲

① Kim Yi Dionne, “Here's what Africans Think about China's Influence in Their Countries,” 2016-10-28, https://www.washingtonpost.com/news/monkey-cage/wp/2016/10/28/heres-what-africans-think-about-chinas-influence-in-their-countries/, accessed: 2022-03-14.

的传播与交流正是在此历史背景下提出的，这不仅是中非传统友谊的自然延续和传承，也是新时期中非现实发展的必然趋势。

从非洲国家来看，在20世纪60年代的民族解放浪潮后，非洲国家纷纷脱离宗主国的控制，建立独立主权国家。它们对未来怀有深切的憧憬，这种憧憬与社会主义的一些特点不谋而合。因而，非洲国家在质朴的渴望中选择了社会主义道路，并将自身所能想象的，多种非洲的美好特性，加入了国家的政策和建设之中。然而，由于实用主义造成的理念混乱和中间道路带来的制度混乱，“社会主义道路”并没有给非洲国家带来预期的发展，反而引发更大的问题，严重制约了国家的发展。回顾非洲国家社会主义道路探索史，以及对比马克思主义中国化经验史，有以下三点启示。

第一，必须根据自己本国的国情选择符合自己国情的发展道路，不能简单地照搬别的国家的发展模式及经验。非洲国家在独立之初，绝大多数国家基本上是处于资本主义社会阶段前的社会状态，被殖民者控制和掌握其经济命脉，这就决定了其国情与苏联等国家不同，盲目套用苏联模式的方式必定会失败。实际上，早在一些非洲国家试行社会主义制度时，毛泽东主席就曾对非洲外宾指出，“中国的经验只能作为你们的参考。方针、政策要根据你们的具体情况来制订，不要照抄外国的”[①]。邓小平也曾对非洲朋友表示：“要充分研究如何搞社会主义建设的问题……不要离开现实和超越阶段采取一些‘左’的办法，这样是搞不成社会主义的。”[②] 这些非洲国家对社会主义道路的探索以失败而告终，其根本原因就在于盲目套用他国经验，没有做到具体问题具体分析。

第二，利用市场手段促进国民经济发展是国家发展的重要手段。非洲国家本身底子薄、市场经济薄弱，而其在发展国民经济的过程中，同世界上其他社会主义国家一样，也都在国内实行计划经济，排斥市场经济，这样就导致了经济的最终崩溃与人民群众的普遍贫困。从全世界范围来看，所有全面

---

① 中共中央文献研究室编《毛泽东年谱（一九四九——九七六）》（第五卷），中央文献出版社，2013，第8页。

② 邓小平：《邓小平文选》（第二卷），人民出版社，1994，第312页。

实行计划经济的国家，没有一个能把经济搞上去的，即便苏联也是如此。而中国共产党自 1992 年提出并确立社会主义市场经济体制改革目标，由此开启了“社会主义”和“市场经济”亘古未有的结合，开创了我国经济、政治、文化、社会发展的崭新局面，也使人民群众的生活水平得到普遍提高。

第三，要充分重视国内的农业、农村、农民问题。作为国民经济的基础，农业、农村、农民问题是关键，是实现工业化的基本前提。非洲社会主义国家都是传统的农业国家，且农业十分落后，不解决农业的基本问题，其他就无从谈起，而非洲国家的经济政策始终没有从根本上提升农业生产力，农民与农村未能得到根本发展，不解决农业的基本问题，只会导致社会的普遍贫困以及工业化进程无法展开，其他方面的发展就无从谈起。而中国改革开放与经济腾飞的首要经验就是农业、农村领域的改革与发展。党的十一届三中全会确立改革开放的基本国策以来，中国的对内改革先从农村开始，即实行家庭联产承包责任制，极大地解放了社会生产力；之后，党中央高度重视“三农”问题，始终把农业发展放在关键位置，尤其是进入 21 世纪以来，中央一号文件连续 18 年聚焦“三农”领域。党的十八大以来，中国国家级扶贫行动解决了困扰中国千年的贫困问题，后来又提出了“乡村振兴战略”。以中国为鉴，非洲国家应当充分重视国内的农业、农村、农民问题，借鉴中国共产党对“三农”问题的解决经验，先解决农业生产问题及农村人口贫困问题。最基本的吃饭问题不解决，其他领域就更难实现发展。中国精准脱贫攻坚与在发展中减贫的经验，共同构成了解决当代社会如何把握公平和效率这样一个难题的中国方案和中国智慧，而其中精准脱贫攻坚的实践更是为构建人类命运共同体提供了新经验，也为非洲国家解决自身贫困问题提供了蓝本。

冷战结束后，随着世界社会主义运动陷入低潮和第三波民主化的全面来袭，绝大多数的非洲国家放弃了社会主义道路，效仿西方民主制，进行多党选举，奉行自由经济，期望依赖发达资本主义国家进行现代化建设，但结果却是事与愿违。这种“依附型”发展方式不利于非洲国家独立开展经济建设，反而使其受制于发达国家，以至于在发展中丧失了主动权。对那些贫困落后的弱小非洲国家来说，在未解决国内的一体化进程、主权建构与民族认同等问题的情况下，移植和照搬西方的多党制、选举政治和民主自由，往往会引发更大的问题，甚至威胁到政权的稳定。直到今天，非洲政治治理的发展仍受多重因素困扰，恰似处于十字路口：在内部是自上而下的政府治理与自下而上的草根治理的角力；在外部则有悬浮的地区治理和强加的西式治理，使非洲国家在本土化/自主性与西化/继承性之间进行钟摆运动。而新兴大国特别是中国对非洲的帮助，可以倒逼西方大国改变其影响非洲政治治理的理念、模式和实践，并形成一种有益于非洲政治治理发展的外部良性竞争。如果这一良性循环得以形成，非洲政治治理将走出此前 60 年所经历的徘徊与摇摆，突破“永远的十字路口”，从而真正确立适合非洲的政治治理道路。[①]

新时代加强中非治国理政经验的交流互鉴，正是致力于为非洲提供有别于西方的另外一种发展模式与治理模式，让非洲国家理解与探索发展道路的多样性。从外部来看，鼓励非洲国家借鉴中国经验已成为各方共识，中国政府和中国共产党的执政经验对非洲各国的吸引力与日俱增。非洲国家的一些政府领导人、智库学者、驻华大使等多方人士都希望学习中国在经济建设、社会治理、政党建设等方面的丰富经验，以帮助非洲实现发展，而中国乐于分享的胸襟也赢得非洲国家越来越多的认可与尊重。联合国、世界银行等国际组织也希望非洲国家能够借鉴中国的发展经验，改变自身的政策环境，为发展创造条件。基于此，可以说习近平治国理政的思想理念在非洲的传播与交流，符合非洲国家所期和现实所需。

从中国视角来看，向非洲国家讲好习近平治国理政的思想理念，是一种纪念，可以巩固中非在长期反帝反殖反霸斗争中结成的深厚友谊；也是一种责任，“中国梦”与“非洲梦”相融相通，中国共产党领导下已经富起来、强起来的中国有责任通过治国治党经验分享，帮助仍在探索发展道路的非洲兄弟；还是一种使命，非洲国家迫切希望借鉴中国经验以实现自身发展，中

① 张春：《非洲政治治理 60 年：多重长期困境与潜在创新出路》，《西亚非洲》2020 年第 2 期，第 66~90 页。

国共产党作为典型的马克思主义政党具有强大的历史使命感，不仅要造福中国人民，而且要造福非洲人民，致力于推动中非命运共同体的构建；更是一种现实需要，即驳斥西方对中非关系的错误定性，纠正非洲国家可能对中国存在的认知偏差，提升中国在非话语权。

尽管习近平治国理政的思想理念中蕴含的经济发展、社会治理、独立自主的外交政策、更具包容性的全球治理模式等重要经验，正是长期以来积贫积弱的非洲国家最为需要的经验，但当前有关非洲、中非合作的国际话语权还是掌握在西方国家手中，“新殖民主义”“中国威胁论”“资源掠夺论”“债务陷阱外交”等言论从未停歇。在这一语境下，习近平治国理政的思想理念在非洲的传播与交流可能遭遇非洲国家的质疑，会被认为这是中国提高在非洲影响力的手段。因此，清楚阐明对非传播与交流的原则和立场就至关重要。正如前面所述，中国不“输入”外国模式，也不“输出”中国模式，不会要求别国“复制”中国的做法。习近平治国理政的思想理念在非洲的传播旨在从非洲的立场出发，来探讨中国的发展道路或经验对其解决现实问题的启示，以真正推动非洲实现发展，具体而言，新时代中非治国理政经验交流要重点关注以下几个议题。

（一）发展道路的多样性

非洲是人类起源地之一，拥有辉煌的古代文明。而随着地理大发现，西方殖民者开始在非洲进行罪恶的奴隶贸易，西方几百年的殖民统治给非洲留下了诸多阻碍其发展的负面遗产。在经济上，非洲形成了依附于资本主义世界体系的单一经济结构，对于外部经济具有严重的依赖性，缺乏自主性和独立性，经济发展基础十分脆弱；在政治上，非洲国家普遍存在能力弱小的问题，国家治理能力缺失、政府行政绩效低下，国家自主性也大打折扣，甚至被西方学者称之为“准国家”“弱国家”，认为它们只不过是“司法意义上的国家”，其主权是“负的”。[①] 非洲国家的经济和政治脆弱，加之传统部族

① 卢凌宇：《西方学者对非洲国家能力（1970—2012）的分析与解读》，《国际政治研究》2016年第4期，第102~126页。

社会势力依然强大，国家内部冲突不断，这些因素都阻碍了非洲现代国家的形成。非洲直到20世纪五六十年代才开始轰轰烈烈的民族解放运动，从而获得民族独立、建立新的国家。独立后的非洲国家对于国家制度缺乏清晰的定位，最初基本上都照搬或者模仿西方殖民宗主国家的政治体制，但这一套制度在非洲的移植与落地效果不尽人意。而当时正值美苏冷战时期，苏联与美国争夺非洲，一些非洲国家顺势而为搞起了不同样式的社会主义，但其实它们并没有真正理解马克思主义和科学社会主义的核心要义，更缺乏将社会主义进行成功本土化的能力，大多照搬苏联模式，有的国家甚至完全是打着社会主义之名发展资本主义，非洲社会主义运动很难不以失败而告终。

20世纪八九十年代，西方国家以援助为手段，在非洲推行以“华盛顿共识”为核心的结构调整方案，并鼓吹西方的政党制度与选举制，从而掀起了非洲的民主化浪潮。绝大多数非洲国家通过政治变革再次建立了类似西方的议会制度与多党竞争的政治体制。但在国家经济体系还比较脆弱，食品、住房、医疗教育等基本民生问题还未解决的情况下，贸然追求任何政治发展，任何政治改革、民主和自由都是不现实的。虽然非洲的政治经济改革意图是好的，但是效果却不尽如人意。而21世纪以来，世界经济形势剧烈动荡，新兴大国加速发展，特别是在2008年金融危机后，不少非洲政治家和知识分子逐渐意识到西方的“华盛顿模式”早已失灵，非洲国家必须追寻一种本土创制或内源型的发展方式，中国的成功更是唤醒了非洲内部关于探求自身发展之路的讨论。

随着中非经贸合作的深入，中国给非洲带来了实实在在可见的经济增长与社会发展，更是让非洲国家开始反思发展道路的多样性，现代化有着各种形态。资本主义只是其中的一种经济模式，而中国所开辟的社会主义现代化建设道路也对非洲具有了更多的吸引力。中国式现代化，是人类历史上前所未有的大变革。在人类现代化进程中，实现工业化的国家不超过30个、人口不超过10亿。中国，这个世界上最大发展中国家一旦实现现代化，意味着比现在所有发达国家人口总和还要多的中国人民将进入现代化行列，其影响将是世界性的。当中国成为世界上第一个不是走资本主义道路，而是走社会主义道路成功建成的现代化强国时，中国共产党领导人民在中国进行的伟大社会革命将更加充分地展示出其历史意义。①

同时，这也将会对非洲国家带来启示意义和信心，能让它们认识到发展思路的多样性，并从以往因袭与模仿他国发展道路的失败经历中重拾信心。非洲国家需要清楚地认识到这一问题，对它们来说，不管选择走西方国家的资本主义道路，还是走社会主义道路，都不能将政治制度的选择凌驾在国家的发展之上，发展是解决非洲一切问题的基础和关键，而自主制定国家发展政策并将国家共识与人民利益相统一则是成功发展的经验。因此，非洲国家并不是要“向西看”或是“向东看”，而是应采取实用主义的态度寻找的一条适合自身的发展之路，并坚持正确的发展理念，带领人民走向富裕的生活。

（二）一切从国情出发的理念

肯尼亚学者詹姆斯·希克瓦蒂（James Shikwati）认为，非洲正生活在其他文明的梦想里，由于缺乏一套非洲的本土理念与价值观，非洲大陆在地缘政治利益的汪洋大海里时而被抛向东、时而被抛向西。② 这是一个形象的比喻，但事实确实如此。在国家发展中，如果不从实际出发，用本土思想引领发展道路，套用任何他国的发展道路就很容易出现“水土不服”。因而，非洲国家必须探索一种适合自身情况的发展模式。

非洲国家曾尝试走资本主义道路，也探索了社会主义道路，都以失败告终，很大程度上是忽略了非洲国家各自的实际情况。在20世纪90年代非洲民主化高潮时，中国就提醒非洲国家，不要一味复制西方的固定模式。世界上不存在完全相同的政治制度，也不存在适用于一切国家的政治制度模式。各国国情不同，每个国家的政治制度都是独特的，都是由这个国家的人民决定的，都是在这个国家历史传承、文化传统、经济社会发展的基础上长期发

① 中共中央宣传部编《习近平新时代中国特色社会主义思想学习纲要》，学习出版社、人民出版社，2019，第60页。

② James Shikwati, “Geopolitics: Why Africa Must Create Its Own Dream,” 2014-08-14, https://www.modernghana.com/news/563659/geopolitics-why-africa-must-create-its-own-dream.html, accessed: 2022-03-15.

展、渐进改进、内生性演化的结果。正如习近平总书记所言，照抄照搬他国的政治制度行不通，会水土不服，会画虎不成反类犬，甚至会把国家前途命运葬送掉。只有扎根本国土壤、汲取充沛养分的制度，才最可靠、也最管用。中国特色社会主义政治制度之所以行得通、有生命力、有效率，就是因为它是从中国的社会土壤中生长起来的。中国特色社会主义政治制度过去和现在一直生长在中国的社会土壤之中，未来要继续茁壮成长，也必须深深扎根于中国的社会土壤。①

因此，新时代中非治国理政经验交流，始终坚持的理念是设计和发展国家政治制度，要从国情出发，要从实际出发。中国绝不提倡非洲照抄模仿中国的发展道路，也不会对非宣称中国制度比西方制度优越，而是强调非洲国家要根据自身情况逐渐探索出适合自己的发展道路。虽然有些中国经验非洲国家可以借鉴，但世界上没有放之四海而皆准的发展模式，适合自己国情的就是最好的。中国希望非洲国家能多方借鉴并切实考虑到自己的历史与现实，一切从国情出发，创造出自己的发展之路，并用非洲本土的思想来引领发展之路。

（三）经济发展的重要性

当代非洲国家成长进程中面临的另一个大的问题是许多国家在数十年中始终不能从经济的角度来理解政治的本质，始终没能将国家工作的重心转移到经济建设上来。② 对中国和非洲国家这一类发展中国家来说，努力发展经济提高人民的生活水平是首要的事，任何政治改革都应该围绕着发展经济和改进民生来进行。习近平总书记曾说过，唯有发展，才能消除冲突的根源。唯有发展，才能保障人民的基本权利。唯有发展，才能满足人民对美好生活的热切向往。③ 也就是说，在生产力和生产关系的变革中，发展生产力是首

---

① 《习近平：设计和发展国家政治制度 要从国情出发从实际出发》，新华网，2014 年 9 月 5 日，http：//www. xinhuanet. com/politics/2014－09/05/c _ 1112384483. htm，最后访问日期：2022 年 3 月 15 日。

② 刘鸿武：《非洲发展路径的争议与选择》，《当代世界》2012 年第 12 期，第 37～39 页。

③ 习近平：《习近平在联合国成立 70 周年系列峰会上的讲话》，人民出版社，2015，第 2 页。

要的，生产关系的改变不能脱离原有的社会生产力水平，如果生产关系脱离生产力水平太多将不利于本国社会生产力的发展。20 世纪 80 年代，邓小平就提出非洲不应该急于搞社会主义，非洲国家需要根据自己的条件考虑是否搞社会主义，以及要搞符合各国实际情况的社会主义。[①] 社会主义的首要任务就是发展生产力，提高人民的物质文化生活水平，而当时的非洲很显然不具备真正建设社会主义的生产力水平，因而非洲社会主义运动最后以失败而告终。

因而，中非治国理政的经验交流中，要强调经济发展的重要性。此外，还要分享通过提升国家能力来推动经济发展的理念，为解决非洲长期以来经济发展受限提供新的思路。有学者研究改革开放成功的原因，指出改革开放和国家能力的建设与维护是相辅相成的，并不是所有的改革开放都能够成功，改革开放的成功有赖于一个有效政府的存在。这是因为，第一，国家能力比较强，可以为改革开放奠定比较坚实的基础，包括制度保障、人力资本、基础设施等。第二，国家能力比较强，可以为改革开放创造比较有利的内外环境。比如，只有具备一定国力，才能独立自主地制定自己的经济政策。第三，国家能力比较强，可以比较好地把握改革开放的方向和节奏。改革并不是要按照一个速率、朝一个方向走，有时必须要绕道走、要调整步伐。第四，国家能力比较强，才有能力调节改革开放造成的损益分配，对利益受损群体进行必要的、适度的补偿，避免社会矛盾激化，防范政治上的风波。[②] 中国创造经济奇迹的关键之一就在于重视国家能力建设，中国不仅充分发挥了国家能力在经济发展中的作用，而且始终坚持动态国家能力观，不断增强和适时调整学习能力、财政能力和法治能力，以匹配市场发展不同阶段的需求，成为中国经济崛起和腾飞的重要法宝。[③]

---

① 邓小平：《邓小平文选》（第三卷），人民出版社，1993，第 261 页。

② 《王绍光：改革开放、国家能力与经济发展》，光明网，2018 年 11 月 6 日，https://topics.gmw.cn/2018-11/06/content_31934377.htm，最后访问日期：2022 年 3 月 15 日。

③ 吴大磊、邓智平：《动态国家能力与中国经济奇迹》，《福建论坛》（人文社会科学版）2020 年第 5 期，第 50~58 页。

习近平治国理政的思想理念也许能为非洲国家的经济发展与能力建设带来一些启示。国家能力建设对经济发展至关重要，非洲国家不仅普遍需要建立起致力于发展并且有能力推动发展的、有效能的政府与政党、加强学习现代国家治理的经验、提升政府的计划能力、执行能力和管理能力，还需要打破权力寻租、新庇护主义、部族主义、精英掠夺、过度依赖援助等限制能力发展的瓶颈。此外，国际社会也应在不干涉非洲内政的前提下，平等地与非洲国家开展治国理政经验交流，帮助非洲国家提升国家治理能力。中国一直非常重视非洲国家的能力建设问题，并采取各项措施帮助非洲国家提升自主发展能力与政府的治理能力。

（四）独立自主政策

一直以来，西方国家对非援助都有包括政治、军事、经济利益与其他对外政策目标在内的考虑。比如西方国家在为非洲国家结构调整提供援助时，就提出了一整套方案，诸如私有化、自由化等。如果受援方不接受这些条件，援助往往被减少甚至取消。[①] 不同于中国长期坚持的对非无条件援助，西方国家对非洲援助所附加的这些条件更像是非洲国家发展的“陷阱”，援助带来的资本并没有帮助非洲国家真正从全球化中受益，反而使完全依赖外国援助的国家出现了政府腐败、经济发展受制于外、社会冲突不断等问题。即使外国援助存在各种弊端，但考虑到当前非洲特殊的政治、经济和外交环境，援助仍然是推动非洲发展的必要手段。因此，客观认识国际援助的局限性，合理利用援助来实现本国的独立自主发展，并逐渐摆脱长期以来的依赖综合征，可能是非洲国家当前必须解决的重大现实问题。

中非治国理政的经验交流，应阐释中国始终坚持的和平发展道路是中国经济发展和社会稳定的保障，而推动建设新型国际关系是中国致力于追求的目标。世界长期发展不可能建立在一批国家越来越富裕而另一批国家却长期贫穷落后的基础之上。中国坚持国家不分大小、强弱、贫富一律平等，尊重

① 舒运国：《试析独立后非洲国家经济发展的主要矛盾》，《西亚非洲》2020 年第 2 期，第 91~110 页。

各国人民自主选择发展道路的权利，反对干涉别国内政，维护国际公平正义，推动人类命运共同体的构建。[①] 这将对非洲国家处理与其他国家的关系、实现独立自主发展有一定的借鉴意义。

习近平主席曾说过："文明因多样而交流，因交流而互鉴，因互鉴而发展。"南非已故前总统曼德拉也曾说过："尊重彼此的多样性、寻找共同的价值观，这是人们交往的基石。"[②] 这两句话道出了新时代中非加强治国理政经验交流的重要意义与准则。进入21世纪以来的这20多年，世界局势快速变化，其范围之广泛，影响之深远，是自20世纪90年代以来前所未见的，而身处世界变局中的中国与非洲，不仅需要继续加强经贸合作，推动形成全方位、多层次、宽领域的中非经贸合作格局，还应该再朝前走一步，推动双方深层次的价值观对话与文明互鉴，让两大古老文明在互学互鉴中交相辉映，为中非命运共同体的构建开辟出一条"文明之路"。而加强中非治国理政经验的交流互鉴就是双方深层对话的核心内容。

---

① 中共中央宣传部编《习近平新时代中国特色社会主义思想学习纲要》，学习出版社、人民出版社，2019，第215页。

② 李澜涛：《深入开展中非人文交流促进民心相通和文明互鉴》，光明网，2018年10月22日，http：//www.theory.gmw.cn/2018-10/22/content_31801978.htm，最后访问日期，2023年9月11日。

参考文献

一　中文文献

（一）著作

〔加纳〕A. 阿杜·博亨主编《非洲通史：殖民统治下的非洲 1880—1935 年》（第 7 卷），中国对外翻译出版公司，1991。

〔英〕巴兹尔·戴维逊：《黑母亲：买卖非洲奴隶的年代》，何瑞丰译，三联书店，1965。

〔阿尔及利亚〕本·贝拉：《本·贝拉言论集》，世界知识出版社编译，世界知识出版社，1965。

本书编写组编著《中国共产党简史》，人民出版社、中共党史出版社，2021。

畅征、刘青建：《发展中国家政治经济概论》，中国人民大学出版社，2001。

陈德成：《中东政治现代化：理论与历史经验的探索》，社会科学文献出版社，2000。

陈玉来编著《津巴布韦》，社会科学文献出版社，2010。

当代中国研究所：《中华人民共和国简史（1949-2019）》，当代中国出版社，2019。

邓小平：《邓小平文选》（第三卷），人民出版社，1993。

〔加纳〕恩克鲁玛：《恩克鲁玛自传》，国际关系研究所翻译组译校，世界知识出版社，1960。

方连庆、王炳元、刘金质主编《国际关系史（战后卷）》（上册），北京大学出版社，2006。

〔美〕弗朗西斯·福山：《政治秩序与政治衰败：从工业革命到民主全球化》，毛俊杰译，广西师范大学出版社，2015。

高放：《社会主义运动：从理论到实践的转变（1844-1917）》，北京师范大学出版社，2018。

高放主编《当代世界社会主义新论》，云南人民出版社，1998。

葛公尚、于红分卷主编《世界民族·非洲》（第六卷），中国社会科学出版社，2013。

郭春生：《社会主义革新：从地区到全球的拓展（1978-2016）》，北京师范大学出版社，2018。

贺文萍：《非洲国家民主化进程研究》，时事出版社，2005。

〔法〕凯瑟琳·科克里-维德罗维什：《非洲简史》，金海波译，民主与建设出版社，2018。

孔寒冰、项佐涛：《社会主义制度：从一国到多国的演进（1917—1991）》，北京师范大学出版社，2018。

李琮：《当代资本主义阶段性发展与世界巨变》，社会科学文献出版社，2013。

李维编著《习近平重要论述学习笔记》，人民出版社，2014。

李智：《国际政治传播：控制与效果》，北京大学出版社，2007。

〔美〕丽莎·A. 琳赛：《海上囚徒：奴隶贸易四百年》，杨志译，中国人民大学出版社，2014。

刘青建：《当代国际关系新论——发展中国家与国际关系》，清华大学出版社，2004。

〔英〕马丁·梅雷迪思：《非洲国：五十年独立史》（上册），亚明译，世界知识出版社，2011。

马克思、恩格斯：《马克思恩格斯选集》（第四卷），中共中央编译局译，人民出版社，1995。

毛泽东：《毛泽东选集》（第三卷），人民出版社，1991。

毛泽东：《毛泽东选集》（第一卷），人民出版社，1991。

〔苏联〕米·谢·戈尔巴乔夫：《戈尔巴乔夫言论选集》，苏群译，人民出版社，1987。

蒲国良：《社会主义思想：从乌托邦到科学的飞跃（1516—1848）》，北京师范大学出版社，2018。

上海人民出版社编译室编译《卡扎菲和利比亚》，上海人民出版社，1974。

石仲泉编《中国共产党与马克思主义中国化》，中国人民大学出版社，2011。

唐大盾等：《非洲社会主义：历史·理论·实践》，中国社会科学出版社，2007。

〔德〕托马斯·迈尔：《社会民主主义的转型：走向21世纪的社会民主党》，殷叙彝译，北京大学出版社，2001。

王绳祖主编《国际关系史（十七世纪中叶—一九四五年）》（第二版），法律出版社，1986。

王向明：《雄关漫道：马克思主义中国化的历史进程及其理论成果》，中国人民大学出版社，2015。

王正绪、耿曙、唐世平主编《比较政治学》，复旦大学出版社，2021。

〔英〕威廉·托多夫：《非洲政府与政治（第四版）》，肖宏宇译，北京大学出版社，2007。

吴治清等：《亚非拉各种社会主义》，求实出版社，1983。

习近平：《习近平谈治国理政》（第二卷），外文出版社，2017。

习近平：《习近平谈治国理政》（第三卷），外文出版社，2020。

习近平：《习近平谈治国理政》（第一卷），外文出版社，2018。

习近平：《习近平在联合国成立70周年系列峰会上的讲话》，人民出版社，2015。

习近平：《决胜全面建成小康社会　夺取新时代中国特色社会主义伟大胜利——在中国共产党第十九次全国代表大会上的报告》，人民出版社，2017。

习近平：《携手建设更加美好的世界——在中国共产党与世界政党高层对话会上的主旨讲话》，人民出版社，2017。

习近平：《在“不忘初心、牢记使命”主题教育工作会议上的讲话》，人民出版社，2019。

习近平：《在纪念毛泽东同志诞辰120周年座谈会上的讲话》，人民出版社，2013。

习近平：《在全国脱贫攻坚总结表彰大会上的讲话》，人民出版社，2021。

新华月报编《新中国70年大事记（1949.10.1—2019.10.1）》（下），人民出版社，2020。

杨光、王正、张宏明主编《马克思主义与西亚非洲国家发展道路问题研究》，中国社会科学出版社，2017。

〔苏联〕伊·米·克里沃古兹：《社会主义工人国际（1923—1940）》，黄进、姚荣译，中国人民大学出版社，1989。

张宏明：《多维视野中的非洲政治发展》（第2版），社会科学文献出版社，2007。

赵雅婷：《21世纪欧盟对非洲援助的政治导向研究》，社会科学文献出版社，2019。

中共中央党史和文献研究院编《十八大以来重要文献选编》（下），中央文献出版社，2018。

中共中央马克思恩格斯列宁斯大林著作编译局编译《马克思恩格斯全集（第三卷）》，人民出版社，2002。

中共中央马克思恩格斯列宁斯大林著作编译局编译《马克思恩格斯全集》（第33卷），人民出版社，2004。

中共中央马克思恩格斯列宁斯大林著作编译局编译《马克思恩格斯全集》（第34卷），人民出版社，2008。

中共中央马克思恩格斯列宁斯大林著作编译局编译《马克思恩格斯文集》（第1卷），人民出版社，2009。

中共中央马克思恩格斯著作编译局编译《马克思恩格斯全集》（第29卷），人民出版社，1972。

中共中央文献研究室编《习近平关于实现中华民族伟大复兴的中国梦论述摘编》，中央文献出版社，2013。

中共中央文献研究室编《十二大以来重要文献选编（上）》，人民出版社，1986。

中共中央宣传部：《习近平新时代中国特色社会主义思想三十讲》，学习出版社，2017。

中共中央宣传部编《习近平新时代中国特色社会主义思想学习纲要》，学习出版社、人民出版社，2019。

中共中央宣传部理论局编《中国制度面对面——理论热点面对面·2020》，学习出版社、人民出版社，2020。

中华人民共和国外交部、中共中央文献研究室编《毛泽东外交文选》，中央文献出版社、世界知识出版社，1994。

（二）中文论文

〔罗〕埃列娜·伏伊库列斯库、马林·伏伊库列斯库：《非洲社会主义》，狄山译，《国外社会科学》1980年第4期。

陈雪飞：《非洲人眼中的中国形象：基于非洲本地媒体视角的考察》，《国外理论动态》2014年第3期。

陈仲丹：《略论恩克鲁玛在加纳的统治》，《南京大学学报》（哲学·人文科学·社会科学）2000年第5期。

程光德：《南非共产党深化民族民主革命的策略》，《中国矿业大学学报》（社会科学版）2017年第2期。

程曼丽：《论国际传播的底气与自信》，《新闻与写作》2020年第6期。

慈志刚:《阿尔及利亚政治体系的变迁》,《西亚非洲》2010年第5期。

〔南非〕戴维·马桑多:《2009年全国大选后南非共产党的独立性问题》,姚芳、孙来斌译,《国外理论动态》2010年第7期。

戴兵:《团结抗疫,共筑更加紧密的中非命运共同体》,《中国投资》(中英文)2020年第Z6期。

邓延庭:《非洲去西方化转型发展中的社会主义探索》,《世界社会主义研究》2022年第5期。

邓延庭:《尼雷尔非洲社会主义理论引领下的马古富力改革》,《世界社会主义研究》2021年第12期。

杜正艾:《推动构建新型国际关系 构建人类命运共同体》,《行政管理改革》2017年第11期。

高放:《如何看待民主社会主义的发展》,《科学社会主义》2003年第2期。

葛公尚:《非洲传统文化与现代化的制约关系初析》,《西亚非洲》1996年第1期。

郭聪:《肯尼亚舆论中的中国形象:光与影并存——以〈民族日报〉2015年涉华报道为例》,《国际传播》2017年第3期。

郭丽双、付畅一:《消解与重塑:超国家主义、文化共同体、民族身份认同对国家身份认同的挑战》,《国外社会科学》2016年第4期。

韩笑:《全球发展治理视域下的"一带一路"建设》,《国际观察》2018年第3期。

韩志斌、李铁:《"阿拉伯社会主义"国家治理模式探究》,《西亚非洲》2015年第4期。

贺文萍:《卡扎菲的"世界第三理论"》,《国际政治研究》1990年第6期。

洪永红:《非洲习惯法初探》,《比较法研究》2001年第2期。

侯丽:《非洲国家减贫任重道远》,《中国社会科学报》2019年10月30日,第3版。

黄宝玫：《国家能力：涵义、特征与结构分析》，《政治学研究》2004年第4期。

汲传排、叶再春：《全面从严治党必须把纪律挺在前面》，《前线》2015年第11期。

贾力楠：《海外中国学认知中的习近平新时代中国特色社会主义思想——基于欧美学术界认同者的研究述评》，《当代世界与社会主义》2021年第2期。

姜晓萍：《国家治理现代化进程中的社会治理体制创新》，《中国行政管理》2014年第2期。

康来保：《苏东剧变后南非共产党的策略调整探析》，《重庆科技学院学报》（社会科学版）2010年第15期。

李爱华、卢少军：《非洲的社会主义为什么不成功》，《当代世界与社会主义》2003年第1期。

李安山：《当代非洲哲学流派探析》，《国际社会科学杂志》（中文版）2020年2期。

李安山：《非洲社会主义的理论特点概述》，《当代世界社会主义问题》1986年第4期。

李安山：《中非关系研究中国际话语的演变》，《世界经济与政治》2014年第2期。

李海龙：《论中国外交之正确义利观的内涵与实践》，《理论学刊》2016年第5期。

李湖：《纳赛尔的政治思想研究》，《国际政治研究》1989年第2期。

李慧男、董晓彤：《跟习近平学习“讲好中国故事”》，《思想政治工作研究》2016年第11期。

李维建：《当代非洲宗教生态》，《世界宗教文化》2017年第3期。

李新烽、李玉洁：《冲突框架与中立转向：2002-2016年BBC中非关系报道分析》，《新闻与传播研究》2018年第3期。

李新烽、李玉洁：《新面孔与新变革：中国媒体改变非洲媒体格局》，

《湖南师范大学社会科学学报》2018年第3期。

李新烽：《中非友谊的基石：真、实、亲、诚》，《求是》2013年第9期，第53页。

李新烽：《铸就风清气正的中非命运共同体——中非反腐败合作的重要意义》，《人民论坛》2019年第32期。

李玉洁：《百年再启程：南非共产党对社会主义的新探索》，《世界社会主义研究》2021年第12期，第28页。

林怀艺：《民主社会主义思潮对社会主义核心价值观的冲击及对策思考》，《科学社会主义》2017年第5期。

刘斌：《从国际视角到中国声音》，《青年记者》2016年第28期。

刘鸿武、肖玉华、梁益坚：《一个大陆的觉醒、抗争与自强——20世纪非洲国家关系理论之研究论纲》，《世界经济与政治》2007年第1期。

刘鸿武：《“非洲个性”或“黑人性”——20世纪非洲复兴统一的神话与现实》，《思想战线》2002年第4期。

刘建武：《为什么说“党大还是法大”是一个伪命题?》，《党的文献》2015年第6期。

刘力锐、季盛清：《非洲左翼政党长期执政的挑战与政党转型》，《当代世界与社会主义》2016年第6期。

刘林智：《埃及阿拉伯社会主义的实践与当代左翼政党的发展》，《世界社会主义研究》2020年第8期。

刘文宇、毛伟伟：《非洲报纸媒体中中国形象的语料库辅助话语分析》，《外语研究》2020年第2期。

龙小农、吕梓源：《非洲社会化媒体发展及中国对非传播转型》，《国际传播》2018年第4期。

卢俊、陈宇舟：《社会心理服务体系建设：理论意义与实践路径》，《红旗文稿》2019年第24期。

罗令辉：《中国媒体对非洲传播策略探析——以中央广播电视总台为例》，《现代视听》2020年第11期。

骆元媛、倪小龙：《坦桑尼亚媒体视角的中国形象》，《对外传播》2017年第7期。

吕品：《政治纪律居于首位的三重逻辑分析》，《理论视野》2020年第9期。

门晓红、周广坤：《“非洲科学社会主义”的产生发展及衰落——以莫桑比克为例》，《科学社会主义》2008年第6期。

门晓红：《坦桑尼亚社会主义的历史与现状》，《科学社会主义》2009年第5期。

商务部综合司：《贸易畅通：“一带一路”建设的重点内容》，《求是》2017年第11期。

石伟：《纪律塑造政党——基于政党变迁史的制度考察》，《思想战线》2021年第1期。

石镇平：《马克思对社会主义理论的三大贡献》，《马克思主义研究》2018年第3期。

石仲泉：《马克思主义中国化的历史发展》，《中共党史研究》2006年第4期。

舒运国：《试析独立后非洲国家经济发展的主要矛盾》，《西亚非洲》2020年第2期。

孙成武：《从中国共产党百年历史看加强政治建设的内在逻辑》，《长白学刊》2021年第2期。

孙韶林：《桑戈尔非洲民主社会主义的理论与实践》，《国际共运史研究》1992年第1期。

唐大盾：《非洲社会主义的由来和发展》，《西亚非洲》1985年第5期。

王克群：《江泽民文选：对马克思主义的新贡献》，《南方论刊》2006年第9期。

王若磊：《中国改革开放成就的制度支撑》，《中国井冈山干部学院学报》2019年第4期。

王涛、张嘉宸：《非洲国家发展特征的三个维度及其本质——以撒哈拉以南非洲国家为考察中心》，《中北大学学报》（社会科学版）2016 年第 4 期。

王新堂：《新时代选人用人的根本遵循》，《行政管理改革》2017 年第 11 期。

王泽壮、郗慧：《十月革命对埃及早期共产主义运动的影响》，《安徽史学》2014 年第 4 期。

韦祎红：《津巴布韦总统穆加贝》，《世界经济与政治》1996 年第 6 期。

魏玲：《大变局下的中国与国际发展合作》，《亚太安全与海洋研究》2021 年第 1 期。

文丰安：《中国共产党与时俱进的发展理念：演进、创新和启示》，《青海社会科学》2021 年第 1 期。

吴传华：《中非命运共同体：历史地位、典范作用与世界意义》，《西亚非洲》2020 年第 2 期。

吴大磊、邓智平：《动态国家能力与中国经济奇迹》，《福建论坛》（人文社会科学版）2020 年第 5 期。

吴忠民：《民生的基本涵义及特征》，《中国党政干部论坛》2008 年第 5 期。

武涛：《中非命运共同体：理论内涵、实践路径与时代意义》，《长春理工大学学报》（社会科学版）2020 年第 4 期。

习近平：《习近平主席致中国非洲研究院成立贺信》，《中国非洲学刊》2020 年第 1 期。

习近平：《关于坚持和发展中国特色社会主义的几个问题》，《求是》2019 年第 7 期。

习近平：《增强推进党的政治建设的自觉性和坚定性》，《求是》2019 年第 14 期。

习近平：《中国共产党领导是中国特色社会主义最本质的特征》，《求是》2020 年第 14 期。

向文华、朱生志：《毛里求斯工党的民主社会主义实践》，《当代世界与社会主义》2010年第3期。

向文华：《社会党国际向亚非拉地区的渗透及其成效分析》，《当代世界与社会主义》2016年第2期。

向文华：《亚非拉地区社会党发展现状及其原因》，《当代世界社会主义问题》2016年第1期。

肖阳：《政党内生权威视角下全面从严治党的内涵、意义与路径分析》，载《理论经纬·2016》，上海三联书店，2018。

谢伏瞻：《马克思主义是不断发展的理论——纪念马克思诞辰200周年》，《中国社会科学》2018年第5期。

辛向阳：《恩格斯对科学社会主义的贡献》，《马克思主义研究》2020年第10期。

徐光春：《中国化马克思主义的与时俱进——谈毛泽东思想与中国特色社会主义理论体系的关系》，《求是》2013年第18期。

徐济明：《非洲传统文化与政治现代化》，《西亚非洲》1996年第1期。

许苏江：《非洲民主社会主义政党的理念与实践探索》，《当代世界》2019年第6期。

闫莉：《科学社会主义的"科学性"及其当代确证》，《中共山西省委党校学报》2007年第5期。

杨光斌、杨洪晓：《民主主义、民族主义与现代国家建设》，《行政科学论坛》2014年第4期。

杨克勤：《践行五大发展理念需要着力提升领导力》，《行政管理改革》2016年第10期。

叶险明：《民族主义·民族国家·社会主义》，《学术月刊》2012年第3期。

一乔：《非洲"社会主义"思潮的四大流派》，《世界知识》1985年第3期。

雍涛：《邓小平对马克思主义中国化的主要贡献》，《中国特色社会主义研究》2005年第6期。

余维海、高云：《突尼斯左翼政党的发展演变探析》，《社会主义研究》2018 年第 4 期。

余翔、关锋：《习近平关于民族问题的“四个根本”和四种思维》，《民族学刊》2018 年第 4 期。

郁景祖：《什么是“阿拉伯社会主义”?》，《科社研究》1982 年第 1 期。

张纪南：《推动实现更高质量和更充分就业》，《求是》2018 年第 12 期。

张春：《非洲政治治理 60 年：多重长期困境与潜在创新出路》，《西亚非洲》2020 年第 2 期。

张宏明：《非洲政治民主化历程和实践反思——兼论非洲民主政治实践与西方民主化理论的反差》，《西亚非洲》2020 年第 6 期。

张宏明：《桑戈尔思想的理论与实践》，《世界经济与政治》1988 年第 11 期。

张凯：《新南非政党格局：主导党政治发展的变化》，《西亚非洲》2020 年第 5 期。

张甍：《非洲“社会主义”思潮浅谈》，《西亚非洲》1984 年第 2 期。

张梦颖：《加纳当代左翼组织的现状与展望——以加纳社会主义运动为例》，《世界社会主义研究》2021 年第 12 期。

张忠祥：《试析恩克鲁玛的非洲统一思想》，《西亚非洲》2004 年第 2 期。

赵春丽：《计划经济体制的反思——试论社会主义国家改革的必要性》，《沙洋师范高等专科学校学报》2004 年第 6 期。

赵宏涛：《社会民主主义是如何逐步背离科学社会主义的?》，《当代世界》2017 年第 3 期。

赵慧礼：《论马克思恩格斯的政党纪律观》，《大庆社会科学》2020 年第 6 期。

赵雪波：《大众媒介在现代国际关系中的作用》，《现代传播》1997 年第 5 期。

赵雅婷、高梵：《西方民主制度在阿富汗失灵的原因探析》，《新疆社会科学》2012 年第 4 期。

郑保卫：《学者学术交往与民间对外传播》，《对外传播》2012 年第 3 期。

郑平：《政治纪律是党最根本最重要的纪律》，《求是》2017 年第 3 期。

钟伟云：《非洲的政党政治：回顾与反思》，《西亚非洲》2016 年第 5 期。

周慎、赵彦云、朱旭峰：《智库外交及其行为实践：智库在对外交往中的功能、角色与活动》，《智库理论与实践》2020 年第 5 期。

（三）中文报纸

陈进华：《推进社会治理共同体建设》，《人民日报》2019 年 11 月 21 日，第 9 版。

陈宝生：《优先发展教育事业》，《人民日报》2018 年 1 月 8 日，第 7 版。

程光德：《和平为主：1994 年后南非共产党社会主义革命方式》，《中国社会科学报》2011 年 7 月 28 日，第 15 版。

丹珠昂奔：《坚持走中国特色解决民族问题的正确道路——认真学习中央民族工作会议精神》，《光明日报》2015 年 1 月 29 日，第 1 版。

冯玉军：《坚定不移走中国特色社会主义法治道路》，《经济日报》2021 年 2 月 24 日，第 1 版。

高卫军：《依法行政是依法治国依法执政的必然要求》，《河南日报》2017 年 7 月 21 日，第 8 版。

何毅亭：《习近平新时代中国特色社会主义思想是 21 世纪马克思主义》，《学习时报》2018 年 5 月 18 日，第 1 版。

牢《牢根植人民——论坚持以人民为中心的发展思想》，《人民日报》2020 年 6 月 5 日，第 1 版。

黎昕：《用中华优秀传统文化滋养社会主义核心价值观》，《光明日报》2018 年 7 月 12 日，第 6 版。

李军：《打赢脱贫攻坚战的强大思想武器》，《人民日报》2018 年 9 月 17 日，第 7 版。

李远芳：《以“一带一路”建设为重点形成全面开放新格局》，《经济日报》2017年12月22日，第14版。

马占成：《中央外事工作会议在京举行　习近平发表重要讲话》，《人民日报》2014年11月30日，第1版。

穆虹：《推进“一带一路”建设》，《人民日报》2015年12月11日，第7版。

沈春耀：《推进社会主义民主政治法治化》，《光明日报》2014年11月6日，第1版。

石宏伟：《如何加强社会保障体系建设》，《光明日报》2018年6月19日，第6版。

《始终把人民放在心中最高位置——二谈学习习近平主席在十三届全国人大一次会议上的重要讲话》，《经济日报》2018年3月22日，第2版。

谭日辉：《建设人人有责、人人尽责、人人享有的社会治理共同体》，《光明日报》2019年12月6日，第6版。

《脱贫攻坚在精准重在实效——二轮学习习近平总书记中央扶贫开发工作会议重要讲话》，《人民日报》2015年12月1日，第4版。

王东旭：《打造共建共治共享的社会治理格局》，《人民日报》2018年10月22日，第7版。

王珩、王丽君：《非洲智库发展与中非智库合作现状》，《中国社会科学报》2020年6月4日，第2版。

王正伟：《充分发挥民族区域自治制度优势——纪念民族区域自治法颁布实施30周年》，《人民日报》2014年9月3日，第7版。

《习近平在省部级主要领导干部学习贯彻党的十八届五中全会精神专题研讨班上的讲话》，《人民日报》2016年5月10日，第2版。

习近平：《同舟共济克时艰，命运与共创未来》，《人民日报》2021年4月21日，第2版。

习近平：《携手共命运　同心促发展——在二〇一八年中非合作论坛北京峰会开幕式上的主旨讲话》，《人民日报》2018年9月4日，第2版。

习近平：《永远做可靠朋友和真是伙伴——在坦桑尼亚尼雷尔国际会议中心的演讲》，《人民日报》2013年3月26日，第1版。

徐光春：《邓小平理论在中国化马克思主义中的地位和作用》，《人民日报》2014年8月25日，第7版。

薛洁：《形成社会治理人人参与人人尽责良好局面》，《光明日报》2018年11月5日，第11版。

杨洁篪：《推动构建人类命运共同体》，《人民日报》2017年11月19日，第6版。

杨圣敏：《民族区域自治制度保障国家统一和民族进步》，《人民日报》2017年7月26日，第7版。

尹蔚民：《促进人民健康优先发展　推进全民医保制度创新》，《人民日报》2016年10月10日，第14版。

袁曙宏：《坚持法治国家、法治政府、法治社会一体建设》，《人民日报》2020年4月21日，第9版。

张高丽：《坚持共商共建共享　加强“五通”交流合作——在“一带一路”国际合作高峰论坛高级别全体会议上的致辞》，《光明日报》2017年5月15日，第4版。

《中央外事工作会议在京举行》，《人民日报》2014年11月30日，第1版。

二　外文文献

（一）外文著作

Alden, Chris, *China in Africa* (*African Arguments*), London: Zed Books, 2007.

Doorenspleet, Renske and Lia Nijzink, eds., *Party Systems and Democracy in Africa*, Basingstoke & New York: Palgrave Macmillan, 2014.

G. Rosberg, Carl, Thomas Callaghy, *Socialism in Sub-Saharan Africa: A New Assessment*, Berkeley: University of California Press, 1979.

Kolasa, Thomas Stanley, *The South African Communist Party: Adapting to*

Thrive in a Post-Communist, North Carolina: McFarland, 2015.

Kotzé, D. J. , *Communism and South Africa*, Cape town: Tafelberg Press, 1982.

K. Nyerere, Julius, *Uhuru na Ujamaa: A Selection From Writings and Speeches*, 1965–1967, New York: Oxford University Press, 1968.

Langley, J. Ayodele, ed. , *Ideologies of Liberation in Black Africa 1856–1970*, London: Rex Collings, 1979.

Nkrumah, Kwame, *Class Struggle in Africa*, New York: International Publishers, 1970.

Nkrumah, Kwame, *Consciencism: Philosophy and Ideology for De-Colonization*, New York: Monthly Review Press, 1970.

Nkrumah, Kwame, *Neo-Colonialism: The Last Stage of Imperialism*, London: Thomas Nelson and Sons Ltd, 1965.

Sniderman, P. M. , S. M. Theriault, *The Structure of Political Argument and The Logic of Issue Framing*, New Jersey: Princeton University Press, 2004.

（二）外文论文

Ashman, Sam, "The Social Crisis of Labour and the Crisis of Labour Politics in South Africa", *Dans Revue Tiers Monde*, Vol. 224, 2015.

Headey, Derek, Rebecca Heidkamp, Saskia Osendap, "Impacts of COVID – 19 on Childhood Malnutrition and Nutrition-related Mortality," *The Lancet*, Vol. 396, 2020.

Johnson, R. W. , "Sekou Toure: The Man and His Ideas," in P. C. W. Gutkind and P. Waterman, eds. , *African Social Studies: A Radical Reader*, London: Hememann, 1977.

Kenny, Bridget, "The South African Labour Movement: A Fragmented and Shifting Terrain", *Tempo Social*, Vol. 32, 2020.

Nyerere, Julius K. , " 'Ujamaa': The Basis of African Socialism'," *The Journal of Pan African Studies*, Vol. 1, No. 1, 1962.

"Secretariat: SACP Central Committee Political Report, December 2020," *African Communist*, Vol. 23, 2021.

Wachira, George Mukundi, "COVID-19 Reaffirms the Importance of Good Governance and Effective States in Africa," *ECDPM Great Insights Magazine*, Vol. 9, 2020.

Zeleza, Paul Tiyambe, "Dancing with the Dragon: Africa's Courtship with China," *The Global South*, Vol. 2, 2008.

后记

《新时代中非治国理政经验交流》是中国非洲研究院“新时代中国与非洲丛书”的一部。本书通过探析社会主义道路在中国和非洲的不同发展历程，在历史与现实的对照视野下探寻推进中非治国理政经验的交流，以推动中非双方相互支持走符合自身国情的发展道路。具体而言，本书分析了习近平治国理政的深邃思想理念的丰富内涵及其对非洲的借鉴意义，在此基础上对非洲社会主义的发展历程进行系统回顾，剖析非洲社会主义为何陷入低潮以及当前面临的新机遇，进而探讨如何推进习近平治国理政的思想理念在非洲的传播，以深化中非治国理政交流互鉴，助力非洲发展。该书涵盖理论分析与国别案例研究，具有较强的学术价值和现实意义。希望本书的出版能够为加强新时代中国非洲研究、促进高水平中非命运共同体构建贡献学术力量。

本书含导论与结语在内，共计十章，由集体合作完成。李玉洁和赵雅婷主要负责整体框架章节设计、全书统稿修改工作以及部分章节撰写。导论作者为中国非洲研究院助理研究员赵雅婷、中国非洲研究院副研究员李玉洁；第一章作者为中国非洲研究院助理研究员田牧野；第二章作者为中国非洲研究院助理研究员刘林智、中国非洲研究院副研究员王建；第三章作者为中国非洲研究院助理研究员孟瑾；第四章作者为赵雅婷；第五章作者为赵雅婷、中国非洲研究院助理研究员戚强飞；第六章作者为赵雅婷、中国非洲研究院助理研究员邓延庭、中国非洲研究院助理研究员张梦颖、李玉洁；第七章、

第八章以及结语作者为李玉洁。

在本书撰写过程中，唐大盾等学者有关非洲社会主义的研究成果给予我们很大的借鉴与启发，在此向几位前辈学者深表谢忱。感谢社会科学文献出版社的领导和编辑所作出的贡献，你们的辛勤付出保证了本书的顺利出版。因能力所限，书中难免存在错漏之处，欢迎各位读者批评指正。

图书在版编目（CIP）数据

新时代中非治国理政经验交流 / 中国非洲研究院主编；李玉洁等著 . --北京：社会科学文献出版社，2023.10（2025.11 重印）

（新时代中国与非洲丛书）

ISBN 978-7-5228-2392-8

Ⅰ. ①新… Ⅱ. ①中… ②李… Ⅲ. ①国家-行政管理-研究-中国、非洲 Ⅳ. ①D630.1②D740.3

中国国家版本馆 CIP 数据核字（2023）第 165262 号

新时代中国与非洲丛书

新时代中非治国理政经验交流

主　　编 / 中国非洲研究院

著　　者 / 李玉洁　赵雅婷 等

出 版 人 / 冀祥德

责任编辑 / 李明伟　宋琬莹

责任印制 / 岳　阳

出　　版 / 社会科学文献出版社 · 区域国别学分社（010）59367078

地址：北京市北三环中路甲 29 号院华龙大厦　邮编：100029

网址：www.ssap.com.cn

发　　行 / 社会科学文献出版社（010）59367028

印　　装 / 河北虎彩印刷有限公司

规　　格 / 开　本：787mm×1092mm　1/16

印　张：23.5　字　数：356 千字

版　　次 / 2023 年 10 月第 1 版　2025 年 11 月第 2 次印刷

书　　号 / ISBN 978-7-5228-2392-8

定　　价 / 139.00 元

读者服务电话：4008918866